Stefan Blank
Carine Rose-Ferst

Mauritius

mit Rodrigues

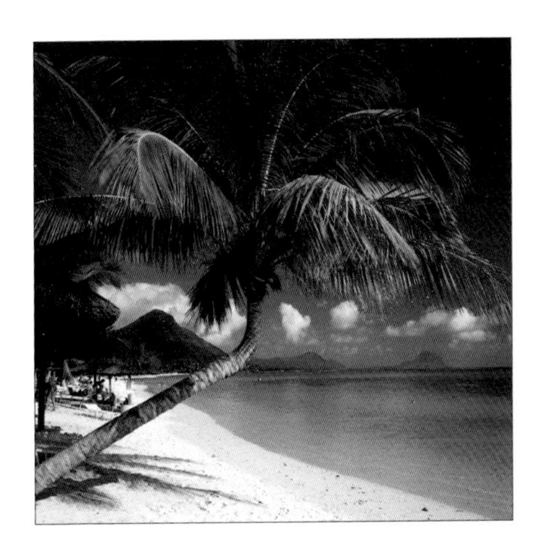

IWANOWSKI'S REISEBUCHVERLAG

Im Internet:

www.iwanowski.de

Hier finden Sie aktuelle Infos zu allen Titeln, interessante Links – und vieles mehr!

Einfach anklicken!

Schreiben Sie uns, wenn sich etwas verändert hat. Wir sind bei der Aktualisierung unserer Bücher auf Ihre Mithilfe angewiesen: **info@iwanowski.de**

Mauritius mit Rodrigues
4. Auflage 2018

© Reisebuchverlag Iwanowski GmbH
Salm-Reifferscheidt-Allee 37 • 41540 Dormagen
Telefon 0 21 33/26 03 11 • Fax 0 21 33/26 03 34
info@iwanowski.de
www.iwanowski.de

Titelfoto: R. Schmid / Huber-Images
Alle anderen Farbabbildungen: s. Bildnachweis S. 275
Layout: Ulrike Jans, Krummhörn
Karten und Reisekarte: Thomas Buri, Bielefeld, E-Mail: info@tombux.de
Titelgestaltung: Point of Media, www.pom-online.de
Redaktionelles Copyright, Konzeption und deren
ständige Überarbeitung: Michael Iwanowski

Gesamtherstellung: Werbedruck GmbH Horst Schreckhase
Printed in Germany

ISBN: 978-3-86197-191-7

Reiserouten

Weiterführende Informationen zu folgenden Themen

Verzeichnis der Karten

Zum Aufbau des Buches

Dieses Reisehandbuch kann nur einen unvollständigen und subjektiven Ausschnitt bieten, soll Anregungen geben und als Leitfaden dienen. Es handelt sich um keine flächendeckende „Enzyklopädie" der Inseln, sondern um Empfehlungen für individuelles Reisen und Erkunden. Sehens- und Erlebenswertes wird in erster Linie für alle beschrieben, die ihr komfortables Urlaubsquartier zu Exkursionen in die nähere und weitere Umgebung verlassen möchten. Die verhältnismäßig geringe Größe und Überschaubarkeit der beiden Inseln kommt dabei dem Gast insofern zugute, als er alle angegebenen Rundfahrten und Abstecher in der „normalen" Urlaubszeit bequem schaffen kann. Im Kapitel **Land und Leute** (ab S. 10) erhalten Sie einen Einblick in Geschichte und andere Aspekte des Reiseziels. Die Gelben Seiten geben **Reisetipps** (ab S. 71) für die Reisevorbereitung und den Aufenthalt. In den **Grünen Seiten** (ab S. 112) wird kurz aufgelistet, was Sie der Aufenthalt auf Mauritius kostet. Im Kapitel **Reisen auf Mauritius** (ab S. 116) gibt es eine allgemeine Vorstellung der Region sowie Routenvorschläge. Im anschließenden **Reiseteil** (ab S. 120) erhalten Sie bei den jeweiligen Beschreibungen der Orte detailliert Auskunft über Sehenswürdigkeiten mit Adressen und Öffnungszeiten, Wanderrouten und Stadtrundgänge sowie **Reisepraktische Informationen** zu Unterkunft, Restaurants, Einkaufen etc. Eingeschobene **Exkurse** (INFO) liefern Hintergrundwissen und bieten fakultativen Lesestoff. Im **Anhang** (ab S. 268) finden Sie neben einem **Wörterbuch** und **Literaturhinweisen** ein ausführliches **Register**, das Ihnen die Möglichkeit gibt, schnell den gesuchten Begriff zu finden. Über Kritik, Anregungen und Verbesserungsvorschläge freuen wir uns: info@iwanowski.de.

Alle Karten zum Gratis-Download

So funktioniert's: In diesem Reisehandbuch sind alle Detailpläne mit QR-Codes versehen, die per Smartphone oder Tablet-PC gescannt und bei einer bestehenden Internet-Verbindung auf das eigene Gerät geladen werden können. Alle Karten sind im PDF-Format angelegt, das nahezu jedes Gerät darstellen kann. Für den Stadtbummel oder die Besichtigung hat man so die Karte mit besuchenswerten Zielen und Restaurants auf dem Telefon, Tablet-PC, Reader oder als DIN-A-4-Ausdruck dabei. Der „gewichtige" Reiseführer kann im Auto oder im Hotel bleiben und die Basis-Infos sind immer und überall ohne Roaming-Gebühren abrufbar. Sollten wider Erwarten Probleme beim Karten-Download auftreten, wenden Sie sich bitte direkt an den Verlag. Unter info@iwanowski.de erhalten Sie die Linkliste zum Herunterladen der Karten.

Information	Internat. Flughafen	Fähre
Sehenswürdigkeit	Aussichtspunkt	Busbahnhof
Kirche	Leuchtturm	Parkplatz
Kathedrale/Dom	Hafen	Post
Tempel	Strand	Unterkunft
Hotel/Restaurant	Tauchen	Restaurants
Tankstelle	Windsurfen	Einkaufen

Willkommen auf Mauritius

„Nothing ist sweeter to my heart than this land where I've lived.
Nothing is higher than this sky.
Nothing is more secure than this Indian Sea
where my fathers have stopped the momentum of their ship."

Mit diesen Zeilen des mauritischen Poeten Robert Edward Hart (1891–1954) kann man Mauritius tatsächlich in wenige Worte fassen: eine Insel, die das Herz erfüllt mit Farbigkeit und Fröhlichkeit. Darüber ein hoher, fast grenzenloser Himmel – und umgeben vom weiten Indischen Ozean, den die Väter aller Einwohner von Mauritius überwinden mussten, um letztendlich hier Halt zu machen.

Mauritius, das ist auch Meer, Sonne, Sand, die Insel gilt als „Paradies für Entspannungssuchende" und bietet „Auszeit im Paradies". Bei elf Stunden Flugzeit sowie nur drei Stunden Zeitunterschied entsteht kein Jetlag – und etliche Flugverbindungen sind so gelegt, dass Urlauber am frühen Vormittag auf der Insel ankommen. Und gleich an ihrem Strand in tropischer Sonne ins warme Wasser springen können. Klingt himmlisch? Ist es auch. Mauritius hat aber noch mehr zu bieten: Dem interessierten Besucher eröffnen die pittoresken Orte und quirligen Städte, die herrliche Vegetation, die mal majestätische, mal liebliche Landschaft und vor allen Dingen die verschiedenen Bevölkerungsgruppen eine solche Fülle an Eindrücken, dass sich ein bloßes Sonnenbaden fast von selbst verbietet. Inder, Afrikaner, Chinesen, Europäer und Kreolen bilden eine multikulturelle Gemeinschaft, die mit ihren Tempeln, Kirchen, Pagoden und Moscheen, ihren religiösen Festen und ihren Küchen, ihrer Vitalität und Freundlichkeit an sich schon eine Reise wert ist. Dass sich alles zudem in recht stabilen politischen Verhältnissen abspielt, kann das positive Erleben dieser Gemeinschaft nur verstärken.

Und gleich „nebenan", rund 90 Flugminuten bzw. 560 km entfernt, liegt Rodrigues. Anders als Mauritius, ursprünglicher vielleicht, eine Insel, die erkundet und erobert werden will! Ob man nun Mauritius oder Rodrigues oder beide Inseln bereist, enttäuscht sein wird man wohl kaum. Beide haben ihr jeweils eigenes Gepräge, sind unverwechselbar und unvergleichlich schön.

Träume von palmengesäumten Stränden, von Wassersport im wärmsten aller Meere, von Korallenbänken und freundlichen Einheimischen – dies hat besonders Mauritius populär gemacht. Höchste Zeit also für eine Reise ins Paradies!

Herzlich danken möchten wir allen, die mit Tipps, logistischen Hilfen und freundlicher Unterstützung zum Gelingen des Reisehandbuches beigetragen haben.

Stefan Blank und Carine Rose-Ferst im Juli 2017

I. MAURITIUS: LAND UND LEUTE

Allgemeiner Überblick

Mauritius befindet sich mitten im Indischen Ozean, auf 20° südlicher und 57,5° östlicher Breite. Rodrigues liegt gut 560 km nordöstlich entfernt und gehört politisch zu Mauritius – genauso wie der Archipel der Cargados-Carajos-Inseln, die Agalega-Inseln und die Chagos-Inseln.

Mauritius und Rodrigues, zusammen mit der Nachbarinsel Réunion, bilden den Archipel der Maskarenen, der sich durch vulkanische Tätigkeit aus einem unterseeischen Hochplateau heraushob. Spuren dieser Tätigkeit sind auf Mauritius als der älteren Insel nur noch rudimentär, auf Réunion jedoch immer noch aktiv zu erfahren. Von den nächsten Küsten ist Mauritius weit entfernt: etwa 2.000 km von der afrikanischen Südostküste, 4.700 km von Indien (Mumbai), 6.000 km von Australien (Perth), 800 km von Madagaskar und 1.800 km von den Seychellen.

Entfernungen

Topographisch zeichnen sich Mauritius und Rodrigues durch eine vielfältige und reich gegliederte Landschaft aus. Mauritius hat wegen der Erosionskräfte und eines allmählichen Absinkens seine höchsten Erhebungen bei etwas über 800 m, Rodrigues zeigt sich flacher, hügelig und ist ebenfalls von einer großen Lagune umgeben. Zum Meer glänzt Mauritius mit einer knapp 200 km langen Küste, die fast ganz von Korallenriffen umgeben ist und zum größten Teil aus Sandstrand besteht. Mit 65 km Länge und 45 km maximaler Breite, also einer eher bescheidenen Ausdehnung, ist Mauritius nur ungefähr halb so groß wie Mallorca. Rodrigues ist ganze 18,3 km lang und maximal rund 8 km breit.

Topographie

Der historische Verlauf lief auf den Inseln im Archipel der Maskarenen über weite Strecken parallel: Von Arabern vermutlich im 12. Jh. entdeckt und von den Portugiesen im 15. Jh. zum ersten Mal in den europäischen Horizont gebracht, waren es die Holländer, die sich hier für eine kurze Zeit kolonisatorisch betätigten. Aber erst durch die lange Periode der französischen Herrschaft bekamen die Inseln ihr bis heute sichtbares Gepräge. 1815 trennten sich dann die historischen Wege: Mauritius und Rodrigues wurden englische Kolonie und konnten 153 Jahre später die nationale Unabhängigkeit erlangen, während Réunion zunächst noch als Kolonie, seit 1946 dann als Übersee-Département bei Frankreich verblieb. Die Bevölkerung von Mauritius ist ausgesprochen bunt zusammengesetzt und besteht hauptsächlich aus Kreolen, Weißen, Schwarzen, Indern und Chinesen – freilich in unterschiedlicher Stärke. Rodrigues wird von einer kreolischen Einwohnerschaft dominiert, die zu über 90 % aus Katholiken besteht. Ein großer Unterschied zur multireligiösen Gesellschaft von Mauritius.

Geschichte

Wirtschaftlich gesehen wurde Mauritius lange Zeit als „Zuckerinsel" bezeichnet. Die ehemalige Monokultur hat sich inzwischen jedoch zu einem nach wie vor starken, aber nicht mehr einzigen Standbein der insularen Wirtschaft entwickelt. Weitere Agrarprodukte und eine zunehmende Industrialisierung, insbesondere im Textilbereich, vergrößerten die Exportpalette. Auch wenn die weltweiten Wirtschafts- und Finanzkrisen nicht spurlos an Mauritius vorbeigingen, gelang es den Regierungen, das Land aus den Krisen herauszuführen. Nach einem niedrigen Wachstum des Brutto-

Wirtschaft

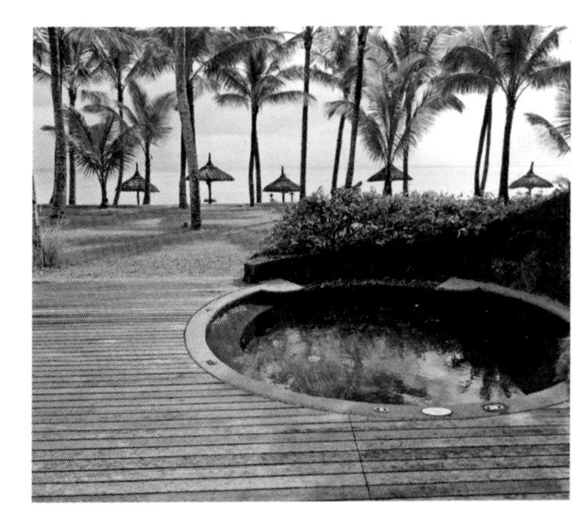

Tourismus als Wirtschaftsfaktor: Luxus-Hotelanlage in Trou aux Biches

inlandsprodukts (BIP) 2009 mit 3 %, war die anschließende Tendenz steigend. 2014 gab es ein Plus von 3,6 %, 2015 3,4 % und 2016 gar 3,8 %. Eine der treibenden Kräfte ist die Textilexportindustrie. Die Staatsschuldenquote liegt bei 62 % des Bruttoinlandsprodukts. Besorgniserregend sind die Arbeitslosigkeit mit 7,4 % (2016) und die Auslandsverschuldung, die 2016 über die Marke von 12 Mrd. US-$ kletterte.

Mauritius auf einen Blick

Fläche:	2.040 km², davon Mauritius mit 1.865 km², dazu kommen Inseln und Archipele wie Rodrigues (104 km²), Cargados-Carajos und Agalega (71 km²)
Einwohner:	1.262.862 (Schätzung 2015)
Bevölkerungsdichte	ca. 619 Einwohner/km²
Bevölkerung:	ca. 68 % Indo-Mauritier (indischer Abstammung), ca. 27 % Kreolen (afrikanischer oder madagassischer Abstammung), ca. 2 % Sino-Mauritier (chinesischer Abstammung), ca. 2 % Franko-Mauritier (europäischer/französischer Abstammung)
Staatssprache:	Englisch gilt als offizielle Sprache, wird aber nur von rund 0,3 % der Bevölkerung als Erstsprache gesprochen und steht in seiner Bedeutung hinter Französisch zurück. Die Medien, die Politik, Wirtschaftsvertreter und die oberen sozialen Schichten sprechen Französisch. Englisch und Französisch sind Unterrichtssprache in den Schulen. Auch Hindi und Urdu sind weit verbreitet. Nahezu alle Bevölkerungsgruppen sprechen Créole.
Hauptstadt:	Port Louis: 149.923 Einwohner (Ende 2014)
Religion:	Ca. 48 % der Bevölkerung sind Hindus, 32 % Christen (mehrheitlich Katholiken), 17 % Muslime und 3 % Anhänger anderer Bekenntnisse, darunter Bahais, Buddhisten, Sikhs. Rodrigues ist zu über 90 % katholisch.

Flagge:	Vier Querstreifen in den Farben (v. o.) rot, dunkelblau, gelb, grün. Rot steht für das Blut, das im Unabhängigkeitskampf vergossen wurde, Dunkelblau für den Indischen Ozean, der die Insel umgibt, Gelb für „das Licht der Selbstständigkeit, das jetzt über der Insel leuchtet", Grün für die reiche Vegetation des Landes.
Nationalfeiertag:	12. März (Tag der Unabhängigkeit)
Staats- und Regierungsform:	Souveräne Republik im Commonwealth mit parlamentarischer Demokratie nach britischem Vorbild. Oberhaupt ist der Staatspräsident.
Staatsoberhaupt:	Ameenah Gurib-Fakim, die erste Frau im Präsidentenamt
Städte:	Port Louis 149.923 EW, Vacoas-Phoenix 106.435 EW, Rose Hill/Beau Bassin 104.835 EW, Curepipe 79.126 EW, Quatre Bornes 77.492 EW, Port Mathurin 7.940 EW (alle Stand Ende 2014)
Verwaltungsbezirke:	Mauritius ist in folgende neun Distrikte unterteilt: Black River, Flacq, Grand Port, Moka, Pamplemousses, Plaines Wilhelms, Port Louis, Rivière du Rempart und Savanne. Hinzu kommen die drei Insel-Dependancen Agalega Islands, Cargados-Carajos und Rodrigues
Währung:	Mauritius-Rupie (Rs)
Wirtschaft:	Textilindustrie, Zucker, Tourismus; Wirtschaftswachstum 3,8 % (2016)
Bruttoinlandsprodukt:	11,87 Mrd. US-$, ca. 20.443 US-$ pro Kopf (2016)
Arbeitslosenquote:	7,4 % (2016)
Inflation:	1,5 % (2016)
Handelspartner (2015, Anteile in %):	Exporte: Großbritannien (12,6), VAE (12,5), USA (10,6), Frankreich (9,4), Südafrika (8,7), Madagaskar (6,5), Italien (5,5), Spanien (4,4), sonstige (29,8) Importe: China (18,5), Indien (17,7), Frankreich (7,1), Südafrika (6,6), Vietnam (4,4), Spanien (3,1), Australien (2,6), Japan (2,5) Deutschland (2,4), sonstige (35,1)
Problematik:	Die Hauptausfuhrgüter sind starken Preisschwankungen auf dem Weltmarkt ausgesetzt. Große Abhängigkeit von Energie, Nahrungsmitteln und Investitionsgütern als kostenintensiven Importprodukten. Hohe Arbeitslosigkeit, chronisch hohe Handels- und Leistungsbilanzdefizite sowie Auslandsschulden (2016: 12 Mrd. US-$).

Historischer Überblick

Wenn ich geschlossnen Augs in Abendglut
Einschlürfe deinen warmen Duft mit Beben,
Seh' ich ein herrlich Ufer sich erheben
Aus einem Meer, drauf ewiges Leuchten ruht.

Ein schwellend Eiland, dem der Sonne Flut
Seltsame Bäume, saftige Frucht gegeben
Und Frauen, deren Blick voll Glanz und Mut.

Charles Baudelaire, in „Les Fleurs du Mal"

Man bekommt die Vorstellung, dass zuerst Mauritius und dann der Himmel erschaffen wurde; und dass der Himmel Mauritius nachgebildet wurde.

Mark Twain, in „Following the Equator"

Lange Zeit lagen sie außerhalb der bedeutenden Handels- und Schifffahrtsrouten und wurden deshalb verhältnismäßig spät entdeckt. Trotzdem sind die **Maskarenen** ein Archipel mit einer interessanten Geschichte: Hier versammelten sich die wichtigsten Kolonialmächte der Neuzeit und kämpften gegeneinander. Aber nicht nur Holländer, Franzosen und Engländer drückten den Inseln ihren Stempel auf. Besonders die als Sklaven hierhin verschleppten Afrikaner und die als billige Arbeitskräfte und als Händler nach Mauritius gekommenen Inder und Chinesen prägten und prägen Wirtschaft, Sozialgefüge, Kultur und Politik des Landes – bis heute. Über weite Strecken liest sich die Geschichte spannend wie ein Abenteuerroman: Schauplatz von Kämpfen zwischen seefahrenden Europäern, Unterschlupf und Stützpunkt von Piraten, Insel der Sklavenhändler und Sklavenaufstände, Insel des Zuckers und der Zuckerbarone …

Mauritius bietet aber mehr als nur den (oft historisch verklärten) Rückblick auf die Zeit der Seeräuberschätze – und jedenfalls auch mehr als nur die „Karriere" einer Briefmarke. Genauso interessant ist die Zeit der Unabhängigkeit, in der ein Vorposten Afrikas versucht, mit den Schwierigkeiten der Dritten Welt, mit Überbevölkerung, wirtschaftlicher Monokultur und ethnischer Zersplitterung fertig zu werden und sich in einem funktionierenden Gemeinwesen zusammenzufinden.

Entdeckung und erste Kolonisation

Erste Entdeckungsfahrten

Wann Mauritius oder die anderen Inseln der Maskarenen zum ersten Mal von wagemutigen Seefahrern angelaufen wurden, ist nicht mit Sicherheit zu sagen. Als gesichert kann hingegen gelten, dass seit dem 10. Jh. n. Chr. **arabische Seefahrer** auf ihren Dhaus bis zu den Seychellen, Komoren und Maskarenen vorgedrungen sind. Auf Réunion z. B. wird eine Brunnenanlage auf diese arabischen Expeditionen zurückgeführt und deswegen als ältestes Bauwerk des gesamten Archipels bezeichnet. In irgendeiner Weise geprägt wurden die Maskarenen durch die Araber allerdings nicht – doch sie waren es, die den Europäern den Weg nach Mauritius weisen sollten, nämlich als Lotsen, Navigatoren und Kartografen in Diensten der Portugiesen.

In der Geschichte der Entdeckungen haben die **Portugiesen** eine überragende Rolle gespielt. Auch der Indische Ozean, von Portugal aus nur durch den Atlantik und um das Kap der Guten Hoffnung herum zu erreichen, ist von Seefahrern und Händlern aus Portugal ausgekundschaftet worden. In Südasien, besonders in Indien, lockten Gewürze, Edelmetalle und Luxuswaren, und nach der Afrikaumsegelung des Bartolomeu Dias (1488) begann bald ein lebhafter Handelsverkehr. Wenig später gerieten die Maskarenen in den europäischen Blickpunkt, lag der Archipel doch recht nah zur Fahrtroute und eignete sich als Zwischenstation zur Proviantaufnahme. Obwohl von Landsleuten wie Tristão da Cunha (1507) bereits vorher gesichtet, war es dem Kapitän Dom Pedro Mascarenhas, der 1512 oder 1516 auf Réunion stieß, vorbehalten, in die Geschichtsschreibung als Entdecker der Inseln einzugehen und ihnen seinen Namen zu geben: Seit 1520 sind sie auf portugiesischen Seekarten als Ilhas Mascarenhas verzeichnet.

Da es auf den Maskarenen keine einheimische Bevölkerung, folglich auch keine Handelsprodukte gab, waren sie für die Portugiesen nur zu einem Zweck interessant: Hier konnte man Wasser- Essensvorräte bunkern, sich bei plötzlich auftretenden Zyklonen in Sicherheit bringen und eine bequeme Zwischenstation einlegen. Um die Versorgung mit Frischfleisch zu gewährleisten, setzten die Europäer Schweine und Ziegen aus, die man bei der Rückfahrt schlachtete. Es blieb nicht aus, dass dabei ebenfalls Hunde und Ratten eingeführt wurden, die zusammen mit den Nutztieren sehr bald die einheimische Tier- und Pflanzenwelt empfindlich zu stören begannen.

Aber Mauritius hatte den hungrigen Portugiesen auch selbst genug anzubieten: Der Dronte (Dodo), ein flugunfähiger Vogel, war mangels natürlicher Feinde überall anzutreffen und leicht einzufangen. Dass er überdies essbar war, wurde ihm schließlich zum Verhängnis. Noch schmackhafter waren für die ersten Europäer jedoch die riesigen Schildkröten, die man ebenfalls leicht einfangen konnte und die sich, ohne Wasser oder Nahrung zu brauchen, wochenlang als lebende Fleischreserve auf den Schiffen halten ließen. Recht früh wurde außerdem bekannt, dass Mauritius einige ideale Nutzhölzer aufzuweisen hatte, allen voran das begehrte Ebenholz.

Ankunft der Europäer

Doch erst Ende des 16. und der Anfang des 17. Jh. kam eine bunte Schar von Europäern, die von den Reichtümern und der Lage von Mauritius – vor allem im Zusammenhang mit dem sprunghaft angestiegenen Ostindienhandel – profitieren wollten. 1598 landete hier zum ersten Mal eine **holländische Expedition** von einigen Schiffen an, deren Admiral Wybrandt van Warwijk die Insel in Besitz nahm und ihr nach dem Statthalter Prinz Moritz von Nassau den noch heute gültigen Namen gab.

Auch **Dänen**, **Engländer** und **Franzosen** kamen, schlugen Holz zur Reparatur ihrer Schiffe oder zu Exportzwecken, deckten sich mit Dodos, Schildkröten und Schweinefleisch ein und verschwanden wieder. Um gegen diese Konkurrenz „ihre“

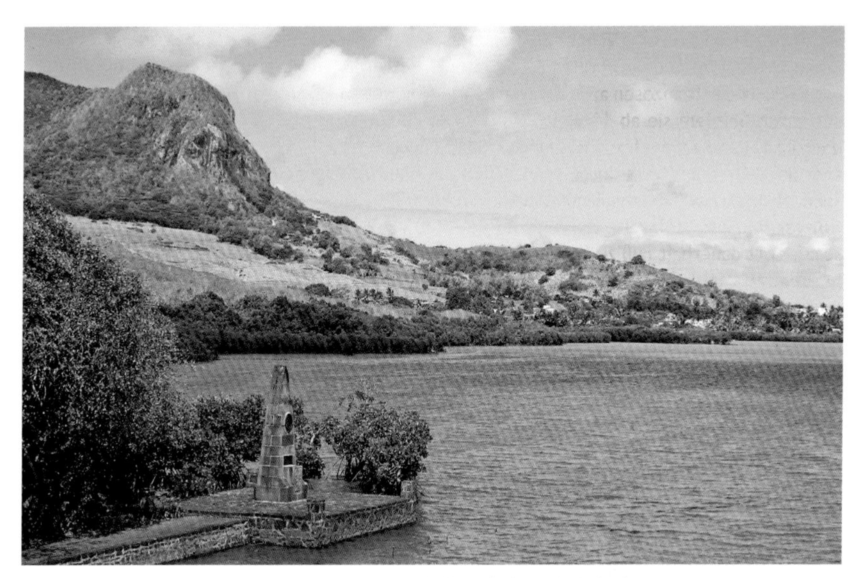

Das Holländer-Monument nahe Mahébourg erinnert an die Herrschaft der Niederländer

Insel zu schützen, wurde Mauritius von den Niederländern nun ganz offiziell annektiert und ab 1638 mit zwei kleinen Kolonien besiedelt. Außerdem verfolgte die holländische Ostindienkompanie dadurch das politisch-strategische Ziel, ihren Besitzungen auf Indonesien und dem lukrativen Handel sozusagen Flankenschutz zu geben.

Aber schon nach zwanzig Jahren mussten die Niederländer ihre beiden Siedlungen Warwijk's Haven und Vlak wieder aufgeben, nachdem ihnen Wirbelstürme, Rattenplagen, Desorganisation und Erdrutsche das Leben schwer gemacht hatten. Auch ihrem zweiten Versuch, auf Mauritius Fuß zu fassen, war kein langes Leben beschieden: 1664 wurden die Kolonisierungspläne erneut aufgegriffen und 1710 aus den gleichen Gründen wieder fallen gelassen. In diesen beiden Perioden lebten kaum mehr als 200 Niederländer und etwa 1.000 Sklaven auf Mauritius.

Schädigung der Flora und Fauna

Die Zeit der Holländer, so kläglich deren Versuche einer dauerhaften Präsenz auch scheiterte, hatte doch **weit reichende Konsequenzen**. Sie hinterließ der Insel den heutigen Landesnamen und einige Orts- und Flurbezeichnungen (z. B. Vlak = Flacq; Pieter Both u. a.). Zudem wurde in jener Zeit die einheimische Flora und Fauna schwer geschädigt – der Dodo und andere Vogelarten wurden vollständig ausgelöscht, ebenso die Elefantenschildkröte (die in unseren Tagen aus den Seychellen wieder eingeführt wurde), und die Ebenholzbestände wurden fast ganz vernichtet. Mit der Einführung des Zuckerrohrs wurde der Grundstock der späteren Monokultur und des Hauptexportartikels der Insel gelegt. Die aus Java importierten Sambur-Hirsche haben sich bis heute enorm vermehrt und bereichern den insularen Speisezettel. Schließlich brachten die Holländer auch die ersten Sklaven aus Afrika und Madagaskar auf die Insel.

Die Zeit der Franzosen

Die Präsenz der Franzosen auf Mauritius ist älter als der freiwillige Abzug der Niederländer. Seitdem sie ab 1643 auf Madagaskar über ein Fort verfügten, gab es noch im 17. Jh. mehrere französische Expeditionen in die Weite des Indischen Ozeans, die 1649 in die Annexion der Inseln Réunion und Rodrigues mündeten. Aber auch Mauritius wurde angelaufen, wobei ihnen die Insel teilweise als **Verbannungsort** diente, teilweise als Versuch, selbst zu Zeiten der holländischen Herrschaft dort dauerhaft Fuß zu fassen. Rodrigues wurde ganz ohne niederländisches Intermezzo von Anfang an von Franzosen geprägt: 1691 zuerst von zehn Hugenotten für einige Jahre besiedelt, 1725 in einem zweiten, ebenfalls missglückten Anlauf und ab 1750 letztlich erfolgreich und dauerhaft. Natürlich war die Sache bedeutend einfacher, nachdem die Holländer 1710 endgültig Mauritius in Richtung Südafrika verlassen hatten.

Kampf gegen Piraten

Außer strategischen und kolonisatorischen Gründen war das Eingreifen Frankreichs im Indischen Ozean noch durch einen anderen Faktor bedingt: Die immer dreister werdenden und nach dem niederländischen Abrücken besonders starken Übergriffe der Piraten, die z. T. selbst Franzosen oder französischer Herkunft waren. Ursprünglich von einem Stützpunkt in Nordmadagaskar aus operierend, setzten sich die Seeräuber nach 1710 auf Mauritius fest und fügten gerade den französischen Handelsschiffen enormen Schaden zu.

Die unvorstellbaren Reichtümer, die damals aus Indien und anderen Ländern über den Ozean nach Europa transportiert wurden, animierten immer mehr Seeräuber zu ihrem einträglichen Geschäft. Die Geschichten von sagenhaften Schätzen, die schillernde Piratengestalten wie Olivier le Vaseur alias „La Buse" (= der Bussard) und andere auf Réunion, Mauritius und den Seychellen vergraben haben sollen, gehen auf diese bewegte Zeit zurück. Deswegen war das französische Engagement auf Mauritius ab 1715 zunächst hauptsächlich ein Kampf einer Handelsmacht gegen das gut organisierte und besonders mit amerikanischen Schiffen kooperierende Piratentum, ein Kampf, der schließlich 1730 durch die Hinrichtung von La Buse auf Réunion von Erfolg bekrönt war.

Mauritius im Besitz von Frankreich

Als jedenfalls im September 1715 ein Kriegsschiff zur Jagd auf die Seeräuber anlandete, stieß dessen Kapitän Guilleaume Dufresne damit gleichzeitig in ein machtpolitisches Vakuum und nahm die Insel als „Île de France" für Frankreich in Besitz. Nun waren die Franzosen Herren über den gesamten Archipel der Maskarenen und hatten außerdem einen guten Brückenkopf im sich abzeichnenden Kampf gegen England um die indischen Besitzungen. Nachdem die Piraten gefangen, hingerichtet oder vertrieben waren, konnte die französische Ostindien-Kompanie 1721 darangehen, auch Siedlungspolitik zu betreiben.

Aus bescheidenen Anfängen mit 15 Kolonisatoren und etlichen Sklaven erwuchs ab 1735 ein prosperierender und **wirtschaftlich erfolgreicher Machtfaktor** im Indischen Ozean. Treibende Kraft und gleichzeitig vornehmster Repräsentant dieser Entwicklung war der neue Gouverneur Bertrand François Mahé de Labourdonnais.

info

Mahé de Labourdonnais

Nicht nur die vielen Standbilder an exponierter Stelle auf Réunion und Mauritius, sondern auch der Name der Seychellen-Hauptinsel Mahé erinnern an jenen **Gouverneur**, dem es als Erstem gelang, die Maskarenen in blühende Kolonien mit beträchtlicher wirtschaftlicher und militärischer Potenz und schnell wachsender Population zu verwandeln. Wie viele berühmte Seefahrer Frankreichs war auch Mahé de Labourdonnais ein Sohn der Stadt Saint Malo, wo er 1699 geboren wurde. Bereits als Zehnjähriger bei der Handelsmarine tätig, war sein Leben seit frühester Jugend mit der Schifffahrt verknüpft.

Als Leutnant trat er in die Ostindische Kompanie seines Landes ein, später kämpfte er gegen Seeräuber vor Indien und war Kapitän in **portugiesischen Diensten**. Als 36-Jähriger wurde er als neuer Gouverneur der Kompanie zu den Maskarenen berufen. Hier ging er mit außerordentlicher Energie daran, die zivile und militärische Struktur der Inseln zu verbessern. Nicht selten mischte er sich dabei auch in detaillierte Fragen der Kolonialarchitektur ein und erwies sich dabei als Mann von treffsicherem Geschmack. 1738 verlegte Labourdonnais seinen Gouverneurssitz schließlich von der Île Bourbon zur Île de France (= Mauritius), wo er ebenfalls Bauprojekte durchführen ließ. Wichtigstes Ergebnis war dabei die Entstehung von Hauptstadt und Hafen in Port Louis, das seinen Namen nach dem französischen König erhielt und das der Gouverneur mit Kriegsschiffen und einer starken Garnison zu schützen wusste. Die ersten beiden Stockwerke des prächtigen **Governor's House** tragen heute noch seine Handschrift. Seine Förderung der Landwirtschaft und der Ausbau der Infrastruktur, besonders durch den vermehrten Anbau von Zuckerrohr, haben viel zur Entwicklung der Kolonie beigetragen und prägen das Bild der Insel bis zum heutigen Tag. In diesem Zusammenhang ist die Eröffnung der ersten beiden Zuckerraffinerien im Jahre 1744 von enormer Bedeutung.

Eines der zahlreichen Denkmäler des berühmten Gouverneurs

Obwohl als oberster ziviler Landesherr von der Kompanie berufen, musste Labourdonnais 1742 die von ihm vorhergesagte Eskalierung des Konfliktes um Indien zum offenen Krieg erleben. Hier erwiesen sich seine präventiven militärischen Maßnahmen als richtige Entscheidungen. In dem

Handelskrieg, bei dem es immerhin um die gesamte wirtschaftliche Macht Frankreichs in Indien ging (einschließlich etlicher Millionen Inder, die auf den Plantagen der Franzosen arbeiteten), erwies sich der Gouverneur auch als **Seeheld**: Vor der Küste Indiens konnte er die englische Flotte besiegen und die Hafenstadt Madras erobern.

Wie so oft sollten zu viel Leistung und zu viel Glück bei den Zeitgenossen, insbesondere bei persönlichen Konkurrenten, nicht gleichermaßen positiv aufgenommen werden. Der damalige indische Generalgouverneur erreichte es, dass Mahé de Labourdonnais noch während seiner Rückfahrt nach Mauritius seines Postens als Gouverneur enthoben und unter Anklage gestellt wurde. Während des jahrelangen Prozesses – man bezichtigte ihn des Verrates und der Kooperation mit dem Feind – saß er als **Gefangener** in der Pariser Bastille ein. Zwar wurde der Mann, der aus Réunion und Mauritius blühende französische Kolonien gemacht hatte und nebenbei auch die Seychellen für Frankreich annektieren konnte, schließlich von allen Vorwürfen freigesprochen, aber niemals wieder konnte er an seine glänzende Vergangenheit anschließen: Nur kurze Zeit später starb Mahé de Labourdonnais, psychisch gebrochen und finanziell ruiniert ...

Der Ausgang des Siebenjährigen Krieges jedoch machte die **Vorrangstellung Englands** deutlich. Zunächst ging in der Folge des Kriegsausganges 1767 die Ostindiengesellschaft bankrott, und die Île de France wurde nun direkt von der Krone verwaltet. Einer deren Intendanten war Pierre Poivre (1767–72), der mit seinem persönlichen Einsatz noch einmal an die Zeit Labourdonnais' anschließen konnte: Das Straßennetz wurde erweitert, verfallene Gebäude wurden erneuert und ausgebaut, neue Siedler ins Land geholt und der Gewürzanbau intensiviert. Poivres privates Interesse galt der Botanik, und der Aufbau der Botanischen Gärten von Pamplemousses (s. S. 178) ist zum größten Teil sein Verdienst. Von den damals knapp 20.000 Einwohnern der Insel waren höchstens 15 % Weiße, der Rest bereits Sklaven ...

Erneuerung unter Pierre Poivre

Im letzten Jahrzehnt vor der Französischen Revolution spitzte sich der englisch-französische Gegensatz im Indischen Ozean nochmals zu. Die in ihrer Gesamtheit stark geschrumpften französischen Gebiete konnten sich aber nun voll auf die Abwehr der Engländer konzentrieren und wurden durch eine Kriegsflotte zusätzlich unterstützt. Dadurch gelang es, die Briten mehrfach empfindlich zu schlagen und sogar einige Bastionen in Indien zurückzuerobern. In dieser Situation bedeutete die Revolution hier keine besonders einschneidende Umwälzung. Zwar wurde in Port Louis ein Paradeschafott installiert, zwar wurde der Name der Nachbarinsel „Bourbon" in „Réunion" umgeändert, aber das Mutterland war zu weit entfernt, als dass dort gefasste Beschlüsse auf Mauritius in die Tat hätten umgesetzt werden können. So hatte die Proklamation der Abschaffung der Sklaverei trotz der Entsendung republikanischer Agenten keine Aussicht auf Einlösung, da die insulare Wirtschaft zu eng mit der **Sklaverei** verknüpft war. Die Agenten wurden zurück nach Paris geschickt und vorläufig blieb alles beim Alten. Außenpolitisch war der erneute Kriegszustand mit England ebenfalls ein altes Kapitel. Da traf die verheerende **Pockenepidemie** in den Jahren 1792/93 die Bevölkerung schon empfindlich tiefer.

Zu Anfang des 19. Jh. standen Mauritius und besonders seine Hauptstadt **Port Louis** in voller Blüte. Dessen Bedeutung als Hafenstadt, die kurzzeitig in Port Napoléon umbenannt wurde, reichte an die jeder anderen Metropole des Indischen Ozeans heran. Kein Zweifel: Der Wahlspruch des Inselwappens „Stern und Schlüssel zum Indischen Ozean“ (Stella Clavisque Maris Indicis) hatte seine Berechtigung. Das verlockte natürlich die Briten, die bereits 1794 den Archipel der Seychellen erobert hatten. Im Seekrieg gegen die Engländer jedoch übernahmen die Franzosen die **Taktik der Piraten**. Nur war diese Seeräuberei eine höchst offizielle, von Paris aus mit Kaperbriefen ausgestattet. Die Korsaren (franz.: *corsaires*) fügten den schwerfälligeren englischen Handels- und Kriegsschiffen einen solch immensen Schaden zu, dass die Briten auf die bekannten Korsaren hohe Kopfgelder aussetzten. Der berühmteste von diesen war wohl Robert Surcouf, der fast 50 feindliche Schiffe aufgebracht haben und zu enormem Reichtum gelangt sein soll. Trotz aller Nachstellungen konnte der „König der Korsaren“ niemals gefangen werden und beendete sein Leben als reicher Reeder in seiner Geburtsstadt Saint Malo. Bereits zu Lebzeiten eine Legende, ist Surcouf (1773–1827) noch heute Gegenstand mauritischer Verehrung, während nach seinen Schätzen fieberhaft gesucht wird. In „Der Goldsucher“ beispielsweise, einem der bekanntesten Bücher über das Leben auf Mauritius, schickt der französische Literaturnobelpreisträger J. M. G. Le Clézio seinen Held Alexis nach dem Tod seines Vaters in die Welt hinaus, um – ausgestattet mit alten Plänen und Karten – den sagenhaften Schatz eines Korsaren auf der Insel Rodrigues zu bergen. Das Gold findet Alexis zwar nicht, dafür aber über seine Reisen letztendlich zu sich selbst.

„Der Goldsucher“ von Le Clézio

Doch der Lauf der Weltgeschichte ließ sich auch durch die Korsaren nicht mehr aufhalten: Die französische Epoche ging unaufhaltsam ihrem Ende entgegen. Noch einmal aber lieferten sie den Engländern eine solch berühmte und erfolgreiche Seeschlacht, dass Napoléon es wert fand, diese auf dem Triumphbogen in Paris darstellen zu lassen – am 20. August 1810 schossen sie ein gleichstarkes britisches Geschwader vor Vieux Grand Port zusammen. Drei Monate später jedoch bewegte sich eine englische Flotte von 70 Schiffen und mit 10.000 Mann, die sich zuvor bei der Insel Rodrigues gesammelt hatte und unter dem Kommando von General John Abercrombie stand, auf Mauritius zu. Die Engländer fanden eine Passage bei der Insel Coin de Mire und landeten am Cap Malheureux. Da Charles Decaen, der General Napoléons und letzte französische Gouverneur von Mauritius, einen Angriff nicht an dieser Stelle erwartet hatte, konnten die Engländer fast unbehelligt auf die Hauptstadt zumarschieren. Auch dort war jeder weitere Widerstand der zahlenmäßig unterlegenen Verteidiger zwecklos, und nach einigen Scharmützeln musste Decaen die **Kapitulation** unterschreiben. Im gleichen Jahr war auch Réunion an England gefallen, und somit hatte Frankreich alle seine ehemaligen Besitzungen im Indischen Ozean an den Erzfeind verloren.

Die Zeit der Engländer

Nach den langjährigen Kriegen zwischen Frankreich und England könnte man annehmen, die Übernahme der Insel würde eine starke historische Zäsur bedeuten. Dem aber war nicht so. Selbstverständlich gab es einige „Korrekturen“ auf politischem, administrativem und kulturellem Gebiet. Selbstverständlich musste die Hauptstadt ihren kurz vorher erhaltenen Namen Port Napoléon ablegen und hieß nun wieder „Port Louis", und aus der Île de France wurde wieder „Mauritius". Aber schon in den Kapitulationsbedingungen von 1810 (Artikel 8) war den französischen Siedlern eine von englischen Einflüssen weitgehend ungestörte Zukunft versprochen worden: Sie durften ihre Religion ausüben, ihre Sprache sprechen, nach ihren Gebräuchen leben und selbst ihre Gesetze behalten. Der Grund für diese zuvorkommende Behandlung war wohl der, dass das recht kleine Mauritius für britische Kolonialisierungspläne zu unbedeutend war und es den Engländern genügte, von der geostrategischen Lage, dem Hafen und den Steuern der französischen Siedler zu profitieren. Diese Toleranz den ehemaligen Herren gegenüber hat ihre Folgen bis auf den heutigen Tag: Das als offizielle Landessprache geltende Englisch wird längst nicht in dem Umfang beherrscht wie Französisch und Créole, und immer noch ist der Code Napoléon die gesetzliche Grundlage des Inselstaates.

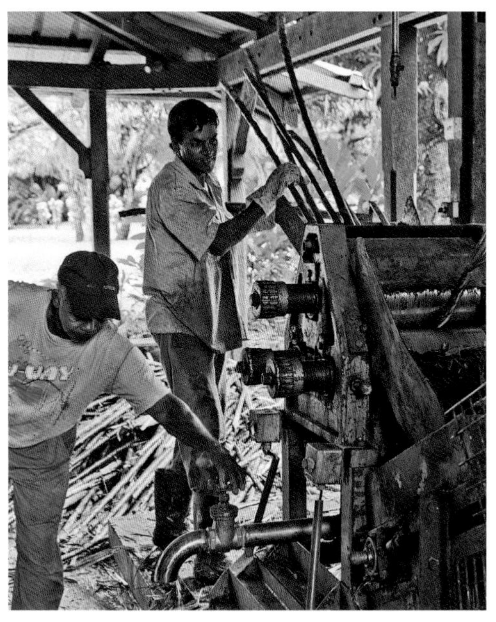

Heute wie damals wirtschaftlich bedeutend: Zuckerrohr

Monokultur Zucker

Wirtschaftlich setzten die Briten auf den bereits von den Holländern eingeführten und von den Franzosen intensivierten Zuckerrohranbau. In der zweiten Hälfte des 19.Jh. wurde die Produktion von ca. 10.000 auf über 100.000 t gesteigert, und Mauritius konnte bereits damals als „Zuckerinsel" bezeichnet werden. Aus einer wirtschaftlichen Komponente unter vielen wurde somit die alles beherrschende Monokultur mit all ihren Auswirkungen auf Handel und Sozialgefüge. Die großen Landeigentümer, die **„Zuckerbarone"**, gaben von nun an in Politik und Gesellschaft den Ton an, und sie waren es, die sich am heftigsten gegen die Befreiung der Sklaven wehrten.

Erst nachdem ihnen von London eine großzügige Entschädigung für jeden freigelassenen Sklaven zugesichert worden war, konnte 1835 auf Mauritius wie in allen anderen britischen Kolonien die Abschaffung der Sklaverei durchgesetzt werden – innenpolitisch sicherlich das bedeutendste Ereignis nach dem Ende der französischen Zeit.

Die **Sklavenbefreiung** sollte jedoch weder die vorherrschende Wirtschaftsform noch deren negative Folgen ins Wanken bringen. Die geringe Bezahlung, die die ehemaligen Sklaven aus Afrika und Madagaskar nun für ihre Arbeit verlangen konnten, wurde von den Zuckerbaronen bequem aus dem überquellenden Topf der Entschädigungsgelder entrichtet. Da sich unter diesen Umständen die meisten

Freigelassenen von den Plantagen zurückzogen und ein Stück eigenen Landes erwarben und bebauten, entstand ein **Arbeitskräftemangel**, den die Grundeigentümer mit „Menschenmaterial" aus Indien und China behoben. Obwohl formell an befristete Verträge gebunden, unterschied sich das Los der neuen Arbeiter nur unwesentlich von dem der früheren Sklaven: Von skrupellosen Händlern in den Slums etwa Kalkuttas angeworben, wussten die „Kulis" weder, wohin die Reise ging – ihnen war erzählt worden, sie würden in eine andere indische Stadt gebracht –, noch was sie dort erwartete.

Viele starben auf der Überfahrt auf jenen Schiffen, die früher im Sklavenhandel eingesetzt waren, viele folgten unter den unsäglichen sanitären und arbeitsmäßigen Bedingungen auf den Zuckerplantagen. Das Geld für diesen **Kulihandel** stammte immer noch aus den Entschädigungen im Zuge der Sklavenbefreiung. Da der Handel mit Zucker florierte und sich die Absatzchancen z. B. durch die Eröffnung des Suezkanals verbesserten, sahen weder die Zuckerbarone noch die englische Administration Grund für die Beseitigung dieser Verhältnisse …

Große soziale Unterschiede

Mauritius in der zweiten Hälfte des 19. Jh. bot somit ein Bild, dessen starke Licht- und Schattenseiten ohne Zwischentöne charakteristisch waren: Auf der einen Seite eine blühende Kolonie mit allen wirtschaftlichen und gesellschaftlichen Vorteilen der europäischen Oberschicht: Man wohnte in prächtigen Villen, vergnügte sich im neuen Theater von Port Louis, konnte seit 1869 durch ein unterseeisches Kabel mit Europa kommunizieren, hatte Eisenbahnverbindungen und profitierte von einer Wirtschaftslage, die Mauritius als Zuckerlieferant für Australien, Indien und Europa zu einer **internationalen Drehscheibe** des Exportes gemacht hatte. Auf der anderen Seite eine überwältigende Bevölkerungsmehrheit unter ärmlichsten Verhältnissen, geprägt von einem zu starken Import von neuen Arbeitskräften – etwa 500.000 Menschen

Die indische Bevölkerung prägt bis heute das Bild

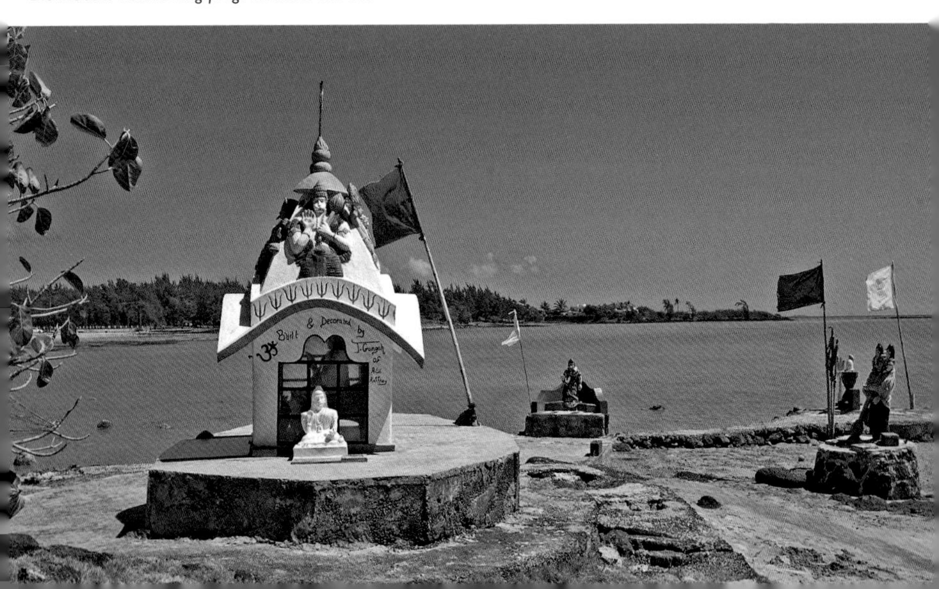

allein aus Indien – und den dadurch verursachten Ernährungsproblemen, zusätzlich verschlimmert durch eingeschleppte Krankheiten wie Malaria und Cholera.

Es ist erstaunlich, wie lange sich diese **polarisierte Gesellschaft** halten konnte, selbst noch während der Regentschaft von Queen Victoria und in den Zeiten des unaufhaltsamen Niederganges. Zwar gab es erfolgreiche Bestrebungen, die Allmacht der Zuckerbarone zu brechen und die rechtliche und soziale Situation der Arbeiter zu verbessern. Eine Verfassungsreform sah ab 1885 ein Wahlrecht vor, das aber nur die Mitglieder der Oligarchie in Anspruch nehmen konnten und das bis 1947 Bestand hatte. Auch eine Abkehr von der verhängnisvollen Zuckermonokultur wurde vereinzelt versucht. Im Großen und Ganzen aber verharrte Mauritius bis nach dem Zweiten Weltkrieg auf dem Stand des 19. Jh. – mit der wichtigen Ausnahme allerdings, dass die wirtschaftliche Lage immer schlechter wurde.

Allmacht der Zuckerbarone

Zuerst verlagerte sich der Weltmarkt für Zucker immer mehr in die Karibik, außerdem baute man verstärkt auch in Europa Zuckerrüben an. Dann gingen auch die Handelsrouten mehr und mehr an Mauritius vorbei, die Zahl der jährlichen Schiffsanläufe wurde stetig geringer, und schließlich spielte die Insel überhaupt keine Rolle mehr. Die Folge waren eine **Verarmung** ungeheuren Ausmaßes und ein starker Rückgang der Population, auch verursacht durch die immer wieder aufflackernden Epidemien.

Politisch bedeutsam ist in dieser Zeit ein Besuch Mahatma Gandhis, der viel für das politische Selbstbewusstsein des indischen Bevölkerungsanteiles getan hat. 1901 war er gemeinsam mit seiner Frau zehn Tage auf der Insel unterwegs und wurde von den Indo-Mauritiern freundlich aufgenommen. Gandhi selbst machte aus dem Besuch keine große Staatsaffäre, nur wenige Freunde wussten von seinem Aufenthalt. Es bereiste die Insel mit dem Zug und verschaffte sich ein Bild über die meist schlechten und unwürdigen Arbeits- und Lebensbedingungen seiner Landsleute. Und folgerte, dass auch hier Bildung der Schlüssel zum Erfolg sein muss. So forderte er in einer Brandrede die Indo-Mauritier dazu auf, sich mehr für Bildung und Politik zu interessieren. Als späte Folge des Besuchs entstanden auf Mauritius beispielsweise das Mahatma Gandhi Institute & Rabindranath Tagore Institute, das 1970 gegründet wurde. Gleichzeitig wurden die **ersten Parteien** gegründet. Vom internationalen Geschehen war Mauritius jedoch weitgehend ausgeschlossen, und Verkehrsverbindungen mit dem Mutterland oder mit Afrika gab es nur noch sporadisch.

Mahatma Gandhi zu Besuch

Im **Zweiten Weltkrieg** wurde die Insel jedoch aufgrund ihrer Lage für die Briten erneut interessant. Wie Malta im Mittelmeer, konnte Mauritius ab 1942, als die Air Force ihren Militärflughafen in Plaisance eröffnete, die Rolle eines „Flugzeugträgers" im Indischen Ozean erfüllen. Hinsichtlich der späteren Entwicklung des Tourismus ist dieser Flughafen (heute: Sir Seewoosagur Ramgoolam International Airport), der ab 1946 dem zivilen Flugverkehr diente, zusätzlich von ausschlaggebender Bedeutung.

Nach dem Zweiten Weltkrieg wurden nun endlich längst überfällige Verbesserungen der Infrastruktur und der politischen Landschaft in die Tat umgesetzt. Seit 1947 durfte jeder, der seinen Namen schreiben konnte, zur Wahl gehen. Seit 1958 gibt es das uneingeschränkte, allgemeine Wahlrecht. Durch Bereitstellung entsprechender Gelder und eine groß angelegte Schädlingsbekämpfung gelang es in den

Neues Wahlrecht

1950ern auch, der Cholera und Malaria Herr zu werden – was zu einem erneuten explosionsartigen **Anstieg der Bevölkerung** führte.

Seitdem nun auch die Masse der Landarbeiter wählen konnte und das politische Leben immer mehr von der Labour Party geprägt wurde, vermehrten sich zum Ausgang der 1950er-Jahre jene Stimmen, die eine Loslösung von Großbritannien und die Installierung eines unabhängigen Mauritius forderten. Eine Verfassungskonferenz in London prüfte 1965 diese Möglichkeit, und nachdem sich bei der Wahl von 1967, die über die Frage der Unabhängigkeit entscheiden sollte, 56 % der Mauritier klar dafür aussprachen, stand der **staatlichen Souveränität** der Insel nichts mehr im Wege. Am 12. März 1968 fand auf dem Champ de Mars in Port Louis deren feierliche Proklamation statt. Ein großer Tag, der 1930 einen bedeutenden Vorgänger hatte: Am 12. März 1930 marschierte Mahatma Gandhi mit 78 seiner getreuen Anhänger los, um gegen das Salzmonopol der britischen Kolonialmacht in Indien zu demonstrieren. Damit läutete er das Ende der Kolonialherrschaft ein. So führte der Salzmarsch mit zur Unabhängigkeit Indiens von Großbritannien, die am 15. August 1947 proklamiert wurde.

Feierliche Proklamation

Die Unabhängigkeit

Es ist bewundernswert, wie es der kleine, aber bevölkerungsreiche Inselstaat Mauritius in der kurzen Geschichte seiner Unabhängigkeit geschafft hat, mit Schwierigkeiten fertig zu werden, für die er selbst nicht verantwortlich war. Die **Vielfalt der ethnischen Gruppen** und deren Mischformen waren eine Hypothek, begründet in Sklaverei und Kulihandel der Kolonialmächte, die noch 1968 zu schlimmsten Befürchtungen Anlass gab. Aber die vorhergesagten bürgerkriegsähnlichen Zustände oder gar Pogrome blieben aus. Das kann u. a. auch auf das Wirken von Sir Seewoosagur Ramgoolam zurückgeführt werden, der wohl bedeutendsten politischen Gestalt, die als Symbolfigur des unabhängigen Mauritius jedem Bürger des Landes vertraut ist.

info

Sir Seewoosagur Ramgoolam

Mit dem **„Vater der Unabhängigkeit"** wird jeder Besucher des Landes schon bei der Ankunft vertraut gemacht: Der Internationale Flughafen in Plaisance ist heute nach ihm benannt. Daneben wird man sein Standbild in Port Louis und seinen – etwas schwierig zu schreibenden – Namen in vielen Straßenbezeichnungen wiederfinden.

Am 18. September 1900 im Dorf Bois d'Oiseaux geboren, erwies sich der Sohn indischer Eltern schon früh als aufgeweckt und politisch interessiert. Nach einem Studium der Medizin in Großbritannien kehrte er in sein Heimatland zurück und engagierte sich auf karitativem und politischem Gebiet. 1940 war er bereits Konsul, der für eine begrenzte Selbstverwaltung innerhalb des britischen Reiches kämpfte. Als Mitglied der Union Mauricienne stand er zunächst den Ideen der Arbeiterpartei feindlich gegenüber, näherte sich dieser jedoch immer mehr an, sodass er schließlich deren Mitglied und, 1948, sogar deren Vorsitzender wurde. Nach der Unabhängigkeit war Seewoosagur Ramgoolam als politische Autorität immer präsent und leitete von 1968 bis 1982 die **Regierung**. Nach dem Erdrutschsieg des Mouvement Militant Mauricien (MMM), der seiner Arbeiterpartei keinen Platz im Parlament mehr einräumte, wurde ihm das Amt des **Generalgouverneurs** übertragen, in seinen Aufgaben vergleichbar mit dem des Bundespräsidenten. 1985 starb Sir Seewoosagur, der wie kein zweiter die junge Geschichte seines Landes miterlebt und mitgestaltet hat.

Die ersten **politischen Parteien** hatten noch den Charakter von verschiedenen landsmannschaftlichen bzw. religiösen Interessensvertretungen: Die alte Arbeiterpartei z. B. war die Partei der Inder, das Muslimische Aktions Komitee (CAM) vertrat die Muslime, die Sozialdemokratische Partei (PMSD) die Christen. Und verschiedentlich wurden auch Stimmen laut, die das Übergewicht dieser oder jener Gruppe in harschen Tönen anklagten. Die politische Großwetterlage jedoch ist bis heute erfolgreich von dem Bestreben geprägt, die Bürger des Landes zusammenzuführen und untereinander in gutnachbarschaftliche Beziehungen einzubinden.

Premierminister Anerood Jugnauth

Dem kam entgegen, dass die genannten Parteien zu Regierungsbildungen Koalitionen eingehen mussten, sich schließlich in ihrer Struktur auflösten und z. T. neuen, nun nicht mehr religiös-ethnisch gebundenen Vereinigungen Platz machten. Hier ist das 1968 gegründete Mouvement Militant Mauricien (MMM) besonders zu nennen, da es nach einem Achtungserfolg bei den 1976er Wahlen, als es stärkste Partei des Landes wurde, 1982 die absolute Mehrheit erhielt und über alle Parlamentssitze verfügte. Ihr Parteivorsitzender, der Rechtsanwalt Anerood Jugnauth, wurde Premierminister.

Zwar sank der Stern der MMM nur kurze Zeit später durch eine parteiinterne Spaltung, Jugnauth jedoch – nun Führer der neuen Partei Mouvement Socialiste Militant (MSM) – konnte innerhalb einer Koalitionsregierung 1983, 1987 und 1991 weiterhin wichtigste politische Gestalt bleiben. In seine Amtszeit fällt auch die formelle Umwandlung des Landes in eine **Republik**, die am **12. März 1992** (= Unabhängigkeitstag) feierlich begangen wurde. Damit ging auch die Rolle des Staatsoberhauptes, die bislang Queen Elizabeth II. gespielt hatte, auf ein Landeskind über: Als erster Staatspräsident trat der ehemalige Generalgouverneur Sir Veerasamy Ringadoo sein Amt an.

In dieser ganzen Zeit war die politische Szene des Landes durchaus nicht frei von Skandalen: Als man Parlamentsmitglieder in Amsterdam mit Heroin erwischte, wurde klar, dass höchste Würdenträger in den internationalen Drogenhandel verstrickt waren. Auch Korruptionsfälle kamen ans Tageslicht, und der Premierminister, der mittlerweile zum Sir geadelt worden war, reichte 1995 seinen Rücktritt ein. Die Nachfolge durch Dr. Navin C. Ramgoolam, Sohn des berühmten Sir Seewoosagur Ramgoolam, blieb zunächst allerdings bloßes Intermezzo. Denn bei den Parlamentswahlen vom September 2000 erlitt die Regierung mit nur 36,6 % der Stimmen eine herbe Niederlage, wogegen die Allianz MSM-MMM mit 51,7 % die absolute Mehrheit erhielt. Dadurch erlebte die zu Ende geglaubte Ära Anerood Jugnauth, der bereits 1983, 1987 und 1991 Chef der Regierung war, eine Renaissance.

Staatspräsident Anerood Jugnauth

Im Februar 2002 bekam die Insel mit Karl Auguste Offmann, dem Präsidenten der sozialistischen Partei MSM, auch ein neues Staatsoberhaupt. Nur 1½ Jahre später wechselten sich die Personen an der Spitze des Staates durch Postentausch innerhalb der Regierungskoalition (MSM/MMM) ab: Regierungschef wurde im September 2003 Paul Raymond Bérenger, während sein Vorgänger Anerood Jugnauth im Oktober zum Staatspräsidenten der Republik Mauritius gewählt wurde.

Dass die Bevölkerung die Ränkespiele der Politiker offensichtlich leid war, offenbarte sich bei den Parlamentswahlen vom Juli 2005, als die Koalition von MSM und MMM zusammen nur 41,7 % der Stimmen erhielt. Gewinnerin der Wahlen war mit 53,6 % die Alliance Sociale, die dem altgedienten Dr. Navin C. Ramgoolam erneut den Posten des Premierministers zurückbrachte. 2008 wurde Anerood Jugnauth vom Parlament für weitere fünf Jahre im Amt bestätigt, Dr. Navin C. Ramgoolam als Premierminister bei den Parlamentswahlen 2010. Jugnauth trat am 30. März 2012 zurück, nachdem politische Konflikte mit Ramgoolam offensichtlich geworden waren. Neuer Präsident wurde im Juli 2012 der bisherige Parlamentssprecher Rajkeswur Purryag.

Bei der Parlamentswahl am 10. Dezember 2014 konnte sich die Alliance Lepep mit 51 der 69 Sitze deutlich gegen die Wahlallianz aus PTr (Parti Travailliste) und MMM durchsetzen. Anerood Jugnauth wurde am 14. Dezember 2014 zum neuen Premier ernannt und seine Regierung drei Tage später vereidigt. Staatspräsident Purryag trat Ende Mai 2015 zurück. Am 4. Juni 2015 wurde auf Vorschlag Jugnauths die parteilose Wissenschaftlerin Ameenah Gurib-Fakim zur ersten Präsidentin des Inselstaates gewählt.

Wirtschaftlich war das schwierigste Erbe der kolonialen Vergangenheit die einseitige Ausrichtung auf den Zuckerrohranbau. Auch hier ist Mauritius Erstaunliches

Landmarke: das Gebäude der MCB Bank in Rose Hill

gelungen. Zwar stellen nach wie vor Zucker und dessen „Abfallprodukte“ wie Melasse und Rum einen Großteil des Exports und der Exporteinnahmen, aber der Aufbau einer funktionierenden Textilindustrie in einem beispiellosen Kraftakt verhalf dem Land innerhalb kürzester Zeit zu einem starken zweiten Standbein. Dazu kamen der Tourismus als – außer in Krisenzeiten – zuverlässige Einnahmequelle und das Angebot neuer Dienstleistungen wie beispielsweise Off-Shore-Banking oder IT. Die Überweisungen von Auslandsmauritiern sind ebenfalls nicht zu unterschätzen.

2008 entschied die Welthandelsorganisation (WTO), dass das bisher bestehende Zuckerprotokoll gegen WTO-Regeln verstößt, nachdem einige Länder dagegen geklagt hatten. Dem Zuckerprotokoll von 1975 kam auf Mauritius große Bedeutung zu, denn dabei handelt es sich um ein bilaterales Handelsabkommen zwischen der EU und den sogenannten AKP-Staaten, der Gruppe der afrikanischen, karibischen und pazifischen Staaten, zu denen Mauritius gehört. Es garantierte den zollfreien Import von 1,3 Mio. t Rohzucker aus den AKP-Staaten sowie Indien zum EU-Binnenmarktpreis. Die EU verkaufte dann diesen Teil des Zuckers stark subventioniert auf dem Weltmarkt weiter. 2006 bereits hatte die EU beschlossen, die Preise schrittweise um 36 % zu senken. Von dieser Preissenkung wäre vor allem Mauritius stark betroffen gewesen, das mit 507.000 t jährlich rund 40 % der Zuckerimporte der EU liefert. Doch es kam nicht so schlimm. Die Verantwortlichen auf Mauritius waren sich bewusst, dass sie mit Konkurrenten wie etwa Brasilien nicht mithalten können, also suchten sie sich **Nischen**. Beispielsweise wird jetzt erstmalig weißer Zucker auf der Insel hergestellt, der direkt an den Zuckerriesen Südzucker geliefert wird. Weiterhin setzt man auf Spezialzucker, die in bestimmten Nahrungsmittelzweigen zum Einsatz kommen. So nutzt die deutsche Gummibärchenfirma Haribo den mauritischen Molassezucker bei der Verarbeitung von Lakritzschnecken. Und selbst, wenn es mit dem Zuckerverkauf mal nicht mehr klappen würde, fühlen sich die Mauritier gewappnet: Einerseits durch die Herstellung von Energie, die sich vielleicht in 20 Jahren am Weltmarkt verkaufen ließe, andererseits durch die Förderung der Rumindustrie, die seit Anfang der 2000er-Jahre wieder zurück nach Mauritius gefunden hat. Denn es gibt zwar eine mehr als 100-jährige Tradition der Rumerzeugung auf der Insel, aber erst neue Gesetze ermöglichten die Wiederbelebung. Das Ergebnis kann man bei einem Besuch riechen und schmecken.

Zuckerprotokoll

Mauritius sieht sich heute als Brücke zwischen Afrika und Asien. Die Gesetzgebung ist liberal, Gewinntransfers sind garantiert, und ausländische Investoren können zu 100 % Eigentümer an Unternehmen werden. Dabei stehen die traditionell wichtigen Handelspartner in Europa und die USA nicht mehr voll im Fokus der Wirtschaftspolitik. Vielmehr verfolgen die Verantwortlichen eine Politik der **Diversifizierung**: Gute Kontakte zu asiatischen Ländern wie beispielsweise Indien und China stehen genauso auf der Agenda wie gute Wirtschaftsbeziehungen zu Staaten im östlichen und südlichen Afrika.

Wirtschaftsbeziehungen

So konnten auch Inflation und Arbeitslosigkeit in Grenzen gehalten werden. Selbstgewähltes Vorbild soll für die wirtschaftliche Entwicklung nach Angaben der Regierung Singapur sein. Das Problem der **Überbevölkerung** ist immer da, obwohl man den jährlichen Zuwachs der Population von 4 % (1970) auf unter 0,1 % (2015) drücken konnte. Stärkste Gegner einer Geburtenkontrolle sind die Muslime und die römisch-katholischen Christen, während die hinduistische Bevölkerungsmehrheit – auch angeregt durch positive Beispiele in Indien – dem Thema aufgeschlossener gegenübersteht. Dabei geht es vor allem darum, ob es gelingt, die Rolle der Nachkommen als potenzielle Altersversorgung durch eine wirksame Sozialgesetzgebung überflüssig zu machen.

Entmilitarisierung

Außenpolitisch verfolgt Mauritius den Kurs einer Anlehnung an die Europäische Union bei guten Beziehungen zu den afrikanischen und asiatischen Ländern und setzt sich für eine Entmilitarisierung des Indischen Ozeans ein. Dabei kam es in der Vergangenheit zu Auseinandersetzungen mit den USA, die von Großbritannien die eigentlich von Mauritius zu verwaltende Insel Diego Garcia übernommen und zur vielleicht größten, atomar bestückten Militärbasis des gesamten Raumes gemacht haben. Die mehr als tausend Insulaner wurden dabei in den 1960er-Jahren einfach nach Mauritius zwangsevakuiert und drängen natürlich auf eine Rückkehr in ihre Heimat.

1992 erklärte die Regierung durch ein Memorandum nochmals ihren Anspruch auf Diego Garcia, während die Insel für die USA angesichts der politischen Großwetterlage nahezu unverzichtbar geworden ist. Bislang waren jedoch alle mauritischen Außenminister in dieser Frage Hardliner, und ohne Lösung (d. h. Rückgabe der Insel) wird das Thema auch in Zukunft die Beziehungen zu den USA belasten. 2016 wurde der Vertrag zwischen Großbritannien und den USA, nach dem letztere die Insel militärisch nutzen dürfen, noch einmal um 20 Jahre verlängert.

Zeittafel

bis 10. Jh. Allgemein vermutete Ankunft malayischer, arabischer und anderer Seeleute auf den Inseln des Indischen Ozeans. Die Diva Mashrig (Ostinsel) der Araber meint wahrscheinlich Mauritius. Sie siedeln aber nicht.

1488 Bartolomeu Dias umsegelt das Kap der Guten Hoffnung und stößt in den Indischen Ozean vor.

1502 Mauritius und Rodrigues tauchen in der Weltkarte des Portugiesen Alberto Cantino 1502 als Dina mozare und Dina arobi auf

1512–16 Dom Pedro Mascarenhas erreicht die Insel Réunion, später auch Mauritius und Rodrigues. Der ganze Archipel der Maskarenen wird nach ihm benannt (Ilhas Mascarenhas).

16. Jh. Die Portugiesen setzen als lebenden Proviant Schweine, Ziegen und andere Tiere aus und beginnen dadurch, Flora und Fauna zu manipulieren.

1598 Erstmals laufen holländische Schiffe unter Admiral Wybrandt van Warwijk die Insel an und nehmen sie für die Niederlande in Besitz. Nach ihrem Statthalter Moritz Prinz von Nassau erhält sie den Namen Mauritius.

1615 Admiral Pieter Both legt auf der Heimfahrt von Indonesien nach Holland Zwischenstation auf Mauritius ein.

1638 Die holländische Ostindien-Kompanie beginnt mit der Besiedlung am heutigen Vieux Grand Port und Flacq, gibt aber nach 20 Jahren wegen Versorgungsmängeln auf.

1638 Die Franzosen annektieren Réunion und Rodrigues.

1664	Erneuter Versuch einer holländischen Besiedlung. Intensives Abschlagen der Ebenholzbäume, Einfuhr von Sklaven, Zuckerrohr und Java-Hirschen
1665	Die französische Ostindienkompanie beginnt mit der Kolonisierung von Réunion und sendet Schiffe nach Mauritius, etwa 20 Franzosen bleiben.
1691	Zehn französische Hugenotten gründen die erste Niederlassung auf Rodrigues, die wegen Frauenmangels allerdings vier Jahre später wieder verlassen wird.
1710	Die Holländer verlassen Mauritius endgültig, die Insel wird zu einem berüchtigten Piratennest.
1715	Kapitän Guilleaume Dufresne nimmt Mauritius für Frankreich in Besitz und beginnt den Kampf gegen die Piraten.
1721	Erste bescheidene französische Kolonie auf Mauritius als Île de France mit 15 Siedlern und etlichen Sklaven
1725	Erneuter französischer Kolonisierungsversuch auf Rodrigues
1735–46	Mahé de Labourdonnais ist Gouverneur der Maskarenen
1738	Labourdonnais verlegt seinen Gouverneurssitz von Réunion nach Mauritius.
1750	Beginn der dauerhaften Besiedlung von Rodrigues.
1745	Unter Oberbefehl von Mahé de Labourdonnais läuft eine Flotte zu siegreichen Schlachten in Indien aus. Auf der Rückfahrt wird der Gouverneur seines Postens enthoben und in Paris unter Anklage gestellt.
1767	Infolge des Siebenjährigen Krieges geht die französische Ostindienkompanie bankrott, die Krone übernimmt deren Besitz.
1767–72	Unter dem Intendanten Pierre Poivre kann an den Erfolg der Ära Labourdonnais angeknüpft werden.
1789	Die Französische Revolution bleibt ohne große Auswirkungen auf die Kolonien im Indischen Ozean. Die postulierte Abschaffung der Sklaverei (1794) wird nicht eingelöst.
1792/93	Eine Pockenepidemie richtet verheerenden Schaden an.
1802–10	Der napoleonische General Decaen ist der letzte Gouverneur Frankreichs auf Mauritius. Unter ihm wird 1808 der Code Napoléon gesetzliche Grundlage.
1800–10	Die Franzosen setzen ihren Seekrieg gegen die Briten mittels der Korsaren erfolgreich fort. Der berühmteste von ihnen, Robert Surcouf, nennt sich „König der Korsaren".
1810	Am 20. August können die Franzosen ihren letzten großen Seesieg über die Engländer in der Bucht von Grand Port erlangen. Doch schon am 29. November landet ein britisches Expeditionskorps am Cap Malheureux unter General Abercrombie, und am 2. Dezember müssen die Franzosen in Port Napoléon (= Port Louis) kapitulieren.
1814	Friedensvertrag von Paris: Réunion verbleibt politisch bei Frankreich. Mauritius, Rodrigues und die Seychellen kommen an England. Mauritius weist eine Bevölkerung von ca. 78.000 Menschen auf, wovon rund 63.000 Sklaven sind.
1834	Die Engländer setzen die Sklavenbefreiung durch und entschädigen die ehemaligen Sklavenhalter. Billige Arbeitskräfte aus China und Indien werden nach Mauritius geholt, die bald die Bevölkerungsmehrheit

	stellen. Allein aus Indien kamen bis zum Jahr 1920 mehr als 500.000 Menschen.
1841–64	Der Missionar Jacques Désiré Laval ist geistlicher Ratgeber der Freigelassenen und wird bis heute als der „Heilige von Mauritius“ verehrt.
1847	Der Fehldruck eines Briefmarkensatzes kommt in Umlauf, die „Blaue Mauritius“ wird später weltberühmt.
1860	Mauritius hat etwa 200.000 Einwohner.
1864	Eröffnung der ersten Eisenbahnlinie (Port Louis – Flacq), kurze Zeit später einer zweiten Linie (Port Louis – Mahébourg).
1866-68	Schlimme Malariaepidemie mit etwa 48.000 Toten.
1876	Indische Rupie wird offizielle Währung.
1885	Verfassungsreform mit stark eingeschränktem Wahlrecht.
1891–99	Aufeinanderfolge von Epidemien und Umweltkatastrophen: Verwüstung der Insel und Port Louis durch einen Zyklon, Cholera- und Malariaepidemien, Zerstörung der Hauptstadt durch ein Großfeuer.
1901	Mahatma Gandhi besucht die Insel.
1910	Mauritius hat etwa 700.000 Einwohner.
1914	Beim Ausbruch des Ersten Weltkrieges hat sich die Bevölkerung durch Krankheiten und Auswanderung fast halbiert, das Land ist verarmt.
1926	Erstmals werden Indo-Mauritier in den Council of Government gewählt.
1936	Gründung der ersten politischen Partei, der Parti Travailliste (Arbeiterpartei) unter der Führung von Maurice Curé.
1942	Die britische Air Force eröffnet für den Krieg im Indischen Ozean den Militärflughafen Plaisance, der ab 1946 zivil genutzt wird.
1948	Einführung eines erweiterten Wahlrechtes für alle, die ihren Namen schreiben können und nicht mittellos sind. Dadurch Anstieg der Wahlberechtigten von 12.000 auf fast 72.000.
1952	Durch großen finanziellen und technisch-chemischen Aufwand können Cholera und Malaria besiegt werden.
1958	Einführung des uneingeschränkten allgemeinen Wahlrechts, das der Arbeiterpartei unter dem Inder Sir Seewoosagur Ramgoolam zu großen Erfolgen verhilft.
1959	Erste Parlamentswahl. Die PTr unter Seewoosagur Ramgoolam erringt 24 von 40 Sitzen.
1965	Verfassungskonferenz in London, Verfassung wird 1966 verabschiedet. Gleichzeitig trennt die Kolonialmacht Großbritannien die Chacos-Insel administrativ von Mauritius und lässt bis 1973 die rund 2.000 Bewohner nach Mauritius deportieren. Großbritannien schließt einen bis 2016 geltenden Pachtvertrag mit den USA über die Insel Diego Garcia. Die USA nutzen die Insel seither als Militärbasis.
1967	Bei den Wahlen stimmen 58 % der Mauritier für die Parteien, die die Unabhängigkeit wollen.
1968	Am 12. März feierliche Proklamation der staatlichen Souveränität in Port Louis. Erster Premierminister ist Seewoosagur Ramgoolam.
1971	Durch die Etablierung einer Freihandelszone kurbelt Mauritius die heimische Industrie (besonders für Textilwaren) an und animiert ausländische Investoren. Begleitet wird das durch Proteste und Streiks, die zur Verhängung des Notstands führen (bis 1976).

1976 Erste Parlamentswahl nach der Unabhängigkeit. Seewoosagur Ramgoolam kann die Regierung bilden.

1982 Die MMM (Mouvement Militant Mauricien) gewinnt die Wahlen mit absoluter Mehrheit und alle Parlamentssitze. Ihr Parteivorsitzender, der Rechtsanwalt Anerood Jugnauth, wird neuer Premierminister

1983 Wegen einer Spaltung der MMM kommt es zu Neuwahlen, die eine Koalition unter Jugnauth gewinnt.

1987 Die Parlamentswahlen bestätigen die Mehrheit der Koalition. Zum ersten Mal wird die 200.000-Marke bei den Touristenzahlen überschritten.

1989 Der Tourismus ist weiter auf dem Vormarsch: 270.000 Besucher verbringen ihren Urlaub auf Mauritius.

1992 Am 12. März wird Mauritius in eine Republik umgewandelt. Erster Staatspräsident ist Sir Veerasamy Ringadoo.

1995 Im Dezember reicht Anerood Jugnauth seinen Rücktritt ein. Neuer Premierminister wird Navin C. Ramgoolam, ein Sohn des berühmten Gründervaters Sir Seewoosagur Ramgoolam.

1999 Der kreolische Popstar „Kaya" (Joseph Reginald Topize) stirbt in Polizeigewahrsam. Ausschreitungen mit etlichen Toten sind die Folge.

2000 Im September erhält die MSM-MMM die absolute Mehrheit und Jugnauth wird zum vierten Male Premierminister.

2002 Karl Auguste Offmann wird neuer Staatspräsident. Rodrigues erhält ein Autonomiegesetz mit eigenem, gewähltem Regional-Parlament.

2003 Politischer Wechsel: Paul Raymond Bérenger wird Regierungschef, Staatspräsident sein Vorgänger Anerood Jugnauth.

2004 Mit über 718.000 Touristen ist das Jahr das erfolgreichste in der Geschichte des mauritischen Fremdenverkehrs.

2005 Im Juli erhält die Alliance Sociale die absolute Mehrheit bei den Parlamentswahlen. Neuer (alter) Regierungschef: Navin C. Ramgoolam.

2008 Anerood Jugnauth wird vom Parlament für weitere fünf Jahre im Amt bestätigt. Das britische House of Lords in London verweigert den zwangsumgesiedelten früheren Einwohnern der Chagos-Inseln die Rückkehr – obwohl andere Instanzen Zugeständnisse gemacht hatten.

2009 Der chinesische Staatspräsident Hu Jintao besucht Mauritius.

2010 Bei den Parlamentswahlen wird Navin C. Ramgoolam als Premierminister bestätigt.

2012 Am 30. März tritt der Staatspräsident Anerood Jugnauth zurück, Kailash Purryag wird am 21. Juli neuer Staatspräsident.

2013 Am 30. März sterben in Port Louis elf Menschen bei Überflutungen auf Grund von starken Regenfällen.

2014 Am 17. Dezember wird eine neue Regierung unter Premierminister Sir Anerood Jugnauth (MSM) vereidigt.

2015 Am 29. Mai tritt der Staatspräsident Rajkeswur Purryag zurück. Am 5. Juni wird Ameenah Gurib-Fakim als erste Staatspräsidentin des Landes vereidigt.

2017 Am 23. Januar übergibt der Premierminister Sir Anerood Jugnauth sein Amt an seinen Sohn Pravind Jugnauth, den bisherigen Finanzminister. Dieser übernimmt auch das Innenministerium. Anerood Jugnauth behält das Verteidigungsressort.

Geografischer Überblick

Geologische Entwicklung

Als vor etwa 200 Mio. Jahren unterseeische Kräfte begannen, die einzelnen Platten des ehemaligen Superkontinentes Gondwana auseinander zu schieben, war von Mauritius natürlich noch nichts zu sehen. Die Insel liegt aber am Randbereich der afrikanischen Scholle, die langsam nach Nordwesten driftet. An den Rändern sind die Schollen oft so dünn, dass Magma nach oben steigen kann, sich zunächst noch am Meeresboden ausbreitet – und dabei die Platten weiter auseinander drängt – und zu Bergmassiven auftürmt. So entstanden die Maskarenen, zuerst in 4.000 m Tiefe, dann bis zur Meeresoberfläche reichend und schließlich diese um einige tausend Meter überragend. Nachdem die **vulkanische Tätigkeit** vor etwa sieben Millionen Jahren Mauritius gebildet und emporgehoben hatte, wird es wohl ähnlich ausgesehen haben wie heute Réunion. Und die Plaines Wilhelms, das Hochland im Zentrum der Insel, gibt noch eine ungefähre Vorstellung von der Größe des einstigen Vulkans. Dieser bildete mit seinen Lava-Ausflüssen die nördlichen Ebenen, während neuerliche Eruptionen den Südteil schufen.

Entstehung der Maskarenen

Nachdem vor etwa 100.000 Jahren die vulkanische Tätigkeit aufhörte, konnten Regen, Wind und Wellen darangehen, Mauritius zu modellieren. Der Basalt zersprang in die Gesteinsbrocken, die heute auf den Zuckerrohrplantagen mühselig zu großen Haufen aufgeschichtet werden. Regen, Wasserläufe und Zyklone zernagten

Der Vulkankrater Trou aux Cerfs bei Curepipe

den Fels und transportierten das Erosionsmaterial in die Ebenen. Und schließlich sank langsam der mächtige Vulkanstumpf wieder nach unten bis zu seinem heutigen Niveau. Wer sich für Zeugen der vulkanischen Vergangenheit interessiert sollte einen Abstecher zum Krater Trou aux Cerfs in Curepipe, zum Bassin Blanc oder zum heiligen Kratersee Grand Bassin machen.

Landschaften

Es mag seltsam erscheinen, im Zusammenhang mit einer Insel, die deutlich kleiner als Luxemburg ist, von **Landschaften** zu reden. Tatsächlich aber hat Mauritius ein so vielgestaltiges Landschaftsprofil, dass die Pluralform angemessen ist – und damit sind die Landschaften unter und über Wasser gemeint.

Korallenbänke

Unfreiwillige Wellenbrecher

Mit dem Absinken der Insel hat jene Landschaft zu tun, die man schon aus dem Flugzeug als weißen Kranz vor der Küste ausmachen kann: die Korallenbänke. Sie sind als unfreiwillige Wellenbrecher dafür verantwortlich, dass sich das Wasser in den Lagunen so gut wie niemals stürmisch zeigt und Wassersport also durchweg möglich ist. Auch der feine Sandstrand verdankt ihnen seine Entstehung, und als **Unterwassergarten** mit einer Unmenge von Fischen, Pflanzen und Schalentieren sind sie eine der ganz großen Attraktionen der Insel. Als pflanzenähnliches Meerestierchen kann die Koralle nur knapp unter der Meeresoberfläche leben. Aus dem dem Wasser entzogenen Kalk baut sie ihre fantasievolle „Wohnung", auf der sich nach ihrem Absterben neue Korallen ansiedeln.

Sinkt nun der Meeresboden langsam ab, klettern die Korallenstöcke immer weiter nach oben, um nicht die notwendige Energie des Sonnenlichts zu verlieren. So entstehen die Korallenbänke, die irgendwann einmal ein Atoll tragen werden, zwischen dem eine Lagune das dann untergegangene Mauritius bedecken wird …

Küstenstreifen

Zum Meer hin wird die Insel begrenzt durch einen i. d. R. flach auslaufenden Küstenstreifen, der mit kilometerlangen Stränden Hauptziel des Fremdenverkehrs ist. Obwohl Mauritius auf Landkarten als kompakte Masse erscheint, ist die Küste fein gegliedert. Gerade Abschnitte sind die Ausnahme, dafür gibt es umso mehr kleinere und größere Buchten, Inseln und Inselchen in nächster Nähe. Wo Flussläufe ins Meer münden, haben sich in vielen Fällen Mangrovenwälder ausgebreitet. Nur an ganz wenigen Stellen hat die Küste einen wilden Charakter, wenn etwa – wie zwischen Souillac und Mahébourg im Süden – die Brandung nicht durch Korallenriffe gebrochen wird oder – wie zwischen Mahébourg und Beau Champ im Südosten oder bei Bel Ombre im Süden – der Gebirgsstock bis zum Meer reicht. Im südwestlichen Zipfel der Insel schiebt sich der eindrucksvolle Morne Brabant (556 m) in den Ozean und bildet, von zwei schönen Sandstränden gesäumt, eine charakteristische Halbinsel.

Ebene

Zwischen dem Küstenstreifen und dem zentralen Plateau erstreckt sich die im Norden und Osten breite, im Süden und Westen schmalere Ebene. Sie wird nahezu ausschließlich landwirtschaftlich genutzt, und das heißt: **Zuckerrohrfelder** neben Zuckerrohrfeldern. Durch die Bergketten der Montagnes Bambous im Südosten und der Montagnes Savanne im Süden wird die Ebene jäh unterbrochen, und auch zum Zentrum hin geht sie ziemlich abrupt in das Bergland über.

Hochland

Das bizarr geformte und recht steil aufragende Hochland (The Highlands) täuscht über seine meist **geringe Höhe** hinweg. Zum Hochland zählt alles, was über 300 m den Meeresspiegel übersteigt. Die „großen drei Berge" sind der Black River Peak (Piton de la Rivière Noire, 828 m), Pieter Both (823 m) und Le Pouce (812 m). Als zackige Kulisse sind sie bei Inselrundfahrten Hilfen der Orientierung oder auch Zielpunkt von Wanderungen und Bergtouren der durchaus schwereren Kategorie. Wer bei klarer Sicht die meisten Bergspitzen sehen will, ohne selbst klettern zu müssen, sollte zum Trou aux Cerfs in Curepipe fahren. Wer hingegen die ganze Insel und den Ozean bis Réunion überblicken will, sollte den Piton de la Rivière Noire besteigen.

Aber auch aus anderen Gründen ist das Hochland, das immerhin fast 40 % der Oberfläche einnimmt, sehenswert: Hier gibt es die größten Seen, die schönste Vegetation, Tiere in freier Wildbahn (z. B. Hirsche, Affen und seltene Vögel) und die eindrucksvollsten Wasserfälle der Insel. Unter den zehn Seen, die z. T. als Wasserreservoirs künstlich angelegt sind, ist das Mare aux Vacoas wegen seiner Größe von 5,6 km² erwähnenswert.

Klima und Reisezeit

Keine Jahreszeiten

In den Tropen zwischen Äquator und südlichem Wendekreis gelegen, kann man bei den Maskarenen nicht mit Begriffen wie „Sommer" und „Winter" operieren, aber auch „Regenzeit" und „Trockenzeit" treffen nur bedingt zu. Um es ganz grob vereinfacht zu sagen: Es ist das ganze Jahr über warm, und es fallen das ganze Jahr über Niederschläge. Die Unterschiede stecken also mehr im Detail und betragen nur etwa 5 °C zwischen Januar und Juli. Da sich Mauritius von Europa aus gesehen auf der anderen Welthalbkugel befindet, gilt: Am wärmsten ist es von November bis Januar, am „kühlsten" von Juni bis August. Die heißen Monate sind dabei gleichzeitig die, die den meisten Regen bringen – mit dem Maximum im Januar –, und umgekehrt haben die weniger heißen Monate den geringsten Niederschlag – mit dem Minimum im Juli.

Damit ist das Klima von Mauritius aber noch nicht eindeutig festgelegt, denn zwei wichtige Komponenten bestimmen mindestens ebenso, wie warm oder feucht es tatsächlich werden kann – der Wind und der **Standort**. Bei Wanderungen im Gebirge sollte man daran denken, dass die angegebenen Durchschnittstemperaturen für die Küstenregion gelten und dass es ab etwa 500 m ü. d. M. kühler ist: sommers

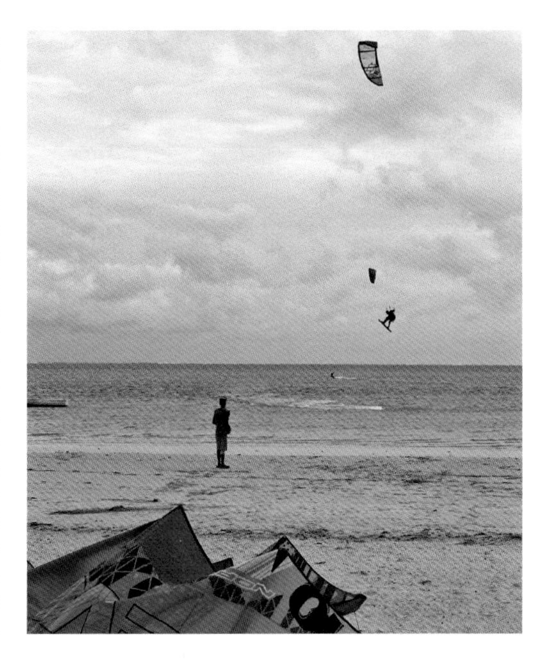

Ein ständiger Wind sorgt für ideale Wassersportbedingungen

wie winters bis zu 5 °C und mehr. Gleichzeitig ist es auf den Bergen auch nasser, besonders auf der Ostseite, denn hier stauen sich die Wolken und regnen ab. So liegen die Montagnes Bambous oder die Montagnes Savanne oft in dichten Wolken oder Nebel, während sich an der Küste die Badegäste unter strahlend blauem Himmel tummeln. Ja, an einigen Stellen konnten hier sogar bis über 4.500 mm Niederschläge im Jahresdurchschnitt gemessen werden, was selbst in den schlimmsten Regenlöchern Nordwesteuropas nicht erreicht wird. Die hohe Luftfeuchtigkeit von 90 % tut ihr Übriges, dass der Besucher beim Wandern auch auf der Haut recht nass wird.

Die vorherrschende **Windrichtung** wird durch den ständigen Südostpassat bestimmt. Diese gleichmäßige Brise ist dafür verantwortlich, dass die südöstlichen Berghänge meistens wolkenverhangen sind und es an der Küste dieser Inselseite immer etwas frischer ist: im heißen mauritischen Sommer (November bis Januar) also angenehmer und für Surfer immer ideal. Demgegenüber kann die Hitze auf der windabgewandten Seite „stehen" und in der regenarmen Region des Nordens oder der Hauptstadt Port Louis unangenehm werden.

Ost- oder Westküste?

Für Urlauber ergibt sich daraus folgende Faustregel für die Quartiersuche: Wer es, besonders im mauritischen Sommer, nicht zu heiß haben will und sich beim Sonnenbaden von einer mäßigen bis stärkeren Brise (Sandflug!) nicht gestört fühlt, sollte ein Hotel an der Ostküste bevorzugen. Gleiches gilt für Surfer, die ideale Bedingungen wollen. Wem hingegen Hitze nichts ausmacht oder aber im mauritischen Winter die wärmsten Temperaturen genießen will, der sollte an der Westküste logieren. Der Südostpassat ist ganzjährig wirksam, besonders stark aber von Juni bis September.

Zyklone

Manchmal allerdings steigert sich der Wind zu unangenehmen, ja gefährlichen Stärken. Gemeint sind die sporadisch auftretenden Zyklone, die im Indischen Ozean etwa 2.000 km östlich von Mauritius entstehen und mit ungeheurer Gewalt westwärts wandern. Obwohl mit wohlklingenden Mädchennamen versehen, ist ihre Wirkung ganz und gar unweiblich-gewaltsam: Sie können mit bis zu 250 km/h heranbrausen, Gebäude, Strommasten und Bäume umwerfen, die Zuckerrohrernte gefährden, viele Tote und Verletzte fordern – mehr als 1.000 Tote sollen es 1892 gewesen sein –, ganze Strandabschnitte wegspülen und Landstriche verwüsten. Natürlich ist dies kein alljährlich stattfindendes Schauspiel, und natürlich trifft nicht jeder Zyklon mit seiner ganzen Stärke auf Mauritius, und manchmal künden nur sintflutartige Regenfälle von der Existenz eines weit entfernten Wirbelsturms. Aber Zyklone stellen immer noch, trotz aller Weiterentwicklung der Wettervorhersagen, ein unberechenbares und gefährliches Phänomen dar.

Die Bevölkerung wird dann über Radio und Lautsprecherwagen aufgefordert, **Schutzräume** aufzusuchen, die sich meist in den Schulen befinden. Und auch auf den Tourismus hat ein Wirbelsturm seine Auswirkungen: Der Besucher darf in einem solchen Fall sein Hotel nicht verlassen und muss mit Stromausfällen, Wasserknappheit und Flugverschiebungen rechnen. Wer einem Zyklon mit Sicherheit aus dem Weg gehen will, sollte nicht zwischen November und April nach Mauritius fliegen, denn bisher sind nur in dieser Zeit, besonders häufig im Januar und Februar, die gefährlichen Wirbelstürme aufgetaucht. Andererseits ist noch nie ein Tourist durch einen Zyklon ernsthaft zu Schaden gekommen, und im Gegensatz zu den einfachen Behausungen auf dem Land sind bei der Konstruktion der neuen Hotelbauten Wirbelstürme der höchsten Kategorie berücksichtigt worden. Trotzdem: Wer zwischen November und April auf Mauritius oder Rodrigues ein Ferienhaus anmietet, sollte darauf achten, dass für den Fall der Fälle ausreichend Mineralwasser in Flaschen und Lebensmittelkonserven vorhanden sind. Ebenfalls sollten Kerzen, Batterien, Radio etc. im Haus sein.

Vorräte anlegen

Tsunamis

Nicht nur der Pazifik, sondern auch der Indische Ozean kann Schauplatz verheerender Flutwellen sein, die durch Erd- oder Seebeben entstehen. Als am schlimmsten im Gedächtnis geblieben ist der Tsunami, der sich am zweiten Weihnachtstag 2004 nach einem Beben auf Sumatra bildete. Auf der anderen Seite des Indischen Ozeans traf die Riesenwelle auf die Küsten der ostafrikanischen Länder. Auf den Seychellen beispielsweise waren dabei die Schäden in der Infrastruktur immens. Mauritius erlitt keine Tsunami-Schäden – ebenso wenig wie Rodrigues. Zwar trafen Ausläufer der zerstörerischen Welle auch die Küsten von Mauritius, doch war die Bevölkerung vorbereitet und die unmittelbaren Strandbereiche geräumt. Außerdem hatte die Welle so viel von ihrer Kraft verloren, dass das Meer hier nicht höher als bis zur höchsten normalen Hochwasserlinie anstieg.

Das Problem der **Frühwarnung** bei einem Tsunami im Indischen Ozean (Warnsysteme sind seit längerem installiert) beschäftigte aber seit der verhängnisvollen Welle Wissenschaftler und Politiker. Die wichtigste Konferenz über den Aufbau eines Tsunami-Warnsystems fand bereits am 21. April 2005 unter Federführung der UNESCO statt, und zwar im Konferenz-Zentrum von Grand Baie auf Mauritius. Im November 2005 wurde das Tsunami-Frühwarnsystem (Tsunami Early Warning System) im Sunda-Bogen im Indischen Ozean installiert. Der Sunda-Bogen gilt als die geologisch kritischste Zone. So soll der Schutz vor Naturkatastrophen weiter optimiert werden.

Frühwarnsystem

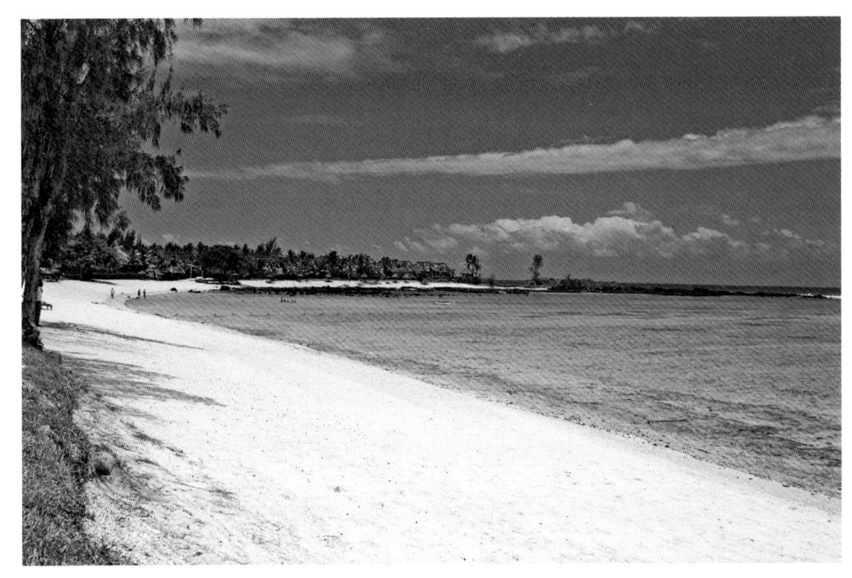

Hauptattraktion sind die zauberhaften Strände der Insel (hier: St.-Félix)

Reisezeit

Von der extremen Ausnahme eines Zyklons abgesehen, ist als Reisezeit also das ganze Jahr zu empfehlen. April bis Juni sowie September bis Mitte/Ende November sind besonders schöne Perioden, in dieser Zeit sind auch weniger Touristen auf der Insel. Im Juli und August empfindet man die Temperaturen auf Mauritius eher als kühl. Möchte man dem größten Andrang ausweichen und nebenbei auch Saisonzuschläge einsparen, sollte man die Ferienzeiten meiden, insbesondere Weihnachten und Neujahr, Ostern und den August. Eine gute Reisezeit ist der Juni: Die Hauptsaison ist vorbei, es wird ruhiger, tagsüber strahlt die Sonne und nachts kühlt es sich auf eine angenehme Schlaftemperatur ab.

Das ganze Jahr Reisezeit

Entsprechend der tropischen Lage von Mauritius sind Tage und Nächte etwa gleich lang; die Zeit des Sonnenaufgangs variiert nur zwischen 5 (Dezember) und 6 Uhr (Juni), die des Sonnenuntergangs zwischen 19 Uhr (Dezember) und 18 Uhr (Juni).

Die untenstehende Klimatabelle zeigt die ganzjährigen **geringen Temperaturunterschiede** im Wasser und in der Luft sowie die Durchschnittswerte der Niederschlagsmenge. Hierbei gilt allerdings das oben Gesagte, dass nämlich im Hochland von etwa 5 °C geringeren Temperatur- und erheblich höheren Niederschlagswerten ausgegangen werden muss und dass der Südostpassat an der Küste unterschiedliche Bedingungen schafft, je nachdem, ob man sich an der Luv- oder Leeseite der Insel befindet. Abgesehen davon sind natürlich alle Angaben zu Klima und Reisezeit nur langjährige Mittelwerte. Um für alle Eventualitäten gerüstet zu sein, sollte man vorsichtigerweise also auch einen Pullover und eine Regenjacke im Reisegepäck haben.

	Ø Temperatur max.	Ø Temperatur min.	Sonnenschein Std. tgl.	Ø Wassertemperatur	Ø Regentage	Ø Niederschlag
Januar	31°	24°	7,5	27°	15	297
Februar	30°	23°	7,5	27°	16	208
März	30°	24°	7,5	27°	18	193
April	30°	24°	7,5	26°	17	94
Mai	29°	24°	7,5	25°	15	36
Juni	27°	23°	7,5	24°	11	13
Juli	26°	21°	7,5	23°	13	5
August	26°	21°	7,5	22°	14	10
September	28°	21°	8	23°	9	15
Oktober	29°	23°	8	23°	9	33
November	30°	24°	9	24°	7	74
Dezember	31°	24°	8,5	25°	14	117

Pflanzen- und Tierwelt

Die Urnatur von Mauritius ist leider durch die Ankunft des Menschen geschädigt, manipuliert oder ausgerottet worden. Mit anderen Worten: Die Flora und Fauna der Insel, wie sie die ersten arabischen und portugiesischen, z. T. auch noch die ersten holländischen Seefahrer gesichtet haben, existiert in ihrer Gesamtheit nicht mehr. Demgegenüber herrschen heute Pflanzen und Tiere vor, die erst in den letzten drei Jahrhunderten – freiwillig oder zufällig – heimisch gemacht worden sind.

Ursprüngliche Flora und Fauna

Das Mauritius des 17. Jh. kann man sich also so vorstellen: Im Landesinneren beherrschten ausgedehnte Wälder von tropischen Edelhölzern das Landschaftsbild. Ebenholz, Mahagoni und Teak dominierten den Regenwald und fielen wegen ihrer Härte und Widerstandsfähigkeit den periodischen Zyklonen nicht zum Opfer. In den Wäldern wimmelte es von Vögeln mit außerordentlicher Farbenpracht und z. T. kuriosem Aussehen. Dazu gehörten viele Papageienarten, darunter der berühmte „Mauritius-Breitschnabelpapagei" und die merkwürdige Dronte. Obwohl spätestens 1690 ausgestorben, ist die Dronte, besser als Dodo bekannt, geradezu zum Wahrzeichen von Mauritius geworden.

Nicht nur der Dodo, auch die meisten der Papageienvögel sind schon zu Beginn der europäischen Entdeckung ausgerottet worden – sie wanderten geradewegs in die

info

Leider ausgestorben: Dodo und Solitaire

Wenn man im Museum von Port Louis der Rekonstruktion des Dodo *(raphus cucullatus)* begegnet, kann man sich, trotz der tragischen Geschichte dieses Laufvogels, eines Lächelns nicht erwehren: Auf kurzen Stummelbeinen stehend, von plumper Statur, ist er nicht nur mit einem überdimensionierten Hakenschnabel ausgestattet, sondern schaut den Betrachter dermaßen griesgrämig an, als ob dieser persönlich für sein Aussterben verantwortlich sei.

Wenn der Dodo dabei allerdings allgemein die Spezies Mensch im Auge haben sollte, hat er natürlich recht: Es waren die Holländer, die die letzten Exemplare aufaßen oder spaßeshalber erschlugen, nachdem vorher schon die von den Portugiesen eingeführten Ratten und später Schweine, Ziegen und Affen den Bestand stark vermindert hatten. Tausende Jahre hatte der Dodo gut ohne natürliche Feinde gelebt. Die fruchtbare Insel bot ihm Nahrung genug und keine Landraubtiere, die ihm hätten gefährlich werden können – also brauchte er seine Flugkünste nicht und verlernte allmählich das Fliegen. Mit seinen Stummelflügelchen konnte er schließlich allenfalls noch Konkurrenten vertreiben, nicht mehr aber sein Gewicht von schätzungsweise 20–25 kg in die Lüfte erheben. Stattdessen schleifte sein dicker Bauch, wie es heißt, manchmal über die Erde. Zur Sicherung der Art brauchte das Dodo-Weibchen zudem nur noch ein Ei jährlich zu legen, und beides zusammen – Flugunfähigkeit und wenige Nachkommen – sollte in dem Moment tragisch werden, in dem vier- oder zweibeinige Raubtiere die Isolation der Insel durchbrachen und ihm oder seinen Eiern nachstellten.

Das Gefieder des Tieres war von hell- bis dunkelgrauer Farbe, seine vierzehigen Füße waren kurz und stark, anstelle eines Schwanzes hatte er nur wenige Federn, und um Schnabel und Augen war er nackt. Eine Hautfalte ermöglichte es dem Dodo, seinen Kopf „einzuziehen“. Er wird, wie Skelette beweisen, so groß wie ein Schwan gewesen sein und muss von der Bewegung her plump gewirkt haben (die Portugiesen nannten Mauritius auch *Ilha do Cirne* = „Schwaneninsel“ und meinten damit wohl den Dodo).

Der Dodo – nur noch im Museum in Port Louis zu sehen

Die Ornithologen sind sich über die Verwandtschaft des Dodo nicht ganz sicher und geben Tauben, Kraniche, Schwäne, Hühner oder Geier als mögliche Familienangehörige an. Da die Quellen zum letzten Mal 1681 von ihm berichten, dürfte der Zeitpunkt seines Aussterbens kurze Zeit später anzusetzen sein.

Etwas länger lebte auf der Nachbarinsel Rodrigues der ebenfalls flugunfähige **Solitaire** (die weiße Dronte), von dem im gleichen Museum noch ein Skelett zu sehen ist. Dieser hatte zwar ein ähnliches Gewicht, aber eine andere Gestalt: nicht plump und hässlich, sondern elegant und schön; nicht mausgrau, sondern weiß bis goldbraun. Besonders das Weibchen wurde wegen seiner Schönheit gerühmt, und diese war es wohl auch, warum dem stets allein anzutreffenden Solitaire (daher sein Name) mehr Pardon gegeben wurde als dem Dodo. Am Ende des 18. Jh. war es aber auch mit dem Solitaire vorbei, und beide Laufvögel, die es nur auf Mauritius bzw. Rodrigues gegeben hatte, ereilte das gleiche Schicksal wie die Riesenstrauße auf Madagaskar oder die Moas auf Neuseeland.

Kochtöpfe der Matrosen oder wurden ein Opfer der importierten Ratten und Affen. Nicht anders erging es der Elefanten- oder **Riesenschildkröte** *(dipsochelys elephantina)*, die sich leicht einfangen ließ, auf den Rücken gelegt nicht fortlaufen konnte und sich auf den Schiffen lange Zeit als Frischfleischreserve hielt. Die Elefantenschildkröte existierte vormals in allen Teilen des tropischen Gürtels. Heute lebt sie in freier Wildbahn nur noch dort, wo der Mensch nicht oder erst im Zeitalter des Umweltbewusstseins vordrang, z. B. auf den Galapagos-Inseln.

An den Küsten wälzten sich die Dugongs, das waren die riesigen, den Elefanten verwandten **Seekühe**, die ohne natürliche Feinde die Algenweiden abgrasen konnten. Leider schmeckten sie wie Rindfleisch und waren zu zutraulich ... Und im Meer gab es größere Bestände von Pottwalen, die sich erst im 19. Jh. von den Küsten um Mauritius zurückgezogen haben.

All diese Tiere und Pflanzen also prägten die Insel und boten den europäischen Seefahrern viele Möglichkeiten zu überleben und zu profitieren. Das Holz wurde, wenn es nicht direkt in den lukrativen Export ging, zur Reparatur der Schiffe und zum Bau der Häuser verwendet. Nur wenige Exemplare des einstmals schier unerschöpflichen Bestandes haben sich erhalten können, zumeist in der Region des Gorges de la Rivière Noire (Südwesten) oder in den Gärten von Pamplemousses.

Mauritian Wildlife Foundation

Inzwischen hat man auch auf Mauritius den unschätzbaren Wert des ursprünglichen **Ökosystems** erkannt. 1984 wurde die Mauritian Wildlife Foundation (MWF) ins Leben gerufen und mehrere Naturschutzgebiete ausgewiesen. Hier versuchen die Naturschützer, alle importierten Pflanzen und Tiere aus dem Naturschutzgebiet fernzuhalten und die „natürliche Ordnung“ wieder herzustellen. Immerhin rund 3,5 % der Gesamtfläche von Mauritius gelten heute als geschützt. Zum Aufforstungsprogramm mit endemischer Vegetation werden zunächst rare einheimische Pflanzen in der staatlichen Baumschule von Curepipe aufgezogen.

Black River Gorges National Park – Blick Richtung Südküste

Naturreservate

Das größte Naturreservat ist der 1994 eingerichtete **Black River Gorges National Park**, der im Hochland liegt und gut 68 km² groß ist. Weitere wichtige Nationalparks sind der Balaclava Marine Park mit einer Schildkrötenaufzucht und eigenem Korallenriff, der Blue Bay Marine Park mit seinem großem Fischreichtum und das Île aux Aigrettes Nature Reserve mit den bekannten Riesenschildkröten. Andere Naturreservate wurden auf den vorgelagerten Inseln errichtet, die besser von Schädlingen zu isolieren sind, u. a. auf Flat Island, Round Island, Île Marianne, Îlot Gabriel und Coin de Mire. Auch Rodrigues ist mit den Inseln Île aux Sables und Île aux Cocos in das Naturschutzprogramm einbezogen.

Überall hier konnten einige Arten der ursprünglichen Flora und Fauna, falls sie nicht generell ausgerottet waren, aus anderen Gebieten wieder eingeführt werden. Unterstützt wird das Programm von Parkanlagen (wie in Pamplemousses und Curepipe), die u. a. wegen der Aufzucht gefährdeter Arten von Bedeutung sind, oder von privaten Arealen. Der ausgerottete Dodo und Solitaire schließlich sind nur noch als Rekonstruktion in Museen – außer in Port Louis besonders im südafrikanischen Durban – und als „Wahrzeichen" auf unzähligen Postkarten, T-Shirts und Emblemen zu sehen.

Pflanzenwelt

Anstelle der alten Regenwälder mit endemischer Vegetation prägen heute die ausgedehnten Zuckerrohrfelder 90 % der nutzbaren Fläche. Das **Zuckerrohr** blüht zwischen Mai und September, dann sieht man überall die zierlichen silbergrauen

Federbüschel über dem kräftigen Grün. Nachdem man vorher das Unkraut in den Plantagen abfackelt – worunter das Zuckerrohr nicht leidet –, werden die bis zu fünf Meter hohen Pflanzen zwischen Juni und Dezember geerntet, d. h. die Halme werden abgeschlagen, von den Blättern befreit und zu den Zuckerfabriken transportiert. Hier werden die Stängel ausgepresst, der Saft dann zu Sirup verarbeitet und dieser schließlich zu braunen Zuckerkristallen verkocht. Nach der Ernte erfordert die Zuckerkultur keine neue Aussaat, denn über den abgeschlagenen Halmen wachsen die neuen sofort wieder nach. Das Zuckerrohr ist biegsam und widerstandsfähig, und es bedarf schon eines sehr schlimmen Zyklons, um die Nutzpflanze ernsthaft zu gefährden.

Unter den **Bäumen** dominieren nicht, wie man glauben möchte, die Kokospalmen. Obwohl schon im 18. Jh. eingeführt, konnte sich die **Kokospalme** wegen der Wirbelstürme nicht allgemein durchsetzen und nur in geschützter Umgebung existieren. Heute wird sie, besonders in Hotelnähe, verstärkt angepflanzt.

Kasuarinen statt Kokospalmen

Stattdessen werden die Strände von den **Kasuarinen** (auch: **Filaos**) gesäumt, die im 18. Jh. aus Australien und Malaysia eingeführt wurden. Die Bäume erinnern an Lärchen oder Kiefern, wobei sie aber keine Nadeln haben, sondern lange, schachtelhalmartige Blätter. Ebenfalls aus Australien wurden **Eukalyptusbäume** importiert, die man an mancher Allee sieht und sehr häufig dort, wo früher Sumpfgebiete waren. Als Alleebaum noch öfter anzutreffen und in der Weihnachtszeit ganz Mauritius in ein rotes Blütenmeer verwandelnd, ist der aus Madagaskar stammende **Flammenbaum** (*flamboyant*) der vielleicht typischste Baum der Insel. Seine Blütezeit liegt zwischen November und Mai und liefert dann, etwa in Mont Choisy im Norden, die herrlichsten Fotomotive.

Auch die aus Indien stammende **Tamarinde** ist mit ihren leuchtend-gelben Blüten eine Freude fürs Auge. Zwar nicht so farbenprächtig, aber sich mit seinen Luftwurzeln zu imponierender Größe erhebend, bietet der **Banyan** einen majestätischen Anblick. Dieser Baum pflanzt sich durch Vögel fort, die seinen Samen auf anderen Pflanzen ausscheiden, von denen er sich zunächst als Schmarotzer ernährt.

Zwei Importpflanzen machen den Naturschützern besondere Kopfschmerzen: Die aus Brasilien stammende **Chinesische Guave** (*psidium cattleyanum*) und der aus Sri Lanka eingewanderte **Liguster** (*ligustrum robustum*). Die Wachstumsbedingungen sind für die beiden Arten offensichtlich so ideal, dass sie sich zu den größten Schädlingen entwickelt haben.

Der Baum des Reisenden gelangte von Madagaskar nach Mauritius

Fruchtbar und schnell wachsend, nehmen sie immer mehr einheimischen Spezies Luft, Sonne und Boden fort und überdecken weite Areale mit einem zwar schönen, aber tödlichen Teppich.

Rückzugsgebiete

Deshalb ist es so wichtig, dass dank der Anstrengungen von Ökologen und Regierung im Inselinneren ausgedehnte Waldflächen als Rückzugsgebiete der verbliebenen einheimischen Flora naturgeschützt sind. In den dortigen Regenwäldern findet man noch viele Exemplare des großen **Schwarzen Ebenholzbaums** (*diospyros tesselaria*) und anderer Ebenholzbäume, aber auch bis zu 20 m hohe Baumriesen wie *bois d'olive, bois du natte, bois de fer, makak, tambalacoque* oder *colophane* können entdeckt werden. Der wertvollste Schatz der mauritischen Flora allerdings wächst nicht hier, sondern im Botanischen Garten von Curepipe: die Palme *hyophorbe amaricaulis* – von ihr existiert weltweit nur dieses einzige Exemplar.

Unter den unzähligen anderen **Palmenarten** und sonstigen Bäumen, die man in Flusstälern, im Hochland, an der Küste und – als fantastische Zusammentragung der schönsten und seltensten Exemplare – in Pamplemousses (s. S. 178) sehen kann, sollen an dieser Stelle nur genannt sein:

- Die **Schraubenpalme** (*vacoa*) erhebt sich über dünnen Stelzwurzeln und gedeiht besonders gut auf feuchtem oder sumpfigem Untergrund. Die Vacoa-Blätter werden von einheimischen Handwerkern (vor allem auf Rodrigues) in Flechttechnik zu herrlichen Körben, Hüten und Matten verarbeitet.
- Der **Baum des Reisenden** (*traveller's palm*) sieht wie ein 10 m hoher Fächerwedel aus. Ihren Namen erhielt die Palme, weil sie in der Vergangenheit durch ihre gespeicherten Wasservorräte Reisenden von Nutzen war.
- Die schlanke und hohe **Palmiste-Palme**, die nicht nur schön, sondern auch als Rohstofflieferant für den Palmherzensalat von Bedeutung ist.

An Flussmündungen und an sumpfigen Küsten bilden schließlich **Mangroven**, die mit ihren Stelzwurzeln im Salzwasser leben können, ein undurchdringliches Dickicht.

Früchte und Gewürze

Daneben gedeihen auf Mauritius vielerlei **Nutzpflanzen** – Stauden und Bäume –, die nicht nur Köstlichkeiten wie Papayas, Mangos, Brotfrüchte, Litschis, Avocados, Corasols, japanische Mispeln, Longanes, Jackfrüchte, Bananen, Ananas, Golden Apples und Zitrusfrüchte tragen, sondern oft genug allein durch ihre Schönheit beeindrucken. In steigendem Maß werden außerdem Kaffee, Tee, Tabak, verschiedene Gemüse und andere tropische Früchte angebaut und exportiert. In diesem Zusammenhang seien auch Gewürzpflanzen wie Ingwer, Zimt, Betelnuss, Vanille, Muskatnuss, Gewürznelke u. a. erwähnt, die ja einmal einen bedeutenden Wirtschaftsfaktor darstellten und heute noch vereinzelt angetroffen werden können.

Der kurze Überblick wäre unvollständig, würde man nicht auf die vielen **Zierblumen** und **Zierblattarten** hinweisen, die ganzjährig aus Mauritius einen blühenden und farbenprächtigen Park machen. In privaten und botanischen Gärten, auf Hecken, am Wegrand und in den Wäldern findet man hiervon eine überquellende Fülle, die jeden Spaziergang zu einem Erlebnis werden lassen. Aus der Familie der Malven bestechen dabei die Hibiskusarten durch ihre Schönheit, genauso aber auch Lilien, Riesenwasserlilien, Strelitzien, Bougainvilleen, Indisches Blumenrohr, Roter Ingwer, Weihnachtssterne, Oleander, Anthurien u. v. m.

Für alle, die sich dafür interessieren und begeistern lassen, ist ein Besuch in den Botanischen Gärten von Pamplemousses und Curepipe ein unbedingtes „Muss". Die **Nationalblume** der Republik ist übrigens die sehr seltene, endemische *trochetia boutoniana (boucle d'oreille)*, die an den Hängen des Morne Brabant wächst.

Tierwelt

Anstelle der ursprünglichen Tierwelt, die bis auf einige Vogelarten und Fledermäuse weitgehend ausgerottet ist, bevölkern heute in unterschiedlichen Zeiten importierte Arten Mauritius. Bei den **Vögeln** haben sich u. a. der Kestrel (Mauritius-Turmfalke), die Rosa Taube (*pink pigeon*) und der Mauritius-Sittich erhalten können, jeweils in nur wenigen Paaren, und trotz aller Schutzmaßnahmen vom Aussterben bedroht. Dem Kestrel kann man am ehesten bei einem Besuch des Kestrel Valley begegnen.

Kestrel

Weitaus zahlreicher sind natürlich die **eingeführten Vogelarten** vertreten: Mit der südostasiatischen Sperbertaube macht wohl jeder Hotelgast, der im Freien isst, Bekanntschaft, wenn diese furchtlosen Tiere auf Futtersuche bis auf die Tische fliegen. Ähnliches tut der schwarze indische Hirtenmaina mit seinem gelben Schnabel. Als roter Farbtupfer ist der madagassische Kardinal (Webervogel) gleichermaßen schön und unübersehbar. Der ostasiatische Hühnervogel, der indische Spatz, Drosseln aus Java und der afrikanische Bengali – dies sind nur wenige Beispiele einer umfangreichen Liste von „Importen".

An seltenen **Seevögeln** sind besonders die vorgelagerten und weiter entfernten Inseln reich. Rodrigues, der St. Brandon-Archipel, die Île aux Cocos und Serpent Island beherbergen Arten, die auf Mauritius bereits ausgestorben sind, wie die Feenseeschwalben, die Fregattvögel und die Noddy-Seeschwalben. Der elegante Meeresraubvogel *paille-en-queue* (Weißschwanz-Tropikvogel) ist als Symboltier der Air Mauritius allgegenwärtig.

Unter den **Säugetieren** sind verschiedene Fledermäuse und Fliegende Hunde noch ursprünglich und oft zu beobachten. Außer den normalen Haustieren wie Hunden, Katzen, Ziegen und einigen Rindern sind von besonderem Interesse jene Tiere, die man nur selten zu Gesicht bekommt. Oft handelt es sich um verwilderte Haustiere, die sich im gebirgigen Innern vermehren konnten, wie z. B. das europäische Schwein oder das madagassische Wildschwein, das nur etwa 30 cm groß wird.

Fliegende Hunde

Als Schädlinge für die ursprüngliche Tier- und Pflanzenwelt spielten z. B. die braune Ratte, die von portugiesischen Schiffen auf die Insel kam, oder auch der *jacot-dansé* (Javaneraffe), eine asiatische Affenart, eine traurige Rolle. Weil erstere auch in den Zuckerrohrplantagen großen Schaden anrichtete, versuchte man, sie um die Jahrhundertwende durch den Import von Mangusten aus Indien auszurotten – mit dem Erfolg, dass nun ihrerseits Mangusten zur Plage wurden. Auch die Affen erwiesen sich nicht nur im Tierreich als nesträuberische Schädlinge, sondern plünderten ebenso in den Plantagen und wurden deswegen gejagt und gegessen. Noch heute sollen sie in einigen Gegenden den Speiseplan bereichern. Wer den *Jacot-dansé* in freier Wildbahn erleben will, sollte in der Plaine Champagne auf Beobachtungsposten gehen.

Die große Affenpopulation brachte skrupellose Geschäftsmacher auf eine neue Idee: Sie fangen Affen, packen sie in Lager, lassen sie gebären und verkaufen Affenbabys an Forschungs- und Versuchslabore. Die gemeinnützige Organisation Save Our Monkeys versucht mit Kampagnen und Aufklärungsarbeit auf dieses üble Geschäftsgebaren hinzuweisen. Infos zur Arbeit der Organisation: www.facebook.com/SaveOurMonkeys.

Seit 1639 sind die aus Java stammenden Sambur-Hirsche auch auf Mauritius heimisch. Sie haben sich hier so gut eingelebt, dass jährlich mehrere Tausend von ihnen abgeschossen werden müssen. Jagdsaison ist von Juni bis September.

Elefantenschildkröte

Unter den **Reptilien** stellten die Elefantenschildkröten sicher die eindrucksvollsten Exemplare dar. Nach ihrer Ausrottung sind sie nun auf Mauritius und Rodrigues wieder zu sehen, nachdem man sie von den Seychellen reimportierte. Allerdings nur in Freiluftgehegen, wie z. B. in La Vanille oder dem François Leguat Reserve auf Rodrigues. Häufiger Gast in Hotelzimmern sind verschiedene Gecko-Arten, die dem Menschen bei der Jagd auf lästige Insekten helfen. Eidechsen und Chamäleons sind häufig vertreten, im Gegensatz zum Skorpion, der praktisch nicht mehr vorkommt. Entgegen einer oft zu hörenden Anschauung gibt es doch Schlangen auf der Insel, die allerdings harmlos sind: die Wolfszahnnatter und die Blindschlange. Auf Round Island leben die äußerst seltene und endemische Mauritius-Boa. Die größten Reptilien gibt es in der Krokodilfarm von La Vanille, wo die Tiere zu kommerziellen Zwecken aufgezogen und geschlachtet werden. Neben Krokodilen können in den Gehegen auch viele der hier beschriebenen Tiere besichtigt werden.

Beeindruckend: ein Besuch des François Leguat Reserve auf Rodrigues

Unterwasserwelt

Für Schnorchler und Taucher, für Angler und Hochseefischer sind vielleicht die Tiere am interessantesten, die man bei Landexkursionen überhaupt nicht zu Gesicht bekommt: die Abermillionen von kleinen und großen, farbenprächtigen und unscheinbaren, gefährlichen und harmlosen Geschöpfen in der Welt unter Wasser.

Wunderwerk der Natur

Da auch die **Koralle** ein Kleintier ist, gehört diesem Bereich sogar ein charakteristischer und landschaftsbildender Teil von Mauritius an. Nur mit Staunen kann der tauchende Tourist dieses Wunderwerk der Natur betrachten und sehen, welch Formenvielfalt Korallen bilden: Da gibt es Bauformen, die an zarte Verästelungen eines Strauches erinnern, solche, die wie Gehirnwindungen aussehen, kompaktere in der Form eines Tisches oder vegetabile, die wie seltene Landpflanzen anmuten.

Um die Korallenriffe erstreckt sich der Lebensraum der meist kleinen, aber außerordentlich farbigen **Korallenfische** wie Dicklippen, Kofferfische, Trompetenfische, Kaiserfische, Schmetterlingsfische, Demoisellesfische, Papageienfische, Muränen, Drückerfische, außerdem Seeanemonen u. v. m. Es gibt auch hier einige gefährliche Arten. So sollte man dem schönen Rotfeuer- oder Tigerfisch und dem hässlich-unförmigen Steinfisch unbedingt ausweichen. Gleiches gilt für die Seeigel, die weite Abschnitte der mauritischen Strände bewohnen. Prinzipiell ist es ratsam, sich nicht ohne Badeschuhe oder Schwimmflossen auf Unterwasserexpedition zu begeben …

In den Korallenriffen leben noch viele andere Geschöpfe. Muränen und Langusten gehören dazu, vor allem aber auch eine einzigartige Vielfalt von **Muscheln** und **Schnecken**. Nicht alle sind ungefährlich (Vorsicht besonders vor einigen der etwa 100 Kegelschnecken-Arten!), und nicht alle sind sensationell, aber unter den mehr als tausend Arten Muscheln findet man immer einige unglaublich schöne Exemplare. Dass „Finden" nicht gleichbedeutend ist mit „Mitnehmen", sollte das oberste Gebot sein – schon heute sind einige Arten der Meeresmollusken fast gänzlich verschwunden, weil sie jahrzehntelang als Souvenirs gehandelt wurden.

Außerhalb des Korallenriffs haben Großfische wie Barrakudas, Thunfische, Marline, Makrelen, Blau- und Hammerhaie etc. ihr Revier. Sie kommen so zahlreich vor, dass Mauritius zu Recht als Eldorado für Hochseeangler gilt. Daneben kann man vereinzelt den seltenen Karettschildkröten begegnen. Weitere Infos zur Unterwasserwelt gibt es bei www.reefconservation.mu, der nichtstaatlichen Organisation Reef Conservation Mauritius (RCM), die Forschungsprojekte betreibt, und bei http://mmcs-ngo.org/en, der Mauritius Marine Conservation Society (MMCS).

Wirtschaftlicher Überblick

Mauritius als Musterland

Die wirtschaftliche Lage von Mauritius ist besser als in den meisten anderen afrikanischen Ländern – Mauritius gilt als afrikanisches Musterland. Längst lebt die Insel nicht mehr nur vom Zucker allein. Seit der Etablierung der Freihandelszone wurde stattdessen, besonders in den 1980er-Jahren, eine Industrie mit einer breit gefächerten Produktpalette aufgebaut, in der allerdings Textilien eindeutig dominieren. Ohne eigene Bodenschätze ausgestattet, musste das kleine Land dafür sorgen, mithilfe ausländischer Investoren eine Exportindustrie zu installieren, die nicht nur von schwankenden Weltmarktpreisen abhängige Massenprodukte anbietet, sondern sich auch auf hochwertige Spezialwaren stützt. Dies ist Mauritius in solchem Maße geglückt, dass die Nachrichten über das Land im Wirtschaftsteil der Zeitungen schon seit Jahren meist positiv klingen.

Daneben durfte die Landwirtschaft nicht vernachlässigt werden, galt es doch, die ständig wachsende Bevölkerung auf möglichst vielen Sektoren mit einheimischen Lebensmitteln zu versorgen. Auch das ist in vielen Fällen, z. B. mit Kartoffeln, geglückt. Beim Fremdenverkehr schließlich musste darauf geachtet werden, auf steigende Besucherzahlen nicht mit nachlassender Qualität zu reagieren und den Ausbau touristischer Leistungsträger so behutsam voranzutreiben, dass der exklusive Charakter des Inselurlaubs nicht in einer Vermassung unterging. Auch haben sich neue, zukunftsträchtige Wirtschaftszweige auf Mauritius dank staatlicher Förderung etablieren können, z. B. das Off-Shore-Banking oder eine boomende IT-Branche.

Exklusiver Tourismus

Zu den drei wichtigsten Sparten der mauritischen Wirtschaft im Einzelnen:

Landwirtschaft

Wer Mauritius bereist, sieht und riecht meist auf Anhieb, warum der Beiname **„Zuckerinsel“** berechtigt ist: Nach dem schmalen Küstenstreifen, meist mit Sandstrand, breiten sich nahezu unendlich die Zuckerrohrfelder aus, bis schließlich eine steil aufragende Bergwand deren kräftiges Grün begrenzt. Gleichzeitig fallen die zu konischen Türmen aufgeschichteten Gesteinsbrocken ins Auge, die fast an vorgeschichtliche Grabanlagen erinnern – ohne Zweifel stellten und stellen die Steine ein Hindernis für die Landwirtschaft dar. Tatsächlich hat Mauritius gegenüber anderen Zucker produzierenden Ländern den Nachteil, dass aus dem genannten Grund ein Einsatz von Maschinen kaum möglich ist. Dies allerdings soll dank des sogenannten de-rocking-Programms besser werden.

Trotz der Schwierigkeiten ist Zucker (und damit zusammenhängende Produkte wie Melasse und Rum) weiterhin ein Aktivposten der insularen Wirtschaft, wenn auch mit sinkender Tendenz. Immerhin sind gut 49 % der mauritischen Fläche mit Zuckerrohr be-

Zuckerrohrtransport

pflanzt. Obwohl die geerntete Menge und die damit erzielten Exportgewinne in den letzten Jahren gesteigert werden konnten, ging der Anteil des Zuckerexports am Gesamtexport von ursprünglich über 50 % stark zurück. 2015 lieferte der Zuckeranbau nur noch 7,6 % der Exporterlöse.

Starke Schwankungen in der Produktion

Die Gesamtmenge der jährlich anfallenden Zuckerproduktion ist starken Schwankungen ausgesetzt: Zyklone und Trockenperioden entscheiden darüber, ob es nun 300.000 oder 700.000 t werden. 2015 beispielsweise wurden rund 400.920 t Zucker produziert. Für eine Menge von 700.000 t raffiniertem weißen und braunen Zucker muss man im Lande etwa 6 Millionen t Rohr ernten, die dann in den wenigen verbliebenen Großbetrieben – die meisten in privatem Besitz – verarbeitet werden.

Die schrittweise Kürzung der garantierten Zuckerpreise in der EU um 36 % zwischen 2006 und 2015 erhöht den Anpassungsdruck an die Weltmärkte (s. Zuckerprotokoll, S. 27). Als Ausgleich erhielt Mauritius Beihilfen der EU zur Umstrukturierung in Höhe von 120 Mio. €. Die Restrukturierung des Zuckersektors wird weiter vorangetrieben. So soll unter anderem die Äthanolproduktion aus Melasse (Nebenprodukt der Zuckerproduktion) gesteigert und die Energieproduktion aus Bagasse (Abfallprodukt der Zuckerproduktion) verdoppelt werden.

Alle **anderen Agrarerzeugnisse** stehen im Schatten des Zuckers, obwohl sie zunehmend an Bedeutung gewinnen. Tabak, Tee, Gewürze, Gemüse, Früchte und Schnittblumen sind hier an erster Stelle zu nennen. Eine Ertragssteigerung ist auch hinsichtlich der Selbstversorgung wichtig. Trotzdem reicht die Produktion von Kartoffeln, Gemüse, Früchten, Fleisch, Eiern und Milch bisher nicht aus, knapp 6 % der Bewohner gelten als unterernährt. Mauritius ist von Nahrungsmittelimporten abhängig, die 2015 18,9 % der Gesamteinfuhr ausmachten. In großen Mengen wird Reis importiert, den die Mehrheit der Bevölkerung als Grundnahrungsmittel braucht: Sowohl die indische als auch die kreolische und die chinesische Küche kommen ohne ihn nicht aus.

Der Geschmack der Industrieländer an tropischen Früchten und exotischem Gemüse hatte den vermehrten Anbau und Export von Ananas, Avocados, Papayas, Litschis, Kokosnüssen, Mangos, Jackfrüchten u. v. a. zur Folge. Exportsteigerungen von über 30 % konnten bei Schnittblumen – vor allem Anthurien – erzielt werden, nachdem die Air Mauritius entsprechende Cargoflüge nach Amsterdam eingerichtet hat.

Industrie und Handwerk

Industriestandort

Als rohstoffarme Entwicklungsregion hat Mauritius seit der Unabhängigkeit viel dafür getan, den Vorbildern Taiwan und Singapur nachzueifern. Durch die Errichtung der Freihandelszone EPZ *(Export Processing Zone)* schuf sich das Land binnen kürzester Zeit die Basis für eine revolutionäre Umwälzung der Wirtschaftsstruktur. Mehr als 170.000 Beschäftigten gab die EPZ Arbeit und Lohn. Ende 2010 allerdings, nach überstandenen Finanz- und Wirtschaftskrisen, musste die EPZ eine deutliche Schrumpfung verzeichnen: Rund 50.000 Menschen waren hier noch beschäftigt.

Es waren vor allem ausländische Investoren, die den Industriestandort Mauritius wählten, und dafür hatten sie viele gute Gründe: Einfuhrsteuer- und Quotenbefreiung für Exporte in die EU, beachtliche Steuervergünstigungen, hohe fachliche Qualifikation und Sprachkenntnisse der Arbeitskräfte, gute Infrastruktur und Kommunikationstechnik, politische Stabilität, geringes Lohnniveau von weniger als 20 % des europäischen Standards. Ein im Oktober 2011 unterzeichnete Doppelbesteuerungsabkommen zwischen Deutschland und Mauritius trat am 1. Januar 2013 in Kraft.

Steuerabkommen

Den rasantesten Aufstieg konnte die **Textilindustrie** verzeichnen, die längst die Zuckerindustrie überholt hat. Die Produktpalette ist mit Polo- und T-Shirts, Oberhemden, Wollpullovern, Herrenanzügen u. ä. breit. Der Export geht hier hauptsächlich nach Frankreich, aber auch nach Deutschland. Weitere Industriezweige mit beachtlichen Zuwachsraten sind die **Lederindustrie** (Schuhe und Handschuhe), die **optische Industrie** (mehr als vier Mio. Brillen) und die Fertigung von Stilmöbeln, Uhren, Fischereizubehör und von Schmuck- und Spielwaren. Gefördert wird die Ansiedlung von **Elektronik-** und **Feinmechanikbetrieben**, und Gemeinschaftsunternehmen zur Herstellung von Fahrrädern, Nähmaschinen, Autoersatzteilen und feinmechanischen Produkten sind in Planung. Besondere Beachtung verdient die **Diamantenschleiferei**, die die Insel zu einem international anerkannten Diamantenexporteur gemacht hat.

Heutzutage steht Mauritius als **Niedriglohnland** allerdings in Konkurrenz zu den Ländern Asiens und Afrikas, die noch günstiger produzieren können. Daher wird vor allem in die IT-Technologie investiert. Die Regierung fördert dabei seit 2001 die Zuwanderung ausländischer Fachkräfte. Gleichzeitig sollen Investitionen im Erziehungswesen (z. B. neue Fächer wie Multimedia und Grafik-Design) die Qualifizierung des mauritischen Nachwuchses sichern. Der Finanz-, Offshore- und Immobiliensektor trug 2015 mit 14,1 % zum BIP bei.

Dem gegenüber tritt das **traditionelle Handwerk** mit Töpferei, Steinschleiferei, Weberei, Korbmacherei und Holzschnitzerei in seiner Bedeutung zurück, ist für den Touristen jedoch nicht minder interessant. Solche Produkte findet man in guter Qualität auf den Märkten und in den einschlägigen Souvenirshops, und insbesondere die mühsame Herstellung detailgetreuer Schiffsmodelle hat sich einen festen Markt unter ausländischen Liebhabern sichern können.

Tourismus

Seit der Einführung von Direktflugverbindungen nach Mauritius hat der Fremdenverkehr enorm zugenommen. Die Gründe dafür liegen auf der Hand:

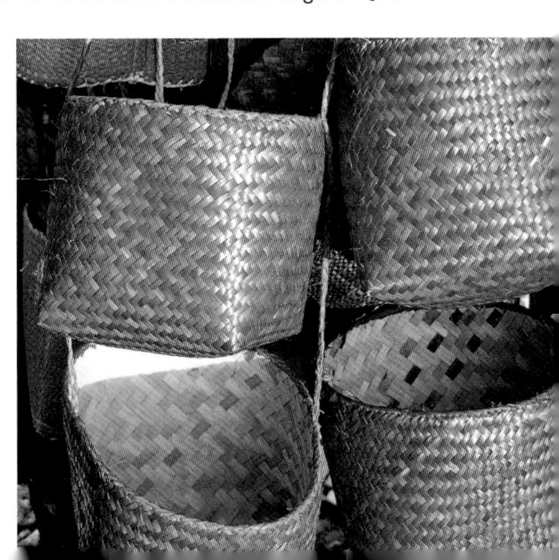

Traditionelle Korbwaren aus Rodrigues

Die Insel ist überschaubar, kulturell beeindruckend, landschaftlich reizvoll, klimatisch begünstigt und hat ca. 160 km Sandstrand. Nun bedeuten solche Vorzüge nicht zwangsläufig einen exklusiven oder „anderen" Urlaub – schließlich treffen sie auf Mallorca genauso zu. Der Unterschied ist jedoch, dass man auf Mauritius steigende Besucherzahlen zwar gerne sieht und sich der Wunsch von jährlich 500.000 Touristen zur Jahrtausendwende längst erfüllt hat. Aber man tut alles, um eine Vermassung mit all ihren negativen Folgen zu vermeiden. Dazu gehören **strenge Auflagen** für Größe, Architektur und Standort neuer Hotels, Bewachung der Strände, Kontrolle der Qualität von Unterkünften und die Betonung eines „gehobenen Standards".

Reiseland des Jahres

Immerhin kann man auf eine umfangreiche Liste illustrer Gäste verweisen – von Charles Baudelaire und Mark Twain bis hin zum britischen Prinzen Edward oder Stammgast Stephanie von Monaco. Dass eine solche Fremdenverkehrspolitik gerade auch beim deutschen Publikum Erfolg hat, beweisen Leserumfragen bei Reisemagazinen wie Globo oder Holiday. Was getestete Sparten wie Gastfreundlichkeit, Sport, Wasserqualität, Restaurantqualität, Sauberkeit und Kulturelles anbelangt, war Mauritius immer auf den vorderen Plätzen zu finden und wurde mehrfach zum „Reiseland des Jahres" gekürt.

Da überrascht es nicht, dass die Besucherzahlen rasante **Steigerungsraten** zu verzeichnen haben. Kamen 1977 erstmalig mehr als 100.000 Besucher nach Mauritius, waren es 1991 über 300.000, 2001 über 600.000 und 2003 über 700.000. 2010 wies eine Steigerungsrate von 7,3 % auf. 2015 kamen 1.151.723 Besucher. Davon stammten 254.362 aus Frankreich, 143.834 von der Nachbarinsel La Réunion, 129.796 aus Großbritannien, 101.954 aus Südafrika, 89.585 aus China, 72.145 aus Indien und 30.697 aus der Schweiz. 75.272 und damit 6,5 % kamen aus Deutschland.

Wer Luxus sucht, wird auf Mauritius fündig – beispielsweise im Shanti Maurice

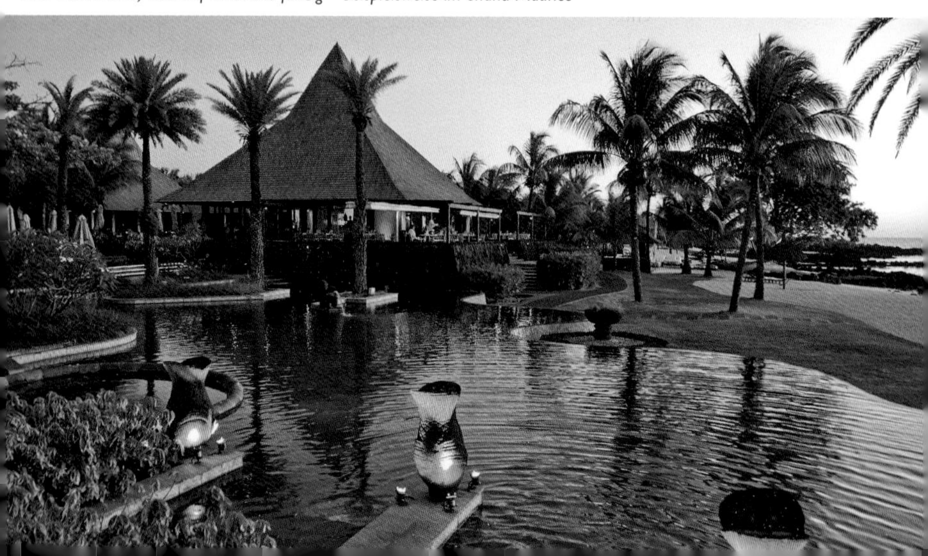

In der Zahlungsbilanz konnte der Tourismus Einnahmen von 1,4 Mrd. US-$ verbuchen. Aber nicht nur als Devisenbringer ist dieser Wirtschaftssektor von immenser Bedeutung, sondern auch wegen der direkt oder indirekt im Tourismus Beschäftigten: 115 offiziell erfasste Hotels mit insgesamt 13.617 Zimmern und 28.732 Betten gab es 2015. Strukturelle Maßnahmen wie der seit 2003 betriebene Ausbau der Hotelfachschule sorgen dafür, dass auch bei Erhöhung der Hotelkapazitäten gut qualifizierte Mitarbeiter zur Verfügung stehen. Direkt und indirekt erwirtschaftete der Tourismus 2015 25,5 % des BIP und unterstützte die Beschäftigung von 134.500 Erwerbspersonen.

Von Vorteil ist für alle Beteiligten die **Saisonunabhängigkeit** des Fremdenverkehrs. Mit anderen Worten: Die Touristen kommen gleichmäßig über das ganze Jahr verteilt, und die beiden stärksten Besucherströme (Frankreich, Großbritannien und Deutschland sowie La Réunion und Südafrika) überlappen einander nicht, sondern ergänzen sich. Zusätzliche Maßnahmen wie die Ende 2005 beschlossene Abschaffung einer 80 %-Steuer, z. B. auf Kleidung und Schmuck, sind darauf gerichtet, Mauritius auch als Shopping-Destination zu installieren, was dem ganzjährigen Tourismus neue Zuwachsraten bringen würde.

Shopping-Destination

Auf die Frage nach der nationalen Zusammensetzung des Kundenkreises ergibt die Statistik einige interessante Antworten. Denn dabei liegen die Einwohner der Nachbarinsel La Réunion hinter den Franzosen an zweiter Stelle – auch und vor allem wegen des deutlich günstigeren Preisniveaus auf Mauritius. Da La Réunion eigentlich zu Frankreich gezählt werden sollte, sind die Franzosen fast zur Hälfte am mauritischen Tourismus beteiligt.

Umwelt

Besuchern von Mauritius bleiben bei Touren über die Insel manche Müllberge im Hinterland und eine sichtbare Verschmutzung der Natur nicht verborgen. Klar ist, genauso wie in anderen Ländern des Südens, dass auch auf Mauritius das Ökosystem bedroht ist. Zuckermonokultur, Verkehr, Industrie und auch der Tourismus tragen dazu bei. Gleichzeitig ist wegen der großen Wasserverschwendung, insbesondere sind hier die großen Resorts und die Golfplätze zu nennen, die Insel von Wassermangel bedroht. Wassermangel ist auch ein großes Thema auf Rodrigues.

Drohender Wassermangel

Glücklicherweise lenken die Verantwortlichen in Politik und Gesellschaft Mauritius in die richtige Richtung: Das Umweltrecht wurde verschärft, Naturschutzgebiete wurden eingerichtet. Immerhin geht es auch darum, die über 300 wild wachsenden Blumen- und Farnarten zu schützen, die es nur auf Mauritius gibt. So unterzeichnete Mauritius die internationale Konvention zur Bewahrung der Biodiversität und brachte ein eigenes Ökoprojekt auf den Weg: Das 2007 ins Leben gerufene Projekt **Maurice Ile Durable** (MID) stellt den Ausbau regenerativer Energien und eine verbesserte Energieeffizienz in den Mittelpunkt – heute bezieht Mauritius bereits 22 % des Energiebedarfs aus regenerativen Energien. In den nächsten 20 Jahren soll diese Quote verdoppelt werden. Mittlerweile gibt es auch ein recht effizientes Pfand- und Recyclingsystem.

Gesellschaftlicher Überblick

Bevölkerung

Nach der letzten Schätzung Ende 2015 betrug die Einwohnerzahl von Mauritius 1.262.862 Personen. Mit rund 619 Menschen pro km² ist der kleine Inselstaat eines der am dichtesten besiedelten Länder der Erde. Wobei die Bevölkerungsexplosion erst einsetzte, als es gelungen war, Malaria und andere Seuchen wirksam zu bekämpfen. Noch 1867 betrug die Sterberate für die ganze Insel 247 pro Tausend, und allein in Port Louis starb ein Zwölftel der Einwohnerschaft. Heute wächst die Bevölkerung um jährlich 0,1 %, und über die Hälfte der Insulaner sind jünger als 20 Jahre.

Zentralmarkt in Port Louis

Aufgrund der relativ späten Entdeckung der Maskarenen und der kolonialen Vergangenheit kann sich keine Bevölkerungsgruppe als „Ureinwohner" bezeichnen, alle Mauritier sind freiwillig oder unfreiwillig Zugereiste. Die **Vielfalt der ethnischen Gruppen** ist beeindruckend: Etwa 68 % sind Indo-Mauritier, 27 % Kreolen madagassischer oder afrikanischer Herkunft, 2 % Sino-Mauritier und 2 % Franko-Mauritier. Durch Mischehen und -verbindungen sind hier die Grenzen jedoch fließend. Außerdem bedeutet die Zuordnung etwa zu Indern oder Chinesen nicht gleichzeitig auch eine religiöse oder sprachliche Festlegung.

Das Bild von Mauritius als einer kosmopolitischen Insel, deren Nebeneinander von Ethnien und Religionen harmonisch ist, bekam **1999** allerdings einen tiefen Riss: Nachdem der populäre kreolische Sänger „Kaya" (Joseph Reginald Topize) in Polizeigewahrsam gestorben war, kam es zu **Unruhen** mit mehreren Toten. Zentrum der Ausschreitungen waren die armen Wohnsilos von Quatre Bornes. Kritiker warfen der Hindu-Mehrheit des Inselstaates vor, die muslimischen und christlichen Minderheiten mit staatlichen und polizeilichen Mitteln zu unterdrücken.

Indo-Mauritier

Die Inder stellen heute auf Mauritius die **Zweidrittel-Mehrheit** und sind in allen führenden Positionen in Handel, Wirtschaft, Politik und Kultur dominierend vertreten. Nichts sollte die Bevölkerungszusammensetzung der Insel so vollständig

Die Mehrheit der Bewohner ist indischer Abstammung

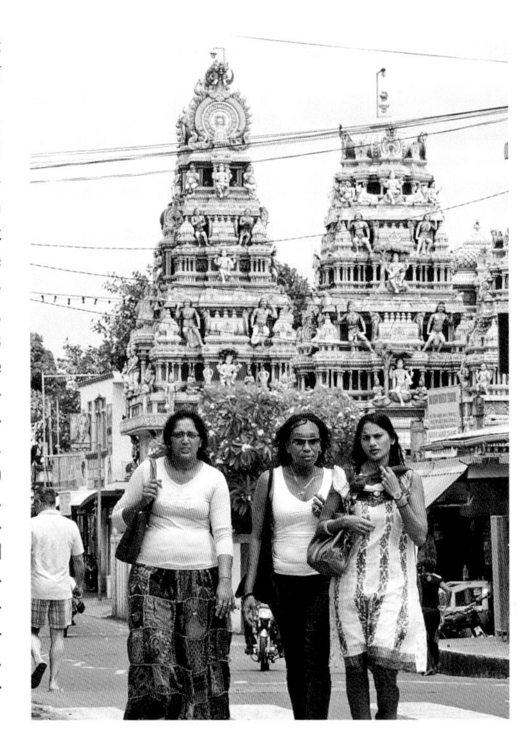

ändern wie ihre Einwanderung im 19. Jh.: Allein zwischen 1835 und 1920 kamen etwa 500.000 Inder aufgrund von Arbeitsverträgen nach Mauritius. Der Ort ihrer Herkunft entschied und entscheidet über ihre sprachliche und religiöse Zugehörigkeit: Die meisten kamen aus Bihar, Orissa und Bengalen, andere aus südindischen Provinzen und einige aus dem damaligen Bombay. Nachgestoßene Kaufleute aus Bombay waren meist muslimischen Glaubens. Und neben Hindus gab es unter den indischen Arbeitern auch Christen. Von den heute im Land lebenden Indo-Mauritiern sind 51 % Hindus und 16 % Muslime. Und je nach Herkunftsgebiet wird von den Indern neben Hindi auch Gujarati, Urdu, Marathi, Tamil und Telugu gesprochen. Die Rupiennoten z. B. sind auf Englisch, Hindi und Tamil bedruckt …

Kreolen

Europäer und Sklaven

Mit den Europäern sind die Kreolen die frühesten Bewohner der Insel, denn Holländer und Franzosen griffen für die Arbeit auf den Plantagen auf Sklaven zurück, die man aus **Subsahara-Afrika** und **Madagaskar** heranschleppte. Als 1815 die Engländer die französische Kolonie übernahmen, lag das Verhältnis bei 15.000 Europäern zu 63.000 Sklaven. Zwischen den Franzosen und den afrikanischen Sklaven standen einige freie Schwarze sowie Einwohner mit gemischter Ethnizität, insgesamt etwa 10 % der Bevölkerung: Die französischen Herren hatten sich häufiger mit Sklavinnen eingelassen. Zudem gab es für schwarze Sklaven unter gewissen Bedingungen die Möglichkeit, in die Freiheit entlassen zu werden. Da diese aber entwurzelt und zudem in der zweiten oder dritten Generation auf Mauritius ansässig waren, blieben sie und vermischten sich wiederum mit den Nachkommen aus den Verbindungen europäischer Herren mit schwarzen Sklavinnen. Offiziell waren Ehen zwischen Europäern und Sklaven meistens strafbar *(Code Noir)*.

So entstand die Bevölkerungsgruppe der Kreolen, die nun die zweitstärkste des Inselstaates ist. Durch die tolerante britische Administration niemals zur Aufgabe ihrer Lebensweise gezwungen, sprechen sie heute noch Créole und haben ihren römisch-katholischen Glauben behalten.

Sino-Mauritier

Die **Chinesen** stellen das jüngste Element der mauritischen Völkergemeinschaft dar und sind z. T. schon im 19. Jh., besonders aber nach dem Zweiten Weltkrieg zugewandert. Ihre ursprüngliche Heimat liegt in Südchina und in anderen Gebieten, sodass auch sie verschiedene chinesische Sprachen sprechen – vorherrschend jedoch ist Kantonesisch. Die Sino-Mauritier sind häufig als Kaufleute tätig oder führen kleine Läden.

Franko-Mauritier

Es gibt nur noch sehr wenige Mauritier, die eindeutig europäischer, d. h. französischer Herkunft sind. Diese wenigen haben es aber geschafft, ihre alte Position zu halten, sodass sie unter den **Plantagenbesitzern** überproportional vertreten sind.

Die unterschiedliche Bevölkerungszusammensetzung ist nicht identisch mit einer sozialen Klassifizierung, ein möglicher Grund für Unruhen oder Bürgerkriege ist damit dem Land erspart geblieben. Zwar kann man die Faustregel aufstellen, dass die meisten Plantagenbesitzer Franko-Mauritier, die meisten Plantagenarbeiter Inder, die meisten Ladenbesitzer Chinesen und die meisten Handwerker Kreolen sind, doch sind die Ausnahmen von der Regel groß, und jede Gruppe hat jeweils ihre Ober-, Mittel- und Unterschicht.

Einer **Vermischung der Gruppen** kommt der Umstand entgegen, dass die Mauritier auf engem Raum zusammenleben müssen – zu 41 % in den Städten (2015), deswegen ständig Kontakt zu anderen Volksgruppen haben und es Dörfer mit nur einem ethnischen Bestandteil praktisch gar nicht gibt. Trotzdem sind die Gruppen untereinander recht stabil, bedingt auch durch die jeweilige Religionszugehörigkeit. Im Regelfall heiratet ein indischer Muslim nur eine indische Muslima, ein kantonesischer Chinese eine kantonesische Chinesin und ein katholischer Kreole eine katholische Kreolin.

Religionen und religiöse Feste

Alle Weltreligionen

Die ethnische Zugehörigkeit eines Mauritiers erlaubt zwar Rückschlüsse auf seine Religion. Aber nicht in dem Sinn, dass unbedingt jeder Inder Hindu und jeder Kreole Katholik ist. Tatsächlich sind in diesem kleinen Inselstaat mit seinen 1.865 km^2 alle Weltreligionen vertreten, und wenn das Schlagwort vom *„most cosmopolitan island in the sun“* gilt, dann auch und gerade auf religiösem Gebiet.

Die Bevölkerung, deren Wurzeln ja in Europa, Afrika, Madagaskar oder Asien liegen, ist gläubig im tiefen und wahren Wortsinn, aber nicht fanatisch. Es zeugt von Toleranz und kultureller Reife der Mauritier, dass das Land zeit seines Bestehens **ohne Glaubenskämpfe** und Pogrome existieren durfte und dass Einheimische wie Besucher Moscheen neben katholischen Kirchen, chinesische Pagoden neben anglikanischen Gotteshäusern, tamilische Kovile neben hinduistischen Shivalas sehen und besuchen können. Wer an hoch gelegenen Punkten in Stadtnähe – etwa auf dem Fort Adélaïde in Port Louis oder dem Vulkankrater Trou aux Cerfs in Curepipe – steht, kann die Vielfalt der Tempel und Gotteshäuser mit einem einzigen Rundblick erfassen.

Aber nicht nur die großen Baudenkmäler sind hier gemeint, sondern auch die vielen Gebetshäuser und Votivnischen am Wegesrand, die religiösen Bilder, Statuen, Fahnen usw. in und vor den Häusern, die heiligen Seen und andere natürliche Orte mit religiöser Bedeutung.

Hinduprozession am Straßenrand

Hindus

Hindus in der Mehrheit

Unter den Gläubigen stellen die Hindus mit 48 % eindeutig die Mehrheit, sodass man im Land hinduistischen Tempeln und hinduistischen Festen häufig begegnet. Der Hinduismus ist weniger von festen Dogmen und Riten geprägt als etwa das Christentum oder der Islam und hat sich stets eine große integrative Kraft bewahrt. Obwohl er so vergleichsweise tolerant auch den anderen Weltreligionen gegenübertritt und versucht, deren Lehren und Gottesvorstellungen zu verstehen und mit der eigenen Auffassung in Einklang zu bringen, kennt er doch bestimmte Grundsätze und Göttergestalten, die unwandelbar sind. Dazu gehört z. B. die Lehre von der **Seelenwanderung** und mythologische Erzählungen von den Göttern Shiva, Vishnu und vielen anderen. Da der Mensch wiedergeboren wird, seine Leistungen und seine moralische Integrität darüber entscheiden, wie – d. h. in welcher Kaste – er auf die Erde zurückkehrt, ist das Verhältnis von Schuld und Sühne für das religiöse Leben der Hindus von ausschlaggebender Wichtigkeit. Daher die vielen, für europäische Augen manchmal schockierenden Rituale, in denen ein schuldbeladener Gläubiger versucht, mittels physischer Qualen seine Schuld abzutragen.

Da gibt es tage- und wochenlange **Fastenzeiten**, das Laufen über glühende Kohlen, das Besteigen von Leitern, deren Sprossen aus Säbeln bestehen, das Behängen des Körpers mit in die Haut gestochenen Gewichten, das Durchstoßen von Wangen und Zunge mit Spießen und anderes mehr. Auch die rituellen Waschungen in geheiligten Wassern sind charakteristisch für die hinduistische Volksfrömmigkeit und werden in Prozessionen und Festen zusammen begangen. Die bedeutendsten Hindu- bzw. Tamilenfeste sind das Divali, Teemeedee, Cavadee und Maha Shivaratree.

Hindutempel sieht man überall auf der Insel, die prächtigsten sind vielleicht die Sakralbauten von Triolet (Shivala-Tempel), Port Louis (Tamilen-Tempel Sockalingum Ammen), Goodlands, Grand Baie und Cap Malheureux, aber auch die vielen kleineren und größeren Heiligtümer am Grand Bassin, dem heiligen See im Landesinneren, verdienen Beachtung. Einen Besuch lohnen sowohl die öffentlich begangenen Feste als auch die farbenfrohen Tempel, in denen man sich in Ruhe und unter ortskundiger Leitung in die Mythologie des Hinduismus vertiefen kann.

Christen

Die Christen stellen mit etwa 32 % der Gläubigen die zweitstärkste religiöse Gruppe, wovon die überwiegende Mehrheit **römisch-katholischen** Bekenntnisses ist (81,8 %). In der französischen Zeit war es selbstverständlich, dass die afrikanischen und madagassischen Sklaven ihren Naturreligionen abschwören und zum Katholizismus übertreten mussten. Solchermaßen zwangschristianisiert, durften sie aber unter den Engländern ihren (neuen) Glauben behalten und mussten nicht zur anglikanischen Kirche übertreten. Neben Franko-Mauritiern und Kreolen überrascht der hohe Anteil an chinesischen Katholiken. Dieser erklärt sich aus den häufigen chinesisch-kreolischen Mischehen, die aufgrund des Frauenmangels der chinesischen Kaufleute zustande kamen, und ist also durchweg freiwilligen Ursprungs.

Die christlichen Feste wie Weihnachten usw. werden auf Mauritius mit der dem Land eigenen Inbrunst begangen. Besonders hervorzuheben aber ist die Fronleichnamsprozession in Port Louis und die alljährliche Wallfahrt zur Kirche des heiligen Priesters Jacques Désiré Laval in Ste. Croix (s. S. 142). Auch der Besuch von Papst Johannes Paul II. im Jahre 1989 wurde auf Mauritius und Rodrigues überschwänglich gefeiert.

Christlicher Friedhof in St.-Félix

Christliche Sakralbauten findet man ebenfalls über die ganze Insel verstreut, sei es als idyllische kleine Gebetshäuser wie in Chamarel oder sei es als große Gotteshäuser wie in Curepipe oder Mahébourg. Die römisch-katholische Hauptkirche ist die **Kathedrale St. Louis** in der Hauptstadt. Nur wenige Mauritier bekennen sich zum Protestantismus, davon die meisten – historisches Erbe der Engländer – zur anglikanischen Kirche. Ihre Kathedrale St. James befindet sich in Port Louis, nicht weit von der katholischen Bischofskirche entfernt.

Muslime

Die etwa 17 % **Muslime** des Landes sind meist indischer oder pakistanischer Herkunft, von wo sie ihren Glauben nach Mauritius mitbrachten. Der monotheistische Islam lebt von der genauen Einhaltung bestimmter Regeln, den fünf Prinzipien (Gottesbekenntnis, Almosengeben, Pilgerfahrt nach Mekka, tägliche Gebete, Fasten) und der Abstinenz von Alkohol, Schweinefleisch und Glücksspielen. Dies ist in Mauritius nicht anders als in jedem islamischen Land, wenn hier auch der Kontakt mit den anderen Religionen die Toleranz der Muslime in größerem Maße gefördert hat. Die muslimischen Feiertage beziehen sich auf den Jahresanfang (Moharram), das Ende des Fastenmonats Ramadan (Eid El Fitr), das Opfer des Abraham (Eid El Adha) und den Geburts- und Todestag Mohammeds (Yaum-Un-Nabi). Nicht alle, aber doch über 90% der Muslime sind **Sunniten**, daneben gibt es etwa gleich viele schiitische Gläubige und Anhänger der Ahmadiyya-Sekte. Koranschulen und Moscheen (insgesamt etwa 100) befinden sich in jedem Ort, oft allerdings in unscheinbaren Gebäuden oder gar Wellblechhütten untergebracht und nur an Halbmond-Symbolen und den grünen Fähnchen zu erkennen. Demgegenüber ist die Hauptmoschee in Port Louis (Jummah-Moschee) mit verschwenderischer Pracht ausgestattet.

Regeln des Islam

Buddhisten

Während viele Chinesen zum römisch-katholischen Glauben übergetreten sind, haben sich andere doch ihren **buddhistischen Glauben** bewahrt. In dessen pantheistischer Welt wimmelt es von Göttern sowie bösen und guten Geistern. Mit Magie, Beschwörungen und Opfergaben an Buddha versuchen die chinesischen Gläubigen, ihr Leben mit dem Kosmos in Übereinstimmung zu bringen und böse Dämonen abzuwehren. Dies geschieht z. T. in sehr farbenprächtigen und aufwendigen Festen (Chinesisches Neujahrsfest, Laternenfest), die oft über die relativ geringe Zahl der Gläubigen (weniger als 2 %) hinwegtäuschen. Auch die buddhistischen Tempel, die Pagoden, sind dementsprechend weniger präsent – das schönste Beispiel dieser Sakralbauwerke ist in der Thien Thane Pagode in Port Louis zu sehen.

Feste und Feiertage

Die religiösen Riten, besonders die aufwendigen Feste, können als weiterer **Anziehungspunkt** der Insel gelten. Für alle Mauritier haben die Feste Bedeutung und werden gemeinsam begangen – wenn nicht als Gläubige in unmittelbarer Beteiligung, so doch durch arbeitsfreie Tage. Gerade die Hauptfeiertage des Christentums sind zu einem festen Programmpunkt internationaler Hotels geworden, wenngleich Schneedekorationen und White-Christmas-Lieder unter tropischer Sonne immer ein wenig deplatziert wirken. Um am religiösen Leben der Mauritier teilzuhaben, sollte man sich nicht scheuen, neben Kirchen, Moscheen, Tempeln und Pagoden auch deren Feierlichkeiten zu besuchen, wenn man in der entsprechenden Zeit im Land ist.

Weihnachten unter der Tropensonne

Natürlich sind das keine Attraktionen im üblichen touristischen Sinn, und Behutsamkeit und Achtung, sowieso eine Grundregel beim Umgang mit fremden

Kulturen, ist dabei unerlässlich. Gerade die hinduistischen Büßer-Rituale, so exotisch und farbenfroh sie sein mögen, dürfen nicht als folkloristische Darbietung missverstanden werden. Trotzdem werden Besucher in den seltensten Fällen auf Ablehnung stoßen, wenn sie – respektvolles Benehmen vorausgesetzt – das Schauspiel auch mit der Kamera festhalten wollen. Die Termine der religiösen Feste können im Folgenden nur vage angegeben werden, da z. B. der islamische, hinduistische und chinesische Kalender nicht mit unserem übereinstimmt. Bei Interesse sollten also an der Hotelrezeption oder bei der Touristeninformation das genaue Datum, eine Wegbeschreibung nebst Parkmöglichkeiten und die günstigste Tageszeit erfragt werden.

Fotografieren

info

Festtagskalender

Ende Januar/Anfang Februar: Chinesisches Neujahrsfest
Höhepunkt des buddhistischen und konfuzianischen Volksglaubens und feierliches Begehen des chinesischen Jahreswechsels. Dazu gehören opulente Mahlzeiten, Opferspenden in den Pagoden, Ehrung der Vorfahren, Umzüge, Feuerwerke und Besuche bei den Verwandten. Eine Woche vor dem eigentlichen Fest wird der Gott des Hauses, dessen Gefährtin und dessen Reittier, mit dem sie über den Himmel fahren, mit Süßspeisen u. ä. beschenkt, gleichzeitig das Haus gereinigt und mit der Glücksfarbe Rot ausgeschmückt. Am Vortag des Neuen Jahres gilt der Ritus den Ahnen, deren Namen auf ein rotes Blatt Papier geschrieben und mit Früchten, Blumen und Kuchen umringt wird. Auf den Straßen, in den Häusern und in Pagoden verströmen nun Räucherstäbchen ihren süßlichen Geruch, und nach dem Kult der Götter und der Vorfahren wird das Neue Jahr mit einem großen Familien-essen und anschließendem Feuerwerk begrüßt. Am eigentlichen Festtag dürfen weder Messer noch Scheren benutzt werden, während Knallkörpersalven die bösen Geister vertreiben, man Geschenke verteilt und Verwandte besucht. In traditionsbewussten Gemeinden genießt man auch musikalische und tänzerische Darbietungen. Und überall hört man den Neujahrsgruß der Chinesen: kung tsi fa ts'ai! – „Die allerbesten Wünsche!"

Ende Januar/Anfang Februar: Cavadee
Höhepunkt der hinduistischen (tamilischen) Religiosität und ein spektakuläres Ereignis! Erinnert wird in diesem Fest an die Befreiung einer göttlichen Prinzessin aus den Händen eines Dämons. Da die mythologische Gestalt dabei auf ihren Schultern eine Stange mit zwei Bergspitzen trug, wird von den tamilischen Gläubigen in der Prozession ebenfalls ein bogenartiges Gestell, das sogenannte Cavadee, mit Gewichten (zwei Milchschalen) transportiert. Gleichzeitig dient das Fest aber auch der Läuterung und der Buße für alle auf sich geladene Schuld. Auf die Furcht erregenden Akte, die sich hierbei abspielen, werden die Gläubigen intensiv vorbereitet: Zehn Tage des Fastens und der Askese, Schlaf nur auf einer Strohmatte, sexuelle Enthaltsamkeit und Verzicht auf Tabak sowie tägliche Gebete gehören dazu. Dann beginnen am frühen Morgen die Prozessionsvorbereitungen; das schwere Cavadee wird zum Flussufer gebracht, geschmückt und mit

Milchschalen behängt. Einzelne Büßer stechen sich Nadeln ins Fleisch, meistens in Wangen oder Zunge, aber auch in Rücken und Brust. Um einen Karren hinter sich herziehen zu können, lassen sich manche sogar die Hüften durchstechen. Wieder andere gehen in Nagelschuhen oder besteigen Leitern mit Schwerter-Sprossen. Die Prozession, deren Qualen nur in einem Zustand der Trance zu erdulden sind, endet am Tempel, wo der Priester durch Zeichnen von Stirn und Armen die Gläubigen segnet, die Milch über das Götterbild gießt und die Marterwerkzeuge entfernt. Daran schließt sich das heilige Festmahl mit sieben Curries an, bevor man am nächsten Tag zum Fluss zurückgeht, die Cavadees abschmückt und Blumen, Bambusstangen und anderes Zubehör dem Wasser übergibt.

Februar: Laternenfest

Chinesisches Fest, das 14 Tage nach dem Neujahrsfest (s. o.) begangen wird. In einem bunten Aufzug tanzt ein Drache, dargestellt von zwei verkleideten Artisten, durch die Straßen von Port Louis, begleitet von rhythmischem Trommeln. Der Drachentanz will die Freude über die Bekehrung zum Guten symbolisieren und wurde zum ersten Mal 1872 in Mauritius aufgeführt.

Februar/Anfang März: Maha Shivaratree

Das beliebteste Fest der Inder und größter jährlicher Pilgerzug auf der Insel, an dem etwa 500.000 weiß gekleidete Hindus teilnehmen. Mit Opfergaben und sogenannten Kanwars, kunstvollen Gestellen aus Bambus, Papier und Spiegelschmuck, die den Gott Shiva oder Tempel darstellen, versammeln sich die Gläubigen am heiligen Wasser des Grand Bassin (Ganga Talao). Aus dem Kopf Shivas, der dominierenden Figur der hinduistischen Dreiheiligkeit, entspringt der Ganges, und der Kratersee wird mit dem Ganges identifiziert. Nach einer lokalen Legende soll es tatsächlich eine unterirdische Verbindung geben. Außerdem hat man bei einer der ersten Pilgerfahrten 1898 Gangeswasser in das Grand Bassin gegossen. Man schöpft Wasser aus dem See, benetzt damit Shiva-Statuen und hinterlegt Opfergaben wie Kokosnüsse u. ä.

März: Holi

Ebenfalls ein hinduistisches Fest, wird kurze Zeit nach dem Maha Shivaratree und 14 Tage vor dem indischen Neujahrsbeginn gefeiert. Der Hintergrund des Holi ist die mythologische Erzählung vom Feuertod der bösen Holika, die den Prinzen Prahlada vernichten wollte. Feuer spielt auch insofern eine herausragende Rolle, als Strohpuppen und Bildnisse der Holika in der Festnacht auf Scheiterhaufen geworfen werden. Da der Anlass aber der Sieg des Guten über das Böse und damit ein freudiger ist, gibt sich das zweitägige Holi ausnahmslos fröhlich und ausgelassen: Es wird getrommelt und viel getanzt, Geschenke und Süßigkeiten werden vergeben, mit Pumpen und Plastiktüten wird farbiges Wasser verspritzt.

März/April: Karwoche

Die Christen begehen insbesondere den Karfreitag mit Prozessionen und Messen, die auf der Insel Rodrigues am feierlichsten sind.

Juni: Fronleichnam
Die Katholiken feiern Fronleichnam mit einer riesigen Prozession durch die Straßen von Port Louis. Auch auf Rodrigues geht es besonders feierlich zu.

9. September: Père Laval
Das Grab des 1979 heiliggesprochenen Père Laval in Sainte Croix ist an diesem Tag Ziel von Pilgerzügen, an denen sich Zehntausende beteiligen. Dem „Apostel von Mauritius" werden wunderbare Heilkräfte zugeschrieben, und deswegen machen sich auch Angehörige anderer Konfessionen auf den Weg, um in Sainte Croix einen Hauch von Lourdes zu verbreiten. Von 16 Uhr des Vortages bis 12 Uhr des Festtages werden hier stündlich Messen abgehalten, aber auch in anderen katholischen Kirchen auf der Insel begeht man diesen Tag mit besonderer Feierlichkeit.

September: Ganesh Chaturthi
Das Geburtstagsfest des elefantenköpfigen Ganesh, dem Gott der Weisheit, wird am vierten Tag des hinduistischen Monats mit Prozessionen begangen.

Oktober/Anfang November: Divali
Dass dieses hinduistische Freudenfest mit Licht zu tun hat, sagt schon der Name: Divali bedeutet soviel wie „Lampenreihe". Nach einer rituellen Reinigung des Hauses und des Körpers (Ölung, Bad, Anziehen neuer Kleider) und einem Festmahl werden nicht nur bunte Glühbirnen, Kerzen und Öllampen zum Leuchten gebracht, sondern auch Feuerwerke gezündet. Das Licht verkörpert einerseits die Freude über gute Geschäfte, eine gute Ernte u. a., andererseits symbolisiert es den Sieg von Lakshmi, Königin des Reichtums, über Bali, den König der Dämonen. Auch mit den mythischen Siegen Ramas und Krishnas wird das Divali-Fest in Verbindung gesetzt.

Oktober/November: Ganga Asnan
Dieses hinduistische Fest ist mit dem Maha Shivaratree vergleichbar, findet allerdings nicht am Grand Bassin, sondern am Meeresufer statt. Die religiöse Bedeutung ist die rituelle Reinigung von den Sünden durch das geheiligte Wasser der „Mutter Ganges", und da der Fluss in den Indischen Ozean mündet, kann die Kraft seiner Gnade bis zur Küste von Mauritius strömen. Außer dem Reinigungsbad werden dem Meer Opfergaben übergeben. Auch am Ganga Asnan (= „Bad im heiligen Ganges") sind Hunderttausende gläubiger Hindus beteiligt.

Zwischen Oktober und März: Teemeedee
Spektakuläres Fest der tamilischen Hindus, das an unterschiedlichen Orten zu unterschiedlichen, von den Priestern jährlich festgelegten Zeiten stattfindet. Nach einer wochenlangen Vorbereitung versammeln sich Gläubige und Priester vor den tamilischen Tempeln, wo in einem etwa 7 m langen und 2 m breiten Graben eine 20 cm dicke Schicht von glühenden Kohlen aufgehäuft wurde. Nach dem Segen des Priesters beginnt für die ausgesuchten Männer und Frauen die Zeremonie des „Feuerlaufens" (engl.: *firewalking*), aus der die Gläubigen unverletzt hervorgehen.

info

2. November: Allerseelen
Großartig wird auf Mauritius dieses christliche Fest begangen: Vornehm gekleidet ziehen die Gläubigen zu den Friedhöfen, wo sie mit kunstfertig hergestellten Blumendekorationen, Kränzen u. ä. ihrer Verstorbenen gedenken. Die Friedhöfe der Insel, sonst nicht immer sehr sorgfältig gepflegt, verwandeln sich an diesem Tag in blühende Gärten von außerordentlicher Farbenpracht. Interessant ist der Einfluss afrikanischer oder madagassischer Traditionen auf das Fest, wenn etwa die Gräber mit Wasser begossen werden, das Lieblingsessen des Toten auf das Grab gestellt wird und eine Zigarette oder eine Flasche Rum den Verstorbenen im Jenseits erfreuen soll.

Jährlich wechselndes Datum (2017: 1. Dezember, 2018: 21. November): Yaum-Un-Nabi
Islamisches Fest zum Gedenken an Mohammeds Todestag. Für eine Dauer von zwölf Tagen wird in den Moscheen rezitiert und gesungen.

Jährlich wechselndes Datum (2017: 24. Juni, 2018: 14. Juni): Eid El Fitr
Dieser islamische Feiertag wird als Abschluss des Fastenmonats Ramadan am ersten Tag des zehnten islamischen Monats begangen. Schauplatz der Feierlichkeiten sind die Moscheen, und die Stimmung ist durch Ernsthaftigkeit und Gebete, nicht aber durch Ausgelassenheit geprägt.

Jährlich wechselndes Datum (2017: 1. September, 2018: 22. August): Eid El Adha
Ebenfalls islamisches Fest, das an die Geschichte von Abraham und Isaak erinnert. Begangen wird der Feiertag mit Gebeten in der Moschee und im Freundes- und Familienkreis, wo die geopferten Lämmer verspeist werden.

Kreolisches Leben

Die Kreolen spielen auf Mauritius im Vergleich mit den Indern eher eine untergeordnete Rolle, aber vieles, was „kreolisches Leben" ausmacht, gilt trotzdem für die Mauritier in ihrer Gesamtheit. Es ist daher oft erlaubt, „kreolisch" mit „mauritisch" gleichzusetzen, und es gibt Anzeichen dafür, dass nach einem weiteren Zusammenwachsen der ethnischen Gruppen in Zukunft eben eine kreolische Landeskultur entstehen wird.

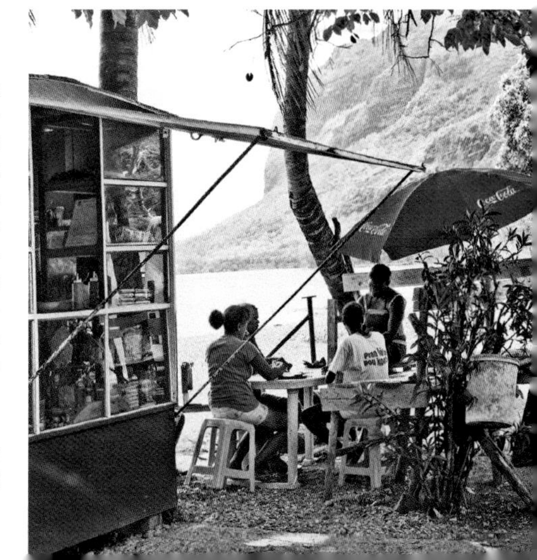

Auf Mauritius geht das Leben meist seinen entspannten Gang

Bestes Beispiel dafür liefert das **Créole**, das zwar in der offiziellen Lesart hinter Englisch und Französisch zurücksteht, in Wirklichkeit aber die *lingua franca* des Inselstaates ist (s. S. 63). Außerdem werden mehr und mehr kreolische Kulturgüter von allen Gruppen akzeptiert und übernommen, sodass sich etwa die Sega (s. S. 64) gleichermaßen kreolisch wie mauritisch gibt. Kreolisches Leben in diesem Sinn artikuliert sich also in der besonderen Lebensauffassung, dem Essen, der Architektur, der Sprache, kurz: in der Inselkultur.

Das wird deutlich im **Verhalten im Alltag**: Natürlich geht der mauritische Bankangestellte ebenso pünktlich zur Arbeit wie der deutsche, natürlich achtet der mauritische Kellner genauso aufmerksam auf die Wünsche der Gäste wie der europäische. Abseits solcher berufsbedingter Zwänge gibt sich der Insulaner jedoch weitaus sorgloser als die Menschen im Norden. Da reicht es, wenn es zum Leben reicht, und große Gedanken an eine Zukunft, die sowieso niemand vorhersagen kann und die in der Hand Gottes liegt, werden nicht verschwendet. Da geht man morgens zum Markt und kommt vielleicht erst am späten Abend wieder nach Hause, weil man unterwegs zufällig auf gute Freunde zum Schwatz, interessante Fremde für vage Geschäfte und schließlich auf billigen Schnaps für einen legendären Rausch gestoßen ist. Und die Mopedreparatur, die man dem Freund für vorgestern fest versprochen hatte, wird eben auf morgen oder übermorgen verschoben, denn wer bereits eine Woche wartete, kann dies schließlich noch eine zweite tun!

Lächeln und Lachen

Unbestreitbar ist auch der immer freundliche, ja herzliche Zug, der dem kreolischen Leben innewohnt. Der fremde Besucher merkt schnell, dass Lächeln und Lachen dem Mauritier wesenseigen sind und dass es Spaß macht, wildfremde Menschen zu grüßen und wieder gegrüßt zu werden.

Wie sich Kreolisches mit anderen Einflüssen mischt, zeigt ein Blick auf die Speisenkarte. Die beliebten Curries z. B. gibt es in den meisten Restaurants. Da spielt es keine Rolle, ob nun ein chinesischer, indischer, kreolischer oder europäischer Koch hinter dem Herd steht. Und das Nationalgetränk ist eben kein Wein aus Frankreich, kein chinesischer Reiswein, kein britisches *Stout*, sondern jenes Bier, das nicht umsonst den kreolischen Beinamen *Dodo* trägt.

Architektur

Auch in der Baukunst wird man auf das Attribut „kreolisch“ stoßen. Obwohl die sogenannten kreolischen Villen ausnahmslos aus der Kolonialzeit stammen und – z. T. bis heute – von den weißen Franko-Mauritiern bewohnt werden, weisen sie in Formensprache und Details doch Gemeinsamkeiten mit jenen kleineren Wohnhäusern auf, deren Eigentümer tatsächlich Kreolen sind. Kreolische Architektur ist also in erster Linie Kolonialarchitektur, deren schönste Beispiele in den schlossartigen Villen Eureka, Villa Labourdonnais, La Réduit und Mon Plaisir zu finden sind, die aber genauso die Baukunst des kleinen Mannes beeinflusste.

Charakteristisch für sie ist das Material, nämlich weiß gestrichenes Holz (meistens ein tropisches Edelholz), und eine verschwenderische Vielfalt in der ornamentalen

Dekoration. So sieht man auf den Dachfirsten verzierte Leisten, filigrane Dachreiter und hölzerne Gitterwerke, das gleiche unterhalb der Dächer, an Türen und an Fenstern. Die größeren Villen, Wohnstätten der alten Zuckerbarone, haben sämtlich eine herrliche, oft zweistöckige Veranda, baldachinverzierte Fenster, Freitreppen mit schmiedeeisernen Brüstungen und sind von einem schönen Park umgeben.

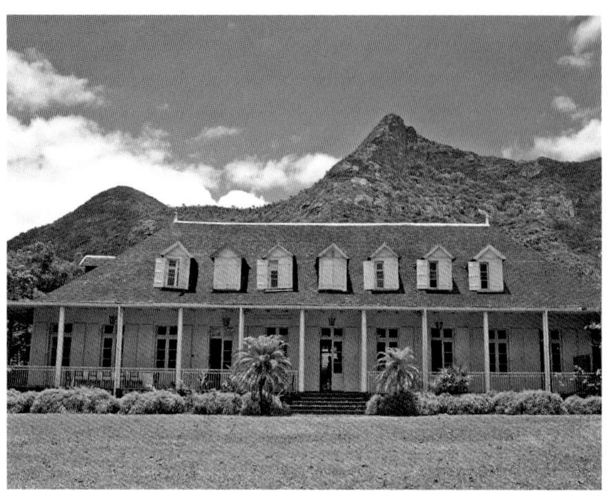

Sehenswert: Villa Eureka in Moka

Bei Landausflügen lohnt es sich immer, auf dieses historische Kapitel der kreolischen Kultur zu achten. Wenn auch viele Bauwerke für die Öffentlichkeit nicht zugänglich sind oder andere sich in einem arg verfallenen Zustand befinden – mit ihren Gärten oder architektonischen Details geben sie in jedem Fall ein prächtiges Fotomotiv ab. Dabei spielt es keine Rolle, ob sie groß oder klein sind, ob Stadthäuser oder Landvillen, ob sie blitzblank gepflegt sind oder morbiden Charme besitzen.

Sprache

Einzigartig: das Créole

Über Kreolentum zu reden, bedeutet aber vor allem, auf die **sprachlichen Wurzeln** einzugehen, denn da es keine kreolische Nation gibt, kann der Begriff nur über die Sprache definiert werden. Viele halten das Créole für eine Art primitives Französisch, das in einigen abgelegenen Orten dieser Welt von wenigen Menschen gesprochen und irgendwann einmal aussterben wird. Créole ist eine durchaus gebräuchliche Umgangssprache nicht nur auf den Inseln des Indischen Ozeans (Seychellen, Maskarenen), sondern auch auf vielen karibischen Inseln. Insgesamt können sich mindestens 10 Mio. Menschen auf Créole unterhalten, für viele von ihnen ist es ihre einzige Sprache. Und mit dem Bevölkerungswachstum einerseits und dem Wunsch nach kultureller nationaler Identität andererseits ist diese Sprache weiterhin auf dem Vormarsch – in Mauritius z. B. gibt es Bestrebungen, sie zur offiziellen Hauptsprache zu machen.

Der historische Hintergrund des Créole ist die französische Kolonialzeit, als Sklaven aus allen möglichen Teilen der Welt, besonders aber aus Afrika und Madagaskar, nur eine Möglichkeit hatten, sich mit ihren Herren oder untereinander zu verständigen: das Erlernen eines Grundbestandes an Französisch. Dabei wurde allerdings das Französische im Vokabular, in der Aussprache und in der Grammatik abgeändert. Außerdem kamen im Lauf der Zeit neue Ausdrücke aus anderen Sprachen hinzu, oder das kreolische Wort blieb bestehen, während sich das französische Vorbild veränderte.

Beispielsweise hat das mauritische Créole aus dem Arabischen *baksiss* (= Bakschisch, franz.: *prime*) übernommen, ebenso *fuluss* (= Geld, franz.: *argent*); aus dem Indischen stammt *jalsa* (= Fest, franz.: *fête*), aus dem Englischen *filling* (= Tankstelle, franz.: *station-service*) usw., während es immer noch wie im älteren Französisch *gazette* (= Zeitung) statt *journal* heißt. Da sich auch Artikel, Pronomen, Pluralformen und Satzstellung vom Französischen erheblich unterscheiden, muss man sagen, dass das Créole eine eigenständige Sprache ist, die ihre lexikalische Basis zwar im Französischen hat, aber viele Vokabeln aus afrikanischen und indischen Sprachen, dem Arabischen, Madagassischen und Englischen übernahm und außerdem teilweise wie Bantu strukturiert ist.

Eigenständige Sprache

Tanz

Bekanntlich drückt sich der Mensch nicht allein durch Worte, sondern auch durch Gesten, Minenspiel und Tänze aus. So wie Créole als Kommunikationsmittel der Sklaven entstand, so geht auch die **Sega** wohl auf diesen Ursprung zurück. Im Tanz konnten die Sklaven ihre Sehnsüchte, Träume, Freude und ihr Leid nach außen tragen. Die Sega hat sich bis heute weiterentwickelt und wird nicht nur für Touristen, sondern oft auf mauritischen Gesellschaften, auf der Straße oder am Strand getanzt.

info

Die Sega

In westlichen Vorstellungen vom zwischenmenschlichen Miteinander in den Tropen spielen häufig, wenn oft auch ungerechtfertigt, süßes Nichtstun, Lässigkeit und eine (auch sexuelle) Freizügigkeit eine große Rolle. Verantwortlich für solche Klischees sind Dinge wie der Karneval in Rio, literarische Wunschträume und vieles mehr – sicher aber auch die temperamentvollen Tänze, die etwa als Samba populär wurden. In diesem Zusammenhang nimmt es Wunder, dass der kreolische Volkstanz noch nicht zu internationalen Ehren gekommen ist.

Die Sega wird normalerweise von Mädchen oder Frauen getanzt, die als **Chor** den männlichen Vorsänger unterstützen und dann einzeln nacheinander in den Vordergrund treten, wo sie sich ganz der Musik hingeben. Dazu gehört, dass sich die Tänzerin mit kreisenden Hüftbewegungen im Rhythmus wiegt, sich dann auf die Knie niederlässt und sich rücklings dem Boden nähert, bis ihre Schultern ihn fast berühren. Dabei korrespondiert ihr Oberkörper, sich wiegend, mit der Musik, während ein männlicher Tänzer sich über sie beugt und die Bewegungen ihres Körpers nachahmt. Zum Ende hin wird die Sega dann **immer schneller** und fast bis zur Ekstase fordernd.

Ursprünglich lebt die Sega vom Gesang des Vorsängers und des Chores. Die Instrumente dienen dabei nur zur Vorgabe des Rhythmus, d. h. sie sind Schlaginstrumente oder Rasseln. In jüngerer Zeit sind daneben Gitarre, Bassgitarre und Akkordeon getreten, aber oft kommt noch ausschließlich das alte Instrumentarium von *bobre, ravane, maravane* und Triangel zum Zuge.

info

Die Sega Tambour, wie sie auf Rodrigues getanzt wird

Unter *bobre* versteht man ein Stahlseil, das in einen gebogenen hölzernen Rahmen gespannt ist und das mit Holzstäben geschlagen wird. Der metallische Klang kann dabei durch Resonanzkörper (Kürbis o. ä.) verstärkt werden. Die *ravane* ist eine Trommel in der Art eines großen Tamburins, deren Ziegenleder-Bespannung vor der Sega über glühenden Kohlen oder heißen Steinen erwärmt wird. Die *maravane* schließlich besteht aus einem Blechkasten, in dem sich Körner, kleine Steinchen oder Bohnen befinden und der rhythmisch geschüttelt wird. Außerdem können dazu eine kleine Holzbank (*banc*) mit einem Holzstab und eine Sichel (*serpent*) mit einem Eisenstab im Takt geschlagen werden.

Woher die Sega stammt, ist ungewiss, wenn auch Linguisten und Ethnologen verschiedene Erklärungsmöglichkeiten anbieten. Es scheint so zu sein, dass Tanz, Rhythmus und Musikinstrumente der Sega zwar **afrikanische** bzw. **madagassische Vorbilder** haben, in dieser Form aber zum ersten Mal auf Mauritius in Erscheinung treten. Insofern wäre die Sega ein Zeichen der tänzerischen Kommunikation zwischen Sklaven unterschiedlicher Herkunft, mit anderen Worten ein Resultat der kreolischen Mischkultur.

Es ist klar, dass ein solcher Tanz bei den Kolonialherren nicht gerade beliebt, sondern im Gegenteil wegen seiner „Unzucht" ständig vom Verbot bedroht war. Er hat sich aber auch im modernen Mauritius durchgesetzt – und zwar unabhängig von der völkischen Zugehörigkeit, sodass er nun auch von Indern und Chinesen gepflegt wird.

Der Tourismus, der ausländischen Besuchern gerne Ursprüngliches vorweist, hat zur vermehrten Popularität wesentlich beigetragen. Kaum ein größeres Hotel, das nicht wenigstens einmal in der Woche eine „Sega Show" anbietet. Diese Vorführungen sind wirklich sehenswert, meistens wird dabei auf originalen Instrumenten gespielt.

Essen und Trinken

Was die mauritische Küche an Köstlichkeiten zu bieten hat, ergibt sich aus ihrem kulinarischen Erbe dreier Kontinente und noch mehr Völkerschaften. Von China bis Frankreich, von England bis Afrika und von Indien bis Madagaskar – das ist der Bogen, der gespannt werden muss, wenn man das Essen der Insel charakterisieren will. Entsprechend der Bevölkerungszusammensetzung kann man vier Küchen voneinander unterscheiden: die europäische, die kreolische, die indische und die chinesische, alle mit ihren jeweiligen Spezialitäten und Vorlieben.

Andererseits beeinflussen sich Geschmack und Traditionen der Herkunftsländer gegenseitig, sodass es möglich ist, ein französisches Pfeffersteak kreolisch zuzubereiten oder ein scharfes Curry mehr dem europäischen Geschmack anzupassen. Die meisten kreolischen, indischen und chinesischen Gerichte greifen auf Reis als Grundnahrungsmittel zurück. Seit dem das Land jedoch ausreichend Kartoffeln produziert, werden diese immer häufiger (gerne als Folienkartoffeln) als Beilage gereicht.

Curries: Ergebnis vieler Einflüsse

Ein gutes Beispiel der Vermischung verschiedener Einflüsse sind die Curry-Gerichte (Mehrzahl Curries; auch *carri, cari* oder *carry* genannt), in denen sich zweifellos indische mit kreolischen Traditionen vermengt haben. Das Wort Curry stammt wahrscheinlich aus dem Tamilischen und bedeutet nichts anderes als „Soße", wobei vorausgesetzt wird, dass die Grundlage aus Reis besteht und die „Soße" mit Gemüse, Geflügel, Fisch oder Fleisch angemacht ist. Der Geschmack der uns bekannten Curry-Gewürzmischung wird dabei in den seltensten Fällen getroffen, sondern durch Tamarindenfrüchte, süße Tomaten (*love-apples*) u. v. m. verfeinert. Das Curry an sich ist relativ mild, seine Schärfe erhält es erst durch eine zusätzliche rote Soße, die *sauce créole* oder *rougaille*, deren Hauptbestandteil roter Chili ist, aber auch Knoblauch, Ingwer, Pfeffer, Thymian usw. enthalten kann. Zur individuellen Feinabstimmung wird sie in den meisten Restaurants inzwischen separat angeboten – schließlich schwitzt man am Strand schon genug …

Das Auge isst auf Mauritius immer mit

Auf den Speisekarten gibt es Curries in Namensverbindungen wie *Curry-poisson* (Fisch-

Curry), *Curry-porc* (Schweine-Curry), *Curry-poulet* (Hühner-Curry), *Curry-cerf* (Wild-Curry), *Curry-cabri* (Ziegen-Curry), *Curry-boef* (Ochsen-Curry) usw. Daneben sind beispielsweise reine Gemüse-Curries möglich, manchmal sogar auch Affen-Curries, die man als *Carri No. 2* bezeichnet und die fast nie auf der Speisekarte zu finden, gleichwohl aber angeboten werden. Der dazugehörige Reis (ungewürzt) wird extra bestellt und auch extra serviert.

Egal ob im Zusammenhang mit einem Curry oder als eigenes Gericht – mit Fisch oder Meeresfrüchten sind Urlauber auf Mauritius immer gut beraten – obwohl längst nicht jede dieser Köstlichkeiten fangfrisch ist, sondern auch importiert sein kann. Auch Schweine- oder Rindfleisch werden i. d. R. eingeführte Produkte sein, während die Wildgerichte in der Saison meist aus heimischen Beständen stammen.

Mit das herrlichste der mauritischen Küche sind die Gemüse, Salate und Früchte, die natürlich auf das zurückgreifen, was auf der Insel überreich wächst. *Chou-chou* (Christophinen) z. B. schmecken hervorragend, ob im Salat, überbacken oder als Beilage. Ungewöhnlich und wertvoll ist der Palmherzen-Salat der Palmiste-Palme, für den der Baum sein Leben lassen muss und der deshalb als „Millionärssalat" bekannt ist. Trotz der Überfülle an Gemüse und Obst kann es passieren, dass Vegetarier auf Mauritius nicht völlig glücklich sind. Das Servieren von Fleisch oder Fisch gehört zum alltäglichen Leben. Denn es deutet darauf hin, dass man sich beim Essen etwas gönnt. Das Fleisch wegzulassen, wird als herber Verlust betrachtet. Für Vegetarier allerdings eröffnet sich im indischen Essen mit seinen zahlreichen fleischlosen Speisen eine schöne und leckere Alternative.

Leckere fleischlose Alternativen

Speisekarten sind meist in Französisch, z. T. auch in Englisch, so gut wie nie aber auf Deutsch abgefasst. Im Folgenden eine kleine Liste der Spezialitäten:

Kreolische Küche

- *Le rôti de langue de boef/Roast ox tongue:* Eine erst gekochte Ochsenzunge wird mit Gewürzen wie Knoblauch, Ingwer, Pfeffer, Zimt und Gewürznelken gefüllt, dann mit Sojasoße und Honig abgeschmeckt, schließlich geröstet. Ähnlich verfährt man mit Schweinefleisch *(Roast pork)* und Geflügel *(Roast chicken)*.
- *Les grains secs/Dry grains:* Hülsenfrüchte, die – gekocht oder gedünstet – oft zu Curries gereicht werden: schwarze und rote Linsen, weiße und rote Bohnen, grüne oder gelbe Erbsen u. v. a.
- *Les fricassées de légumes/Stewed vegetables:* gedünstetes Gemüse, als Beilage oder als eigenes Curry-Gericht – mit Thymian, Knoblauch, Pfeffer, Petersilie, Ingwer und Zwiebeln angemachte Auberginen, *chou-chou*, Kürbis, Kohl, *Lady's fingers* u. v. a., manchmal mit Tomaten, Hackfleisch oder Speck serviert.
- *Les bouillons de brèdes/Leaf broths or boiled leaves:* verschiedene Blätter und Gewürzpflanzen, wie z. B. Wasserkresse, indischer Senf, *chou-chou*, Malabar usw., die mit Zwiebeln, Ingwer, Knoblauchpulver, Pfeffer und Ajinomoto zu einer Brühe gekocht werden, um ein besonders scharfes Curry oder *rougaille* abzugeben. Sie werden auch zusammen mit Fisch, bitterem Kürbis, der Muschel *tec-tec* u. a. serviert und geben Meeresgerichten einen ungewohnt scharfen Beigeschmack.

- *Le vindaye/The vindaye:* sehr würzig-scharfe Soße aus Knoblauch, Ingwer, Zwiebeln, Essig und Senföl, in die Fisch- oder Tintenfischstücke getunkt werden. Wird zusammen mit Reis oder Brot serviert.

Chinesische Küche

- *Les bouillons/Broths:* Brühen und Suppen, die mit Krabben, Fischbällchen, oder *Mee-Foon* (Reis, Bambussprossen, chinesischen Pilzen, Eiern und Geflügel) genossen werden.
- *Les oeufs rôtis à la chinoise/Chinese roast eggs:* in einer Mischung aus Sojasoße, Öl, Wasser, Rotwein, chinesischem Anis, Heung-Pulver (fünf Gewürze) gebratene Eier, mit einer Knoblauch- und Salatsoße serviert.
- *Le poisson aigre-doux/The bitter-sweet fish preparation:* Verschiedene Fischsorten in einer Sauce aus Gemüse (kleine Karotten, Gurken, Chou-chous) Ingwer, Pfeffer, Zucker und Essig werden zusammen mit einer kleinen Portion *Mee-Foon* und/oder grünem Salat und Tomatenscheiben serviert.

Süß-sauer

- *Le poulet aux trois merveilles:* Geflügelgericht mit einer Soße aus Gemüsen (chinesische Pilze, Bambussprossen), Sojasoße, Stärkemehl, Rotwein und Ajinomoto, serviert mit Reis.
- *Mee-Foon:* Gemüsesorten (chinesische Pilze, Bambussprossen), zusammen mit Eiern, Zwiebeln und Geflügel gebraten.
- *Le riz frit ou riz cantonnais/Fried rice:* gebratener Reis, mit Rindfleisch, Geflügel oder Fisch und Sojasoße verfeinert.
- *Foo-Yung:* chinesisches Omelett mit Geflügel, Champignons, Karotten, Erbsen, Zwiebeln, Pfeffer, Ajinomoto, ein wenig Zucker und weißem Rum.
- *Bol renversé:* gekochter Reis mit Rindfleisch oder Geflügel, dazu Schweinefleisch, Champignons, Gewürze und ein wenig Rotwein.

Islamische und indische Küche

- *Le briani/The biryani:* Reisgericht, gewürzt mit Knoblauch, Ingwer, Safran, Minze, Zimt o. ä., dazu Fleischstückchen von Ziege, Rind, Wild, Geflügel oder Fisch. Serviert mit Kartoffeln, Gurken und Quark.
- *Moulougtany:* scharfe Suppe mit Geflügel, Schalentieren, Auberginen u. a.
- *Pilau:* Reisgericht mit Geflügelstückchen, serviert mit Zwiebeln, Knoblauch, Ingwer, rotem Chili, Currypulver u. a.
- *Kat-Lesse:* Hackfleisch-Pastete mit Zwiebeln, Eiern u. a., mit Salat serviert.
- *Kaliah:* sehr scharfe Soße mit Kartoffeln und entweder Ziegen-, Schafs- oder Wildfleisch.
- *Halim:* Suppe aus Ziegenfleisch, Weizenkörnern, Gewürzen und Chili, mit Brot serviert.
- *Le poulet vindalloo/The vindalloo chicken:* wirklich scharfes Geflügelgericht, zubereitet und serviert mit Senf, schwarzem Pfeffer, Ingwer, Zimt, Knoblauch, rotem Chili und Essig.
- *Les achards de légumes/Vegetable pickles:* Gemüse getrocknet und dann mit einer Soße aus grünem Chili, Zwiebeln und Essig angemacht.

- *Samoussas* und *Gateaux piments:* kein eigentliches Restaurantgericht, sondern in Fett gebackene Snacks, die man an Straßenständen kauft: dreieckige Teigtaschen oder scharf gewürzte kleine Bällchen.

Wer im Restaurant bestellt hat, sieht sich oft recht schnell mit Knoblauchbrot, Überbackenem oder anderen kleinen Köstlichkeiten als Amuse-Gueule, also Appetithäppchen, konfrontiert. Und dazu stehen auf dem Tisch zwei kleine Töpfchen. Eines enthält „Piment", eine meist höllisch scharfe Paste, gemacht aus Chilischoten. Im andere ist eine wässrige Knoblauchsoße. Beides kann man bei Vor- und Hauptspeise zum Würzen nehmen oder einfach aufs Brot schmieren.

Getränke

Das **Leitungswasser** auf Mauritius gilt als unbedenklich. Wer dem aber nicht traut, sollte lieber auf das kohlensäurefreie Mineralwasser zurückgreifen, das es überall zu kaufen gibt. An **Softdrinks** hat das Land natürlich die großen internationalen Marken anzubieten, die es auch anderswo gibt, in Gaststätten wird eine Cola u. ä. aber ohne die amerikanischen Eismengen verkauft. Origineller sind alkoholfreie oder alkoholische Cocktails, die aus den vielen herrlichen Früchten hergestellt sind, die Mauritius' Vulkanerde hergibt: Ananas, Mangos, Papayas, Litschis, Melonen, Bananen, Orangen usw.

Erfrischend und köstlich ist das Wasser der am Strand angebotenen Kokosnüsse oder ein frischer Ananassaft ... Besondere Mühe macht man sich in den Restaurants und Bars mit jenen berühmten **Cocktails**, die als Grundlage auf den Insel-Rum zurückgreifen. Kombiniert mit Kokoswasser und Eis, blauem Curaçao und Zitrone oder den unterschiedlichsten Fruchtzusammenstellungen, dazu farbenprächtig und originell serviert, sind sie eine Freude für Auge und Gaumen. Der Rum kann natürlich auch pur getrunken werden. Und das sollte er auch: Etliche der in vielen Destillerien auf der Insel neu-kreierten Rumsorten – auch in überraschenden Geschmacksmischungen – sind köstlich und mehr als eine Versuchung wert. Das hat sich international herumgesprochen: So konnte der Lemongrass-Rum der Destillerie de Labourdonnais 2013 beim German Rum Festival in Berlin eine Goldmedaille gewinnen.

Einheimisches Bier

Trotz der langen französischen Epoche trinkt man zum Essen kaum Wein, sondern **Bier**. Alle im Lande gebrauten Marken wie Phoenix, Blue Marlin oder Stella sind schmackhaft und gut – am besten vielleicht Phoenix –, sodass man nicht auf das ebenfalls erhältliche, aber viel teurere Import-Bier zurückgreifen muss. In den Restaurants wird auch Wein französischer, südafrikanischer und australischer Herkunft angeboten. Einheimischen Wein gibt es, ist aber in internationalen Hotels schwer erhältlich und nicht unbedingt empfehlenswert: „Man wird verrückt davon", wie ein Mauritier ernsthaft versicherte ...

Den auf der Insel angebauten **Kaffee** und **Tee** sollte man probieren, vielleicht bei einer Teeprobe oder im Hotel. Gerne wird Tee vermischt mit anderen Aromen wie beispielsweise Vanille. Kaffee und Tee sind auch ein nettes Souvenir – wobei es Zuhause selten so gut duftet und schmeckt wie auf der Herkunftsinsel.

2. MAURITIUS ALS REISEZIEL

Allgemeine Reisetipps A–Z

 **Hinweis**

In den **Allgemeinen Reisetipps** A–Z finden Sie – alphabetisch geordnet – reisepraktische Hinweise für die Vorbereitung Ihrer Reise und für Ihren Aufenthalt auf Mauritius. Auf den anschließenden **Grünen Seiten** (ab S. 112) werden Preisbeispiele für Ihren Mauritius-Aufenthalt gegeben. Im anschließenden **Reiseteil** (ab S. 116) erhalten Sie dann bei den jeweiligen Orten und Routenbeschreibungen detailliert Auskunft über Infostellen, Sehenswürdigkeiten mit Adressen und Öffnungszeiten, Unterkünfte, Restaurants, Einkaufen, Nachtleben, Verkehrsmittel, Touren und Sportmöglichkeiten. Die Angaben in diesem Buch wurden sorgfältig recherchiert, sollten sich dennoch einige Details geändert haben, freuen wir uns über Ihre Anregungen und Korrekturen: info@ iwanowski.de.

An- und Abreise

siehe auch „Zoll“ S. 111 und „Grüne Seiten“ S. 112

• Mit dem Flugzeug

Egal, von woher auf dem Globus Urlauber nach Mauritius einfliegen: Sie landen immer auf dem **Sir Seewoosagur Ramgoolam Airport** (s. S. 74). Generell ist die Auswahl an Fluglinien, die das Ziel Mauritius in ihrem Flugplan haben, recht eingeschränkt. So fliegen beispielsweise von Mitteleuropa nach Mauritius: Condor (bis zu fünf wöchentliche Flüge ab Frankfurt/M. die Flugzeit beträgt ca. elf Stunden), Air Mauritius, Air France (über Paris Charles de Gaulle, Flugdauer ab Deutschland etwa 16 Stunden), British Airways (über London Heathrow und London Gatwick, Flugdauer ab Deutschland etwa 16 Stunden) und Emirates (täglich ab München, Düsseldorf, Frankfurt, Wien und Zürich via Dubai). Seit Oktober 2015 fliegt Austrian Airlines ab Österreich (Wien) direkt nach Mauritius. Ab Zürich fliegt Edelweiss Air zweimal die Woche nach Mauritius.

Etwas umständlicher ist die Route über Afrika, etwa mit den South African Airways (SAA), der Air Zimbabwe oder der Air Madagascar. Hier muss man Zwischenübernachtungen einkalkulieren, andererseits bieten die genannten Fluggesellschaften aber die Möglichkeit, Mauritius mit anderen afrikanischen Destinationen zu kombinieren.

Für alle internationalen Flüge gilt, dass während der Hochsaison, insbesondere während der Weihnachtsferien, oft die Nachfrage größer ist als das Angebot. Hier ist eine sehr frühzeitige Buchung unerlässlich.

Die Fluggesellschaft **Air Mauritius** gilt als der Platzhirsch unter den Carriern für Mauritius-Gäste, da deren Flugnetz auch afrikanische Destinationen wie Kapstadt, Johannesburg, Durban, Harare, Nairobi, Antananarivo, Réunion und Rodrigues umfasst, ebenso wie Ziele in Australien und Asien.

Kontakt Fluglinien:
Air Mauritius (www.airmauritius.de)
- Guterplatz 6, D-60327 Frankfurt am Main, ✆ +49-69-24 00 19 99, info-fra@airmauritius.com
- 1–3, rue de Chantepoulet, Case Postale 1060, CH-1211 Geneva, ✆ +41-22-732 05 60, gvamk@airmauritius.ch
- Air Mauritius Centre, President John Kennedy Street, Port Louis, Mauritius, ✆ +230-207-7070, ticketoffice_mru@airmauritius.com
- Air Mauritius Town Office, A.D.S Building, Max Luchessi Street, Port Mathurin, Rodrigues ✆ +230-831 15 58 16 32, mkrodrigues@airmauritius.com

Austrian Airlines (www.austrian.com)
- Lyoner Straße 20, 60528 Frankfurt am Main, ✆ +49-69-50600598
- Town Office – City Air Terminal, 1030 Wien, Ecke Invalidenstraße/Marxergasse, ✆ +43-51766 1000

Klimabewusst nach Mauritius

Die Emissionsberechung für einen Hin- und Rückflug von Frankfurt nach Mauritius über die Website www.atmosfair.de ergibt eine CO_2-Emission von 5.498 kg CO_2. Das ist nicht gerade wenig. Immerhin macht das Fliegen rund 10 % der globalen Klimaerwärmung aus. Ein Kühlschrank verursacht jährlich beispielsweise rund 100 kg CO_2, Autofahren 2.000 kg, ein Mensch in Indien kommt auf 1.600 kg CO_2 im Jahr. Das sogenannte „Klimaverträgliche Jahresbudget eines Menschen" liegt bei 2.300 kg CO_2 im Jahr. Wer also nach Mauritius fliegt, hat für gut zwei Jahre sein Budget aufgebraucht – für vielleicht zwei Wochen Urlaub.

Urlauber, die die Folgen des Fliegens nicht ignorieren wollen, können ihr Jahresbudget bei verschiedenen gemeinnützigen oder profitorientierten Organisationen ausgleichen. Für jede Tonne CO_2 errechnen diese Klimaschutzagenturen eine freiwillige Abgabe zwischen 9 und 60 €.

Dieses Geld wird gesammelt und in Klimaschutzprojekte investiert, die so möglichst die gleiche Menge Kohlendioxid einsparen sollen. Atmosfair ist eine der bekanntesten Agenturen. Sogar die deutsche Bundesregierung gleicht hier die Reisetätigkeit der Politiker und ihrer Mitarbeiter aus. „Diese Menge CO_2 kann atmosfair für Sie in einem Klimaschutzprojekt für 127 € kompensieren", heißt es dann auch im Online-Emissionsrechner zum Thema Mauritius-Flug.

Wer eine der verschiedenen Klimaschutzagenturen unterstützen möchte, sollte sich vorher gut über das Programm informieren. Es gibt leider kein Prüfzertifikat, aber auf den jeweiligen Websites können sich Interessierte recht schnell einen Überblick verschaffen.

Hier ein paar Adressen von Klimaschutzagenturen mit Emissionsrechnern:
www.atmosfair.de, **www.climatefriendly.com**, **www.myclimate.de**, **www.tricoronagreen.com**

Condor (www.condor.com)
- Condor Flugdienst GmbH, Condor Platz, 60549 Frankfurt am Main ✆ +49-6107939-3, reservation@condor.com
- Verkaufsagentur: Harel Mallac & Co Ltd, 18 Edith Cavell St., Port Louis, Mauritius, ✆ +230-208-4802

Air France (www.airfrance.de)
- Zeil 5, D-60313 Frankfurt, ✆ +49-69-29993772
- Verkaufsagentur: Rogers & Co. Ltd., Rogers House, 5 Präsident J Kennedy Street, Port Louis, Mauritius, ✆ +230-202-6747
- Flughafen Mauritius, ✆ +230-603-3030

British Airways (www.britishairways.com)
- British Airways Place, Lyoner Straße 9, D-6560491 Frankfurt, ✆ +49-421-5575-758
- 8 President John Kennedy Street, Port Louis, Mauritius, ✆ +230-405-2929

Emirates (www.emirates.com)
- Flughafen Frankfurt, Terminal 2, Abflughalle E, D-60549 Frankfurt, ✆ +49-699-45 19 20 00
- Newton Tower, 5. Stock, Ecke Sir William Newton & Remy Ollier Streets, Port Louis, Mauritius, ✆ +230-204-7700

Edelweiss Air (www.flyedelweiss.com)
- Flughafen Kloten, CH-8058 Zürich, ✆ +41-848333593

Flughafen

Der **Sir Seewoosagur Ramgoolam Airport** (Code: MRU) befindet sich in Plaisance an der Südostküste der Insel, rund 3 km von Mahébourg und 48 km von Port Louis entfernt. Nach Grand Baie sind es rund 70 km. In dem modernen, 2013 eröffneten Gebäude gibt es alle international üblichen Einrichtungen, u. a. Duty-Free-Shops, Informationsschalter, Banken, Postamt, Restaurant, Bar sowie Verleihstationen der Mietwagenfirmen.

Der Terminal ist angelegt in Form einer Ravenala-Palme, dem „Baum des Reisenden". Hier werden nun 4 Mio. Passagiere im Jahr erwartet, vorher waren die Kapazitäten auf 1,5 Mio. angelegt. Wer den Schalter erreicht hat, sollte den

(Online-)Buchung

Etliche Reiseveranstalter wie beispielsweise Meier's Weltreisen (www.meiers-weltreisen.de), DERTOUR (www.dertour.de) oder TUI (www.tui.de) bieten **Pauschalreisen** nach Mauritius an – von der Familienreise in einem Strandresort bis zur „perfekten" Hochzeit mit anschließenden Flitterwochen auf der Insel. Und per Reiseveranstalter kommen auch fast alle Urlauber aus Mitteleuropa auf die Insel. Hier ist das Flugticket inklusive. Nicht zu vergessen die **Last-Minute-Angebote**, die über Spezialanbieter wie L'Tur (www.ltur.com), das ganze Jahr über unter die Leute gebracht werden.

Wer Lust und vor allem Zeit hat, kann also die Websites der Fluglinien abklappern, bis er den passenden Flug gefunden hat. Über diese Websites kann auch direkt gebucht werden. Nach neuen Studien gehen immerhin 84 Prozent der deutschen Reiseplanenden so vor. Wer einen weniger virtuellen oder aufwendigen Weg sucht, ist sicher im **heimischen Reisebüro** oder bei den zahlreichen **Onlinereisebüros** richtig. Hier sind die Flüge teilweise günstiger als bei den Fluglinien selbst, da sich die Anbieter und Portale Kontingente gesichert haben. Angesagt ist auch eine Mischung von allem.

Reisepass, die ausgefüllte Ausreisekarte und eine Kopie des Rückflugtickets parat haben.

@ **Informationen im Internet**
Infos, Terminal-Pläne und Fotos des Flughafens gibt es unter https://mauritius-airport.atol.aero.

• Mit dem Schiff

Mit genügend Zeit und Geld sind von Mauritius aus verschiedene Ziele mit dem Schiff erreichbar. Damit sind nicht die kürzeren Bootsausflüge nach jenseits der Korallenbänke gemeint, sondern Verbindungen nach Rodrigues, Madagaskar, Südafrika oder sogar Australien. Am einfachsten zu erreichen sind dabei die Nachbarinseln Rodrigues und Réunion.

Drei bis vier Mal im Monat wird Rodrigues von Port Louis aus von dem modernen Handelsschiff „Mauritius Trochetia" angelaufen. Duty-Free-Einkauf ist möglich, es gibt eine Cafeteria und eine Kinderecke. Auch eine Karaokebar ist eingerichtet. Die „Mauritius Trochetia" verlässt Port Louis am späten Nachmittag. **Rodrigues** erreicht sie am frühen Vormittag des übernächsten Tages (Hinfahrt ca. 36 Std., Rückfahrt ca. 26 Std.). Sie bleibt zwischen einem und drei Tagen in Port Mathurin und fährt dann zurück nach Port Louis. Während des Hafenaufenthaltes können Passagiere in ihren Kabinen übernachten. Fünf bis acht Mal im Monat nimmt sie die Strecke nach **Réunion** (Fahrtzeit ca. 10 Std.). Die aktuellen Abfahrtstermine, Preise und weitere Infos gibt es bei:

Mauritius Shipping Corporation Ltd (www.mauritiusshipping.net)

- Nova Building, 1 Military Road, Port Louis, Mauritius, ✆ 217-2285, mscl@coraline.intnet.mu
- François Leguat Street, Port Mathurin, Rodrigues, ✆ 831-0640, msclrod@intnet.mu
- S.C.O.A.M, 4, Avenue du 14 Juillet 1789, 97420 Le Port, Réunion Island, ✆ 262-421945, passagers@scoam.fr

Ansonsten nehmen manchmal Frachtschiffe Passagiere in Kabinen mit, und schließlich ist Mauritius Anlaufpunkt für Kreuzfahrten im Indischen Ozean.

Apotheken

Apotheken (*pharmacies*) gibt es auf Mauritius in ausreichender Zahl und mit einem Angebot, das dem in Europa vergleichbar ist. Bei „milderen" Krankheiten wie einer leichten Erkältung oder Durchfall sind sie manchmal die bessere Adresse als Krankenhäuser oder Kliniken. Denn die Apotheker haben eigene Mittelchen im Vorrat, die in der Regel anerkannt schnell Linderung verschaffen. Ihre normalen **Öffnungszeiten** sind Mo–Sa 8.30/9–18/19 Uhr, meist gibt es auch einen Notdienst am Sonntagnachmittag. Infos zu den aktuellen Öffnungszeiten gibt es in der Tagespresse oder an der Hotelrezeption.

Auf **Rodrigues** gibt es in Port Mathurin zwei Apotheken, die (auch ohne Rezept) Medikamente verkaufen.

Ärzte

Bei auftretenden Krankheiten jeglicher Art kann normalerweise die Rezeption des Hotels durch die Vermittlung eines Arztes weiterhelfen. Einige Hotels haben auch einen Krankenschwester-Service.

Die wichtigsten **staatlichen Krankenhäuser** auf Mauritius, in denen eine Behandlung auch für Ausländer **kostenlos** ist, sind:

- **Dr. Jeetoo Hospital**, Volcy Pougnet St., Port Louis, ✆ 203-1001
- **Sir Seewoosagur Ramgoolam National Hospital**, Pamplemousses, ✆ 209-3500
- **Victoria Hospital & Princess Margaret Orthopaedic Centre**, Candos, Quatre Bornes, ✆ 425-3031
- **Jawaharlal Nehru Hospital**, Rose Belle, ✆ 603-7000

Daneben gibt es einige größere Privatkliniken, deren medizinischer Standard besser ist als in den staatlichen Hospitälern, deren Leistungen allerdings **bar bezahlt** werden müssen. Reisende sollten sich zu Hause bei Ihrer Krankenkasse nach dem Satz der Rückerstattung solcher Kosten erkundigen. Zu den bekanntesten **Privatkliniken** auf Mauritius gehören:

- **City Clinic**, Sir Edgar Laurent St. 102–106, Port Louis, ✆ 206-1600
- **Clinique Du Bon Pasteur**, Thomy Pitot St., Rose Hill, ✆ 464-2640
- **Clinique Mauricienne**, Le Reduit, ✆ 454-3061
- **Clinique Ferriere**, Curepipe, ✆ 676-3332

Auf **Rodrigues** gibt es in Creve Coeur – in der Nähe von Port Mathurin – ein öffentliches Krankenhaus mit Entbindungsstation, Kinderstation, Zahnarzt, Chirurgie etc. (✆ 832-1500) sowie zwei kleinere Kliniken in La Ferme und Mont Lubin. Die Behandlung dort ist kostenlos, selbst wenn man über Nacht bleiben muss.

- **Queen Elizabeth Hospital**, Creve Coeur, ✆ 831-1628

Autofahren und Verkehrsregeln

siehe auch „Notfall und Notruf“ S. 91

Auf Mauritius und Rodrigues wird **links** gefahren. Selbstfahrende Urlauber müssen einen nationalen oder internationalen Führerschein vorweisen können. Kinder unter zehn Jahren müssen auf dem Rücksitz sitzen, im ganzen Fahrzeug herrscht Anschnallpflicht. Die **Höchstgeschwindigkeit** beträgt 40 km/h in Ortschaften, außerhalb 80 km/h, auf der Autobahn 110 km/h. Diese werden teilweise auch per Radarkontrolle überwacht. Im Kreisverkehr gilt rechts vor links. An Kreuzungen oder Einmündungen wird die Vorfahrt durch weiße Streifen markiert.

Die rund 1.900 km Straßen auf Mauritius führen so gut wie überall hin. Es gibt hervorragend ausgebaute Abschnitte, wie der Mitte der 1990er-Jahre fertig gestellte Motorway, eine autobahnähnliche Verbindung zwischen Grand Baie, Port Louis und Plaisance (Airport). Dazu kommt eine großräumige Umgehung von Port Louis, die M3. So ist es jetzt möglich, aus Richtung Mahébourg oder Flughafen in den

Norden zu kommen, ohne das Nadelöhr Port Louis passieren zu müssen. Und es gibt Straßen, die nicht ganz mitteleuropäischen Standards entsprechen, aber mit ein wenig Geduld und Umsicht gut befahrbar sind. Besonders auf den „B"-Straßen machen teilweise unbefestigte Seitenstreifen, Schlaglöcher, tiefe Querrillen, scharfe Kurven u. ä. das Autofahren zu einer nervenaufreibenden Arbeit, vor allem bei oder nach starken Regenfällen und während der Dunkelheit. Dazu kommen viele Fußgänger, Tiere, Radfahrer und unbeleuchtete Vehikel aller Art, die äußerste Konzentration erfordern. Daneben wird viel gehupt, was ebenfalls gehörig auf die gestressten Autofahrernerven gehen kann.

Die Beschilderung entlang der Nebenstraßen ist eher bescheiden. Jeder, der mit dem Mietwagen unterwegs ist, sollte deshalb einen aufmerksamen Beifahrer, gutes Kartenmaterial (s. S. 87) oder gleich GPS dabei haben – sowie Zeitreserven für Umwege, die Ortsunkundige mit Sicherheit irgendwann einmal zu fahren haben. Insgesamt sollte sich trotzdem keiner entmutigen lassen, sich mit dem Auto auf Landexkursion zu begeben, nur sollte man die geschilderten Bedingungen einkalkulieren.

Tankstellen sind flächendeckend vorhanden und normalerweise werktags von 7–20.30 Uhr geöffnet, in größeren Orten auch sonn- und feiertags. Ein Liter bleifreies Superbenzin kostete Mitte 2017 42,70 Rs, der Liter Diesel 32,45 Rs.

Behinderte

Auch wenn die Busse des öffentlichen Nahverkehrs keine Beförderungsmöglichkeiten für Rollstuhlfahrer bereithalten, gilt Mauritius als recht gut eingestellt auf den Umgang mit Menschen mit Handicap: Moderne Verwaltungsgebäude und die großen Sehenswürdigkeiten sind oft mit verbreiterten Türrahmen und Rampen versehen, größere und neuere Hotels genauso. Die Public Beaches rund um die Insel haben Parkplätze für Minibusse mit entsprechenden Vorrichtungen oder Rampen.

Schwierig wird es aber beispielsweise in den Gassen von Port Louis: Die Bürgersteige sind schmal, schadhaft oder mit Menschen belagert, es geht über hohe Kanten. Allerdings helfen die Mauritier immer gerne weiter, wenn es mal eng wird oder eine Treppe hoch geht.

Es empfiehlt sich, eine Reise nach Mauritius gut zu planen. Der **Bundesverband Selbsthilfe für Körperbehinderte** (BSK) ist generell ein kompetenter Ansprechpartner. Einige Kontaktadressen:

- **Deutschland**
- **Bundesverband Selbsthilfe Körperbehinderter e. V.** (BSK), Altkrautheimer Straße 20, D-74238 Krautheim, ✆ +49-6294-42 81 50, www.bsk-ev.org, www.bsk-reisen.org
- **Bundesarbeitsgemeinschaft der Clubs Behinderter und ihrer Freunde e. V.** (BAG cbf), Eupener Straße 5, D-55131 Mainz, +49-6131-22 55 14

- **Österreich**
- **Verband aller Körperbehinderten Österreichs**, Schottenfeldgasse 29, 2. Stock, A-1070 Wien, ✆ +43-1-512 36 61-460, www.vakoe.at

- **Schweiz**
- **Mobility International Schweiz** (MIS), Rötzmattweg 51, CH-4600 Olten, ✆ +41-62-212 67 40, www.mis-ch.ch

Bekleidung

Wer den Koffer mit Kleidung zu voll packt, ist selber schuld: Obwohl aufgrund der Konkurrenz aus dem noch günstigeren Osten nicht mehr ganz so viel Bekleidung auf Mauritius gefertigt wird, lohnt sich ein Einkauf allemal: So gibt es rund um Curepipe, Floréal und Vacoas Shops und Factory Outlets, in denen das passende T-Shirt oder Sommerkleid schon zum Kauf bereit liegt – gut und günstig. Auch auf den Wochenmärkten, beispielsweise in Goodlands, lohnt sich der günstige T-Shirt-Kauf. Somit sollte man von Zuhause eben nur das mitbringen, was wirklich gebraucht wird, oder woran des Urlaubers Herz hängt: Im mauritischen **Sommer** ist leichte Baumwoll- oder Funktionskleidung aus schweißabsorbierender Kunstfaser eine gute Wahl. Eine lange, leichte Hose hilft in der Abenddämmerung gegen Mückenstiche, ebenso ein langärmliges Hemd oder Shirt. Wer mit dem Motorrad unterwegs ist, sollte auf jeden Fall auf lange Ärmel achten, vielleicht sogar über leichte Handschuhe nachdenken. Wegen des Fahrtwinds spürt man nicht, wenn der Handrücken durch die starke Sonneneinstrahlung langsam verbrennt. Gegen die Sonne und gegen den Wind ist ein Halstuch eine gute Wahl.

Im mauritischen **Winter** kann es abends durchaus ein wenig kälter werden, als erwartet. Auch hier kann langärmlige Kleidung vor einer eventuellen Erkältung helfen. Nicht zu vergessen die voll aufgedrehten Klimaanlagen in Bussen und Lobbys, die bei Verkühlung recht schnell zu einem Schnupfen führen können.

Wer tagsüber mit dem T-Shirt unterwegs ist, sollte die unbedeckten Stellen auf jeden Fall mit **Sonnenmilch** mit hohem Lichtschutzfaktor eincremen. Und auf den Kopf gehört, zumindest in den ersten Tagen, eine Kappe oder ein Hut. Wer keinen mitgebracht hat, kann sich auf Mauritius für wenig Geld einen Strohhut zulegen. Abends im Restaurant sind kurze Hose und lässige T-Shirts normalerweise tabu – Zeit für das luftige Leinenhemd oder -kleid. Sandalen am Strand gehen immer, auch für den kurzen Spaziergang. Wer längere Touren plant oder Wanderungen, sollte auf solides **Schuhwerk** achten.

Diplomatische Vertretungen

- **in Deutschland** (http://berlin.mauritius.govmu.org, www.honorarkonsulat.de)
- **Botschaft der Republik Mauritius,** Kurfürstenstraße 84, D-10787 Berlin, ✆ +49-30-263 93 60, Mo–Fr 8.30–16 Uhr, berlin@mauritius-embassy.de
- **Honorarkonsulat der Republik Mauritius** für Nordrhein-Westfalen, Niedersachen, Bremen, Hamburg, Schleswig-Holstein, Wasserstraße 3, D-40213 Düsseldorf, ✆ +49-211-136 29 62, mauritius@honorarkonsulat.de

- **Honorarkonsulat der Republik Mauritius** für Bayern und Hessen, Landwehrstraße 10, D-80336 München, ✆ +49-89-55 55 15, Fax +49-89-55 35 04
- **Honorarkonsulat der Republik Mauritius** für Baden-Württemberg, Rheinland-Pfalz und Saarland, Hirschstraße 22, D-70173 Stuttgart, ✆ +49-711-60 71 55 8, mu.konstgt@t-online.de

- **in Österreich**
- **Honorarkonsulat der Republik Mauritius**, Hofhaymerallee 17, A-5020 Salzburg, ✆ +43-662-822625, office@fpverlag.com

- **in Frankreich** (zuständig auch für die **Schweiz**)
- **Botschaft der Republik Mauritius** (Ambassade de Maurice), 127, Rue Tocqueville, F-75017 Paris, ✆ +33-1-42 27 30 19, Fax +33-1-40 53 02 91

- **auf Mauritius**
- **Honorarkonsulat der Bundesrepublik Deutschland,** Royal Road, Goodlands, ✆ & Fax +230-283-75 00,
- **Honorarkonsulat der Schweiz**, 24 Ave. des Hirondelles, Quatre Bornes, ✆/Fax +230-427 55 07
- **Honorarkonsulat Österreichs**, MSC House, Old Quay 'D' Road, Port Louis, ✆ +230-202 6868, rene.sanson@msc.mu

Einkaufen

siehe auch „Öffnungszeiten" S. 91 und „Souvenirs" S. 93

Im Gegensatz zu den Märkten und den kleinen Tante-Emma-Läden, die in den Dörfern eine wichtige Funktion als Treffpunkte und Nachrichtenbörsen der Einheimischen haben, wird man Lokalkolorit in den **Supermärkten** vergeblich suchen. Trotzdem können diese auch für Touristen interessant sein, z. B. für Selbstversorger und für alle, die im Urlaub nicht auf die heimische Presse verzichten können (s. „Zeitungen" S. 89).

Für Souvenirjäger lohnender sind die **Shopping Center**, wie sie in den letzten Jahren in Grand Baie und Port Louis (Caudan Waterfront) entstanden sind. Dort findet man auf engstem Raum eine repräsentative Auswahl von Filialen der bekanntesten Boutiquen, Schiffsmodellfabriken, Schmuckgeschäfte und Galerien des Landes.

An belebteren Stränden versuchen **fliegende Händler,** ihre Ware an den Mann oder die Frau zu bringen. I. d. R. sind die Verkäufer, die übrigens das Recht haben, den Strand zu betreten, nicht überaus aufdringlich. Wer bei ihnen einkauft, muss wissen, dass die Preise zunächst überteuert angegeben werden, da man bei dieser Art von Geschäften auf Feilschen eingestellt ist.

Einreisebestimmungen

Bei der Einreise benötigen Besucher aus EU-Ländern und der Schweiz kein Visum. Erforderlich ist bei einer Aufenthaltsdauer von bis zu drei Monaten ein gültiger

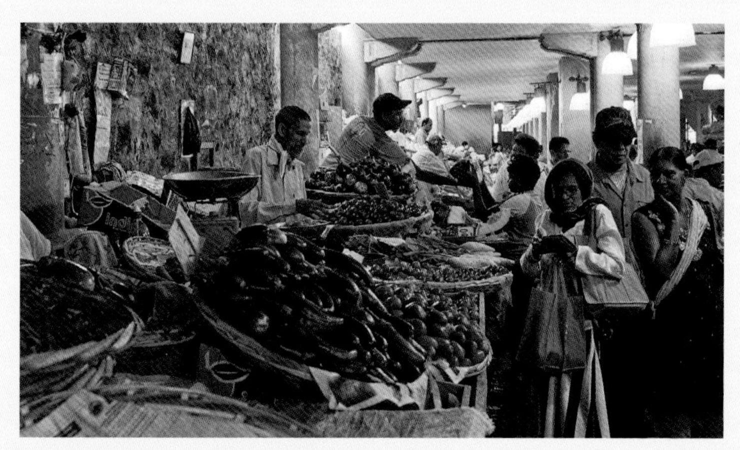

Ein Besuch auf dem Zentralmarkt von Port Louis

Reisepass, der bei Einreise noch mindestens sechs Monate gültig ist, sowie der Beweis, dass man das Land auch wieder verlässt (Rückflugticket) und dass man die Kosten des Aufenthaltes bestreiten kann (Unterkunftsangabe). Eine internationale **Impfbescheinigung** gegen Gelbfieber ist notwendig, wenn man aus einem entsprechenden Infektionsgebiet einreist. Aktuelle Informationen bei den jeweiligen Botschaften/Honorarkonsulaten oder im Internet: **www.govmu.org**.

Elektrizität

Auf Mauritius beträgt die Spannung **220 Volt**. Üblich ist die britische Steckdose mit drei Anschlüssen und viereckigen Steckverbindungen. Es gibt aber auch die bekannten Steckdosen mit zwei Anschlüssen in den meisten Hotels – ansonsten sind über den Zimmerservice **Adapter** erhältlich.

Essen und Trinken

Da die meisten Urlauber normalerweise in einem guten Hotel mit Halbpension untergebracht sind, werden sie nur sporadisch auf die Auswahl an Inselrestaurants zurückgreifen. Und dies um so weniger, als die **Hotelküche** nichts zu wünschen übrig lässt – ja, in den First-Class- und Luxushotels sogar zu euphorischer Begeisterung Anlass gibt. Oft steht das Abendessen in solchen Unterkünften unter einem bestimmten Motto (etwa: „kreolischer Abend“) und nimmt Bezug auf weitere Abendveranstaltungen (etwa: Sega-Tanzdarbietung). Trotzdem wäre es schade, wenn man nur die reichhaltigen Büfetts und Menüs der ständigen Urlaubsadresse probieren würde. Denn erstens machen die Hotelköche viele Zugeständnisse an den europäischen Geschmack und zweitens können sie die tatsächliche Speisenvielfalt der Insel bei aller Fantasie nicht erreichen.

Es empfiehlt sich also, wenigstens ab und zu den bequemen Standort zu verlassen und „authentisch“ essen zu gehen. Dies kann man auf Ausflügen ins Landesinnere oder bei einem Besuch von Port Louis, Mahébourg oder Grand Baie problemlos tun. Dann hat man die Auswahl zwischen Stätten der absoluten Spitzengastronomie, kleineren und guten Restaurants oder schäbig aussehenden, aber nicht unbedingt schlechten Gaststätten. Manchmal überraschen gerade Etablissements der letztgenannten Kategorie durch einfache, aber sehr schmackhafte Speisen und bieten als kostenlose „Zugabe" den Kontakt mit der einheimischen Bevölkerung. Die überwiegende Mehrheit der Restaurants schließt übrigens recht früh, sodass man keine Verhältnisse wie in manchen Mittelmeer-Touristenzentren erwarten darf: Wenn dort ab 22 Uhr das Leben gerade erst beginnt, steht man auf Mauritius und Rodrigues vor verschlossenen Türen.

Wer sich auf kulinarische Expedition begeben möchte, sollte auch bei einheimischen Reiseleitern, bei der Touristeninformation oder den Hotelrezeptionen Insider-Tipps einholen oder die ausliegenden Prospekte studieren. Diese haben immer den Vorteil der Aktualität in einer Branche, die durch ständige Veränderungen, Besitzer- oder Kochwechsel u. a. geprägt ist.

Futtern wie bei Großmuttern

Anfang 2011 hatte Nitesh Pandey, Director of Food & Beverage im Hotel Shanti Maurice eine geniale Idee: „Wie wäre es, wenn wir unsere Gäste zu einem ganz speziellen Abendessen einladen würden? Und zwar nach Hause zu einer unserer Mitarbeiterinnen, oder vielmehr zu deren Großmutter Giondoo. Denn diese ist eine anerkannt gute Köchin. Und dann lernen unsere Gäste das echte Leben einer mauritischen Familie kennen, Oma, Kinder und Enkel, den Hund, das Haus und die Freunde." Gesagt, getan. Ab Februar 2011 konnten interessierte Urlauber die Familie Govinda in Souillac kennenlernen, meist Donnerstag und Sonntag, Rundgang durch den Gemüsegarten und ein opulentes, selbstgemachtes Abendessen im heimischen Ess- und Wohnbereich inklusive. Das Konzept kam gut an und wurde

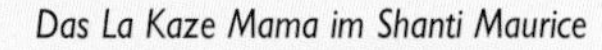

Das La Kaze Mama im Shanti Maurice

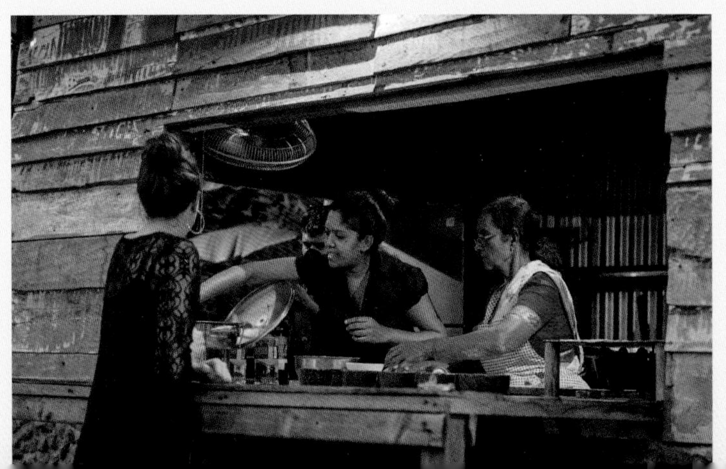

info

fortgeschrieben. Heute heißt die neueste „Genussinitiative" im Resort Shanti Maurice „La Kaze Mama". Sie stellt eine Verschmelzung zweier beliebter kulinarischer Konzepte des Hotels dar: von besagter Grandma's Kitchen und dem Herb Garden BBQ. Dabei haben die Gäste des Hauses nun die Gelegenheit, ursprüngliche mauritische Küche in schickem Ambiente unter freiem Himmel zu entdecken.

Feste und Feiertage

An 15 Tagen im Jahr steht die Arbeit still, weil ein religiöser oder nationaler Feiertag begangen wird. Viele religiöse Feiertage, wie auch Ostersonntag und Ostermontag, haben kein festgelegtes Datum, sie richten sich u. a. nach dem Mondstand oder nach anderen Kalendern (vgl. auch S. 58).

Gesetzliche Feiertage

Feststehende Feiertage:

- **Neujahr** 1./2. Januar
- **Abschaffung der Sklaverei** 1. Februar
- **Unabhängigkeitstag/Tag der Republik** 12. März
- **Tag der Arbeit** 1. Mai
- **Mariä Himmelfahrt** 15. August
- **Ankunft der ersten indischen Gastarbeiter auf Mauritius** 2. November
- **Weihnachten** 25. Dezember

Religiöse Feste, deren genaue Daten sich von Jahr zu Jahr ändern:

- **Thaipoosam Cavadee** Januar/Februar
- **Chinesisches Frühlingsfest** Januar/Februar
- **Maha Shivaratree** Februar/März
- **Ougadi** März/April
- **Ganesh Chaturthi** August/September
- **Divali** Oktober/November
- **Eid El Fitr** beweglich durchs ganze Jahr

Fotografieren

Wegen der tropischen Helligkeit sollte grundsätzlich weniger lichtempfindlich fotografiert werden, mit einer niedrigen ISO-Zahl. Höher empfindliche Kameraeinstellungen sind angebracht für die Unterwasserfotografie und Innenaufnahmen. UV-Filter und Sonnenblende sind für Außenaufnahmen eine gute Sache. Lichtreflexe auf dem Wasser lassen sich durch Polarisationsfilter abschwächen. Die besten „Fotografier-Zeiten" sind immer dann, wenn die Sonne schräg steht und Schatten wirft, also der frühe Morgen und der späte Nachmittag. Unterwasserfotografie ist bis zu Tiefen von 3 m problemlos möglich. Wer tiefer tauchen und fotografieren will, wird um ein Blitzlicht nicht herumkommen. Gleiches gilt auch für Besuche des meist dunklen Basars und für Nachtaufnahmen, etwa beim abendlichen Buffet oder bei der Sega-Show. Wichtig und angebracht ist es allemal, bei Porträts die Persönlichkeitsrechte der Abgelichteten zu beachten und gegebenenfalls um Erlaubnis zu fragen oder Zeichen zu geben, bevor losgeschossen wird – meist haben die Einheimischen nichts dagegen und zeigen stolz ihre schönen und freundlichen Gesichter.

Alle großen Fotofirmen sind auf Mauritius vertreten, sodass Speicherchips, Akkus, Filme, Batterien und Kamerazubehör an Ort und Stelle gekauft werden können – allerdings sind die Preise deutlich höher als beispielsweise in Deutschland.

Geldangelegenheiten

siehe auch „Grüne Seiten" S. 112 und „Öffnungszeiten" S. 91

Die mauritische Währung ist die **Rupie** (Rupee, abgekürzt Rs, ISO-Code: MUR), die aus 100 Cents (cs) besteht. Es gibt Münzen im Wert von 5, 10, 20 und 50 Cents sowie 1, 5, 10 und 20 Rs. Banknoten existieren im Wert von 25, 50, 100, 200, 500, 1.000 und 2.000 Rs. Die Rupie ist die gültige Währung auf Mauritius und Rodrigues, gleichzeitig sind in den letzten Jahren etliche Reiseanbieter, Autoverleiher, Resorts, Hotels und Restaurants dazu übergegangen, ihre Preise in Euro anzugeben und in Euro zu kassieren.

Ausländische Währung kann in vielen Banken an jedem größeren Ort und im Flughafen umgetauscht werden, ebenso in den größeren Hotels. Möglich ist die Mitnahme von **Reiseschecks**. Deren Umtausch ist in Banken überdies günstiger als der von Bargeld. Der Klassiker sind Traveler Cheques von American Express. Vielen Banken und Europa stellen sie aus. Kleine Stückelungen sind am praktischsten. Sie sind sicherer, da der Betrag des Cheques bei Verlust erstattet wird. Bei manchen Banken wird bei Einlösung eine Gebühr erhoben. Euroschecks werden nicht akzeptiert.

Die zuverlässigste Geld- also Umtauschquelle sind die zahlreichen **Banken** und ihre Zweigstellen – inklusive deren Geldautomaten (ATM). Zu beachten ist, dass viele Geldautomaten per EC- oder Kreditkarte nur eine Abhebung bis max. 10.000 Rs am Tag zulassen. Wer also mehr Bargeld braucht, sollte das Abheben auf mehrere Tage oder Karten splitten. Auch der Weg zu einem privaten **Geldwechsler** ist möglich. Auch wenn manche dieser kleinen Büros einen recht zwielichtigen Eindruck machen, besteht hier die Möglichkeit, einen besseren Wechselkurs herauszuhandeln. Klar ist, dass der eingetauschte Geldbetrag immer sofort nachgezählt werden sollte. Alle **Umtauschbelege** sollten aufbewahrt werden, da sie beim Rückumtausch von Rupien in ausländische Währung verlangt werden können.

Kreditkarten der großen Kreditkartenfirmen Diners, American Express, MasterCard und Visa werden von nahezu allen größeren Shops, Restaurants, Resorts akzeptiert.

Besonders beim Mieten eines Fahrzeugs macht sich eine Kreditkarte schnell bezahlt, da die Kaution in Bargeld entfällt. Aber vorsicht: Häufig werden die drei oder mehr Prozent, die das Hotel an die Kreditkartenorganisation abführen muss, auf

Kartensperrung

In Deutschland gibt es eine **einheitliche Sperrnummer** ✆ **+49-116 116** und vom Ausland zusätzlich ✆ **+49-30-40 50 40 50**. Sie gilt mit wenigen Ausnahmen für alle Arten von Karten (auch Maestro/EC-Karten) und Banken sowie Mobilfunkkarten. Details unter **www.sperr-notruf.de**.

Für Karten von bisher nicht angeschlossenen Kreditinstituten und für **österreichische** und **Schweizer Karten** sind die gültigen Notrufnummern dem mit der Karte erhaltenen Merkblatt zu entnehmen oder bei der jeweiligen Bank vor der Reise zu erfragen und zu notieren.

den Endpreis aufgeschlagen. Auch Tauchcenter verfahren teilweise so. Daneben könnte noch eine kleine Bearbeitungsgebühr dazukommen. Um Überraschungen zu vermeiden am besten vorher fragen. **EC-Karten** mit dem Cirrus- oder Maestro-Symbol werden an den meisten Bankautomaten akzeptiert. Einfach die Geheimnummer eingeben und den gewünschten Betrag ziehen. Die Kosten für die Barauszahlungen und die Höhe des Verfügungsrahmen hängen von den Konditionen der jeweiligen Banken ab. Weitere Informationen bei Ihrem Geldinstitut.

Gesundheit

siehe auch „Apotheken“ S. 75 und „Ärzte“ S. 76 sowie „Einreisebestimmungen“ S. 79

Mauritius birgt keine gesundheitlichen Gefahren wie giftige Schlangen, Malaria o. ä. Die wohl häufigsten Krankheiten, denen sich Touristen ausgesetzt sehen, sind Sonnenbrand oder -stich und Erkältung, beides gleichermaßen lästig wie vermeidbar. Eine Erkältung können sich Urlauber bereits auf dem Hinflug oder am ersten Tag einfangen, wenn es beispielsweise am Abflugort zu kalt ist, am Flughafen zu heiß und man dann von der Flugzeug-Klimaanlage in die schwüle Hitze von Mauritius kommt, um im Hotelzimmer wieder abzukühlen.

Das Wechselbad der Temperaturen verkraftet der Körper nur schwer. Wer eine Erkältung hat, wird diese am Urlaubsort nur schlecht wieder loszuwerden, in der prallen Sonne am Sandstrand jedenfalls mit Sicherheit nicht. Urlauber sollten also bereits bei der Anreise auf eine den unterschiedlichen Temperaturen angemessene Kleidung achten. Gleiches gilt für das Sonnenbaden, wobei man der Haut besonders an den ersten Tagen nicht zuviel zumuten sollte. Die Sonne steht auf Mauritius hoch am nördlichen Himmel, manchmal sogar im Zenit und kann binnen kürzester Zeit zu einem Sonnenbrand führen. Besonders gefährdet ist man an den windigeren Plätzen, wo man die UV-Strahlung nicht rechtzeitig bemerkt, und im Wasser. Wer längere Zeit schnorchelt, sollte deswegen unbedingt ein T-Shirt tragen. Gut ist es, bei der Wahl des Strandplatzes darauf zu achten, im Schatten zu liegen. Da die Äquatorsonne auch bei bedecktem Himmel oder im Schatten für Sonnenbrand sorgt, ist eine zuverlässige Sonnencreme mit hohem Schutzfaktor unerlässlich.

Im mauritischen Klima mit seiner hohen Luftfeuchtigkeit ist Schwitzen eine unausweichliche Begleiterscheinung. Dem Verlust von Flüssigkeit und Mineralien kann aber recht einfach begegnet werden: möglichst leicht essen, besonders morgens und mittags, nicht an Salz und Gewürzen sparen und viel trinken. Das Leitungswasser in den Hotels ist offiziell als trinkbar klassifiziert und normalerweise kein Problem. Wer dem nicht traut, sollte auf stilles Mineralwasser in Flaschen ausweichen.

Zu einer weiteren Beeinträchtigung der Urlaubsfreude können Mückenstiche werden, die man auf Mauritius nicht häufiger als anderswo, aber eben doch zu erwarten hat. Ein wirksames Insektenschutzmittel sollte also in Ihre Reiseapotheke gehören. Und da Geckos sich bei der Mückenjagd einschalten, sollten diese nicht aus dem Zimmer vertrieben werden. Kakerlaken dagegen sehen zwar hässlich aus, sind aber vollkommen harmlos.

Auch den Darm kann es manchmal erwischen: Er muss sich auf die neue Ernährung umstellen und sich an neue Bakterienstämme gewöhnen. Während dieser Umstellungsphase kann es zu Verstopfungen oder Durchfall kommen, normalerweise harmlos und ohne Fieber. Das Gegenrezept ist einfach: Ein, zwei Tage Diät mit Bananen, Brot, Tee, Salz. Wenn das Problem länger anhält, dann kann es eine andere Ursache der Erkrankung geben. Es empfiehlt sich ein Arzt- oder zumindest Apothekenbesuch.

Heiraten

Beliebt sind Mauritius und zunehmend auch Rodrigues bei Hochzeitspaaren aus aller Welt. Darauf haben sich in- und ausländische Reiseagenturen ebenso eingestellt wie Reiseveranstalter und die vielen Hotels, die für Honeymooners meist mehrere Überraschungen bereithalten. Wer auf Mauritius in den Stand der Ehe treten möchte, bucht am einfachsten zu Hause ein komplettes Hochzeitsarrangement – entweder über den jeweiligen Reiseveranstalter oder über das Hotel.

Wer vor Ort alles selbst organisieren möchte, hat einige Formalitäten zu erledigen. So müssen die Heiratswilligen dem Standesbeamten bei der Bestellung des Aufgebots eine vom Hauptstandesamt ausgestellte Bescheinigung vorlegen. Hier muss festgehalten sein, dass Braut und Bräutigam frei sind, eine Ehe zu schließen und weder die mauritische Staatsbürgerschaft noch einen festen Wohnort auf der Insel haben. Um den Formalitäten genüge zu tun, muss für diese Bescheinigung eine eidesstattliche Versicherung vor dem Chief Registrar des Supreme Court abgegeben werden. Diesem Antrag müssen Heiratswillige zwei Fotokopien beider Geburtsurkunden, evtl. Scheidungsdokumente sowie zwei Fotokopien von den ersten drei Seiten der Reisepässe hinzufügen – jeweils ins Englische und Französische übersetzt, amtlich bzw. notariell beglaubigt. Dann wird das Ganze an die mauritische Meldebehörde geschickt: Register of Civil Status, 7th level, Emmanuel Anquetil Building, Port Louis, ✆ 201-1222, Fax 211-24 20, civstat@intnet.mu.

Da auch auf Mauritius Bürokratie groß geschrieben wird, sollte dies mindestens vier Wochen vor Reiseantritt geschehen sein. Diese Unterlagen werden nach der Rückkehr in der Heimat vom Standesamt mit einem Stempel versehen. Damit die

Hochzeit in Deutschland anerkannt wird, muss die Heiratsurkunde ebenfalls mit einer international anerkannten Apostille abgestempelt sein, die man im Büro des Premierministers erhält.

Hochzeiten auf Mauritius sind an jedem Wochentag, nicht aber Sa/So möglich, die standesamtliche Zeremonie findet in englischer Sprache statt. Auf Wunsch kann ein Dolmetscher anwesend sein. Auch kann eine kirchliche Hochzeit arrangiert werden. Für Katholiken gibt dazu das Büro des Bischofs Informationen: Episcopate of Port Louis, Monsigneur Gonin Street, Port Louis, ✆ 208-3068, Fax 208-6607.

Informationen

Informationen im Internet

Allgemeine reisepraktische Infos findet man auf den offiziellen Reise- und Tourismus-Internetseiten **www.tourism-mauritius.mu/de** (deutsch) bzw. **www.tourism-rodrigues.mu** (englisch). Weitere interessante Seiten sind:

- **www.info-mauritius.com** – von einem deutschen Team gemacht, das auf Mauritius lebt. Informationen zu Pauschalreisen und Unterkünften. Auch gibt es ein Forum, wo man sich austauschen kann.
- **www.mauritius.net** – eine andere Adresse, die für Touristen relevantes Material zum Reiseziel bereithält.
- **www.der-mauritius-reiseführer.de** – reichhaltige Infos zu besuchenswerten Zielen, Aktivitäten und allgemein zum Aufenthalt auf der Insel.
- **www.ingrids-reisewelt.de** – eine nette, selbstgemachte Website mit vielen fachkundigen Infos zur Insel. Hier gibt es ein eigenes Forum zum Thema Inseln im Indischen Ozean. Mauritius ist reichlich vertreten.
- **www.govmu.org** – Website der Regierung, von der User sich schnell zu den Seiten des Präsidenten, der Transport Authority, des Prime Ministers und der einzelnen Ministerien oder des Parlamentes durchklicken können. Dort ist auch das Amt für Statistik zu finden, das umfangreiches Material zu demographischen Daten, Politik, Tourismus, Wirtschaft, Finanzen, Gesundheit etc. bereithält.

• in Deutschland

Mauritius Tourism Promotion Authority, c/o Aviareps Tourism GmbH, Josephspitalstraße 15, D-80331 München, ✆ +49-89-552 53 38 25, mauritius.germany@aviareps.com

• in der Schweiz (auch für **Österreich**)

Mauritius Tourism Promotion Authority Switzerland, c/o Airline & Tourism Center GmbH, Badenerstraße 15, CH-8004 Zürich, ✆ +41-44-286-9956, www.mauritius-switzerland@aviareps.com

• auf Mauritius

Mauritius Tourism Promotion Authority (MTPA), Victoria House, St. Louis St., Port Louis, ✆ +230-203-1900, mtpa@intnet.mu

Weiteres Büro auf Mauritius:

- SSR International Airport, ✆ +230-637 36 35

- **auf Rodrigues**

Rodrigues Tourism Office, Solidarity Street, Port Mathurin, ✆ +230-832-08 66, info.rodrigues@intnet.mu

Internet

siehe auch „Informationen“ S. 86

Wer auch im Urlaub vor Ort nicht aufs Internet verzichten möchte, kann in den meisten Hotels per WIFI (W-Lan) mit dem Smartphone oder dem Laptop im Web surfen. Auch McDonald's in Port Louis oder die Einkaufsmall Caudan Waterfront sind mit kostenlosem WIFI-Zugang ausgestattet, genauso wie beispielsweise die zahlreichen Winner's Supermärkte. Im Post Office in Port Louis kann man auch „klassisch“ online gehen, über einen in einem im Nebenzimmer aufgestellten Computer. Ebenso gibt es in den großen oder touristischen Orten der Insel noch ein paar wenige Internetcafés. Typische Kosten: 10 Rs für 15 Min. Computerzeit.

Kartenmaterial

Neben den in diesem Buch aufgeführten Ortsplänen und der beiliegenden Reisekarte, die gut für Selbstfahrer geeignet ist, gibt es auf Mauritius drei brauchbare Karten, die im Buchhandel zu finden sind:

- Mauritius Island, Institut Graphic National, Maßstab 1:100.000, 450 Rs
- Mauritius, Globetrotter Travel Map, Maßstab 1:80.000, 450 Rs
- und sehr touristisch: Île Maurice, Île de la Réunion, Éditions Andureau, 350 Rs

Kinder

Wer beispielsweise mit Condor ab Frankfurt anreist, wird schon im Flugzeug feststellen, dass Mauritius durchaus eine Destination für den Familienurlaub ist. Vor allem französische Familien verlängern auf der Insel gerne den europäischen Sommer. Familien, die Urlaub auf Mauritius machen wollen und sich diesen leisten können, werden ein sehr kinderfreundliches Reiseziel kennenlernen.

Das betrifft die Mentalität der Mauritier ebenso wie den Freizeitwert der Hotelanlagen und die touristische Infrastruktur. Fast alle größeren Hotels haben Familienzimmer oder -apartments. Zum Programm gehört oft auch ein Kid's-Club, in dem Fünf- bis Zwölfjährige auf Wunsch den ganzen Tag gut aufgehoben sind und in dem sie internationale Bekanntschaften machen können. Hier bietet sich auch für Taucher und andere Wassersportler, die Möglichkeit, alleine auf Tour zu gehen – der Rest der Familie kann sich am Strand oder bei anderen Aktivitäten vergnügen.

Dass die Sprachen in den Clubs meist nur Englisch und Französisch sind, stellt für Kinder weit weniger ein Problem dar als für manche Erwachsene. Einige Hotels bieten sogar spezielle Teen-Clubs an, in denen sich die älteren Kinder und Jugendlichen wohl fühlen werden. Für Kinder unter drei Jahren steht gegen Gebühr ein Babysitterservice zur Verfügung.

Mauritius: auch für Kinder ein prima Reiseziel

Weitere Gründe, die insbesondere aus Familiensicht für das Reiseziel Mauritius sprechen: Die Strände sind sicher, das Land birgt keine außergewöhnlichen Gefahren und viele Poollandschaften sind mit Rücksicht auf kindliche Bedürfnisse konzipiert. Dazu sind Besichtigungsziele wie beispielsweise die interaktive Ausstellung des Zuckermuseums L'Aventure de Sucre in Pamplemousses (s. S. 182), der dortige Botanische Garten (s. S. 178), der Naturpark Casela World of Adventures (s. S. 211) oder der Tierpark La Vanille (s. S. 240) auch für Kinder ungemein spannend. Außerdem können Touren mit dem U-Boot, dem Glasbodenboot oder dem Segelschoner unternommen werden. All das spricht Kinder an, wie auch die tropische Umgebung und das angenehme Klima. Fluggesellschaften und Hotels bieten natürlich auch die üblichen, nach Alter gestaffelten Vergünstigungen für Kinder.

Medien

• Fernsehen

Die Mauritius Broadcasting Corporation (MBC) versorgt mit drei Fernsehsendern von morgens bis etwa 23 Uhr die Insel mit einem Programm, das auf Französisch, Englisch und Hindi ausgestrahlt wird. Daneben empfängt man das französische Programm der Nachbarinsel Réunion. Die großen Hotels haben interne Videoprogramme und Satellitenfernsehen, in seltenen Fällen auch in deutscher Sprache.

• Radio

Es gibt etliche lokale Radiostationen, die auf Französisch, Créole oder Hindi senden. Englisch ist dagegen weniger vertreten. Wer zuverlässig die Nachrichten der

Welt auf Englisch hören will, sollte per Weltempfänger dem BBC World Service lauschen.

• Zeitungen

Da die Analphabetenquote des Landes außerordentlich gering ist, haben die sieben einheimischen Zeitungen genügend Abnehmer. Die Tageszeitungen mit den größten Auflagen sind französischsprachig: **Le Mauricien** (www.lemauricien.com) und **L'Express** (www.lexpress.mu). **News on Sunday** und **Mauritius Times** (www.mauritiustimes.com) sind englischsprachige Wochenzeitungen. Internationale Presse mit einer guten Auswahl an englischen, französischen und deutschen Zeitungen/Zeitschriften gibt es inzwischen in den großen, modernen Einkaufskomplexen (u. a. in Port Louis, Curepipe, Grand Baie, Quatre Bornes, Phoenix) sowie in den Shops der großen Hotels. Dort gibt es auch ein paar Wochenzeitungen, die sich dem eher touristischen Angebot der jeweiligen Region widmen.

Mietwagen

siehe auch „Auto fahren" S. 76 und „Grüne Seiten" S. 112

Mietwagen unterschiedlichster Kategorie sind bei den Autoverleih-Firmen verfügbar. Die Preise liegen auf europäischem Niveau. Als gängige Autotypen werden u. a. Suzukis und Hyundais vermietet. Wer Touren abseits gut ausgebauter Straßen plant, sollte gut gefederten Autos den Vorzug zu geben. Einige Mietwagenfirmen bieten auf Anfrage auch einen Chauffeur-Service, der beispielsweise an Werktagen für 8 Std. zusätzlich 20 € sowie an Sonn- und Feiertagen 25 € kostet. Jede weitere Stunde kostet 4 €. Wer nicht selber fahren will, sollte aber bedenken, dass es bei Ganztagsexkursionen billiger sein kann, mit einem Taxifahrer einen Festpreis auszuhandeln (s. S. 112). Natürlich aber hat man mit einem Mietwagen eine größere individuelle Unabhängigkeit.

Wer einen Wagen mietet, muss je nach Verleihfirma mindestens 21 alt und im Besitz eines nationalen Führerscheins sein, der über ein Jahr alt ist. Für die Anmietung eines Wagens ist eine der gängigen Kreditkarten von Vorteil, da damit die Hinterlegung einer Kaution entfällt – außerdem bieten einige Kreditkartenfirmen auch gleich Versicherungen mit an.

Die Hotelrezeptionen oder die örtlichen Reisebüros vermitteln problemlos Leihwagen. Oder man wendet sich direkt an eine der großen Rent-a-Car-Agenturen, z. B.:

- **Avis**, 116 Ave. Sir Guy Forget, Quatre Bornes, ✆ 427-6312, www.avismauritius.com
- **Budget Rent a Car**, Pereybere Office Downtown Grand Bay, ✆ 467-9700, www.budget.com.mu
- **Europcar**, Avenue Michael Leal, Les Pailles, Port Louis, ✆ 263-7948, www.europcar.com
- **Hertz**, 84 Gustave Colin St., Forest Side, Curepipe, ✆ 604-3021, www.hertz.mu

Lokale Anbieter haben meist günstigere Preise und sind im Vorfeld oder während des Urlaubs auch gut im Internet zu finden. Ein paar Beispiele:

- **First Car Rental**, Old Pailles Rd., Pailles, ✆ 213-9290, www.firstcarrental.mu
- **Kevtrav**, Discovery House, St. Jean Rd., Quatre Bornes, ✆ 465-4458, www.kevtrav.com
- **Eco Car Rental**, Petit Verger, Saint Pierre, ✆ 525-07860, www.ecocarrental.com
- **ZaPaTaM Car Rental**, Ave. Boundary, Rose Hill, ✆ 5257-7787

Die **Abholung** am Flughafen ist meist kostenfrei, wenn das Auto mindestens vier Tage gemietet wird. Man kann auch ein **Navi** zum Auto dazubuchen, was bei der Beschilderungssituation auf Mauritius sicher keine schlechte Idee ist. Kostenpunkt: ca. 8 €/Tag.

Auch **Fahrräder** und Motorräder oder Roller, sogenannte **Scooter**, können über die genannten Agenturen gemietet werden. Ein Mountainbike kostet 7–10 €/Tag, ein Scooter mit 125 ccm 15–20 €/Tag (je nach Mietdauer).

Hinweis

Ob man einen Mietwagen nimmt oder auf öffentliche Verkehrsmittel bzw. einen Wagen mit Fahrer zurückgreift, muss jeder selbst aufgrund der eigenen Fahrerfahrung und Stressresistenz entscheiden. Folgender Leserhinweis zeigt, dass ein Mietwagen nicht für jeden die beste Variante ist: „Das Autofahren auf der Insel macht absolut keinen Spaß, die Einheimischen fahren, als ob sie nicht an ihrem Leben hängen, und die Wegweiser stehen erst direkt an der Kreuzung. Zu Stoßzeiten ist auf den Hauptstraßen nur Stop and Go möglich. Daher würde ich empfehlen, sich einfach einen Fahrer zu nehmen, wenn man die wichtigsten Sehenswürdigkeiten auf der Insel sehen möchte. Das spart wirklich sehr viel Kraft, Nerven und Energie."

Nachtleben

Wer sich zur Nachtzeit vergnügen möchte, hat dazu auf Mauritius in unterschiedlichem Maß Gelegenheit – je nachdem, wo sich das Quartier befindet. Am besten sind die Möglichkeiten im Norden, wenngleich man auch hier keine Verhältnisse wie auf Ibiza oder Mykonos erwarten darf. Außer Restaurants gibt es als Stätten des Amüsements Bars, Nightclubs, Diskotheken und **Spielcasinos** – in einigen großen Hotels sogar alles unter einem Dach. Die Casinos bilden einen erheblichen Teil des mauritischen Nightlife – sowohl für Einheimische als auch für Touristen. Besonders Südafrikaner besuchen den Inselstaat gerne wegen der Spielmöglichkeiten. Darauf haben sich mehrere große Hotels eingestellt und Casinos mit Roulette, Black Jack und „Einarmigen Banditen" installiert. Außerhalb der Hotels gibt es im Landesinneren das beliebte Le Casino de Maurice in Curepipe, das auch Abendshows veranstaltet, sowie die modernen Casinos im Caudan-Waterfront-Komplex in Port Louis und in der Domaine les Pailles.

Fast schon zur touristischen Pflicht gehört die Teilnahme an einer **Sega-Show** (s. auch S. 64). Fast alle größeren Hotels bieten solche Folklore-Veranstaltungen an, meist im Zusammenhang mit einem kreolischen Buffet. Man sollte sich aber vorher nicht nur nach dem entsprechenden Datum erkundigen, sondern auch, welche Gruppe auftritt, da viele Sega-Ensembles von Hotel zu Hotel ziehen.

In Grand Baie hat sich ein wenig Nacht- und Clubleben etabliert, wie beispielsweise der Godfather Club am Cuvette Beach oder der bekannte Banana Beach Club.

Notfall und Notruf

Bei (Auto-)Unfällen, Überfällen oder anderen Notfällen ruft man die **Polizei** unter ✆ 999 und lässt sich gegebenenfalls mit weiteren Notdiensten verbinden. Der Notruf für die **Feuerwehr** ist ✆ 995, einen **Rettungswagen** ruft man unter ✆ 114.

Öffnungszeiten

Die Öffnungszeiten der **Geschäfte** sind nicht einheitlich geregelt, liegen jedoch Mo–Fr meistens 9–17 Uhr, Sa bis 12 Uhr. Große Supermärkte wie Jumbo Score, Winner's oder Super U haben normalerweise 9–20 Uhr und Sonntagvormittag bis in den frühen Nachmittag geöffnet. Einkaufsmalls wie die Caudan Waterfront in Port Louis haben ebenfalls lange offen. Anders auf **Rodrigues:** In Port Mathurin, immerhin die Hauptstadt der Insel, schließen die Geschäfte Mo–Fr zwischen 16 und 17 Uhr. Samstags ist am Vormittag offen, sonntags ist geschlossen. Viele **Märkte** und der große Basar von Port Louis finden werktags 6–18 Uhr statt, sonntags oft bis 12 Uhr. In den **Souvenirshops** der Hotels kann man meist bis 21 oder 22 Uhr einkaufen.

Die Öffnungszeiten für **Büros** sind Mo–Fr 8.30–16.15 und Sa 9–12 Uhr, für **Behörden** Mo–Fr 9–16 und Sa 9–12 Uhr (reduziertes Personal). **Banken** sind normalerweise Mo–Do 9.15–15.15 Uhr (Fr 9–16 Uhr) geöffnet und befinden sich in allen Städten, größeren Orten sowie im International Airport. Wechselschalter im Flughafen und Wechselstuben in Grand Baie sind auch über die allgemeinen Öffnungszeiten hinaus geöffnet. **Postämter** öffnen Mo–Fr 8.15–16 Uhr, Sa 8.15–11.45 Uhr. Jeweils eine halbe Stunde vor Schließung werden nur noch Briefmarken verkauft.

Post

Postämter gibt es auf Mauritius und Rodrigues reichlich, allein auf Mauritius sind es um die 100. Der Postservice gilt als sehr zuverlässig. Die Hauptpost (Central Post Office) befindet sich in Port Louis an der Esplanade, im Gebäude des heutigen Mauritius Postal Museums, rechte Gebäudeseite. Das Porto für eine kleine Postkarte nach Europa beträgt 16 Rs, für eine große 32 Rs. Ein Brief kostet ebenfalls 32 Rs. Die Post in die Heimat ist rund eine Woche unterwegs.

Reiseveranstalter

Die Anzahl der deutschen Reiseveranstalter mit Mauritiusprogrammen ist groß. Eine Veranstalterliste ist über das lokale Reisebüro oder das Mauritius-Informationsbüro zu bekommen. Darunter finden sich außer den großen, weltweit operierenden Firmen auch auf Mauritius, die Maskarenen oder bestimmte Themen spezialisierte Büros, die u. a. Privatappartements, Studienreisen, Wandertouren und Hochzeiten sowie Golf-, Angel- oder Tauchurlaub anbieten.

Vor Ort selbst steht eine Reihe zuverlässiger Agenturen (z. T. mit IATA-Vertretung) zur Verfügung, über die man Sightseeing-Exkursionen per Taxi, Minibus, Katamaran, Segelschiff, U-Boot, Helikopter usw. buchen kann, aber auch Flüge nach

Rodrigues und Réunion (mit oder ohne Arrangement) oder zu anderen Zielen. Sie organisieren daneben Flughafentransfers, nehmen Hotelreservierungen und Hochzeitsarrangements vor, erledigen Flugrückbestätigungen oder arbeiten individuelle Programme für Gruppen und Einzelpersonen aus.

Seit 2006 stellen Hannelore und Alain von **Nature Trails** (159 D Avenue Boundary, Quatre Bornes, ✆ 466-8072, 5250–7406, 5912–0313, in Deutschland +49-4175-27 43 39, info@naturetrails-mauritius.com, www.naturetrails-mauritius.com) ihren Gästen Mauritius versteckte Schönheiten jenseits der touristischen Zentren vor: Der deutschsprachige Alain zeigt auf sorgfältig ausgewählten, individuellen Touren in 4x4-Fahrzeugen urtypische Dörfer und atemberaubende Ausblicke inmitten ursprünglicher Natur – dazu gibt es ein Mittagessen bei einer mauritischen Familie.

Der Katamaran **Dreamcatcher** (Azurea, 251 Morcellement Anna, Flic en Flac, ✆ 5705-0795, in Deutschland +49-89-45 81 49 92, info@dreamcatcher-mauritius.com, www.dreamcatcher-mauritius.com) segelt unter deutscher Leitung zu den Inseln im Norden von Mauritius; Ausflüge in kleinen Gruppen oder als exklusive Tour.

Atambo Tours (✆ +49-69-74 22 09 86, info@atambo-tours.de, www.atambo-tours.de) stellt Mauritiusreisen nach individuellen Aspekten zusammen, organisiert Honeymoon-Urlaube und ist zertifiziert als Veranstalter nachhaltiger Ferien.

Weitere Agenturen, die als zuverlässig gelten:

- **Mauritours Ltd**, 5 Venkatasananda St., Rose Hill, ✆ 467-9700, www.mauritours.net
- **MTTB-Mautourco**, 84 Gustav Colin St., Forest Side, ✆ 604-3000, www.mautourco.com
- **Summertimes**, 5 Bernardin de Saint-Pierre St., Quarte Bornes, ✆ 427-1111, www.summer-times.com
- **White Sand Tours**, 84 Gustave Colin Street, Forest Side, ✆ 605-1500, www.whitesandtours.com

Reisezeit

Als Reisezeit kann das ganze Jahr empfohlen werden. Wer es ein wenig ruhiger mit weniger Touristen mag und ein wenig Geld sparen will, ist von April bis Juni sowie September bis Anfang November auf Mauritius und Rodrigues gut aufgehoben. Auf Rodrigues gelten die Monate Februar, Juni und September in der Hinsicht (noch) als Geheimtipps. Im Juli und August könnten die Temperaturen auf Mauritius eher als kühl empfunden werden – im Gegensatz zum europäischen Hochsommer. Möchte man dem größten Andrang ausweichen und nebenbei auch Saisonzuschläge einsparen, sollte man die Ferienzeiten meiden, insbesondere Weihnachten und Neujahr, Ostern und den August.

Sicherheit

Im Allgemeinen gilt Mauritius als sicheres Reiseland, vor allem, wenn man afrikanische Maßstäbe anlegt. In Port Louis kommen auf dem Basar immer wieder kleinere

Diebstähle vor, und nahe der Zitadelle hat es vereinzelt Beschaffungskriminalität von Drogensüchtigen gegeben. Deshalb ist auch auf Mauritius jeder Tourist gut beraten, die üblichen Vorsichtsmaßnahmen zu ergreifen. Also keine Wertsachen am Strand oder im Mietwagen liegen lassen, verdächtig aussehende Stadtviertel meiden, keine Spaziergänge auf unbekanntem Terrain alleine und in der Dunkelheit unternehmen, vor Reiseantritt Fotokopien aller relevanten Unterlagen anfertigen lassen etc. Und am besten die Safes nutzen, die es in besseren Hotels in jedem Zimmer gibt (meist kostenlos), um die Angestellten nicht unnötig in Versuchung zu führen.

Souvenirs

Ein Inselstaat mit einer solch bunten Bevölkerungszusammensetzung wie Mauritius kann zwangsläufig auch eine bunte Palette an Waren unterschiedlichster Art anbieten, die man gerne mit nach Hause nimmt. In den Läden und Souvenirshops der Insel gibt es beispielsweise Produkte aus China, Pakistan, Ostafrika, Madagaskar und Indien – von Teegeschirr über holzgeschnitzte Idole bis zu Korbwaren und Gewürzen. Waren, die aus Mauritius stammen, sind ebenfalls reichhaltig im Angebot.

Außerordentlich günstig und gut verarbeitet gibt es **Textilien** zu kaufen, sei es von fliegenden Händlern am Strand oder sei es auf Märkten, in den Hotelshops, in Spezialläden und ab der Fabrik. Jogging-Anzüge aus Baumwolle, T-Shirts, Bermuda-Shorts, Strandkleidung usw. gibt es in modernsten Farben und Schnitten, oft durch den Schriftzug „Mauritius“, „Dodo“, „Sega“ o. ä. verziert. Urlauber können sich aber auch einen Maßanzug anfertigen lassen oder einen indischen Sari kaufen.

Beliebt sind ferner alle möglichen **Schmuckgegenstände**, etwa Ketten aus poliertem Lavagestein oder aus Muscheln, die u. a. am Strand verkauft werden. Für den Kauf von hochwertigen Juwelierprodukten und geschliffenen Diamanten gelten z. T. besondere Umtausch-Bedingungen, die man umgehen kann, wenn man in einem Duty-Free-Shop mit ausländischer Währung einkauft. Die Ware erhalten Ausreisende unmittelbar vor dem Abflug im Flughafengebäude.

Es gibt auch die verschiedensten und fantastischsten Korallen, Schneckengehäuse und **Muscheln**, und die Verlockung ist sicher groß, hier zuzugreifen. Allerdings stehen einige der seltenen Exemplare in mauritischen Gewässern durch diesen „touristischen Ausverkauf“ kurz vor dem Aussterben. Man sollte daher nicht bedenkenlos kaufen, was angeboten wird, und den Händlern nicht unbedingt glauben, die behaupten, es handele sich um Importware. Außerdem verweigert der deutsche Zoll die Einfuhr von Tierprodukten, die dem Artenschutzabkommen unterliegen. Davon betroffen sind u. a. Schildpattgegenstände und Panzer der Karettschildkröte.

Unverfänglicher ist der Kauf von **Gewürzen**, indischen **Farbpigmenten** oder **Korbwaren** wie Matten und Hüten, die man allesamt sehr preiswert auf den Märkten von Mauritius oder Rodrigues kaufen kann. Gleiches gilt auch für den einheimischen **Kaffee** und **Tee** sowie verschiedene **Kräutergetränke** oder **Gewürze** wie Safran, Koriander, Ingwer, Vanille sowie exotische Curry-Mischungen. Ein genauso typisches wie schmackhaftes Mitbringsel sind Obst- oder Früchtepakete. Gut, ausgezeichnet und berühmt ist der **Rum** der in den Destillen selbst, in Supermärkten,

Getränkeläden und dem Duty-Free-Shop verkauft wird. Hier ist manch ausgezeichnetes Tröpfchen dabei – und eine Verkostung lohnt sich immer.

Preiswert, informativ und qualitätsvoll sind **Briefmarken**, die durch die „blaue Mauritius" natürlich eine berühmte Vorgängerin haben. Schließlich sollte noch erwähnt werden, dass auch Münzsammlern Mauritius ein Begriff sein wird und dass diese auf der Insel Geldstücke von besonderem Interesse kaufen können. Da ist zum einen der spanische Piaster, die wichtigste Münze unter der französischen Herrschaft. Oder der Decaen-Piaster, benannt nach dem letzten französischen Gouverneur und geprägt aus den Silberbarren eines 1810 gekaperten portugiesischen Schiffes.

Der Inselstaat hat eine ganze Reihe hervorragender **Künstler** hervorgebracht, die die multikulturellen Einflüsse ihrer Heimat zu einem jeweils ganz besonderen Stil verarbeitet haben. Einige von ihnen lebten oder leben in den USA und in Frankreich (Henri Le Sinader, Hervé Masson), aber auch mehrere der Daheimgebliebenen sind in internationalen Ausstellungen bekannt gemacht worden.

Der bedeutendste dieser Künstler war und ist wohl Malcolm de Chazal (1902–1981), der die Landschaft, die Tierwelt und die Menschen seiner Heimat in bunten Farben und manchmal neu-wilder Manier darstellt. Auch Christine Bonic ist in diesem Zusammenhang zu nennen. Mehr pointilistisch oder impressionistisch sind die Werke von Danièle Hitié, Joymungul Tulsi, Roger Charoux, Monique de La Vallée Poussin, Yves David und Jocelyn Thomasse. Ebenfalls einen ganz großen Namen hat Serge Constantin. Allen Künstlern gemeinsam ist das wache Auge für Mauritius' Schönheiten und die Fähigkeit, diese in Komposition und Farbgebung nie langweilig oder konventionell, sondern immer erfrischend auf die Leinwand zu bringen.

Wer sich für die aktuelle mauritische **Malerei** interessiert und eventuell als Original, Originalgrafik oder limitierte Reproduktion erwerben möchte, sollte einen Blick z. B. in die Galerie Hélène de Senneville werfen, die mit mehreren Filialen auf der Insel vertreten ist. Aber auch die vielen Volkskünstler, die ihre Schnitzereien und Skulpturen – oft nach afrikanischen Vorbildern gestaltet – anbieten, sollen hier nicht vergessen werden.

Eine „Spezialität" der Insel sind schließlich jene Handwerksstätten, die in mühevoller und penibler Kleinarbeit detailgetreue Nachbildungen berühmter **Segelschiffe** herstellen. Von der Santa Maria bis zur Amerigo Vespucci können Urlauber hier die gesamte nautische Prominenz erwerben. Die Modelle werden auch nach Hause gesendet – was bei Größen bis über 180cm sicher empfehlenswert ist.

In den Reisepraktischen Informationen finden Sie weitere Hinweise zu Einkaufsmöglichkeiten.

Sport und Erholung

Einen Grund, nach Mauritius zu reisen, liefern die ausgezeichneten Wassersportmöglichkeiten der Insel. Gerade das Angebot der größeren Hotels ist in dieser

Beziehung meist „komplett": Sie stellen die Ausrüstung für Wasserski, Windsurfen, Schnorcheln, Segeln usw., verfügen über ein Tauchshop, bieten Kurse an und vermitteln Exkursionen mit Glasbodenbooten, Katamaranen oder Segelschiffen zu den Korallenriffen und vorgelagerten Inseln.

Von zusätzlichem Reiz sind einige ungewöhnliche Wassersportarten. Beispielsweise kann man mit speziell konstruierten schwimmfähigen **Leichtflugzeugen** über die Lagunen segeln und im Wasser landen oder an **Unterwasser-Spaziergängen** teilnehmen. Auf Letzteres hat sich ein Unternehmen in Grand Baie spezialisiert und es selbst Nichtschwimmern möglich gemacht, die Wunderwelt von Korallen und Fischen zu beobachten.

Auch an Land bieten Mauritius und Rodrigues alle Voraussetzungen für einen sportlichen Urlaub – sei es als Aktiver, sei es als Zuschauer. Zum Zuschauen bieten sich die Fußballspiele – immerhin der beliebteste Sport auf Mauritius, und überall gibt es gerade ein packendes Spiel – und die Pferderennen an, die auch ein „Bad in der Menge" mit viel Lokalkolorit ermöglichen. Zwischen Mai und November ist Rennsaison. Höhepunkte sind die samstäglichen Rennen auf dem Hippodrom in Port Louis – einer nationalen Institution und immerhin das zweitälteste Pferderennen der Welt (vgl. S. 134).

• Golf

Dass Mauritius eine erstklassige Destination geworden ist, hat sich in Golferkreisen längst herumgesprochen. Immerhin werden auf der Insel seit 1844 Bälle über den Fairway geschlagen. Die britischen Kolonisatoren hatten das Spiel mitgebracht. Somit war Mauritius das dritte Land weltweit, in dem Golf gespielt wurde. Der „Mauritius Gymkhana Golf Club" ist der älteste Golfclub auf der Südhalbkugel und der viertälteste Golfplatz der Welt. Heute gibt es neun 18-Loch-Plätze und

Ein echtes Erlebnis: Besuch eines Pferderennens in Port Louis

fünf 9-Loch-Plätze auf Mauritius, teilweise in allerschönster Lage und gestaltet von Cracks wie Bernhard Langer oder Ernie Els. Die Golfplätze sind meist großen Hotels angeschlossen, und die Hotelgäste zahlen zumindest ein reduziertes Greenfee. Wer nicht in einem der Hotels untergekommen ist, kann sich trotzdem – nach Zahlung einer ordentlichen Greenfee – eine Teetime zuteilen lassen. Einen Überblick in Sachen Golfplätze gibt es online unter: www.der-mauritius-reiseführer.de/andere-sportarten/golf-auf-mauritius.html.

• Hochseeangeln

Da der Meeresboden außerhalb der Lagune, nur rund 1,5 km von der Küste entfernt, auf große Tiefe abfällt, sind in den tiefen Gewässern um Mauritius viele Groß- und Raubfische zu Hause. Das wiederum hat dafür gesorgt, dass die Insel in Fachkreisen als wahres Anglerparadies gilt und nach Eigenwerbung des staatlichen Fremdenverkehrsvereins „den besten Großfischfang der Welt zu sehr günstigen Preisen“ bietet. Tatsächlich wurden hier mehrere Weltrekorde im Hochseeangeln erzielt und z. T. bis heute gehalten. Ein bei Mauritius gefangener 500-kg-Marlin war bis 1982 das größte bekannte Exemplar, 1985 ging sogar ein 630-kg-Bursche an die Angel.

Der **Blaue Marlin**, dessen Abbild T-Shirts, verschiedene Restaurants und eine bekannte Biermarke ziert, ist wohl die begehrteste Beute und gilt als vielleicht kräftigster Fisch des Indischen Ozeans. Wer sich mit ihm anlegt, muss Kondition und Geduld haben, nicht umsonst wird nur jedes fünfte gefangene Exemplar auch an Bord gezogen. Noch größer als der Blaue und über 4 m lang kann der **Schwarze Marlin** werden, der mit seiner unbändigen Kraft dem Sportfischer Kämpfe liefert, die nicht selten über eine Stunde andauern. Während jedes Jahr rund 150 Blaue und Schwarze Marline auf die Waage gebracht werden, kommt der **Gestreifte Marlin** nicht so häufig vor. Er ist kleiner und leichter, aber im Wasser wie in der Luft ein absoluter Akrobat, der dem Angler sein ganzes Können abverlangt.

Im März und April wird Jagd auf gelbe und weiße **Thunfische** sowie Hundszahn-Thunfische gemacht, die dann in Schwärmen durch mauritische Gewässer ziehen. Mit einem durchschnittlichen Gewicht von 60–90 kg ist der **Gelbflossen-Thunfisch** am größten und ein ausdauernder Gegner der Hochseeangler. Weniger groß ist der **Skipjack-Thunfisch (Bonito)**, der ebenfalls in dichten Schwärmen auftaucht. Für ihn sollte man leichteres Angelgerät wählen, ebenso wie für den eleganten Seglerfisch, der etwa 45 kg schwer wird, oder für den metallisch glänzenden **Dorado**, der sich in Schwärmen in den Gewässern bewegt und das ganze Jahr über geangelt wird. Demgegenüber tauchen die pfeilschnellen **Wahoos** erst ab September in mauritischen Gewässern auf, die dann aber während der Hochsaison in großen Mengen gefangen werden. Ein eher seltener Fang ist der **Barrakuda**, der am Rand des Korallenriffs lebt. Außerhalb der Lagune (und deshalb ungefährlich für Badegäste) sind **Haie** zahlreich vertreten, die bevorzugt lebende Bonito-Köder beißen. Die Familie ist mit blau-, schwarz- und weißflossigen Haien, Mako-Haien, Hammer-Haien und Tigerhaien vertreten, sogar der große Weiße Hai wurde gesichtet.

Hinweis

Unterwasser-Speerfischen ist in mauritischen Gewässern streng verboten!

Hochseeangeln wird ganzjährig betrieben, doch verspricht die Zeit von November bis April die größten Erfolge. Im Februar, dem beliebtesten Monat, findet in Mauritius auch das international renommierte Marlin-Wettangeln (Green Island International Marlin Competition) statt. Die mauritischen Boote sind bestens ausgerüstet, erfüllen alle Sicherheitsanforderungen der IGFA, haben i. d. R. drei Angelstühle und nehmen bis zu fünf Sportfischer auf. Es ist üblich, sie auf Halbtags- oder Ganztagsbasis zu chartern. Rund 8.000 Rs/Person müssen für einen ganztägigen Charter angelegt werden. In fast allen Hotels können entsprechende Ausrüstungen, Boote und Angelexkursionen gebucht werden.

• Jagen

Passionierte Jäger kommen z. B. in Yemen an der Westküste auf ihre Kosten, wo man ganzjährig Kleintiere und Rotwild schießen kann. Jagdsaison für Java-Hirsche ist in öffentlichen Jagdgebieten von Juni bis September, in privaten das ganze Jahr über.

• Reiten

Hoch zu Ross über den Sandstrand einer tropischen Insel reiten, innerhalb einer Gruppe oder allein – das ist für Pferdeliebhaber sicher ein Wunschtraum. Damit dieser in Erfüllung geht, bieten verschiedene Hotels und Ausflugsziele wie die Domaine de L'Etoile an der Ostküste Reitausflüge an. Das Angebot umfasst Halb- und Ganztagesritte.

• Surfen/Kitesurfen

Auch wenn Mauritius nicht mehr als Premiumdestination für Wellenreiter gilt, wird der Sport in Tamarin weiterhin in Ehren gehalten. Häufiger aber findet man rund um die windreicheren Gebiete auf Mauritius und Rodrigues Windsurfer. Für Kitesurfer gelten die beiden Inseln als eines der schönsten Surfreviere der Welt. So ist der Ruf der Anse Mouruk auf Rodrigues mit den Schulen **Willy Kite** und **Osmosis** sowie der von Cap Malheureux auf Mauritius mit **Sindbad** fast sagenumwoben und die Infrastruktur hat sich dementsprechend angepasst: Material kann gemietet, Übungsstunden und Einzelunterricht genommen werden.

• Tauchen

Das Tauchen in mauritischen Gewässern ist überaus populär geworden – ablesbar auch an der großen Anzahl von Tauchzentren. Zu recht: Lagunen, Unterwasserhöhlen, Wracks, Korallen und jede Menge Fisch dazu Wassertemperaturen zwischen 25 und 28 °C – was will das Taucherherz mehr? Immerhin wurde schon 1964 das erste Tauchcenter auf Mauritius eröffnet. Heute bieten fast alle SSI-, CMAS- oder PADI-Kurse an, stellen Unterwasserausrüstungen und Flaschenfüllungen und organisieren Bootstouren mit Tauchstationen in den spannendsten Revieren – für einen Tauchgang muss man mit rund 30–50 €, inklusive Ausrüstung, rechnen.

Getaucht werden kann rund um die Inseln (s. Tauchspots in der Klappenkarte), wobei auf Mauritius die Nordwestküste etliche Highlights bietet und sich hier die meisten Tauchshops befinden. Ein Vorteil beider Inseln ist, dass die Anfahrt per Schiff zu den Tauchspots denkbar kurz ist. Innerhalb von maximal 20 Minuten wird jeder Spot erreicht. In **Rodrigues** ist die Auswahl zugegebenermaßen ein bisschen eingeschränkt, denn es gibt nur wenige Tauchcenter. Was aber wiederum dazu

Wunderbare Wasserwelt: Fächerkoralle

führt, dass kein Tauchspot überlaufen ist. Bekannt sind hier Turtle Dry (bis 31 m) mit einem Blick auf die hier lebenden Schildkröten oder Maevaina (19 m) mit seiner beeindruckenden Grotte.

Die **Nordküste** von Mauritius glänzt mit ihrer Inselwelt und großen, farbenprächtigen Lagunen mit vorgelagertem Riff. Highlights sind beispielsweise The Wall mit 26 m vor Gunners Point oder der Shark Pit, 12–34 m. Whale Rock (26–38 m) und Grand Bay Aquarium (14 m) genießen einen hervorragenden Ruf, und wer sich tiefer hinunter wagt, könnte auf 39 m dem „Silver Star"-Wrack begegnen. Ganz zu schweigen vom Wrack der „Stella Maru" (24–28 m) oder dem Lost Anchor (24–30 m). Die **Westküste** hat etlichen Höhlen und Canyons zu bieten wie Cathedral (15–30 m) oder Chimney"(14–27 m) bei Flic en Flac. Im Süden geht es weiter mit dem Wrack der „Hoi Siong" (16–28 m), einem 30 m langen Schiff, dass 2003 hier versenkt wurde. Oder dem White Tip (18–32 m), einem fast sicheren Tipp in Sachen Haibeobachtung. Der **Südosten** kommt beispielsweise mit der Lobster Cave (18–25 m) oder Roche Zozo (18–40 m). Die **Ostküste** schließlich steht dem in Nichts nach: Castle (14–23 m) oder der berühmte Pass of Belle Mare (3–18 m) mit seinen beeindruckenden Rochen, Riffhaien und Barrakudas.

Die Korallenwelt ist noch einigermaßen intakt. Sie hat aber, wie fast überall in der Welt, schon bessere Zeiten gesehen. Die Tauchcenter haben das natürlich bemerkt und setzen seit etlichen Jahren auf „Unterwasserwelt-schonendes" Tauchen. So werden keine Anker geworfen und Fischer mit viel Überzeugungsarbeit dazu gebracht, das auch nicht mehr zu tun.

Überhaupt lohnt es sich immer, erst einen Blick in das Tauchcenter zu werfen, bevor man bucht. Was für einen Eindruck macht das Team? Geht es hektisch zu? Wird das eigene Brevet geprüft? Gibt es eine zusätzliche Tauchversicherung? Und ist das Equipment modern oder zumindest gut in Schuss? Qualitätskriterien für Tauchcenter sind neben der Beschaffenheit der Ausrüstung die gesprochenen Sprachen und auch die Größe der Gruppen. Wer sich eine Tauchbasis wünscht, in der deutsch gesprochen wird, der sollte sich vorher beispielsweise bei der Mauritian Scuba Diving Association (MSDA) erkundigen, einem Zusammenschluss von Tauchcentern auf der Insel. Infos: www.msda.mu.

Zu den Tauchcentern unter deutscher Leitung gehört das **Sea-urchin Diving Centre**, einer der Pioniere an der Westküste. Die Ausbildung dort erfolgt nach PADI-, SSI- und CMAS-Standards (Ansprechpartnerin: Katharina Dohmann, Royal Rd./Coastal Rd, Flic en Flac, ✆ 453-8825, info@sea-urchin-diving.com, www.sea-urchin-diving.com). Ein weiteres Center unter deutscher Leitung ist der **Orca Dive Club** in Grand Baie, der auch von Gästen, die an der Ostküste logieren, gerne in Anspruch genommen wird (s. S. 161).

Information

Es lohnt sich immer, Empfehlungen einzuholen. Wer sich vor der Reise einen neutraleren Überblick verschaffen will, der ist beispielsweise bei **www.taucher.net** *richtig. Hier findet man leicht die Tauchcenter, die gute Kritiken vorweisen können.*

Tipp

Eine Dekompressionskammer gibt es im Princess Margaret Hospital in Quatre Borne. Die direkte Durchwahl zur Druckkammerabteilung ist ✆ 427-5135. Im Zweifelsfall weiß das Team vom jeweiligen Tauchcenter weiter.

• Tennis

Seit 1893 wird auf Mauritius Tennis gespielt, genauso wie Golf eingeführt von den britischen Kolonisatoren. Fast alle guten Hotels haben nicht nur Fitnessstudios und Tischtennisplatten, sondern auch eigene Tennisanlagen, teilweise sogar mit Flutlicht.

• Wandern

Was viele Urlauber nicht wissen: Mauritius und Rodrigues sind ideale Reiseziele zum Wandern und Bergsteigen. Das beste Revier stellt der Nationalpark Black River Gorges (s. S. 201) dar aber auch der Naturpark Le Val, die Aussichtsberge in der Umgebung von Port Louis, die Halbinsel Morne Brabant oder der Lion Mountain im Osten lohnen sich.

Nur bei den Gipfeln des Pieter Both und Morne Brabant sind halbwegs alpine Schwierigkeiten zu erwarten, ansonsten können alle Treckingtouren von Wanderern mit durchschnittlicher Kondition bewältigt werden. Ausgerüstet sein sollte man mit nur leichtem Gepäck, Proviant und Trinkwasser sowie, da längst nicht alle Wege ausgeschildert sind, einer guten Landkarte. Wer sich lieber einem Einheimischen anvertraut, kann sich über das Fremdenverkehrsamt einen qualifizierten Führer vermitteln lassen wie beispielsweise Yemaya Adventures, ✆ 752-0046, www.yemayaadventures.com.

Wandertipps

Hinweise zu lohnenden **Wanderungen** *gibt es in den Reisepraktischen Informationen.*

• Strände

Mehr als 160 km weiße Sandstrände mit allen Möglichkeiten des Wasser- und Unterwassersports – das ist es, warum die meisten Besucher nach Mauritius kommen – und oft immer wieder. Die Strände sind ziemlich gleichmäßig über die Küsten und Inseln verteilt. Sie sind selten lang gestreckt, meistens in Buchten eingebettet und bieten auch am Wochenende Platz genug für alle Besucher. Natürlich gibt es eine Konzentration der touristischen Aktivitäten an bestimmten Orten wie Grand Baie, Flic en Flac, Trou d'Eau Douce und Trou aux Biches, aber auch dort kann man noch weite Abschnitte ganz für sich haben – erst recht also an den abgelegenen Stränden.

Welcher Gegend sollte man den Vorzug geben? Wenn man ein Hotel der ersten Kategorie gebucht hat, kann man sicher sein, dass es über einen hervorragenden Strand verfügt. Allen Stränden gemeinsam ist das herrliche Zusammenspiel der Farben, das vom Weiß-Gelb des Sandes, dem Hellblau und Türkis der Lagune und dem Tiefblau des offenen Meeres lebt. So breit wie an der französischen Atlantikküste oder der Nordsee ist der Sandstreifen jedoch nicht, es fehlt auch die dort charakteristische Dünenlandschaft. Genauso die Dünung, die durch die riesigen Wellenbrecher der Korallenriffe abgehalten wird: So hat man es also stets mit ruhigem und zwischen 22 °C und 29 °C warmem Lagunen-Wasser zu tun. Nur im Südosten zwischen Souillac und Pont Naturel und an einigen Stellen im Westen kommt die Brandung ungehindert bis ans Ufer – hier sind die idealen Stellen für Wellenreiter.

Mit dem Südsee-Klischee von palmengesäumten Stränden kann Mauritius – im Gegensatz zu den Seychellen – nicht dienen, stattdessen begrenzen meist Filaos (Kasuarinen) das Ufer. Das Wasser ist, außer an Flussmündungen, kristallklar, sodass man gefährliche Gegenstände oder Tiere (scharfe Muschelstücke, Seeigel usw.) gut erkennen kann. Vorsichtshalber aber ist es immer besser, Badeschuhe zu tragen.

Hinweis

Im den einzelnen Kapiteln des Reiseteils werden jeweils die wichtigsten und schönsten **Strandabschnitte** *kurz charakterisiert.*

In vielen Prospekten und Hotelbeschreibungen taucht das Wort „Privatstrand" auf. Nach mauritischem Recht gibt es diesen Begriff jedoch nicht, denn der offene Zugang zu jedem Uferstreifen ist bis zum höchsten Wasserstand (Flut) gesetzlich verankert. Daher hat auch kein Hotel das Recht, z. B. gegen die fliegenden Händler vorzugehen. Vor den meisten Hotelanlagen achten allerdings Wächter darauf, dass Nicht-Hotelgäste dem eigentlichen Grundstück fern bleiben und dass die fliegenden Händler nicht allzu aufdringlich werden. Diese bleiben ihrem Wesen nach aber sowieso immer freundlich und sind selten eine Plage. In ihrem Angebot führen sie u. a. Textilien, Korbwaren, Schmuck, Muscheln und Früchte – und eine frische Ananas oder Kokosnuss sind ein willkommener Genuss, nebenbei auch billiger als die Cocktails der strandnahen Hotelbars. Die Wächter greifen normalerweise auch nicht ein, wenn oben ohne gebadet wird. FKK allerdings wird nicht geduldet. Allerdings geht die Freizügigkeit der ausländischen Gäste vielen Mauritiern zu weit, sodass sie die Nähe der Touristenhotels meiden und mehr oder weniger unter sich bleiben – etwa am Trou aux Biches, Flic en Flac und Belle Mare.

Public Beaches – Strand für alle

Allein an den rund 200 km Küstenlinie von Mauritius gibt es 90 sogenannte Public Beaches, seit 2002 professionell verwaltet von der Mauritischen Beach Authority. Diese Public Beaches sind ausgeschildert und normalerweise problemlos mit dem Bus, Auto, Scooter oder Fahrrad erreichbar. „Public" heißt, dass diese Strandabschnitte im wahrsten Sinne des Wortes für alle offen sind. Hotelgast hin oder her. Wer also ein bisschen Abwechslung braucht zu den Quadratmetern des Hotelstrands, der packt die Badehose und das Handtuch ein und fährt ein paar Kilometer die Küste hinauf oder hinunter – der nächste Public Beach ist nicht weit.

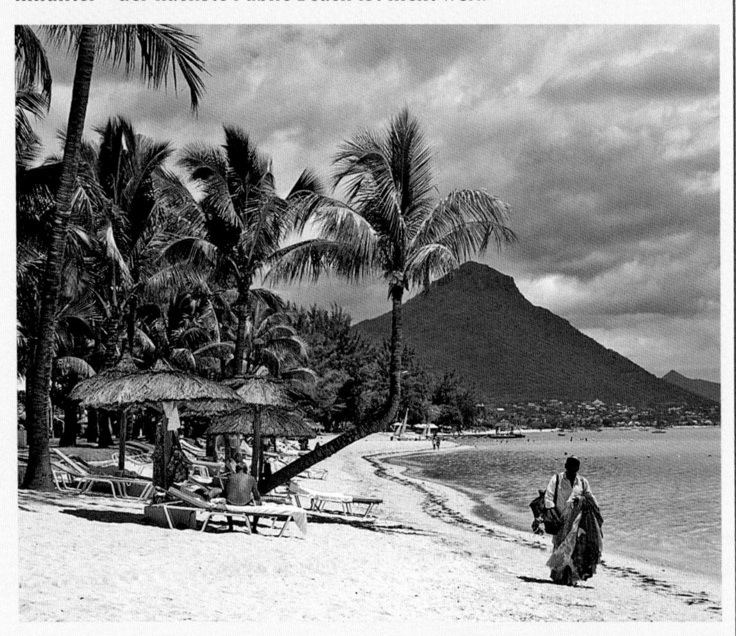

Strandverkäufer am puderweißen Sugar Beach

Die kostenlosen Public Beaches sind gut organisiert: Es gibt – wenn der Strand nicht zu weit ab vom Schuss ist – Verpflegungsmöglichkeiten sowie tagsüber öffentliche Toiletten und Personal, das den Strand sauber hält. An größeren Public Beaches gibt es auch Container für Mülltrennung. Teilweise stehen diese Strände denen der Firstclass-Hotels in Nichts nach, beispielsweise in Flic en Flac. Nur, dass eben auch Einheimische hier den Samstagnachmittag oder Sonntag verbringen, Feste gefeiert werden oder die örtliche Pfadfindergruppe ein Zeltlager veranstaltet. Wer sich für das Leben auf und an der Küste, über und unter dem Wasser interessiert, der besucht das Beach Resource Centre am Public Beach in Péreybère.

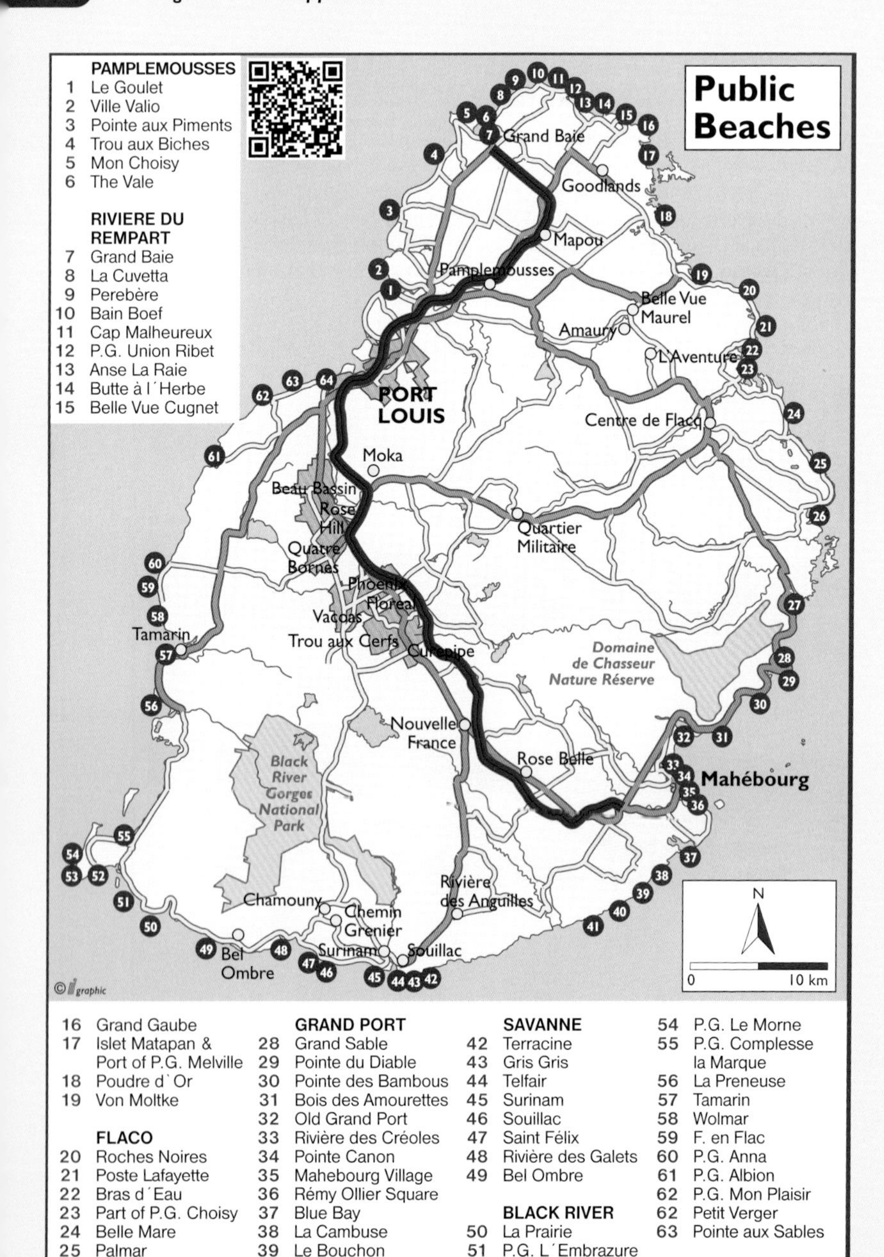
Public Beaches
PAMPLEMOUSSES
1 Le Goulet
2 Ville Valio
3 Pointe aux Piments
4 Trou aux Biches
5 Mon Choisy
6 The Vale
RIVIERE DU REMPART
7 Grand Baie
8 La Cuvetta
9 Perebère
10 Bain Boef
11 Cap Malheureux
12 P.G. Union Ribet
13 Anse La Raie
14 Butte à l´Herbe
15 Belle Vue Cugnet
Grand Baie
Goodlands
Mapou
Pamplemousses
Belle Vue Maurel
Amaury
L'Aventure
PORT LOUIS
Centre de Flacq
Moka
Beau Bassin
Rose Hill
Quartier Militaire
Quatre Bornes
Phoenix
Floreal
Vacoas
Tamarin
Trou aux Cerfs
Curepipe
Domaine de Chasseur Nature Réserve
Nouvelle France
Rose Belle
Mahébourg
Black River Gorges National Park
Rivière des Anguilles
Chamouny
Chemin Grenier
Bel Ombre
Surinam
Souillac
N
0
10 km
© graphic
16 Grand Gaube
17 Islet Matapan & Port of P.G. Melville
18 Poudre d`Or
19 Von Moltke
FLACO
20 Roches Noires
21 Poste Lafayette
22 Bras d´Eau
23 Part of P.G. Choisy
24 Belle Mare
25 Palmar
26 T. d´Eau Douce
27 Grand River South East
GRAND PORT
28 Grand Sable
29 Pointe du Diable
30 Pointe des Bambous
31 Bois des Amourettes
32 Old Grand Port
33 Rivière des Créoles
34 Pointe Canon
35 Mahebourg Village
36 Rémy Ollier Square
37 Blue Bay
38 La Cambuse
39 Le Bouchon
40 Pont Naturel
41 Le Souffleur
SAVANNE
42 Terracine
43 Gris Gris
44 Telfair
45 Surinam
46 Souillac
47 Saint Félix
48 Rivière des Galets
49 Bel Ombre
BLACK RIVER
50 La Prairie
51 P.G. L´Embrazure
52 Le Morne Brabant
53 P.G. Le Morne (Pte. Sud Quest)
54 P.G. Le Morne
55 P.G. Complesse la Marque
56 La Preneuse
57 Tamarin
58 Wolmar
59 F. en Flac
60 P.G. Anna
61 P.G. Albion
62 P.G. Mon Plaisir
62 Petit Verger
63 Pointe aux Sables
PORT LOUIS
64 Grand River North West (Sable Noire)

Sprache

Englisch gilt als offizielle Sprache. Die Umgangssprache allerdings ist **Französisch**, das von Medien, Politik, Wirtschaftsvertreter und den oberen sozialen Schichten gesprochen und vor allem geschrieben wird. Englisch und Französisch sind Unterrichtssprache in den Schulen. Nahezu alle Bevölkerungsgruppen sprechen **Créole**. Wer sich als Urlauber im Französischen nicht sicher fühlt, der wechselt einfach ins Englische. Für die Einwohner von Mauritius ist der Sprachenwechsel kein Problem. Auf Rodrigues schaden ein paar Brocken Französisch auf keinen Fall.

Telefonieren

Vorwahlen

Bei Telefonaten ***nach Mauritius*** *wählt man den Auslandscode (in Deutschland, Österreich und Schweiz: 00), dann den Landescode 230 für Mauritius, dann die Nummer des gewünschten Fernsprechteilnehmers. Bei Telefonaten* ***von Mauritius*** *ist die internationale Vorwahl 020. Dann folgt der Landescode – für* ***Deutschland*** *49, für* ***Österreich*** *43 und für die* ***Schweiz*** *41–, danach die Ortsvorwahl (ohne führende 0) und schließlich die Anschlussnummer. Auch bei Handynummern fällt die führende 0 weg.*

Das Telefonsystem ist sehr modern und im Vergleich mit Deutschland sehr günstig. Gespräche ins Ausland gehen über Satellit und kosten für die ersten 3 Min. nach Deutschland, Österreich und in die Schweiz rund 3 €. Telegramme oder Fax vermitteln die größeren Hotels. Vom Hotelzimmer aus nach Hause zu telefonieren, kann teuer werden. Wer von öffentlichen Telefonzellen aus telefonieren will, besorgt sich am besten Telefonkarten oder zahlt mit Kreditkarte.

Handy-Besitzer haben auf Mauritius keine Schwierigkeiten, sich in ein Netz einzuloggen. Zu beachten sind allerdings die nicht unerheblichen Kosten für das Roaming.

Die günstigste Lösung ist der Kauf einer **eigenen prepaid SIM-Karte** und das Mitbringen eines zweiten Handys oder eben der Kartenaustausch. Die SIM-Karte zu beschaffen ist einfach: Sowohl **Orange** (www.orange.mu), als auch Konkurrent **Emtel** (www.emtel.com), haben in fast jeder Ortschaft einen Shop oder Vertreter der Marke. Beide Netze sind hervorragend und auf Rodrigues und Mauritius gut erreichbar. Die Shops sind gekennzeichnet durch ein großes Schild mit dem Anbieter. Einfach hingehen, Ausweis mitnehmen und Karte kaufen. Der Einsteigertarif für eine SIM-Karte beträgt bei beiden Anbietern 100 Rs, von denen rund 90 abtelefoniert werden können. Die Karte und damit das Handy erhalten eine eigene, mauritische Handynummer und dann kann es losgehen. Telefonate auf den Inseln kosten 1,50–5 Rs, je nach Netz. Die SIM-Karte ist wiederaufladbar.

Uhrzeit

Im Vergleich zur mitteleuropäischen Zeit (MEZ) gehen in Mauritius die Uhren um 3 Stunden, zur Greenwich-Zeit (GMT) um 4 Stunden vor (12 Uhr in Deutschland = 15 Uhr auf Mauritius), während der mitteleuropäischen Sommerzeit um 2 Stunden (12 Uhr in Deutschland = 14 Uhr auf Mauritius).

Unterkunft

siehe auch „Grüne Seiten" S. 112

Die Mehrzahl der Touristen übernachtet in im Voraus gebuchten Hotels, Pensionen oder Bungalowanlagen, daneben gibt es auf der Insel auch Ferienhäuschen (i. d. R. Bungalows) zu mieten. Jugendherbergen stehen Gästen nicht zur Verfügung. Individuell angereiste Besucher können am Flughafen oder bei den Touristeninformationsstellen Unterkunftsmöglichkeiten erfragen. Man kann sich auch gegen Entgelt bei Familien einquartieren, den sogenannten „Chambres d'hôtes".

Fast jede Unterkunft taucht in den Programmen der großen oder spezialisierten Reiseveranstalter auf. Wer dort nicht fündig wird, kann sich beim Mauritius Informationsbüro einen Unterkunftsnachweis anfordern und ein Verzeichnis, in dem man aus rund 1.500 Bungalowbetten auswählen kann. Einige Hotels bzw. Hotelgruppen haben auch deutsche Vertretungen und versenden auf Anfrage Prospekte oder nehmen Buchungen entgegen. Hier eine Auswahl an Agenturen:

- **Accor Hotels**, ✆ +49-69-95 30 75-95, www.accorhotels.com
- **Beachcomber Hotels**, ✆ +49-89-629 84 90, www.beachcomber-hotels.com
- **Maritim Hotels**, ✆ +49-61-51-90 57 60, www.maritim.de
- **Sun Resorts**, ✆ +49-69-92 03 47 60, www.sunresortshotels.com

Auf die Anbieter Beachcomber und Sun Resorts sei deswegen hingewiesen, weil sie bei einem gebuchten längeren Aufenthalt auch das kürzere Ausweichen in ein anderes Hotel der Kette anbieten (soweit Zimmer verfügbar sind). Auf die Art kann man ohne Mehrkosten verschiedene Inselpartien kennenlernen. Außerdem sind die Benutzung aller Sportanlagen, die Nutzung fast aller Wassersporteinrichtungen (Ausnahme: Tauchen), das hoteleigene Entertainment, Diskothekeneintritt und z. T. auch Exkursionen und Preisnachlässe bei Mietwagen im Preis eingeschlossen, ebenso wie ein Kinderclub, in dem sich ausgebildete Kräfte um die kleinen Gäste kümmern und den Eltern dabei Freiraum für eigene Unternehmungen schaffen.

Bei den einzelnen Regionen und Städten werden einige Übernachtungsmöglichkeiten unterschiedlicher Kategorie vorgestellt – natürlich ohne Anspruch auf Vollständigkeit. Jedes genannte Hotel hat eine eigene Website, auf der sich Interessierte ein eigenes Bild machen können – soweit das über das Internet eben möglich ist.

Insgesamt gilt, dass die mauritischen **Hotels** einen hohen Standard besitzen, sauber sind, über freundlichen Service verfügen und den internationalen Vergleich nicht zu scheuen brauchen. Analog zu den gestiegenen Besucherzahlen – auch und besonders nach der Wirtschaftskrise 2008 – hat sich an allen Küsten eine emsige Bautätigkeit entwickelt, die entweder dem Neubau großer Hotelanlagen (fast alle der ersten Kategorie) oder der Erweiterung und Renovierung bereits bestehender Unterkünfte dient. Eine zubetonierte Landschaft mit schrecklichen Touristensilos, wie sie an manchen Stellen des Mittelmeeres leider anzutreffen ist, gibt es jedoch kaum – oder noch nicht. Nur manchmal zeugt eine Bauruine von vielleicht zu großen Hoffnungen. Dagegen hat die mauritische Regierung strenge Auflagen erlassen, die Größe, Höhe und architektonische Gestaltung der Neubauten regeln. Am ehesten erinnert noch das vierstöckige Merville im Norden an die Einfallslosigkeit mediterraner Hotelarchitektur, aber auch hier überragen Bäume die Anlage. Dass vor allem **Luxushotels** neu- oder umgebaut werden, liegt an dem Bestreben, Mauritius als exklusives Urlaubsziel zu bewahren und der Qualität den Vorrang vor der Quantität zu geben. Die meisten dieser Herbergen sind so interessant gebaut, dass man von „Erlebnisarchitektur" sprechen kann. Mit ihren kleinen Einheiten in weitläufigen Anlagen haben sie oft einen intimeren Charakter, als es die Bettenzahl vermuten lässt.

Aus diesem Angebot eine Auswahl treffen zu wollen, fällt schwer. Insgesamt stimmen die wohlklingenden Formulierungen der Anbieter und die farbigen Abbildungen in den Prospekten weitestgehend mit der Wirklichkeit überein, auch an Service und Essen ist nichts auszusetzen, und das Angebot der – meist kostenlosen – Wassersportmöglichkeiten deckt alle diesbezüglichen Bedürfnisse. Unterschiede sind im Grad jenes Luxus, der über komfortable Ansprüche hinausgeht, und in der Lage der Hotels zu finden. Die Frage nach dem „besten" Hotel wird deshalb unterschiedlich beantwortet. Der Manager des Royal Palm beispielsweise hält (natürlich!) seine Nobelunterkunft für die luxuriöseste nicht nur der Insel, sondern des ganzen Indischen Ozeans und verweist gerne auf die illustre Stammkundschaft, zu der u. a. Boris Becker, Jacques Chirac, Cathérine Deneuve und Phil Collins gehören. Dagegen geben andere dem Saint Géran, dem Belle Mare Plage, dem Touessrok, dem Shanti Maurice, dem Shandrani oder dem Le Paradis den Vorzug.

Die Lage der genannten Unterkünfte nimmt auf das Hauptbedürfnis der Gäste, nämlich Baden und Wassersport, Rücksicht. Sie befinden sich in direkter Nähe zum Wasser. Nur von den Hotels um die Grand Baie und in Flic en Flac kann man gemütlich einen größeren Ort im Spaziergang erreichen, sonst muss man auf Mietwagen, Busse oder Taxis ausweichen. Mit anderen Worten: Das Urlaubsleben spielt sich hauptsächlich im und um das Hotel ab. Dort findet man aber alles, was man braucht, einschließlich Restaurants, Bars, Diskotheken, Souvenirshops, Reisebüros usw. Ansonsten haben Urlauber ihre Ruhe und müssen den Strand nicht mit zu vielen Tagesbesuchern teilen. Genau wie an den Stränden patrouillieren auch in

Logieren mit besserem Gewissen

Etliche Resorts auf Mauritius bieten durchaus auch eine ökologische oder eine soziale Komponente, die Gästen mit dementsprechendem Gewissen den Aufenthalt noch ein wenig mehr versüßt. So punktet beispielsweise das Trou aux Biches Resort & Spa aus dem Hause Beachcomber mit einem geschlossenen Wasserkreislauf und LED-Beleuchtung (s. S. 158). Beachcomber als mauritisches Unternehmen mit acht Hotels und rund 4.000 Mitarbeiterinnen und Mitarbeitern auf der Insel ist aber auch in sozialen Dingen unterwegs: Mit der Fondation Espoir Développement, einer hauseigenen Stiftung, unterstützt die Hotelkette seit 1999 Projekte im Bereich der Jugend- und Sozialarbeit und betreibt Förderung für heimische Künstler. Immerhin stellt sie hierfür rund 2,3 Mio. Rs im Jahr zur Verfügung. Infos unter: www.beachcomber-hotels.com/corporate-social-responsibility/fondation-espoir-developpement-fed.

den Hotels und der näheren Umgebung Wachen, die den Urlauber vor ungebetenen Kontakten schützen.

Natürlich bestehen die Unterkunftsmöglichkeiten nicht nur aus Nobelherbergen und First-Class-Häusern. Auch was das Land an Bungalowanlagen und Hotels der mittleren und niedrigeren Preisklasse anzubieten hat, kann sich sehen lassen und verspricht in jedem Fall ungetrübte Urlaubsfreuden. Dem Wunsch nach Individualität kommen einige der Anlagen durch komplett ausgestattete Küchen (und entsprechendem Lebensmittelladen) entgegen, sodass man von der Hotelküche unabhängig ist. Trotzdem gibt es natürlich mindestens ein Restaurant in unmittelbarer Nähe. Für wöchentlich etwa 300–600 € pro Person im Doppelzimmer kann man in solchen Hotels einen Swimmingpool, geräumige Zimmer mit Klimaanlage bzw. Ventilator und manchmal auch Abendveranstaltungen und Exkursionen erwarten. Auch bei der Vermittlung eines gemieteten Autos, Mopeds oder Fahrrads wird geholfen. Der Strand ist stets nah, wenn man auch manchmal eine Straße überqueren muss.

Wer jedoch auf hohen Komfort verzichten kann, wird – auch in Strandnähe – auf Mauritius etliche **Pensionen**, Appartements oder kleine Hotels finden, deren Übernachtungspreis bei 20–50 € pro Person (einschl. Frühstück) liegt. Diese Unterkünfte sind i. d. R. sauber, haben teilweise schöne Gartenanlagen, und die Zimmer haben Ventilator, Dusche und Toilette. Am billigsten sind die kleinen **Stadthotels** in Port Louis, Rose Hill, Curepipe, Mahébourg oder Anse aux Anglais auf Rodrigues. Von hier aus kommt man mit Bussen zwar recht einfach zu den Stränden, aber die Wohnsituation ist, besonders in Port Louis, durch Lärm, Hektik und manchmal drückende Schwüle wenig angenehm. Überhaupt werden die wenigsten nach Mauritius reisen, um ihren Urlaub in der Stadt oder im Landesinneren zu verbringen. Natürlich hat ein Hotel etwa in Curepipe gewisse Standortvorteile, weil man gleich schnell an den Küsten des Westens, Südens und Ostens ist, aber bei den ohnehin geringen Distanzen kann dies kein ernsthaftes Argument sein.

Öffentliche und gut ausgestattete **Campingplätze** europäischen Zuschnitts gibt es nicht. Trotzdem ist Camping an den Wochenenden und während der Schulferien bei den Mauritiern sehr beliebt, manche Public Beaches verwandeln sich dann in Zeltlager. Einige Areale, wie z. B. am Strand von Trou aux Biches, sind als reguläre Campingplätze gekennzeichnet und verfügen sogar über sanitäre Einrichtungen. Ausländern wird jedoch vom Camping-Urlaub auf Mauritius abgeraten, wildes Campieren ist strikt verboten.

Verhaltenstipps

Ein wesentlicher Grund für das Funktionieren des „Erfolgsmodells Mauritius" liegt darin, dass jeder Einwohner um die kulturelle Vielfalt weiß und bei aller Unterschiedlichkeit den anderen gegenüber mit **Respekt** vor dessen Gefühlen, religiösen Anschauungen und Lebensweisen auftritt. Besucher dieser kosmopolitischen Insel sollte sich dem in ihrem Verhalten anschließen und Kultur und Tradition der Mauritier achten. Insbesondere durch falsche – oder fehlende – **Kleidung** der Touristen fühlen sich viele Einheimische brüskiert. So haben Proteste der Bevölkerung beispielsweise das Nacktbade-Experiment auf der Île aux Bénitiers verhindert.

Auch „oben ohne“ ist an den öffentlichen Stränden, wo indische Frauen beim Baden selbst ihren Sari nicht ablegen, nicht angebracht. Eine solche Freizügigkeit sollte allein den reinen Touristenstränden oder Hotelpools vorbehalten sein.

Ansonsten wird die Kleiderordnung eher lässig gehandhabt, einen Krawattenzwang gibt es selbst in den Restaurants der Nobelherbergen nicht. Andererseits sollte es selbstverständlich sein, nicht in Badesachen im Restaurant zu erscheinen, vor allem abends sieht man es in den besseren Unterkünften gern, wenn formelle Kleidung (lange Hosen) getragen wird. Zurückhaltung und **Respektierung der Sitten** ist daneben beim Besuch von Sakralbauten angebracht, beispielsweise betritt man einen Hindutempel oder eine Moschee nicht mit Schuhen. Wird man durch einen Tempel geführt, sollte man sich mit einer Spende von mindestens 20 Rs bedanken.

Die aufgeschlossenen Mauritier kommen gern in Kontakt mit Ausländern und lassen sich auch bei ihrer Arbeit zuschauen. Trotzdem ist es angemessen, Fotografierwünsche mit einer freundlichen Geste anzukündigen. Takt erfordert das Ablichten von Lebensverhältnissen, die auf den ersten Blick pittoresk erscheinen mögen, die aber Ausdruck von Armut sind und für die sich der Bewohner wahrscheinlich schämt.

Auch bei Landausflügen sollte man immer die Privatsphäre respektieren: Wenn etwa vor Grundstücken mit schönen kreolischen Villen Schilder das Betreten verbieten oder Straßen für die Öffentlichkeit gesperrt sind (vor allem in den Zuckerrohrplantagen). Mit ein bisschen Glück kennt der Taxifahrer den besten Fleck, um die Villa oder Plantage von oben zu betrachten oder Fotos zu machen.

Kokospalmen und andere Frucht- oder Obstbäume wachsen in den seltensten Fällen wild, sondern gehören einem Landwirt, der durch den Verkauf der Früchte einen Teil seines Lebensunterhaltes bestreitet. Das sollte man bedenken, bevor man etwa heruntergefallene Kokosnüsse mitnimmt oder gar Früchte und Obst abpflückt.

Nicht nur die Einheimischen, sondern auch Gäste tragen **Verantwortung für die Umwelt** des Landes, das sie besuchen. Auch Urlauber können dazu beitragen, die paradiesische Welt von Mauritius und Rodrigues zu erhalten. Wie in vielen tropischen Gebieten ist Trinkwasser knapp. Unnötiger Wasserverbrauch geht daher zu Lasten der Bevölkerung sowie der lokalen Tier- und Pflanzenwelt. Da das Entsorgen von Plastikmüll dem Land große Probleme bereitet, ist es hilfreich, leere Film- oder Sonnenmilchbehälter wieder mit nach Hause zu nehmen. Es gibt ein funktionierendes Recyclingsystem für Glasflaschen: Beim Kauf im Supermarkt wird Pfand auf den Preis dazugerechnet, das Consigne (12 Rs). Die Rückgabe der Flaschen erfolgt über den Schalter, meist am Eingang des Supermarkts, der ebenfalls mit „Consigne“ gekennzeichnet ist. Hier erhält man einen Gutschein, der beim Einkauf verrechnet wird.

Korallen oder Muscheln aus dem Meer zu entfernen, ist nicht nur gedankenlos, sondern auch gesetzlich verboten. So schön die Produkte der Händler und Andenkenläden auch sein mögen – Zurückhaltung beim Kauf von Waren, die aus Korallen, Muscheln oder Schildpatt hergestellt sind, hilft, die einzigartige Unterwasserwelt zu erhalten. Denn wenn die Nachfrage sinkt, wird auch das Angebot verringert.

Verkehrsmittel

siehe auch „Mietwagen" S. 89 und „Grüne Seiten" S. 112

• Busverbindungen

Wer sich die Mühe macht, über die Website von Mauritius unter http://nta.govmu.org/English/Procedures/Pages/Hidden/Bus-Timetable.aspx die Seiten der National Transport Authority mögliche Busverbindungen zu recherchieren, wird mit Sicherheit staunen: Rund 250 Buslinien gibt es auf der Insel. So gut wie jeder Ort ist per Bus erreichbar. Meist braucht es allerdings ein bisschen Geduld – nicht nur beim Warten auf den Bus, sondern auch auf der Strecke.

In städtischen Gebieten verkehren die Busse normalerweise zwischen 5.30 und 20 Uhr und auf dem Land von 6.30 bis 18.30 Uhr. Einen nächtlichen Spätverkehr bis 23 Uhr gibt es zwischen Port Louis/Curepipe über Rose Hill, Quatres Bornes und Vacoas. Am schnellsten sind logischerweise die Express-Busse, die allerdings nicht überall halten. Wer also in Grand Baie Unterkunft bezogen hat und nach einem Tagesausflug von Port Louis mit dem öffentlichen Nahverkehr zurückfahren will, sollte auf jeden Fall fragen, ob der Express-Bus eben auch an der gewünschten Stelle hält.

Zwischen Port Louis und Curepipe verkehren Busse über Rose Hill, Quatre Bornes und Vacoas bis 23 Uhr. Die über Verbindungen werden von den Gesellschaften MBS, NTC, OI, RHT, TBS und UBS bedient.

Die Busbahnhöfe in Port Louis sind die größten Umsteigestationen und liegen nahe zum Stadtzentrum, die North Bus Station an der Immigration Square (am Zentralen Markt) für die Verbindungen in den Norden, die South Bus Station am Victoria

Nördliche Busstation in Port Louis

Einfache Regeln fürs Busfahren

Busfahren auf Mauritius und Rodrigues ist denkbar einfach. Die Busse halten normalerweise – und auf Handzeichen hin immer – an den ausgeschriebenen Bushaltestellen. Wenn viele Leute auf den Bus warten, gilt queuing: Englisch für „ordentlich in einer Schlange anstehen". Der Bus kommt meist mit Tempo angerast und bremst im letzten Augenblick. Es gibt nur eine Tür im vorderen Teil, diese dient zum Ein- und Aussteigen. Wichtig: Erst wenn der Bus angehalten hat, stehen die aussteigewilligen Passagiere auf, laufen nach vorne und verlassen den Bus. Und erst, wenn alle ausgestiegen sind, dürfen neue Passagiere einsteigen. Also gut beobachten, was passiert oder auf den Fahrkartenverkäufer hören. Ein deutliches „Entrée" ist die Aufforderung zum Einsteigen. Sitzplatzwahl ist frei. Der Fahrkartenverkäufer kommt vorbei und verkauft das jeweilige Ticket an die Reisenden. Münzen und kleine Scheine sind immer willkommen. Das Ticket selbst sollte man aufheben: Häufig steigen Kontrolleure zu, die die Tickets dann wiederum entwerten – und für eine kurze Plauderei immer zu haben sind. Generell sind Busse ein wunderbares Gefährt, um mit Einheimischen in Kontakt zu kommen. Allein schon, weil es teilweise recht eng zugehen kann. Zum Aussteigen wird einer der Knöpfe gedrückt, die in Kopfhöhe angebracht sind. Beim Fahrer ertönt ein Signal, an der nächsten Haltestelle anzuhalten. Wenn der Bus dann steht, gilt es, sich zügig nach vorne zu begeben und auszusteigen. Denn erst dann können neue Passagiere einsteigen.

Square (an den Line Barracks) für die Verbindungen in den Süden. Haltepunkte sind unterwegs mit dem Hinweis BUS STOP markiert.

Wenn man bedenkt, dass beispielsweise die Strecke Grand Baie nach Port Louis mit dem Expressbus 215 nur 38 Rs kostet – anstatt rund 1.000 Rs mit dem Taxi – dass man dabei hautnah mit Einheimischen in Kontakt kommen kann und wegen der erhöhten Sitzposition viel von der Landschaft sieht, sollte man wenigstens für Fahrten in die Hauptstadt auf die Busse zurückgreifen. Auch wenn einige so aussehen, als ob sie die nächste Meile nicht überstehen würden.

• Taxis

Taxis sind im Land zahlreich vorhanden und am Flughafen oder in jedem größeren Ort anzutreffen, oft in der Nähe der Busstationen oder der Hotels.

Die meisten Hotels lassen nur bestimmte Taxifahrer auf ihr Grundstück. Diese haben normalerweise höhere Tarife als die „freien" Chauffeure, die nicht am Hoteleingang (oder in der Warteschlange auf der Straße) warten. Wenn man also nicht in Zeitdruck ist und kein Gepäck zu schleppen hat, lohnt es sich, erst ein wenig auf der Straße entlangzugehen und dann ein vorbeifahrendes Taxi anzuhalten. Manchmal gerät man allerdings an einen sogenannten *Taxi Train*. Das sind Fahrzeuge, die immer eine bestimmte Route abfahren und je nach Kapazität Gäste aufnehmen. Deren Tarife liegen nur wenig über denen der Busse, dafür muss man sich auch gehörig quetschen lassen und mit einem unklimatisierten Wagen vorlieb nehmen, der jedem TÜV-Beamten Alpträume verursachen würde.

Die Taxifahrer sind im Allgemeinen zuverlässig, sodass Urlauber sich zu einem abgelegenen Strand fahren und nach einer vereinbarten Zeit dort wieder abholen lassen können. Erfahrungsgemäß haben ältere Fahrer einen nicht ganz so temperamentvollen Fahrstil und kennen die Insel besser. Über Taxifahrer sind viele Freundschaften entstanden, und jeder Mauritius-Gast wird die Geschichte von Urlaubern hören, die vom Taxifahrer in die eigene Wohnung zum Essen eingeladen worden sind.

Eine Alternative sind Mietwagen mit Chauffeur, wie sie etwa von Avis, Hertz oder Reisebüros wie Summer Times angeboten werden.

• **Hubschrauber**

Mauritius selbst kann man aus der Luft erleben, z. B. auf einem Helikopter-Rundflug. Air Mauritius bietet u. a. Helikopter für Transfers vom Flughafen zu den größeren Hotels oder Flight-Seeing an, bei dem der Pilot den Flug auf Englisch kommentiert. Um die 23.000 Rs kostet der Spaß. Gebucht werden können die Helikoptertouren bei den großen Reiseagenturen, Hotelrezeptionen oder direkt bei **Air Mauritius Helicopter Services**, ✆ 603-3754, www.airmauritius.com/helicopter.htm.

Versicherungen

Immer gut für eine Reise in ein Land mit gänzlich anderem Klima ist der Abschluss einer **Reisekrankenversicherung**. Diese ist für wenig Geld zu haben, sollte aber sicherheitshalber einen Rückholservice mit vollständiger Kostenübernahme beinhalten. Beim Abschluss einer **Reisegepäckversicherung** sollte vorher genau geschaut werden, welche Leistungen die Versicherung umfasst und wann der Versicherungsschutz wirklich gilt. Bei Buchung der Reise bietet sich eine **Reiserücktrittversicherung** an, die nicht nur bei den Online-Reisebüros gleich im Anschluss an die Buchung angeboten wird. Bei Abschluss der Buchung sollte man auch darauf achten, dass der Reiseveranstalter den Sicherungsschein beilegt, mit dem er den Abschluss einer **Konkursausfallversicherung** bescheinigt.

Wellness

Wellness ist ein großes Thema auf Mauritius. Denn wenn sich der Geist gut ausruhen kann, dann soll der Körper dem nicht nachstehen. Viele große Hotels bieten ausgezeichnete Spa-Angebote. So gilt beispielsweise das Nira-Spa des Fünf-Sterne-Hotels Shanti Maurice an der Südküste mit seinen rund 7.000 m^2 als eines der größten im Indischen Ozean. Natürlich gibt es auch Spas außerhalb der Hotels. Und im Gegenzug stehen die Spas in den Hotels meist auch externen Besuchern offen.

Auf Grund der von Indien geprägten Geschichte der Insel gibt es eine Vielzahl von ayurvedischen Anwendungen und Massagen, Yogakurse oder Blütenbäder. Aber auch afrikanisch oder kreolisch angehauchte Methoden helfen den Körper zu verwöhnen. Dazu die Kräuter- und Blütenpracht der Insel und der Wellness steht im wahrsten Sinne des Wortes nichts entgegen.

Spa des Shanti Maurice

Zoll

Aktuelle Informationen
Zollbestimmungen können sich ändern, aktuelle Infos gibt es beim Passport and Immigration Office in Port Louis, ✆ 210-9412, piovisa@mail.gov.mu

Ausländische **Währung** darf in jeder Form (Bargeld, Reiseschecks usw.) unbeschränkt eingeführt werden.

Bei der Einfuhr nach Mauritius bedürfen Pflanzen und pflanzliche Stoffe (auch Schnittblumen, Samen, Gemüse usw.) sowie Tiere und tierische Stoffe einer vorherigen **Einfuhrgenehmigung** des mauritischen Landwirtschaftsministeriums. Hunde und Katzen müssen sechs Monate, Vögel bis zu zwei Monate unter **Quarantäne** gestellt werden. Das Mitbringen von Betäubungsmitteln, Rohzucker, unbearbeitetem Gold, Harpunen, Zigarettenpapier, Wasserscootern, Waffen und Pornographie ist streng untersagt. Auf die Einfuhr von **harten Drogen** steht die Todesstrafe.

Passagiere ab einem Mindestalter von 18 Jahren dürfen **zollfrei** 250 Zigaretten oder 50 Zigarren oder 250 g Tabak sowie 1 l hochprozentigen Alkohol, 2 l Wein, Sekt oder Bier, 250 ml Eau de Toilette und bis zu 100 ml Parfüm mitführen.

Bei der Rückreise verbietet der deutsche Zoll die Einfuhr von Tierprodukten, die dem Artenschutzabkommen unterliegen. Davon betroffen sind u. a. Schildpattgegenstände und Panzer der Karettschildkröte.

Das kostet Sie das Reisen auf Mauritius

Stand: Juli 2017

Auf den grünen Seiten finden Sie **Preisbeispiele** für einen Urlaub auf Mauritius und Rodrigues, damit Sie sich ein ungefähres Bild über die Kosten Ihrer Reise machen können. Natürlich können diese Angaben nicht mehr sein als eine vage **Richtschnur**.

Geldumtausch

Wegen der Ein- und Ausfuhrbestimmungen von Devisen und des schlechten Wechselkurses in Europa sollten Bargeld im Lande selbst eingetauscht werden.
Der **Wechselkurs** betrug im Juli 2017 ungefähr:
1 € = 38 Rs, 100 Rs = 2,63 €; 1 CHF = 35,5 Rs, 100 Rs = 2,82 CHF

Beförderung

• Flüge

Individuelle Flüge nach Mauritius ab/bis Deutschland kosten 2017/18 je nach Saisonzeit und Tarif beispielsweise bei Condor 850–1.300 €, bei Air Mauritius 1.000–1.500 €. Der Weiterflug nach Rodrigues schlägt dann mit rund 200 € zu Buche.

• Fähren

Die Fährverbindung von Port Louis auf **Mauritius** nach Port Mathurin auf **Rodrigues** auf der „MS Mauritius Trochetia" in einer De-Luxe-Kabine kostet ca. 220 US-$ für Erwachsene, in der Zweiten Klasse 140 US-$. Nach **Réunion** kostet ein Weg ab 200 US-$ in der Kabine, ab 130 US-$ im Liegesitz. Für Hin- und Rückfahrt verdoppelt sich jeweils der Preis.

• Busse

Die Preise für die öffentlichen Busse liegen zwischen 20 und 50 Rs, je nach der Länge der Strecke und/oder Teilabschnitten. So kostet die einfache Fahrt von Cap Malheureux nach Trou aux Biches 28 Rs. Wer die Strecke aufteilt, um die Ortschaften oder Strände zu besuchen, zahlt ein wenig mehr, z. B. Trou aux Biches nach Grand Baie: 25 Rs, von Grand Baie nach Cap Malheureux: 22 Rs. Schnellbusse sind nur unerheblich teurer, z. B. Grand Baie nach Port Louis: 38 Rs. Auf Rodrigues sind die Busse rund 15 % teurer.

• Taxis

Zwar wurden Taxameter eingeführt, doch sollten Urlauber nicht darauf bestehen, dass diese eingestellt werden: Die Tarife liegen über denen, die mit dem Fahrer ausgehandelt werden können. Als Grundlage muss man vom Flughafen nach Port

Louis mit rund 1.000 Rs für die Taxifahrt rechnen. Wer weiter in den Norden will, beispielsweise nach Grand Baie, muss mit einem erstgenannten Preis von mehr als 2.000 Rs rechnen. Mit ein bisschen Geduld und Starrköpfigkeit lässt sich der Preis auf 1.200 Rs drücken.

Für Halb- oder Ganztagestouren kann ein Taxi billiger sein als ein Mietwagen. Hierbei sollten Fahrpreis und genaue Dauer des Ausflugs unbedingt mit dem Chauffeur ausgehandelt werden. 2.500 Rs für einen Tag Taximiete sind ein guter Einstiegstarif. Aber besser ist es, sich vorher beim Bell Captain des Hotels nach dem üblichen Tarif zu erkundigen.

Mietwagen

- **Preisbeispiel**

Aus dem Angebot von Europcar für die Saison 2017/2018 (Preise in Euro pro Tag, unlimitierte km, Steuern, Vollkaskoversicherung mit Selbstbeteiligung bis 525 €, zusätzlicher Fahrer kostet extra):

Typ	Passagiere	€ pro Tag
Kia Picanto	4	54
Kia Rio	5	64
Kia Cerrato	5	84

Wer zu den kleinen Mietwagenanbietern geht, erhält zwar meist nicht nagelneues Material, kann aber mit einem deutlich besseren Preis rechnen. So gehen Kleinstwagen schon für rund 25 €/Tag bei Online-Vorausbuchung weg.

- **Benzin**

1 l bleifreies Superbenzin: 42,70 Rs, der Liter Diesel 32,45 Rs.

Gebühren und Steuern

Zu den in den Prospekten der großen Anbieter angegebenen Mietwagenpreisen sind neben Benzin i. d. R. auch Übergabe- und Abholgebühren von etwa 13–15 €, 15 % Steuern und fakultativ zusätzlich rund 8 € zu bezahlen, durch die die Selbstbeteiligung gesenkt werden kann.

Übernachtung

- **Klassifizierung der Unterkünfte**

Die Kategorisierung mit $-Zeichen folgt einem einfachen Preisschlüssel pro Person im Standard-Doppelzimmer einschließlich Frühstück:

$	bis 50 €	Budgethotel/einfache Unterkunft
$$	50–200 €	Mittelklasse-Hotel
$$$	ab 200 €	First Class, Luxushotel bis hin zur 5-Sterne-Luxusklasse

Dabei ist zu beachten, dass die offiziellen Zimmertarife in den seltensten Fällen zur Anwendung kommen: Pauschalarrangements, die nicht in Mauritius gebucht werden, liegen deutlich (oft mehr als die Hälfte!) darunter, und auch vor Ort werden bei etwas Verhandlungsgeschick beträchtliche Rabatte gegeben, insbesondere außerhalb der Hochsaison. Trotzdem kann die Kategorisierung ein Leitfaden sein.

- **Preisbeispiele**

Mauritius

- **Shanti Maurice**, St.-Félix, First Class Hotel, Studio für 2 Pers. inkl. Frühstück ab 400 €
- **Tree Lodge Mauritius**, Flacq, Baumhaus in gehobener Mittelklasse, 90 €
- **Le Beach Club**, Péreybère, Touristenklasse, Studio, pro Woche 700 €

Rodrigues

- **Tekoma Boutik Hotel**, Anse Ally, First Class Hotel, Villa für 2 Pers. inkl. Halbpension ab 280 €
- **Escale Vacances**, Port Mathurin, gehobene Mittelklasse, Doppelzimmer inkl. Frühstück 130 €
- **Auberge Anse Aux Anglais**, Anse aux Anglais, Touristenklasse, Doppelzimmer inkl. Halbpension ab 35 €

Hinweis

Je nach Saison kann es Zu- und Abschläge auf die **Übernachtungspreise** *geben.*

Pauschalangebote

- **Preisbeispiele**
- **Trou aux Biches Resort & Spa**, First Class Hotel, 7 Übernachtungen in Junior Suite, inkl. Flug und Honeymoon-Paket (Spa-Anwendung) ab 2.500 €/Person
- **Grand Gaube LUX**, Grand Gaube, First Class Hotel, 6 Übernachtungen im Studio, inkl. Flug, Studio und Halbpension ab 1.800 €/Person
- **Le Beach Club**, Péreybère, Apartment-Hotel (B&B), 7 Übernachtungen, inkl. Flug und Frühstück ab 1.500 €/Person

Ausflüge/Aktivitäten

- **Preisbeispiele**
- **Kitesurfen**: Einsteigerunterricht, 2,5 Std.: 100 €
- **Tauchgang inkl. Equipment**: 30–50 €
- **Katamaran-Tour zur Ilot Gabriel**: 1.300 Rs
- **Katamaran-Tour mit Delfinsichtung**: 1.800 Rs
- **Ganztagesausflug auf die Ile aux Cerfs**: 1.200 Rs
- **Undersea-Walk**: 1.500 Rs/30 Min.
- **Glasbodenboot**: 600 Rs/1 Std.
- **Wasserski**: 1.000 Rs/10 Min.
- **Tiefseefischen**: ab 15.000 Rs/halber Tag, ab 18.000 Rs/ganzer Tag pro Boot
- **Shoppingtour**: 600 Rs/Port Louis, Curepipe, Floréal, Rose Hill
- **Rundfahrt mit Chauffeur-Service**: 2.800 Rs/2 Pers., beispielsweise Port Louis und Pamplemousses

Eintritt

In staatlichen Museen wie z. B. dem Natural History Museum in Port Louis und Mahébourg ist der Eintritt frei. Alle anderen Museen, Freizeitparks oder Attraktionen kosten zwischen 250 Rs und 500 Rs Eintritt/Erwachsener.

Restaurants

Das Preisniveau der Hotelrestaurants ist relativ hoch und entspricht auf Mauritius in etwa dem von deutschen Großstädten, die Preise auf Rodrigues liegen etwas höher. Bei Getränken sind auf beiden Inseln einheimische Produkte deutlich billiger als importierte. Sehr viel günstiger wird es, wenn man außerhalb der Unterkünfte essen geht. In den jeweiligen reisepraktischen Informationen sind Gaststätten genannt, die empfohlen werden können. Bei der Kategorisierung „teuer" ist mit mehr als 1.000 Rs für ein Drei-Gang-Menü, einschließlich der Getränke, zu rechnen. Bei „moderaten" Preisen sollte man dafür 250–500 Rs einkalkulieren, in „preiswerten" Gaststätten oder Imbissen kommt man mit weniger als 250 Rs aus. Zu beachten ist, dass es in vielen Gaststätten eine zusätzliche 10 %-Steuer auf den Preis gibt. Darauf muss hingewiesen werden – meist auf der Speisekarte.

Wer sich an Imbisse am Strand oder Straßenverkäufer hält, kann sogar mit 150 Rs/Person für eine einfache Mahlzeit – Dhal Puri, gebratene Nudeln, Sandwiches – über die Runden kommen. Ein Softdrink dazu kostet 15–30 Rs, eine Flasche Bier rund 100 Rs.

Lebensmittel

Die großen Supermärkte auf Mauritius wie Super U oder Winner's haben ein ähnliches Preisniveau wie die in Deutschland. Kleine Shops auf dem Dorf oder Supermärkte in Rodrigues liegen ein wenig darüber. Günstig sind Baguettes und „französischstämmiges" Gebäck, das ab 12 Rs zu haben ist. Auch das einheimische Bier aus Phoenix kommt mit 60 Rs in der großen Flasche günstig daher. Käse wird importiert, dementsprechend sind die Preise. Einheimisches Obst ist natürlich eine Verlockung: 1 Mango = 40 Rs, 1 Ananas = 80 Rs.

Mehrwertsteuer-Rückerstattung an Ausländer

Wer als Urlauber reichlich dem Shopping gefrönt hat und für den Einkauf mehr als 200 Rs an Mehrwertsteuer gezahlt hat, kann sich den Betrag am Flughafen in Euro zurückerstatten lassen. Dazu muss am Schalter im Abflugterminal sowohl das gekaufte als auch die Rechnung vorgewiesen werden. Die Bearbeitungsgebühr beträgt 150 Rs.

Trinkgeld

In Hotel- und Restaurantrechnungen sind 15 % Steuer und Bedienung meist enthalten, bei dem Hinweis „service non compris" gibt man etwa 10 %. Es wird erwartet, dass der Rechnungsbetrag großzügig aufgerundet wird, das gilt auch für Taxifahrer. Für Kofferträger sollte man 10 Rs pro Gepäckstück (am Flughafen 20 Rs) bereithalten, für Zimmermädchen pro Tag rund 20 Rs. In einigen Hotels ist es Politik, auf individuelle Trinkgelder zu verzichten, dafür aber einen Gesamtbetrag zu erwarten, der nach einem internen Schlüssel an alle Angestellten verteilt wird.

3. REISEN AUF MAURITIUS

Vorbemerkungen

Wer über die Insel reist, wird das in der Regel von einem festen Standort aus tun, der meist an der Küste liegt. Der Prozentsatz der Touristen, die ungebunden mit dem Mietwagen durchs Land reisen, um sich an jeder Station ein neues Quartier zu suchen, ist verschwindend gering – sogenannte Traveller oder Rucksackreisende sind auch nicht das vordringliche touristische Zielpublikum von Mauritius. Mit anderen Worten: Die im Folgenden beschriebenen Ausflüge sind als Tagesexkursionen konzipiert, die vom jeweiligen Strandhotel aus unternommen werden können. Die geringen Distanzen auf Mauritius – die äußersten Punkte liegen nie mehr als 70 km voneinander entfernt – machen es möglich, jeden beliebigen Ort mit dem Mietwagen oder dem Taxi erreichen zu können. Natürlich spielt für die dazu benötigte Zeit der Standort des Hotels oder Resorts eine entscheidende Rolle.

Tagestrips

Vorsicht sollte man beim Ausmaß eines Tagesprogramms walten lassen:
- Die am Wege liegenden Sehenswürdigkeiten beanspruchen mehr als nur einige Minuten, und es wäre schade, sie allenfalls *en passant* „mitzunehmen".
- Die Straßenverhältnisse mit viel Verkehr, Ortsdurchfahrten, Bauarbeiten und Schlaglochabschnitten ermöglichen keine schnelle Verbindung von A nach B. Es kann vorkommen, dass für eine Strecke von 10 km eine gute halbe Stunde benötigt wird.
- Urlauber sollten daher bei weit entlegenen Zielen (etwa: Standort Grand Baie, Ausflugsziel Südküste) eine lange Anfahrtszeit einkalkulieren.
- Schließlich sollte man daran denken, neben Fahrten und Besichtigungen auch anderes einzuplanen – z. B. eine kleine Wanderung unternehmen, in Curepipe, Port Louis oder Mahébourg einkaufen gehen, am Public Beach eine Badepause einlegen usw.

Das bedeutet also:
- Ein Tagesausflug will gut geplant sein: Am besten eine gute Landkarte sichten, überlegen, welche Ziele angesteuert werden sollen und dann einen Besichtigungsplan erstellen, der auf den Standort Ihres Hotels abgestimmt ist. Die Nutzung eines Navis erleichtert die Suche: Hier kann das Fahrtziel eingegeben werden, und Kilometer sowie ungefähre Fahrtzeit werden dargestellt. Was aber nicht heißt, dass man sich darauf ausschließlich verlassen soll und kann.
- Urlauber sollten sich also von Anfang an eher weniger als zuviel vornehmen. Eine „Inselrundfahrt" ist kilometermäßig und mit Ausdauer zwar zu schaffen, allerdings lernt man Mauritius so nicht kennen.
- Eine gute Idee ist es, die Angebote des Hotels oder der örtlichen Reiseagenturen zu sondieren – oft bieten die Hotels eigene Exkursionen an, z. T. sind sie im Preis inbegriffen. Standardtouren sind z. B. Ausflüge nach Port Louis oder Pamplemousses. Man kann aber beispielsweise auch Tagestouren zur beliebten Île de Cerfs mit Abholung am Hotel buchen. So ein Ausflug mit Anreise, Bootsfahrt und Verpflegung kostet um die 1.500 Rs pro Person.
- Wer an diesen Exkursionen teilnehmen möchte, sollte dies am Anfang des Urlaubs tun. So besteht die Möglichkeit, Entfernungen einschätzen zu lernen, die wichtigsten Sehenswürdigkeiten unter (mehr oder weniger fachmännischer) Leitung kennenzulernen und dann bei einem individuellen Besichtigungsprogramm bereits Gesehenes auszulassen oder das Schönste noch einmal zu erleben.

- Einige auf Mauritius vertretenen Hotelketten, beispielsweise Beachcomber, bieten bei einem Mindestaufenthalt von sieben Tagen die Möglichkeit, für einige Tage das Hotel innerhalb der entsprechenden Kette zu wechseln. Wer das tun möchte, sollte bereits beim Urlaubsbeginn an der Rezeption die Termine festlegen und dann die Ausflugsziele darauf abstimmen.

Mauritius kennenlernen

Grundsätzlich ist es möglich, Mauritius in einem durchschnittlich bemessenen Urlaub gut kennenzulernen und trotzdem noch genug Zeit zum Baden, für Wassersport usw. zu haben. Wer alle Sehenswürdigkeiten besuchen möchte, sollte dafür fünf Tage einkalkulieren. Zusätzliche Tage müssen diejenigen veranschlagen, die darüber hinaus längere Wanderungen unternehmen, Golfen, Tauchen oder die Exkursionen mit Badeaufenthalten verbinden wollen.

Zeiteinteilung und touristische Interessen

Die einzelnen Unterkapitel stellen jeweils Gebiete vor, die in Tagesexkursionen mit den oben gemachten Einschränkungen erkundet werden können. Dabei hängt es ganz vom Hotelstandort ab, ob und inwieweit Tourenabschnitte der einzelnen Kapitel kombiniert werden können. Für die Hauptstadt Port Louis mit ihren Baudenkmälern und Einkaufsmöglichkeiten allein, sollte mindestens ein Tag Zeit eingeplant werden, evtl. einschließlich eines Abstechers in die nähere Umgebung.

Es werden auch einige der näheren und weiter entfernten Inseln vorgestellt. Dabei sind die vorgelagerten Inseln jeweils auf Bootsausflügen an einem Tag erreichbar, während man für die Flugreise nach Rodrigues schon einen „Urlaub im Urlaub" einkalkulieren sollte, d. h. mehrere Tage.

Busse begegnen einem überall auf Mauritius

Stimmungsvoll: Bad bei Sonnenuntergang

Gebiet	Seite	Unternehmungen/ Reiseziele	Tage	Touristische Interessen
Port Louis	121	Besichtigung städtisches Zentrum, Fort Adélaide, Ste. Croix	1	Markt, Sakralbauwerke, Museum, Einkaufen
Norden	148	Nordwestliche Strände, Grand Baie, Cap Malheureux, Nordöstliche Strände, Pamplemousses	1	Baden, Landschaft, Botanik, Sakralbauten
Südwesten	184	Curepipe, Plaine Champagne, Morne Brabant, Grande Rivière Noire, Flic en Flac	1–2	Landschaft, Vegetation, Wandern, Baden, Einkaufen, Wassersport
Osten und Südosten	216	Montagnes Bambous, Mahébourg, Küste zwischen Baie du Cap und Poudre d'Or	1–2	Landschaft, Wildbeobachtung, Jagd, Wandern, Baden, Wassersport
Rodrigues	246	Flug- oder Schiffsreise nach Rodrigues	1–10	Landschaft, Inselrundfahrt, Baden, Wassersport, Wandern

4. PORT LOUIS UND UMGEBUNG

Port Louis

Mit etwa 150.000 Einwohnern ist **Port Louis** heute die bei weitem größte Stadt des Landes und dessen wirtschaftliches, politisches, administratives und kulturelles Zentrum. Einst Noord-Western-Haven, zwischenzeitlich auch Port Napoleon genannt, war der Ort immer schon Schauplatz der bedeutendsten geschichtlichen Ereignisse und Residenzstadt des jeweiligen französischen oder englischen Gouverneurs, seit Mahé de Labourdonnais (s. S. 18) 1736 sein Hauptquartier von Réunion hierhin verlegte. Das rechteckige Straßennetz bildet noch heute das historische Zentrum mit den wichtigsten Baudenkmälern.

Zum Hinterland wird Port Louis durch eine bis zu 800 m ansteigende Bergkette vor den südöstlichen Passatwinden geschützt. Am eindrucksvollsten erhebt sich dabei der Pieter Both, dessen Spitze, durch die fensterartige Bergöffnung *La Fenêtre* angepeilt, eine Navigationshilfe bei der Einfahrt in den Hafen war. Ihm vorgelagert ist eine Reihe niedrigerer Hügel (Cantin's Peak, Virgin's Peak, Goat Rock), die bis ins Stadtgebiet hineinreichen und fantastische Panoramablicke ermöglichen (Priest's Peak, Signal Hill).

Zum Meer hin öffnet sich Port Louis durch zwei vorspringende Halbinseln, die mit ihren Befestigungsanlagen (Fort George, Fort William) den halbkreisförmigen Hafen schützen. Dieser ist mit einer Kailänge von etwa 700 m, seinen Lagerhallen, Hebekränen etc. der einzig nennenswerte des Inselstaates und für den Warenim- und -export von ausschlaggebender Bedeutung.

Nachdem mehrfach Zyklone und Brände – besonders schlimm 1892/93 – verheerende Zerstörungen anrichteten, ist das Stadtbild heute geprägt von modernen Zweck- und Industriebauten und manchmal etwas verwahrlosten zweistöckigen Wohnhäusern. Trotzdem können die noch verbliebenen und z. T. restaurierten Gebäude aus der kolonialen Anfangszeit etwas vom Charme, Reichtum und von der architektonischen Fantasie des alten Port Louis vermitteln – ihnen gilt neben dem Markt, einigen Sakralbauten und Shopping-Möglichkeiten das hauptsächliche touristische Interesse.

Redaktionstipps

Sehens- und Erlebenswertes

- Das wirkliche Leben: **Fahrt mit dem Linienbus** in die Hauptstadt und die Hauptsehenswürdigkeiten auf einem Stadtrundgang erleben (S. 123).
- Lebendige Geschichte: Besuch des **Aapravasi Ghats** und des **Beekrumsing Ramlallah Interpretation Centre** (S. 126).
- Kopien und Originale: die „Blaue Mauritius" im **Blue Penny Museum** (S. 129) und die Dodo-Rekonstruktion im **Naturhistorischen Museum** (S. 130).
- Bekanntschaft mit der Kolonialzeit in der **Villa Eureka**: Nirgendwo wird die typisch kreolische Architektur und Inneneinrichtung der Vergangenheit lebendiger als hier (S. 138).

Einkaufen

- Ausgiebiger Besuch des **Zentralmarktes** und Erleben seines unverwechselbaren Lokalkolorits (S. 137).

Aktivitäten

- Die Sportbegeisterung und Wettleidenschaft der Mauritier bei den samstäglichen **Pferderennen** auf dem **Champ du Mars** kennenlernen (S. 134).
- Für sportlich Aktive: Die **Wanderung auf den Le Pouce** (S. 140) belohnt einen mit dem schönsten Blick auf Port Louis – wer nicht ganz so weit hinauf möchte, sollte es mit dem **Priest's Peak** (S. 143) versuchen.
- Die Gebirgswelt der Hauptstadtregion auf einer **Rundfahrt um den Pieter Both** mit Mietwagen oder Taxi erleben (S. 143).

Hauptstadtleben Dass ein Stadtrundgang nicht zu einer gemütlichen Bummeltour werden kann, dafür sorgt das hektische Hauptstadtleben, das an Werktagen zusätzlich zu den Bewohnern rund hunderttausend Pendler verkraften muss. Nach 18 Uhr und an Sonn- und Feiertagen, wenn Büros, Fabriken und Geschäfte geschlossen haben, kehrt wieder Ruhe ein und Port Louis wandelt sich schlagartig zu einem verschlafenen Nest.

Die Inselmetropole wirkt dann ganz und gar nicht mehr großstädtisch und bietet Besuchern weder Straßencafés noch Diskotheken. Ein Nachtleben im europäischen Sinne findet praktisch nicht statt, abgesehen von den Casinos und dem sogenannten *night life* rund um Caudan Waterfront. Wer die Stadt erleben möchte, sollte sich also in das Getümmel des städtischen Zentrums stürzen und dies tunlichst zu Fuß tun: Die Sehenswürdigkeiten liegen nahe beieinander, außerdem bekommt man tagsüber hier kaum einen Parkplatz und schließlich kann man weiter entfernte Ziele vom Zentrum aus bequem mit Stadtbussen oder Taxis erreichen.

Parkplätze Wer mit dem Mietwagen anreisen will oder muss, „entledigt" sich des Fahrzeugs am besten auf den Parkplätzen rund um die Caudan Waterfront. Diese sind gut ausgeschildert, überschaubar, bewacht und nicht teuer (Auto, die ersten vier Stunden 30 Rs im Freien, 50 Rs im Parkhaus, Scooter 10 Rs). Rollerfahrer können hier auch kostenfrei ihre Helme und Rucksäcke bei der Gepäckaufbewahrung abgeben.

Aber um sich jeglicher Parkplatzsorge zu entledigen, ist es sowieso bequemer, vom Hotel aus per Bus in die Hauptstadt zu fahren. Wer trotzdem mit dem Wagen anreisen möchte, erreicht Port Louis über die Straßen:

- A1 aus Rose Hill (ca. 15 km), bzw. Quatre Bornes, Phoenix, Curepipe, Mahébourg;
- A2 aus Pamplemousses (ca. 12 km);

Panoramaansicht von Port Louis

- A3 aus Flic en Flac bzw. Tamarin (ca. 22 km);
- A4 aus Triolet bzw. Grand Baie (ca. 25 km);
- M2 (Motorway) aus Richtung Mahébourg/Flughafen oder dem Norden.

Für die Stadtbesichtigung wird im nachfolgenden Kapitel ein Rundgang vorgeschlagen, der am nördlichen Busbahnhof beginnt und etwa zwei Stunden Gehzeit in Anspruch nimmt. Wer ausgiebig die genannten Museen besichtigen oder am Samstag die Pferderennen genießen will, sollte dementsprechend mehr Zeit einplanen – oder ein zweites Mal nach Port Louis kommen. Denn auch die Abstecher in die Umgebung haben ihren Reiz. Mit viel Zeit ist auch eine landschaftlich sehr reizvolle Rundfahrt um den Pieter Both und die umliegenden Berge machbar. Bergwanderer schließlich haben die Möglichkeit, vom Marsfeld aus eine ganztägige Tour auf den Le Pouce (812 m) zu unternehmen.

Ein Berg namens Pieter Both

Stadtrundgang

Auf einem Stadtrundgang kann man die wichtigsten **Sehenswürdigkeiten** *rasch und bequem zu Fuß erreichen. Der komplette Rundgang ist etwa 4 km lang und umfasst die Stationen Aapravasi Ghat – Hauptpostamt – Caudan Waterfront – Naturhistorisches Museum – Stadttheater – Kathedrale St. Louis – (Pferderennbahn – Fort Adélaide) – Jummah-Moschee – Zentraler Markt. Erheblich abgekürzt wird der Rundgang, wenn man auf die Besichtigungspunkte Pferderennbahn und Fort Adélaide verzichtet.*

Start- und Endpunkt ist der **nördliche Busbahnhof (1)** am Immigration Square, der den gesamten Block zwischen dem Motorway M2 und der Farquhar Street einnimmt.

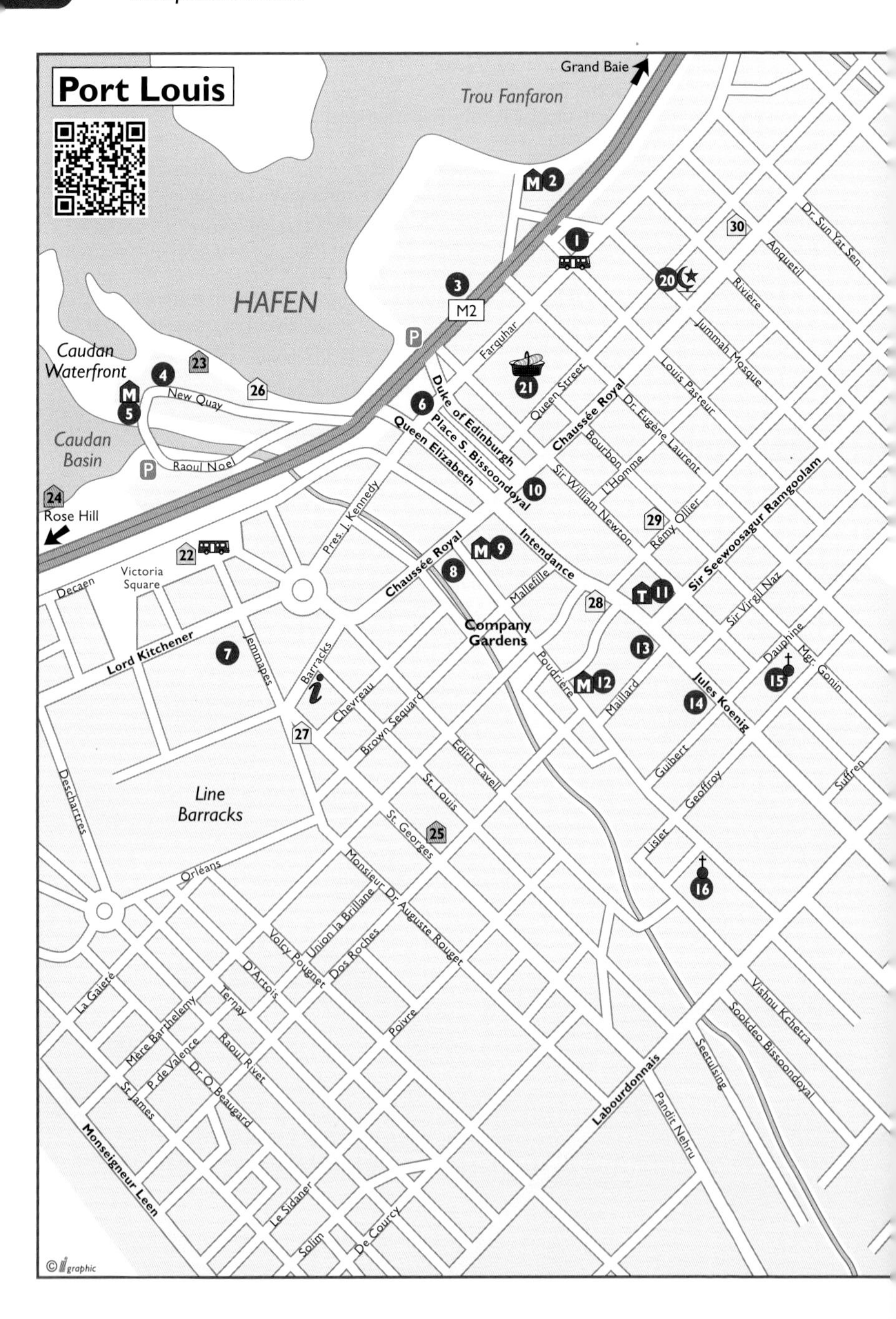
Port Louis
Grand Baie
Trou Fanfaron
HAFEN
M2
Caudan Waterfront
Caudan Basin
New Quay
Raoul Noel
Rose Hill
Victoria Square
Decaen
Lord Kitchener
Jemmapes
Pres. J. Kennedy
Farquhar
Queen Street
Duke of Edinburgh
Place S. Bissoondoyal
Queen Elizabeth
Chaussée Royal
Bourbon
L'Homme
Dr. Eugène Laurent
Louis Pasteur
Jummah Mosque
Rivière
Anquetil
Dr. Sun Yat Sen
Sir William Newton
Rémy Ollier
Sir Seewoosagur Ramgoolam
Intendance
Mallefille
Company Gardens
Poudrière
Maillard
Sir Virgil Naz
Dauphine
Mgr. Gonin
Jules Koenig
Barracks
Chevreau
Brown Sequard
Edith Cavell
St. Louis
St. Georges
Gilbert
Geoffroy
Lislet
Suffren
Line Barracks
Deschartres
Orléans
Monsieur Dr. Auguste Rouget
Union la Brillane
Dos Roches
Volcy Pougnet
D'Artois
Ternay
La Gaieté
Mere Barthelemy
P. de Valence
Dr. O. Beaugard
Raoul Rivet
St. James
Monseigneur Leen
Poivre
Labourdonnais
Pandit Nehru
Seetulsing
Sookdeo Bissoondoyal
Vishnu Kchetra
Le Sidaner
Solim
De Courcy
© graphic

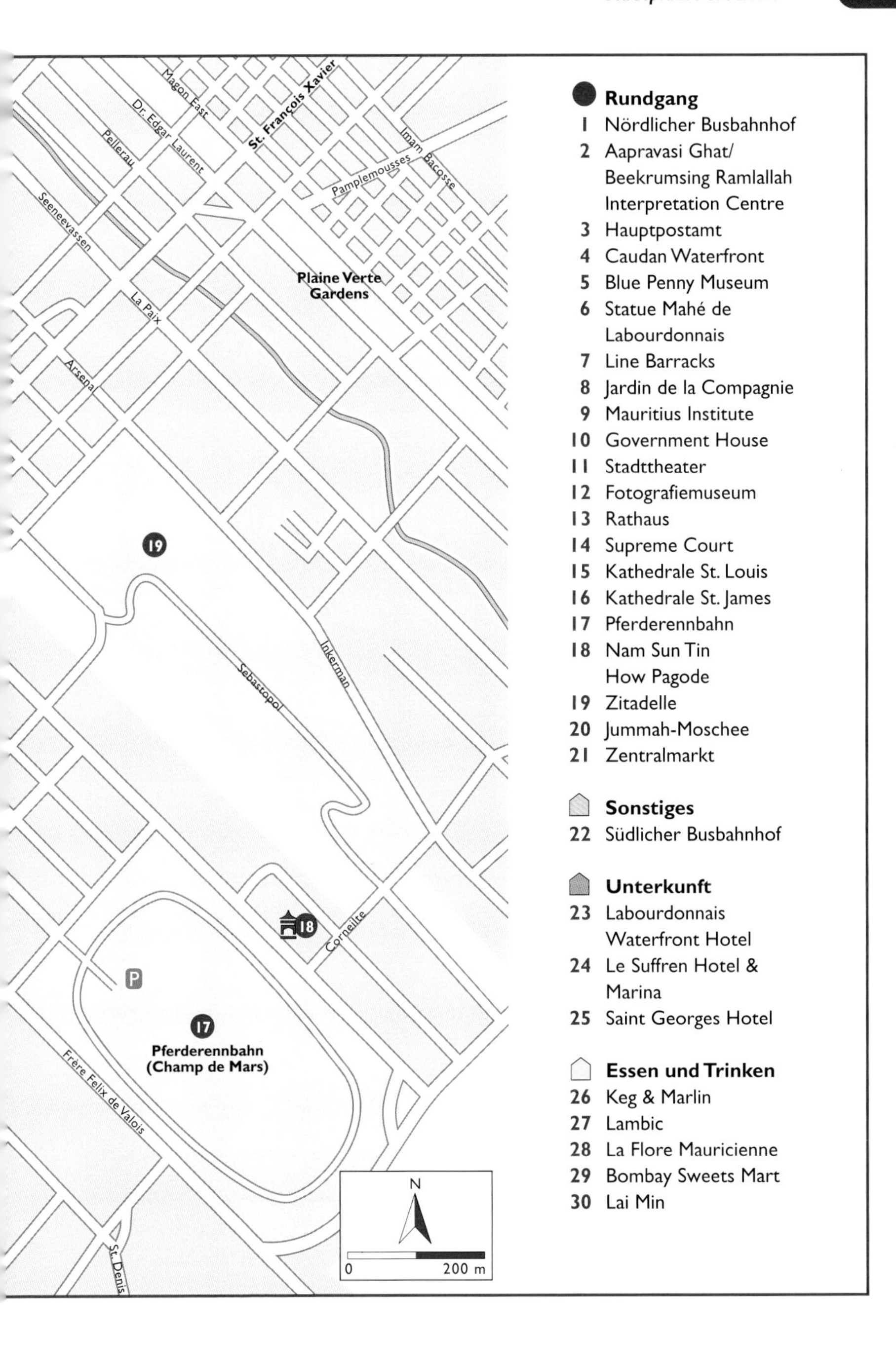
Magon East
Dr. Edgar Laurent
St. François Xavier
Pellerau
Imam Bacosse
Pamplemousses
Seeneevassen
Plaine Verte Gardens
La Paix
Arsenal
19
Inkerman
Sebastopol
18
Corneille
P
17
Pferderennbahn (Champ de Mars)
Frère Felix de Valois
St. Denis
N
0
200 m
Rundgang
1 Nördlicher Busbahnhof
2 Aapravasi Ghat/ Beekrumsing Ramlallah Interpretation Centre
3 Hauptpostamt
4 Caudan Waterfront
5 Blue Penny Museum
6 Statue Mahé de Labourdonnais
7 Line Barracks
8 Jardin de la Compagnie
9 Mauritius Institute
10 Government House
11 Stadttheater
12 Fotografiemuseum
13 Rathaus
14 Supreme Court
15 Kathedrale St. Louis
16 Kathedrale St. James
17 Pferderennbahn
18 Nam Sun Tin How Pagode
19 Zitadelle
20 Jummah-Moschee
21 Zentralmarkt
Sonstiges
22 Südlicher Busbahnhof
Unterkunft
23 Labourdonnais Waterfront Hotel
24 Le Suffren Hotel & Marina
25 Saint Georges Hotel
Essen und Trinken
26 Keg & Marlin
27 Lambic
28 La Flore Mauricienne
29 Bombay Sweets Mart
30 Lai Min

Aapravasi Ghat und Hauptpostamt

Direkt gegenüber befindet sich eine recht unscheinbare Sehenswürdigkeit, die aber einen Blick wert ist. Nicht umsonst wurde das **Aapravasi Ghat (2)** 2006 in die Weltkulturerbeliste der UNESCO aufgenommen. Zu sehen gibt es einige Reste eines vormals riesigen Gebäudekomplexes, der 1849 errichtet wurde – als Durchgangslager für Lohnarbeiter aus Indien. Bis zu 1.000 Menschen lebten und darbten gleichzeitig hier, bevor sie auf die Plantagen der Insel und auf anderen Kolonien verteilt wurden. Zwischen 1849 und 1923 durchlitten rund 500.000 Arbeiter das Aapravasi Ghat. Meist waren es unter falschen Vorzeichen angeheuerte Arbeiter aus Nordindien, die sich plötzlich, nach einer langen Bootsfahrt, in einem anderen Teil der Welt wieder fanden. Denn unter der neuen Kolonialherrschaft der Engländer war die Sklavenhaltung verboten, Arbeit aber gab es genug. So wurden eben Menschen aus anderen Kolonien „angeheuert". Diese Lebens- und Leidensgeschichten werden im **Beekrumsing Ramlallah Interpretation Centre** eindrücklich und multimedial dargestellt. Das Centre ist in das Gelände des Ghats integriert und wurde im Herbst 2014 eröffnet. Ein Besuch lohnt unbedingt, denn die Konzeption kommt nicht mit dem erhobenen Zeigefinger daher, sondern erzählt eher in stillen Tönen vom Leben und Überleben der Menschen, die hier durchgeschleust wurden. Zu sehen gibt es neben Ausgrabungsstücke und Installationen auch Bilder und Filme. Besonders die multimedialen und mehrsprachigen Anwendungen für Kinder *(„Kids Corner")* und Jugendliche sind didaktisch hervorragend gemacht – auch manch Erwachsener kann sich hier etwas erzählen lassen.

UNESCO-Welterbe

Beekrumsing Ramlallah Interpretation Centre, *Aapravasi Ghat, Quay St., ✆ 217-7770, www.aapravasighat.org, Mo–Fr 9–16, Sa 9–12 Uhr, Eintritt frei.*

Ein Stückchen westwärts, entlang der viel befahrenen Schnellstraße sieht man, unschwer am Geruch zu bemerken, den **Fisch- und Fleischmarkt**, hinter dem sich der große **Zentralmarkt** ausbreitet. Als nächste Sehenswürdigkeit auf dem Weg Richtung Esplanade erscheint das graubraune Steingebäude des **Hauptpostamtes (3)**. Wer möchte, kann im rechten Gebäudeteil schnell seinen Briefmarkenbedarf decken, bevor es in das **Mauritius Postal Museum** im selben Gebäude geht. Das recht imposante Postamt ist das älteste Gebäude an der Waterfront, stammt als General Post Office (GPO) aus dem Jahre 1865 und beherbergt heute die Geschichte der Post auf Mauritius. Immerhin war Mauritius 1847 die erste Kolonie der Welt, die eine eigene Briefmarke vorweisen konnte. Wobei die „Red Penny" und die „Blue Penny" heute berühmte und unschätzbare Sammlerstücke sind.

Postmuseum

Mauritius Postal Museum, *Port Louis Waterfront, ✆ 213-4812, www.mauritiuspost.mu/postal-museum, Mo–Fr 9.30–16.30, Sa und feiertags 9.30–15.30 Uhr, Erwachsene 150 Rs, Kind bis 7 Jahre frei, 8–17 und ab 60 Jahre 90 Rs.*

info

„Die Blaue", „die Rote" und andere

Viele Menschen, lange bevor sie sich für die Insel oder gar einen Urlaub dort interessieren, verbinden den Namen „Mauritius" hauptsächlich mit einer philatelistischen Kostbarkeit – der „blauen" oder „roten" Mauritius.

Nach England (1840), der Schweiz und Brasilien (1843) war Mauritius das vierte Land, das überhaupt Briefmarken drucken ließ. Die 1847 und 1848 editierten Stücke wären also allein durch ihr Alter schon wertvoll genug. Da einige aber zudem **Fehldrucke** waren, wurden diese zur Rarität für Sammler. Kein Wunder, denn ihre Geschichte – von Legenden umrankt – ist einzigartig:

Für einen großen Ball, den Gouverneur Sir William und Lady Gomm im September des Jahres 1847 in Port Louis gaben, wurde für die entsprechenden Einladungen eine große Menge an Briefmarken gebraucht. In aller Eile legte der Graveur Joseph Osmond Barnard, orangefarbene (Zinnober) One-Penny-Marken und blaue (Indigo) Two-Pence-Marken auf, bevor man einen kolossalen Irrtum bemerkte. Statt des üblichen *„Post Paid"* (Gebühr bezahlt; der Empfänger muss keine Gebühr mehr an den Postboten entrichten) – hatte Barnard den Aufdruck *„Post Office"* geprägt. In der zweiten Auflage wurde der Fehler korrigiert. Aber da waren die guten Stücke schon in Umlauf. Wie viele Einladungen mit den fehlerhaften Marken verschickt wurden, ist nicht bekannt. Die Gesamtauflage mit dem Konterfei der Königin Victoria jedenfalls betrug jeweils 500 Exemplare.

Von der blauen Two-Pence-Post-Office-Marke existieren heute wahrscheinlich nur noch zwölf Stück, davon sechs ungebrauchte und sechs gebrauchte. Drei blieben auf Briefkuverts erhalten. Einer davon ist der sogenannte **„Bordeaux-Brief"** der eine eigene Geschichte hat: 1902 entdeckte ein Schuljunge in einer Weinhandlung den Brief, als er die Post sortierte. Und er sah, dass ein Händler in Port Louis auf Mauritius 1847 den Verkauf von

Das Blue Penny Museum zeigt die berühmte „Blaue Mauritius"

info

48 Fässern Wein an die Weinhandlung in Bordeaux gemeldet hatte. Dieses Kuvert war frankiert mit einer Blauen und einer Roten Mauritius. Der Schuljunge brachte ganz geschäftstüchtig das Kuvert zu einem Briefmarkenhändler, denn Marken aus Übersee galten als begehrt. Und so begann die Geschichte des „Bordeaux-Briefes". 1993 wurde das gute Stück für umgerechnet über 5 Mio. € versteigert – der teuerste Briefumschlag der Welt.

Neben dieser Sammlerstücken von unvergleichlichem Wert sollten aber die anderen Raritäten nicht vergessen werden, an denen Mauritius ebenfalls reich ist. Von der orangefarbenen One-Penny-Marke existieren wahrscheinlich auch nicht mehr als 13 Exemplare. Weiter gibt es Briefmarken mit dem Aufdruck *„pense"* statt *„pence"* oder solche, die das Antlitz Ihrer Majestät unglücklich deformierten, sodass sie der Königin Victoria den wenig schmeichelhaften Beinamen „Hundekopf" einbrachten. Der Marktwert aller dieser Briefmarken ist beträchtlich, aber nur selten gelangen die wenigen Exemplare überhaupt auf Versteigerungen.

Es war fast schon eine Sensation, als es 1993 einem Konsortium verschiedener mauritischer Banken und Privatiers gelang, eine „Blaue" für 4 Mio. US-$ von einem japanischen Sammler zu erwerben. Betrachten konnte man sie allerdings lange Zeit nicht, denn das rare Stück wurde wie ein Staatsschatz im Tresor der Mauritius Commercial Bank aufbewahrt. Heute ist sie neben anderen Exponaten im **Blue Penny Museum** an der **Caudan Waterfront** zu bewundern (s. u.).

Es hat wohl keinen Zweck, auch heute noch auf derartig sensationelle Fehldrucke zu spekulieren, wenn man auf Mauritius zum Postamt geht. Trotzdem lohnt sich der Kauf von Briefmarken, geben sie doch in qualitäts- und geschmackvoller Weise typisch Mauritisches wieder. Die politischen Persönlichkeiten des unabhängigen Inselstaates, die historischen Ereignisse der über 400-jährigen Vergangenheit, die schönsten Beispiele kreolischer oder kolonialer Architektur und immer wieder die farbenprächtige Darstellung von Flora und Fauna – als Souvenirs sind solche Marken allemal geeignet.

Caudan Waterfront und Blue Penny Museum

Hafenviertel

Kurz hinter dem General Post Office öffnet sich linker Hand eine prächtige palmenbestandene Allee, die die wahre „Gute Stube" der Hauptstadt ist. Vor dem Ausflug in die Vergangenheit lohnt es sich jedoch, an der auffälligen Windmühle vorbei zu gehen und Port Louis' Prunkstück einen Besuch abzustatten, der **Caudan Waterfront (4)**. Der Ende 1996 eröffnete und bis 2003 erweiterte Komplex besteht aus mehreren Gebäuden (u. a. Casino, Barkly Wharf, Le Pavillon, L'Esplanade, Food Court, L'Observatoire), die in einer Art postmodernen Kolonialstils gehalten sind und dem früher wenig ansehnlichen Hafenviertel nun einen Hauch von Luxus verleihen.

Der Caudan-Waterfront-Komplex verleiht dem Hafen ein luxuriöses Flair

Außer zwei luxuriösen Herbergen – dem **Fünf-Sterne-Hotel Labourdonnais** und dem **Vier-Sterne-Hotel Le Suffren Hotel & Marina** – finden Besucher hier ein klimatisiertes *Shopping Centre*, fünf Kinos, einen Kunstgewerbemarkt, etliche Restaurants und Boutiquen, das modernste Casino der Insel sowie Serviceeinrichtungen wie Bank und sanitäre Anlagen. Angesichts des Verkehrschaos in der Innenstadt ist es allein schon ein Genuss, über die palmenbestandene und autofreie Seepromenade zu bummeln oder mit einem Boot die Waterfront zu passieren. Auch ein kleiner Imbiss für jeden Geschmack ist drin im hiesigen *Food Court*.

Und wer sich für „die Blaue" und andere interessiert, findet im **Blue Penny Museum (5)** eine sehenswerte Adresse. In dem von der Mauritius Commercial Bank ins Leben gerufenen Museum kann man interaktiv und unter dem Motto „Das Erbe von Mauritius durch sieben Fenster betrachtet" außer den berühmten Briefmarken auch andere Dokumente, Drucke, Gemälde, Skulpturen und alte Landkarten bewundern. Die Themen reichen von der Entdeckung der Insel, über die Besiedlung, die Entwicklung des Postwesens, die Geschichte von Paul und Virginie bis hin zu Ausstellungen zu aktuellen Themen.

Entdeckung der Insel

Blue Penny Museum, *Le Caudan Waterfront, ✆ 210-9204, www.bluepennymuseum.com, Mo–Sa 10–17 (letzter Einlass 16.30) Uhr, So und feiertags geschlossen, Erwachsene 245 Rs, Kinder/Studenten 120 Rs.*

Vom Place du Quai ins historische Zentrum

Nach diesem Abstecher wendet man sich durch einen der Fußgängertunnel unter der Schnellstraße dem historischen Zentrum zu, das direkt an der **Mahé-de-Labourdonnais-Statue (6)** an der **Place du Quai** beginnt. Das Standbild – ein ähnliches kann man übrigens in Saint Denis, der Hauptstadt von Réunion, bewundern – erinnert an den Gouverneur, der als der eigentliche Begründer der Stadt zu gelten hat.

Den Franzosen wird es bei seinem Blick aufs Meer kaum stören, dass ihm Victoria, die britische Königin und Kaiserin von Indien, 200 m stadteinwärts sozusagen über die Schulter schaut. Diese steht vor dem Regierungsgebäude, am Ende der breiten und durch einen Grüngürtel unterteilten Palmenallee **Place Sookdeo Bissoondoyal**, die fast alle Mauritier unter ihrem früheren Namen Place d'Armes kennen. Zusammen mit den **Parallelstraßen Queen Elizabeth** und **Duke of Edinburgh Street** bildet sie eine wirkliche Prachtstraße zum Hafen hinauf, auf der Fußgänger promenieren und Geschäftsleute ihrem geschäftigen Treiben nachgehen – nirgendwo ist Port Louis „weltstädtischer“ als hier.

Prachtstraße

Von der postmodernen, weiß-braunen Fassade der **State Bank**, die unmittelbar hinter der Mahé-de-Labourdonnais-Statue an der rechten (westlichen) Seite hoch aufragt, soll man sich nicht täuschen lassen: Dahinter folgen einige sehr schöne Beispiele der eleganten Kolonialarchitektur des 19. Jh., die heute Banken oder Regierungsbüros beherbergen.

Eines der ältesten Gebäude ist das **Treasury Building**, das man an der Ecke zur breiten **Straße Chaussée Royale** findet. Diese führt rechter Hand auf das mächtige Viereck der **Line Barracks (7)** zu, in denen ehemals französische, dann britische Militärs wohnten und wo sich heute u. a. die mauritische Polizei sowie der **südliche Busbahnhof (22)** befinden.

Kehrt man auf die Chaussée Royale zurück, stößt man rechter Hand auf den schönen, von zwei Löwenstatuen bewachten **Stadtpark (8)** (*Jardin de la Compagnie*), eine schmale, grüne Oase inmitten der Verkehrshektik. Interessant sind nicht nur seine herrliche Vegetation, sondern auch die Vielzahl lokalgeschichtlicher Standbilder und Büsten. Nach Einbruch der Dunkelheit sollten Urlauber den Park allerdings meiden, heißt es. Hier treffen sich die Drogenszene und sonstige halbseidene Geschöpfe.

Grüne Oase

Gleich daneben befindet sich das **Mauritius Institute (9)**, ein herrliches Gebäude von 1880, das in Architektur und Farbgebung etwas an das Stadttheater erinnert. Im Erdgeschoss ist das **Naturhistorische Museum** untergebracht, das als das wichtigste Museum des Landes gilt. Derzeit (seit Anfang 2017) ist es allerdings für Renovierungsarbeiten geschlossen. Unter mehreren sehenswerten Exponaten (u. a. Mineralien, ausgestopfte Tiere, historische Unterwasserfunde) verfügt das Museum über das Skelett des Solitaire, einen Pottwal-Schädel sowie die Rekonstruktion eines Dodos. Ein weiteres Highlight ist ein Dodo-Skelett, das 2007 gefunden und konserviert wurde. Die früher im ersten Stock untergebrachte

Nationalbibliothek mit etwa 50.000 Bänden sowie etlichen Zeitungen und Zeitschriften ist umgezogen in das **Fong Sing Building** *(Edith Cavell St. 12, ✆ 211-9891, http://national-library.govmu.org, Mo–Fr 9–16, Sa 9–12 Uhr).*
Mauritius Institute, *La Chaussée, ✆ 212-0639, seit Januar 2017 aufgrund umfangreicher Renovierung geschlossen, ein Termin für die Neueröffnung steht noch nicht fest.*

Regierungsgebäude

Weiter geht es zum Place d'Armes, der politischen Zentrale der Insel. Hier streckt das **Government House (10)** (*L'Hotel du Gouvernement*) als städtebaulich vielleicht beeindruckendstes Ensemble der Hauptstadt mit seinen beiden Seitenflügeln sozusagen die Hände zum alten Port Louis aus, das sich zwischen dem Hafen und hier ausbreitete. Nach seiner Renovierung erstrahlt das Gebäude seit 2012 im alten Glanz und wird vor allem wieder von Regierungsstellen genutzt.

Interessante Architektur

Bereits der Gouverneur Maupin, mit dem die französische Epoche auf der Insel begann, veranlasste an dieser Stelle den Bau seiner Residenz, was der große Mahé de Labourdonnais dann weiterführte: Von ihm stammen Erdgeschoss und das erste Stockwerk (1736). Unter dem letzten französischen Gouverneur Decaen schließlich wurde das oberste Geschoss errichtet (1807). Damit ist das hölzerne Regierungsgebäude gleichzeitig das älteste Bauwerk der Insel und ein komplettes Dokument der französischen Ära – und als Ensemble mit Ehrenhof, Palmen, Flammenbäumen und den beiden Statuen zudem ein sehr schönes. Die Statuen stellen Gouverneur Sir William Stevenson (1857–63) dar und – ganz nah am Gitter – die bereits erwähnte Queen Victoria, betonen also die britische Vergangenheit des Hauses, das allen Bränden und Zerstörungen trotzen konnte.

Im *Government House*, in dem heute u. a. das Finanzministerium sitzt, fanden in der Vergangenheit rauschende Feste statt, auf denen sich Militärs, Zuckerbarone und Kolonialbeamte vergnügten und von denen eines zum Fehldruck der „Blauen Mauritius" geführt hatte.

Im Hof des Government House

Das Innere, mit einem prunkvollen Treppenhaus, Bildergalerien, wertvollen Möbeln und Parkettböden aus Edelhölzern ausgestattet, ist der Öffentlichkeit normalerweise nicht zugänglich.

Vom Stadttheater zum neuen Rathaus

Über den Place d'Armes rechts am Regierungsgebäude vorbei über die gewundene Intendance Street, kommt der kleine Gillet Square, der vom **Stadttheater (11)** dominiert wird. Als das Gebäude 1820–22 als eines der ersten Theater der südlichen Hemisphäre errichtet wurde, hatte es noch keine direkten Nachbarn. Dies hat sich zwar gründlich geändert, doch kann sich das *Municipal Theatre* mit seiner neoklassizistischen Eleganz trotzdem gegenüber den größeren Zweckbauten der Umgebung behaupten.

Glanzzeiten der Insel

Die weiße und zartgelbe Farbe, die sechs dorischen Säulen, die einen Baldachin mit Brüstung tragen, darunter die fünf Portale und als oberer Abschluss ein schöner Dreiecksgiebel – das lässt an zeitgleiche Bauten in St. Petersburg oder Helsinki denken. Tatsächlich traten hier zu Glanzzeiten der Insel, als Geld keine große Rolle spielte, berühmte europäische Theatergruppen auf, später fanden nur noch Versammlungen, Folkloreveranstaltungen und lokale Feste statt. Nach einer gründlichen Renovierung 1995 stand und steht das Haus mit seiner prächtigen Kuppel bis heute wieder dem Spielbetrieb offen.

Gegenüber, jenseits des mächtigen vierarmigen Straßenleuchters, repräsentiert ein schöner kolonialer Bau mit Veranda die kreolische Architektur. In ihm befindet sich heute das **Juweliergeschäft Poncini**. Auf der gleichen Seite verlässt nun die Rue du Vieux Conseil den Platz, eine schmale, gepflasterte Gasse, die zu einer Fußgängerzone umfunktioniert wurde. Stadtbummler finden dort u. a. eine Galerie.

Und wer sich für die Geschichte von Insel und Stadt interessiert, sollte sich wenige Schritte weiter das 1993 vom Fotografen Tristan de Breville privat eingerichtete **Fotografiemuseum (12)** (*Musée de la Photographie*) nicht entgehen lassen, das über einmalige Bilddokumente und Gerätschaften verfügt. Und sein Anspruch ist kein geringer: „*This museum houses one of the greatest photographic collections in the world*" steht an der Tür.
Musée de la Photographie, *Old Council St., ✆ 238-5737, http://musee-photo.voyaz.com, Mo–Fr 10–15 Uhr, Erwachsene 200 Rs, Studenten 100 Rs, Kinder bis 12 Jahre frei.*

Shoppingstraße

Folgt man ab dem Stadttheater der **Rue Jules Koenig** – die auch *Pope Hennessy Street* genannt wird – nach Süden, passiert man rechter Hand zunächst das **Rathaus (13)**, das 1966 eingeweiht wurde und dem gegenüber die **Sir Seewoosagur Ramgoolam Street** mit einer Vielzahl von Geschäften, Restaurants, einer Moschee und einem Museum, das an den Namensgeber und „Vater der Unabhängigkeit" erinnert (s. S. 24). Auf der Ecke zur Rue Jules Koenig erhebt sich als mächtiger, nicht unbedingt schöner Betonklotz das **Emmanuel Anquetil Building**, in dem sich zahlreiche regierungsamtliche Büros befinden.

Kathedralen und Bischofsresidenz

Wo sich wenige Meter danach zur Rechten die Gebäude des **Obersten Gerichts (14)** (*Supreme Court*) um einen Hof gruppieren, geht es links über die **Dauphine Street** zur nahen **Kathedrale St. Louis (15)**, die man bereits am Ende des großen Parkplatzes sieht. Von hier aus wirkt die katholische Bischofskirche mit ihrem sparsamen Dekor, dem schmutzig-grauen Stein und den beiden helmlosen Westtürmen wenig imponierend. Auch das Innere der dreischiffigen Basilika ist nur von bescheidenem Glanz. Immerhin beherbergt sie im rechten Seitenschiff die sterblichen Überreste der Gattin von Mahé de Labourdonnais und die ihres Sohnes. Ein äußerer Rundgang aber zeigt, dass die Kathedrale durchaus großzügig bemessen ist, und ermöglicht auch Blicke auf einige der schönsten Gebäude der Stadt.

Katholische Kirche

Direkt hinter der Kirche liegt z. B. die **Bischöfliche Residenz** (*Palais Episcopal*) aus dem 18. Jh., mit ihrer Veranda, dem schönen Garten und schmiedeeisernen Gittern von außerordentlicher Harmonie. Auch einige Bauwerke der Nachbarschaft – sämtlich aus Ebenholz errichtet – sind beachtenswert.

Wer nur das Wichtigste der Hauptstadt sehen möchte, kann an dieser Stelle (oder bereits am Stadttheater) wieder in Richtung Hafen und entweder über die **Sir William Newton Street** oder über **Bourbon Street** bis zur **Chaussée Royal** spazieren. In diese biegt man rechts ein und gelangt nach einiger Zeit zur **Jummah-Moschee**. Wer über mehr Zeit oder Kondition verfügt, könnte und sollte vor allem am Samstag von der katholischen Bischofskirche über die Rue Jules Koenig noch einen Abstecher zur Pferderennbahn einlegen. Besonders Interessierte sollten dabei vielleicht die anglikanische **Kathedrale St. James (16)** nicht verpassen, die zwei Blocks weiter zur Rechten an der Rue de la Poudrière liegt und z. T. über einem französischen Magazin errichtet wurde.

Am Endpunkt der Rue Jules Koenig öffnet sich das **Marsfeld** (*Champ de Mars*). Ursprünglich war hier ein französischer Exerzierplatz und Schauplatz manch blutigen Duells. In seiner Mitte befinden sich eine 1912 enthüllte **Statue von** König Edward VII. und an seinem südlichen Ende die *Malartic Tomb*, ein **Obelisk** über dem Grab des französischen Gouverneurs Graf de Malartic.

Die Westfront der Kathedrale St. Louis

Von der Pferderennbahn zur Zitadelle

Von eigentlichem Interesse für Einheimische und Besucher gleichermaßen ist die **Pferderennbahn (17)** (*Hippodrome*), die für die Mauritier eine zweifache Bedeutung hat: Als Pferdesport-Begeisterte sind sie an den Rennen interessiert, die hier jeden Samstag zwischen Mai und Dezember über die Bühne gehen, vor allem aber an den damit verbundenen Wetten. Und der Hinweis darf nicht fehlen, dass diese Pferderennen seit 1812 durchgeführt werden und der Platz damit der zweitälteste dieser Art in der Welt ist. Zweitens fanden und finden große nationale Ereignisse und Paraden auf dem Marsfeld statt. Hier wurde offiziell mit der kolonialen Vergangenheit gebrochen, als am 12. März 1968 der britische Union Jack eingeholt und die neue mauritische Flagge gehisst wurde.

Langjährige Tradition

info

A day at the races

Wer in der Rennsaison von Mai bis November auf Mauritius ist, sollte einen Samstag einplanen für einen Ausflug nach Port Louis und den Besuch der **Pferderennen**. Nicht nur, dass Glücksspiel eine Leidenschaft der Mauritier ist und es ihnen die Rennpferde ganz besonders angetan haben. Vielmehr steht die halbe Stadt an diesem Samstag Kopf: Ab 12.30 Uhr wird die Zufahrt über die Rue Jules Koenig gesperrt, denn um 12.45 Uhr steigt das erste Rennen des Tages. Da sich der Parkplatz und der Aufenthaltsbereich für das „gemeine Volk" innerhalb der Rennbahn befinden, kommen nach 12.30 Uhr bis zum Abschluss des ersten Rennens keine Personen mehr rein oder raus. Im Inneren befinden sich auch die Stände, an denen auf die

Auf der Pferderennbahn in Port Louis

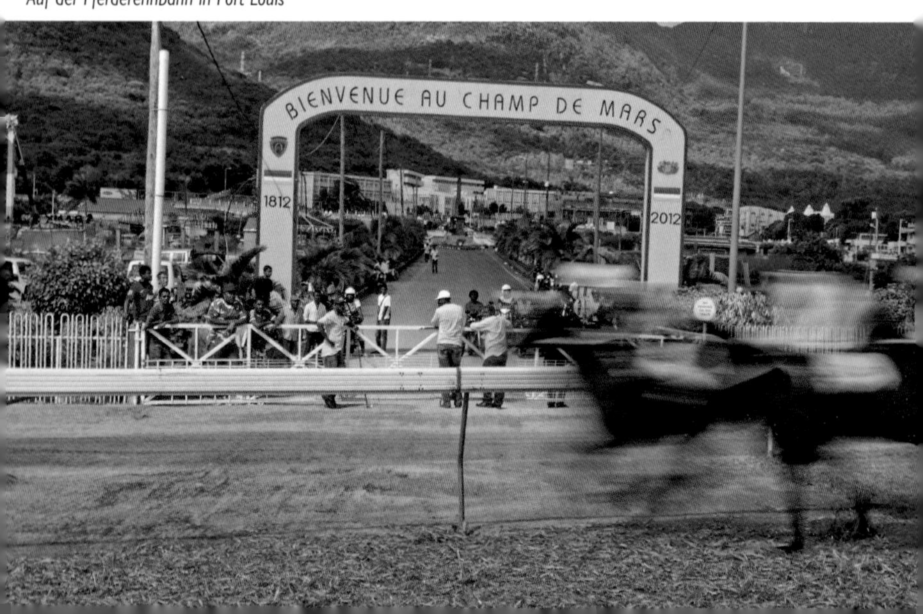

info

Pferde gesetzt werden kann. Acht Rennen sind es pro Samstag. Und gewettet wird heftig, laut und aufdringlich. Wer nicht auf Pferde wettet, kann an anderen Spielständen sein Glück versuchen oder eine Kleinigkeit essen. Das alles wird beobachtet von den oberen Zehntausend der Insel, die sich in Anzug, Krawatte oder das kleine Schwarze gezwängt haben, und mit einem Glas Prosecco in der Hand von der schattigen Tribüne des Mauritius Turf Clubs auf das Fußvolk in der glühenden Sonne hinunterschauen – getrennt durch die Rennbahn und 175 Rs Eintritt für die Herren – Damen habe freien Zutritt.

Per Ansage und Trompetenfanfare wird angekündigt, dass das Rennen gleich beginnt. Pferde und Jockeys reiten aus dem Innenhof des Turf Clubs auf die Bahn. Ein Großteil der Pferde stammt aus Südafrika. Letzte Wetten werden gemacht, pünktlich hechten die zehn Pferde los. Das Publikum im Inneren verfolgt das Rennen auf einer Großleinwand, bis der rasende Pulk wieder in Sichtweite kommt. Je näher, desto lauter: Anfeuerungsrufe, Geschrei, Geklatsche, bis hin zum Jubel, wenn das richtige Pferd als Erstes durchs Ziel gegangen ist. Nur ein paar Minuten dauert ein Rennen, dann kehrt wieder Ruhe ein – bis zum nächsten Spektakel. Es wird gewettet, die Straße wieder geöffnet, Prosecco nachgegossen. So vergeht schnell *a day at the races.*

Interessant ist auch die in Rot gehaltene **Nam Sun Tin How Pagode (18)** an der südöstlichen Seite des Marsfeldes, Ecke Dr. Eugene Laurent/Corneille Street. Das größte Heiligtum der chinesischen Gemeinde von Port Louis beherbergt einen sehenswerten Altar. Die Pagode ist offiziell nur für autorisierte Personen geöffnet. *(Für eine mögliche Besichtigung sollte man am besten vorher anrufen: ✆ 217-0230, www.namshunfooykoon.com, Mo–Fr 7–16, Sa, So und feiertags 7–12 Uhr).*

Von der **Corneille Street** geht auch eine Straße zum nächsten Besichtigungsziel ab, der **Zitadelle (19)** (*Fort Adélaïde*). Diese ist alternativ von der Rue Jules Koenig aus über die **Suffren Street** und eine Treppe oder von Norden her über die **Jummah Mosque Street** zu erreichen. Etwa 100 m hoch auf der *Petite Montagne* gelegen, bietet die alte Zitadelle in luftiger Höhe einen überwältigenden Rundblick auf die Stadt, den Hafen und die umgebenden Berge. Das ist auch der Zweck eines möglichen Besuchs, das Fort selber kann nicht besichtigt werden. Die Engländer ließen es 1834 aus Angst vor französischen Rückeroberungsversuchen errichten, gaben es später auf. Dann wurde die Festung als Freilichtbühne für gelegentliche Konzerte, Theaterspiele und Ton-und-Licht-Vorstellungen wiederbelebt. Doch die Pläne, das Gebäude zu einem Hotel oder einem Kunsthandwerkmarkt umzubauen, wurden auf Eis gelegt.

Panorama-aussicht

Jummah-Moschee

Von der Zitadelle gelangt man eine Treppe hinunter über die **Jummah Mosque Street** schnurgerade bis zur Royal Street, auf der wenige Schritte nach rechts mit

Innenhof der Jummah-Moschee

der **Jummah-Moschee (20)** das bedeutendste Kleinod der islamischen Inselarchitektur wartet. Obwohl noch unter den Franzosen (1805) die Ausübung der islamischen Religion gestattet worden war und die kleine islamische Gemeinde ein entsprechendes Grundstück für eine Moschee erworben hatte, begannen die Bauarbeiten erst, als die Einwanderung der Inder neue Gläubige ins Land brachte. Zwischen 1850 und 1885 arbeiteten hier Handwerker und Künstler aus dem heutigen Pakistan und Indien und schufen ein märchenhaftes Bauwerk im Stil der Zeit, das mit seinen edlen Materialien und filigranem Dekor zum Wertvollsten gehört, was jemals auf Mauritius gebaut wurde. Die Moschee beherbergt einen wunderschönen Innenhof mit einem Indischen Mandelbaum und Waschplätzen, eine *Medresse* (Koranschule), eine Bibliothek und das Mausoleum des lokalen Heiligen Jamah Shah. Frauen und nicht-muslimische Besucher dürfen den Innenhof betreten – bitte aber um Erlaubnis fragen und Schuhe ausziehen – und durch die meist geöffneten Türen in die Gebetshalle blicken.

Koranschule

Beachtenswert sind auch die schön dekorierten Holzportale und die kleinen Minarette. Wegen ihrer geringen Höhe ist die Jummah-Moschee übrigens im Häusergewimmel von *Chinatown* nicht von Weitem auszumachen und wird deshalb oft mit einer anderen Moschee auf der Sir Seewoosagur Ramgoolam Street verwechselt, die zwar ein viel höheres Minarett, sonst aber kaum Sehenswertes besitzt.

Zentralmarkt

Um zum letzten und vielleicht interessantesten Ziel des Rundgangs zu gelangen, geht es vom Chinesischen Viertel über die **Queen Street** (*Rue de la Reine*) stadteinwärts, wo der **Zentralmarkt (21)** nicht zu verfehlen ist. Der *Central Market/ Marché Central*, von den Einheimischen oft auch Port-Louis-Bazar genannt, ist die wohl malerischste, hektischste und exotischste Sehenswürdigkeit der Hauptstadt und als Institution bereits älter als die meisten Gebäude der Stadt – nur lag sie früher an anderer Stelle: 42 Jahre ertrug der Gouverneur das Marktgetümmel direkt *vis-à-vis* zu seinem Regierungsgebäude, bis der Basar nach einem Brand 1816 zunächst in den Park *Jardin de la Compagnie* verlegt wurde. Nach weiteren 22 Jahren musste er erneut umziehen, diesmal an den Platz, wo er sich noch heute befindet. Als letztes in einer Reihe von Bränden brannte das Feuer von 1981 einen ganzen Flügel nieder, aber seit 1989 ist der rechteckige Komplex mit seinen Hallen, Ständen, Gassen und Straßen wieder komplett.

Malerische Exotik

Hier wird gefeilscht und gekauft, geschrien und gestohlen, hier finden Auktionen statt und hierher strömen die fliegenden Händler aus allen Himmelsrichtungen. Jeden Werktag besuchen zwischen 5.30 und 18 Uhr bis zu 40.000 Menschen den Markt, nicht nur, um zu (ver)kaufen, sondern auch, um den Basar als ihre Nachrichtenbörse zu benutzen. Obst und Gemüse, Fleisch und Fisch, Brot und Getränke, Parfüms, Medikamente, Geschirr, Körbe, Gewürze, Farben, Zeitungen, T-Shirts, Saris, Uhren, Autoersatzteile und Lotterielose – all dies und noch viel mehr ist zu erwerben. Für den auf seine Wertsachen achtenden ausländischen Besucher sicher der beste Ort, um die Menschentypen und das Warenangebot der Insel komprimiert zu erleben. Da der Zentralmarkt nur einen Häuserblock vom Hauptpostamt und dem nördlichen Busbahnhof entfernt ist, kann man von hier aus schnell zum Ausgangspunkt des Stadtrundganges zurückkehren.

Nachrichtenbörse

Die nähere Umgebung von Port Louis

Wer nach einem halben Besichtigungstag mit Stadtspaziergang und Shopping noch Zeit und Lust hat, kann in der näheren Umgebung von Port Louis einige sehenswerte Ziele aufsuchen. Wenn die Zeit nicht reicht, dann bietet sich ein zweiter Ausflug an oder ein Besuch der Attraktionen im Rahmen von organisierten Inselausflügen. Für architektonisch Interessierte gibt es in der näheren Umgebung der Hauptstadt alte Befestigungen oder die Kolonialvilla Eureka, für Liebhaber von Religion und Sakralbauten chinesische Pagoden oder die Wallfahrtskirche in Sainte Croix und schließlich für Wanderer die „Aussichtsberge" im nahen Hinterland.

Organisierte Ausflüge

Südlich des Stadtzentrums

Zu sportlicher Betätigung fordert am südwestlichen Stadtrand der **Signal Hill** (328 m ü. d. M.) auf, dessen Gipfel jedoch wegen der zahlreichen Übertragungsmasten nicht besucht werden kann. Dafür gibt es einen schönen Blick zu Beginn des Aufstiegs, am Friedensmonument **Marie Reine de la Paix**, das nach dem *Wallfahrtsort* Zweiten Weltkrieg errichtet und zu einem beliebten Wallfahrtsort wurde. Bei seinem Besuch im Jahre 1989 hielt hier Papst Johannes Paul II. eine Messe ab. Ganz in der Nähe befindet sich außerdem einer der schönsten chinesischen Sakralbauten, die **Pagode Thien-Thane**, die schon vom Fort Adélaïde aus gut zu sehen ist. Sie liegt am Fuß der Moka-Berge am südlichen Stadtrand *(Justice Street)* und ist ab den *Line Barracks* nach etwa 1.200 m über die Pouce Street zu erreichen.

Hat man den südlichen Stadtbereich mit dem Wagen angesteuert, bietet es sich an, von hier aus in die Vororte **Bell Village**, **Cassis** und **Plaine Lauzun** weiterzufahren, und vielleicht im Stadtteil Cassis die sehenswerte, 1879 im neugotischen Stil vollendete römisch-katholische Église St. Sacrament zu besuchen. Reizvoller sind die Besichtigungsziele, die nur wenig weiter entfernt entlang des Motorway nach Curepipe (M2) liegen und bequem und schnell erreichbar sind. Nach ca. 4 km passiert man die ausgeschilderte Abfahrt zur **Domaine les Pailles**. Bei der inzwischen geschlossenen Anlage handelte es sich um den Nachbau einer alten Zuckerplantage samt Wohn- und Fabrikationsgebäuden. Vor einigen Jahren sorgten hier noch verschiedenste Attraktionen und Restaurants für Unterhaltung und Bewirtung. Heute sind davon nur noch das Casino und das Restaurant Indra (s. S. 146) übrig geblieben. Direkt hinter der Domaine les Pailles liegt das **Swami Vivekananda International Convention Centre** (SVICC) – ein Messe- und Kongresscenter mit 17.000 m² Grundfläche und vielen Parkplätzen.

Hinweis

Der Abstecher nach Eureka und Moka lässt sich von Port Louis aus auch gut mit einem **größeren Ausflug** in den Südwesten (s. S. 184) kombinieren.

Eureka

In der Kolonialvilla **Eureka** bietet sich die hervorragende Gelegenheit, das frühe 19. Jh. im Original zu erleben. Die Villa erreicht man über eine ausgeschilderte Abzweigung vom Motorway in Richtung Moka oder Mt. Ory. Wie die heutige Präsidentenresidenz Le Réduit (s. S. 141), diente das 1830 im typisch kreolischen Stil erbaute Eureka mehrfach als Domizil des englischen Königshauses. Nachdem das Anwesen 1986 in ein Museum umgewandelt wurde, kann man auch das Innere besich- *Ausstellungen* tigen, das die alte Möblierung, Fotografien und Bilder sowie Wechselausstellungen darbietet. Hier kann man auch ganz nebenbei ein wenig in der Literaturgeschichte stöbern: Der Ururgroßvater des Literaturnobelpreisträgers Jean-Marie Le Clézio hatte das Haus 1856 erstanden, bis 1985 blieb es in Familienbesitz. Simone Le Clézio, eine Großtante des Schriftstellers, lebte bis zu ihrem Tod 1980 hier und hinterließ 17 Kinder und nicht weniger als 104 Nichten und Neffen. Jean-Marie Le Clézio selbst beschreibt in einigen seiner Bücher Szenen aus dem hiesigen Familienleben.

Das Ungewöhnliche dieses Hauses sind nicht nur die 109 Türen, die für ständige Frischluftzufuhr sorgen, sondern auch die umlaufende Veranda ohne zweiten Stock

Die Kolonialvilla Eureka wurde im typisch kreolischen Stil errichtet

– im Erdgeschoss liegend gibt die Veranda mit ihren dünnen Holzsäulen der Architektur einen leichten, spielerischen Charakter, direkt darüber wirkt das durch Gauben aufgelockerte Dach bodenständiger und schwer. Zur Villa gehören Nebengebäude, in denen man u. a. Gewürze erwerben kann, eine sehenswerte offene Küche sowie Treibhäuser mit einem Blumengarten. Nicht zu vergessen das Café und **Restaurant** mit exzellenten kreolischen Speisen, das auf besagter Veranda zum Verweilen einlädt! In den Pavillons ist auch eine Übernachtung möglich.

Kochen wie im 19. Jahrhundert in der Villa Eureka

Erfrischender Spaziergang zum Wasserfall

Wasserfall

Wer danach noch ein wenig Zeit hat, sollte den Weg zum nahen Wasserfall nicht scheuen. Die zehn Minuten Fußweg durch eine wunderschön grüne Schlucht allein schon sind einen Ausflug wert. Hier kann man einem heißen Nachmittag wunderbar im Wald „verloren gehen".

Eureka – *La maison créole, Moka, ✆ 433-8477, Mo–Sa 9–17, So und feiertags 9–15.30 Uhr, Erwachsene 300 Rs, Kinder bis 12 Jahre frei.*

Moka und Le Pouce

Anstatt zum Motorway M2 zurückzukehren, folgt man der bisherigen Straße ab Eureka Richtung Südosten und gelangt so in den eigentlichen Ort **Moka**, dessen Name übrigens – wie die Ortsbezeichnung „Yemen" – aus jener Zeit stammt, als hier versucht wurde, im großen Stil Kaffee anzubauen.

Wer sportlich aktiv ist und etwa einen halben Tag an Zeit zur Verfügung hat, kann nördlich des Städtchens eine sehr lohnende Wanderung auf den 812 m hohen **Le**

Wanderhinweis

Die Wanderung auf den **„Daumen"** ist ab Moka einige hundert Meter weiter als von Port Louis aus, dafür aber auch einfacher. Doch auch die Besteigung von der Hauptstadt aus stellt keine unlösbare Aufgabe dar. Dazu fährt oder wandert man von der Kapelle St. Anne südöstlich der Pferderennbahn durch den Stadtteil Tranquebar und in das Vallée du Pouce. Von dem Fahrweg zweigt rechts ein gut erkennbarer Pfad ab (Hinweisschild), der einen automatisch zum Gipfel bringt.

Pouce unternehmen, dessen äußere Gestalt von seinem Namen (deutsch: Daumen) hinreichend charakterisiert wird. Wer die zwar schweißtreibende, aber nicht allzu schwierige Aufgabe meistern möchte, hält sich hinter Eureka immer links, bis das Hinweisschild „*To Le Pouce*" Wanderern den Weg weist. Der Pfad ist zunächst recht eben und führt durch Zuckerrohrfelder. Später wird es zwar steiler, aber gleichzeitig die Aussicht immer besser. Hinter der zweiten Kurve eröffnet sich ein fantastischer Panoramablick auf das gesamte **Vallée des Pailles**. Nachdem ein kleiner Bach gequert wurde, wo sich die beiden Wanderwege aus Port Louis und Moka vereinen, geht die Route rechter Hand auf einem sehr unebenen, aber nicht allzu schwierigen Pfad weiter. Nach einem letzten, etwas steileren Abschnitt hat man bei klarem Wetter vom Gipfel aus eine herrliche Rundsicht auf Port Louis und Mauritius.

Fantastischer Panoramablick

Moka selbst ist ein schön am Fuß der **Montagne Ory** gelegenes Städtchen, das einige wichtige Lehranstalten und Institutionen beherbergt, u. a. die Universität, das Mahatma Gandhi Institute, eine Privatklinik und Gebäude des Landwirtschaftsministeriums. Ein Besuch empfiehlt sich auch wegen einiger gut erhaltener Beispiele der Kolonialarchitektur.

An erster Stelle ist hierbei der Bezirksgerichtshof (*Cour de District*) zu nennen, der sich rechts der Straße von Eureka befindet. Noch schöner und bekannter allerdings ist das Schlösschen **Le Réduit** (deutsch: Versteck, Refugium), das als Residenz des Staatspräsidenten allerdings der Öffentlichkeit genauso wenig zugänglich ist wie die herrlichen Gartenanlagen dieses „mauritischen Versailles". Dorthin gelangt man, wenn man am Ende der Straße auf die A7 rechts abbiegt und kurze Zeit später im Kreisverkehr der Beschilderung folgt. Dabei kommt man auch am **Mahatma Gandhi Institute** vorbei, einem Zentrum der indischen Kultur, dessen Eingang eine Statue des großen indischen Nationalhelden markiert. Das Château selbst geht auf den Gouverneur Pierre Félix Barthélemy David zurück, der 1748 aus klimatischen und Sicherheitsgründen das damals hölzerne Palais außerhalb des militärisch gefährdeten Port Louis erbauen ließ. Im Lauf der Zeit richteten Zyklone und Holzwürmer jedoch großen Schaden an, sodass nach und nach das Holz durch Stein ersetzt wurde. Wer einen Blick auf die schlossartige Architektur riskieren will, in der sich europäische und kreolische Elemente vermischen, wird enttäuscht werden, da Polizisten jeden Besucher an der schmiedeeisernen Eingangspforte zurückweisen.

Mauritisches Versailles

Zurück am Verkehrskreisel geht es anschließend auf dem schnellsten Weg über die Autobahn zurück nach Port Louis oder weiter nach Quatre Bornes/Curepipe.

Nördliche Umgebung

Sainte Croix

Ein vor allem bei Einheimischen beliebtes Ausflugsziel nördlich des hauptstädtischen Zentrums ist der Vorort **Sainte Croix**. Man erreicht ihn, wenn man sich auf dem Motorway nach Norden an einem der ersten Kreisel (am Ortseingang des

Stadtteils Abercrombie) rechts hält und dem Hinweis Ste-Croix folgt. Diese Straße *(Route de Pamplemousses)* bringt einen zu einer Weggabelung, wo es nach rechts und an der nächsten Straße *(Avenue Père Laval)* wieder nach links geht. Hierbei stößt man automatisch auf die größte Sehenswürdigkeit der Ortschaft, nämlich die *Chapelle Ste-Croix*, ein weithin bekanntes Wallfahrtsziel. Jeden Tag beten hier Hunderte von Gläubigen aller Konfessionen am Grab des „Apostels der Schwarzen", Père Laval.

Apostel der Schwarzen

Das Mausoleum ist auch das Ziel der jährlich stattfindenden Wallfahrt am 9. September, einem der ganz großen Festtage des Landes (s. S. 60). Um die Besuchermassen bewältigen zu können, wurde die kleine Kapelle um eine moderne, große Kirche erweitert. Außerdem sind um den Vorplatz einige ältere Gebäude gruppiert, in denen eine permanente Ausstellung an den Heiligen erinnert und wo man Souvenirs erwerben kann (*Mo–Sa 8.30–12 u. 13–16.45, So 10–12 u. 13–16 Uhr*).

info

Jacques Désiré Laval

Der am 18. September 1803 in der Normandie (Evreux) geborene Laval schlug erst recht spät seine **geistliche Laufbahn** ein. Zunächst führte er das Leben eines ganz gewöhnlichen, aufgeweckten Jugendlichen, studierte und promovierte im Alter von 27 Jahren zum Doktor der Medizin. Als er aber wie durch ein Wunder einen gefährlichen Sturz vom Pferd überlebte, fand er, von seinem Freund, dem Geistlichen Libermann, ermutigt, zu einem tiefen Glauben. Mit 37 Jahren erhielt er schließlich die Priesterwürde.

Weil er sein Leben den wirklich Armen und Bedürftigen widmen wollte, brach er 1841 als Missionar ins unbekannte Mauritius auf. Hier hatten die Engländer gerade die Sklavenbefreiung durchgesetzt. Für die Schwarzen bedeutete das aber nicht sofort eine Verbesserung ihrer misslichen Situation, sondern im Gegenteil eine zusätzliche Verunsicherung durch ungeklärte Lebensumstände und Armut. Hier half Père Laval, wo er konnte, setzte sich für die Freigelassenen ein, versuchte, ihnen eine neue Lebensgrundlage zu schaffen und sie vor den Zuckerbaronen zu schützen.

Auch den Leprakranken und anderen Kranken stand er bei, so dass er von der Bevölkerung bald glühend verehrt wurde. Nach seinem Tod am 9. September 1864 wuchs die Verehrung noch, nachdem sich an seinem Grab in Ste-Croix wundersame Heilungen ereignet haben sollen – auch unter Angehörigen anderer Religionsgemeinschaften. Der „Apostel von Mauritius" oder „Apostel der Schwarzen" wurde am 29. April 1979 in Rom **heiliggesprochen**. Der gläserne Sarkophag mit seinem mumifizierten Leichnam, heute in der modernen Wallfahrtskirche untergebracht, ist nach wie vor Kristallisationspunkt des katholischen Mauritius, gleichzeitig aber auch nationales Symbol aller Mauritier.

Priest's Peak

Über die *Rue Bernardin de St. Pierre* geht es wieder zur *Route de Pamplemousses* zurück. Der Berg **Priest's Peak** ist mit einer Höhe von nur 306 m ü. d. M. kein alpiner Gipfel und deshalb besonders gut als Ziel einer leichten, etwa einstündigen Wanderung geeignet. Die Mühe wird auch hier durch eine herrliche Aussicht belohnt, nicht nur auf Port Louis, sondern vor allem auf die umgebende Bergwelt mit der merkwürdigen Öffnung *La Fenêtre* und dem dahinter liegenden **Pieter Both**.

Leichte Wanderung

Den einfachsten Zugang zum Gipfel erreicht man, wenn man vom Stadtzentrum aus in den Norden (Richtung Abercrombie) fährt und an der Kreuzung der Ringstraße *Route Militaire* mit der *Route de Pamplemousses* dem Fußweg folgt. Dieser Pfad führt zunächst auf den rechteckigen Platz einer ehemaligen Batterie (*Dumas Battery*) und orientiert sich dann an den alten französischen Befestigungslinien bis zum Gipfel.

Rundfahrt um den Pieter Both

Zur näheren Umgebung der Hauptstadt zählt natürlich auch der markante **Pieter Both**, mit seinen 823 m ü. d. M. der zweithöchste Berg der Insel. Bergwanderer mit

Blick auf den Pieter Both

alpiner Erfahrung wird dieser Gipfel, auf dem ein Felsbrocken scheinbar schwerelos balanciert, besonders reizen. Tatsächlich ist eine Besteigung möglich, aber nicht ungefährlich. Der übliche und markierte Kletterpfad beginnt an der östlichen Seite, hinter den Weilern **La Laura** und **Crève Cœur**. Auf der letzten und spektakulärsten Etappe gibt es zwar einige in den Fels eingelassene Eisenhaken, die allerdings wegen Rostbefall wenig Vertrauen erweckend wirken. Insgesamt sollte die Tour nur bei gutem Wetter, angeseilt und am besten auch in Begleitung eines vom Touristenbüro in Port Louis vermittelten Führers durchgeführt werden. Der Felsbrocken auf der Spitze des Pieter Both ist so groß, dass er etwa sechs Bergsteigern Platz bietet.

Bergtour mit Guide

Wer sich nicht zum Gipfelstürmer berufen fühlt, kann den Berg zusammen mit anderen markanten Erhebungen wie dem *Le Pouce* (812 m) und der *Montagne Calebasses* (630 m) auf einer landschaftlich sehr schönen Rundfahrt kennenlernen, für die man knapp einen halben Tag einkalkulieren sollte. Diese Tour beschreibt einen großen Bogen um das Hinterland der Hauptstadt und könnte mit einer Wanderung am Gebiet des Pieter Both, mit einem Besuch der Kolonialhäuser Eureka und Château de Labourdonnais oder einem Besuch der Gärten von Pamplemousses (s. S. 178) verbunden werden. Diese Strecke ist ab/bis Port Louis etwa 30 km lang. Hier kann man den Pieter Both und die umliegenden Berge einmal umrunden und den Gipfel also aus allen Perspektiven genießen.

Stichpunktartig seien die einzelnen Stationen, entgegen dem Uhrzeigersinn, aufgezählt: Auf dem Motorway von Port Louis in südlicher Richtung bis zur **Ausfahrt Moka** . Dann parallel zum kleinen Moka-Fluss immer am Fuß der hoch aufragenden Berge entlang bis **La Laura**, wo ein Besuch des in Orange und Rot gehaltenen Hindutempels lohnt (kleiner Abstecher, man sieht den Tempel hinter den Zuckerrohrfeldern). Ab La Laura in 6 km über die *Ripailles–Nicolière Road* (B49) nach **Beau Bois**, **Ripailles** und **Nouvelle Découverte**. Danach auf der B49 halten, die nach rechts in Richtung Bon Accueil abbiegt. Nach ca. 2 km kurz vor der Farm Salazie führt die Straße nach links in Richtung **Grande Rosalie**, wobei es auf einer Serpentinenstraße die *Montagne de la Nicolière* hinabgeht (schöne Aussicht) und dann am See **La Nicolière** vorbei bis zur A2. Hier etwa 1 km nach links zum **Château de Villebague**, ab da entweder der A2 nach **Pamplemousses/Port Louis** oder der B20 direkt nach **Port Louis** folgen.

Hindutempel

Wer den Genuss ein wenig schneller erleben will, kann die Tour auch auf dem neuen Motorway M3 (*Terre Rouge–Verdun–Trianon Link Road)* angehen. Die vierspurig ausgebaute Straße beginnt im Südosten bei Quatre Bornes, umrundet das Gebirge großzügig, um dann im Norden bei Terre Rouge/Khoyratty auf die M1 zu treffen.

Reisepraktische Informationen Port Louis und Umgebung

i

Information

Mauritius Tourism Promotion Authority (MTPA), *Victoria House, St. Louis St., ✆ 203-1900, www.mauritius-tourism.mu, Mo–Fr 9–16, Sa 9–12 Uhr.*

Unterkunft

Saint Georges Hotel $$ (25), *St. Georges St. 19, ✆ 211-2581, www.saintgeorgeshotel-mu.com. Zentral gelegene Unterkunft mit 82 Zimmern und hoteleigenem Pool. Dieses einfachere Stadthotel befindet sich in den Räumlichkeiten des postmodernen AAA-Towers, einzustufen ist es in die untere Mittelklasse.*

Labourdonnais Waterfront Hotel $$$$ (23), *Caudan Waterfront, P.O. Box 91, ✆ 202-4000, www.labourdonnais.com. Ende 1996 eröffnetes First-Class-Haus – 2015 renoviert – mit 109 Zimmern und Suiten, an exponierter Stelle an der Wharf gelegen und mit eigenem Jachthafen ausgestattet, Publikum hauptsächlich Geschäftsreisende, drei Restaurants, Health Centre, Pool.*

Le Suffren Hotel & Marina $$$$ (24), *Caudan Waterfront (am Eingang zum Hafenbecken), P.O. Box 91, ✆ 202-4900, www.lesuffrenhotel.com. Vier-Sterne-Herberge mit 100 großzügigen Zimmern, trendiger Bar und durchdesigntem Restaurant, Swimmingpool mit künstlichem Sandstrand, Wassertaxi zum Labourdonnais Waterfront Hotel und Zugang zu dessen Einrichtungen, Marina, Katamaran-Kreuzfahrten.*

Restaurants

Für das leibliche Wohl sorgen eine Menge einfacher, billiger und guter Restaurants, vor allem im chinesischen Viertel. Wer auf sehr gute Küche, Komfort und zuvorkommende Bedienung Wert legt, sollte sich an folgende Adressen halten:

Lambic (27), *St. Georges St. 4, ✆ 212-6011, www.lambic.mu. Nicht nur die erste Mikrobrauerei auf Mauritius mit Beer Shop und imposanter Bierliste, sondern auch ein nettes Restaurant mit Biergarten. Sogar Vegetarier kommen hier auf ihre Kosten.*

La Flore Mauricienne (28), *Intendance St. 10, ✆ 212-2200. Beliebter Treffpunkt mit französischem Einschlag, Bar, Restaurant, Self-Service-Gaststätte, Straßencafé und Patisserie, moderate europäische und kreolische Küche.*

Bombay Sweets Mart (29), *Remy Ollier St., ✆ 212-1682, www.bombaysweetsmart.com. Seit 1969 das erste Haus am Platz, wenn es um täglich frisch gemachte indische*

Schlangestehen an einem Imbiss in Port Louis

Süßigkeiten und Snacks geht. Die Leckereien sehen nicht nur gut aus auf dem Teller, sondern erfreuen auch wirklich alle Naschkatzen
Lai Min (30), *Royal Road 56–58, ✆ 242-0042, www.restaurantlaimin.com. Früher mal als das chinesische Restaurant schlechthin bekannt, heutzutage nicht mehr exquisit, aber immer noch gut, moderate Preise.*

Caudan Waterfront (4)
Food Court, *im Erdgeschoss: von Tikita Massala bis zu Pizza Hut, hier findet jeder das, was sie oder er gerne mag. Vielleicht ein „Light vegetarian Meal" für 150 Rs und einen salzigen Lassi für 80 Rs?*
Grand Ocean City, *✆ 211-8357. Großes Restaurant mit chinesischer Küche im L'Observatoire.*
Labourdonnais Waterfront Hotel *(s. o.). Eigentlich ist die Terrasse kein Geheimtipp mehr, aber schön zum Sehen und Gesehen werden. Moderates Preisniveau mit Ausblick.*
Namaste, *✆ 211-6710, http://namaste.restaurant.mu. Im ersten Stock über dem Food Court untergebrachtes, indisches Restaurant, sehr schmackhafte Tandoori-Gerichte und Spezialitäten der nordindischen Küche, aufmerksamer Service, moderate Preise.*
Segafredo Zanetti Espresso, *Le Pavillon, ✆ 211-7346. Neben besagtem Kaffee jede Menge Snacks und vielgelobte Salate zu moderaten Preisen.*

Außerhalb
Indra, *Domaine les Pailles, ✆ 286-4225. Das strohgedeckte und orientalisch eingerichtete Restaurant hat wunderbar milde Tandooris und anderen Spezialitäten, Reservierung empfehlenswert, teuer.*

Nachtleben

Das Nachtleben der Hauptstadt ist nicht berauschend. Es gibt weder gemütliche Kneipen noch Diskotheken. Das **Star-Kino** *im Caudan-Waterfront-Komplex mit seinen drei Sälen ist sicher nicht der Weisheit letzter Schluss.*
Für einen Absacker oder mehr bietet sich die **Bar Keg & Marlin (26)** *gleich nebenan an. Hat lange auf, und am Wochenende gibt es Live-Musik.*
Als Amüsement für Nachtschwärmer locken zudem die **Spielcasinos**:
Le Caudan Waterfront Casino, *Port Louis, ✆ 210-4203. Das Casino hat zwar durch den mächtigen Holzlöwen vor dem Eingang chinesisches Gepräge, ist aber im Innern ein modernes, „normales" Spielhaus.*
Le Grand Casino du Domaine-Pailles, *Domaine les Pailles, ✆ 286-4225. Wunderschöner Holzbau im kreolischen Stil mit eleganter Atmosphäre, Black Jack, Roulette, Spielmaschinen.*

Einkaufen

Auch wenn man kein Meister in der Kunst des Handelns ist, gehört ein Besuch des **Zentralmarktes (21)** *zum touristischen Pflichtprogramm (Mo–Sa 5.30–18 Uhr). Außer Obst und anderen Lebensmitteln werden hier auch viele Waren angeboten, die als Souvenir geeignet sind, z. B. Körbe und Matten, Textilien, Farbpigmente, Schmuck, Gewürze oder Kräutertees. Außer dem Zentralmarkt gibt es noch* **zwei weitere Wochenmärkte** *in Port Louis, die jedoch bei weitem nicht dessen Angebot aufweisen und außerdem nicht billiger sind. In unmittelbarer Nähe des Zentralmarktes können Schnäppchenjäger auf der Suche nach asiatischem Kunsthandwerk oder Waren des alltäglichen*

Bedarfs in den kleinen Kramläden der Chinatown fündig werden.

Neben einigen kleiner **Shopping-Malls** *ist das größte Einkaufszentrum der Komplex der* **Caudan Waterfront** *(www.caudan.com)* **(4)**, *in dessen über 60 Geschäften man fast alles bekommen kann. Wie in den anderen Shoppingcenter sind auch hier die meisten Geschäfte Mo–Sa 9.30–17.30 und So bis 13 Uhr geöffnet. Hier gibt es auch einen eigenen Handwerkermarkt mit Produkten, die auf Mauritius hergestellt wurden. Einige Einkaufstipps:*

Auf dem Zentralmarkt in Port Louis

Bijouterie Bienvenue, *Lord Kitchener St. 61. Schmuck, Uhren sowie sonstige Silber- und Goldschmiedearbeiten, auch Duty-Free-Verkauf (weitere Filialen in Port Louis an der Caudan Waterfront und im MTTB Building sowie in Grand Baie).*

The BookCourt (4), *Caudan Waterfront. Der beste Buchladen weit und breit – von Krimis bis zu Büchern über Mauritius, in mehreren Sprachen.*

Coton des Îles (4), *Caudan Waterfront. Mode aus Baumwolle, zu 100 % in Mauritius hergestellt. Weitere Filialen dieser Kette findet man in Grand Baie und Belle Mare sowie auf Rodrigues.*

Didus Art Gallery (4), *Caudan Waterfront. Bietet Einblicke in das zeitgenössische mauritische Kunstgeschehen.*

Fleurs de Tropiques, *Sir William Newton St. 35. Alles rund um die mauritische Blumenpracht.*

National Handicraft Centre, *Edith Cavell St. 10. Staatlich unterstütztes, offizielles Zentrum für Kunsthandwerk aus ganz Mauritius.*

Poncini, *Rue Jules Koenig 2. Zentral gelegene und alteingesessene Duty-Free-Boutique für exklusiven Goldschmuck, Edelsteine und Perlen (mehrere Filialen in besseren Hotels sowie in Curepipe und Grand Baie).*

5. NORDEN

Überblick

Der Norden von Mauritius ist ein **flaches Gebiet**, das sich nördlich des zentralen Plateaus erstreckt und in etwa ein Dreieck mit den Spitzpunkten Port Louis, Cap Malheureux und Roches Noires bildet. Der Norden steht aber auch für schier endlose Zuckerrohrfelder, Alleen mit Flammenbäumen, herrliche Strände, vorgelagerte Inseln, tiefe Buchten, Hindutempel, Moscheen und Kirchen, die Gärten von Pamplemousses, lebhafte Orte, kreolische Villen, kleine Pensionen und Luxushotels …

Sehr viele Besucher werden dieses Gebiet oder wenigstens Teile davon gut kennenlernen – befinden sich doch um Trou aux Biches, Grand Baie und Grand Gaube drei der größten touristischen Ballungszentren. Von hier ist es einfach, mit Bussen, Taxen, Mietwagen oder Mopeds bzw. Fahrrädern Ausflüge in die nähere Umgebung zu unternehmen und so den komfortablen Rahmen des Hotels zeitweilig zu verlassen. Für diejeniagen, die weiter im Süden wohnen, wird es ebenfalls interessant sein, diese Landschaft zu erleben, wenn sie auch einen längeren Anfahrtsweg überbrücken müssen.

Landschaftliche Vielfalt

Mit dem Bus durch den Norden

Wer sein Quartier an der Nordküste bezogen hat, kommt in den Genuss von sehr guten öffentlichen Busverbindungen die Küste hinauf und hinunter. So verbindet beispielsweise die **82** Cap Malheureux mit Port Louis, die **95** fährt von St. Antoine nach Pamplemousses, und von Grand Baie fährt ein Expressbus nach Port Louis, Gare du Nord, also Nordbahnhof. Sämtliche **Busfahrpläne** von Mauritius und Rodrigues gibt es im Internet auf der Website der National Transport Authority: http://nta.govmu.org/English/Procedures/Pages/Hidden/Bus-Timetable.aspx. Über Verbindungen weiß in der Regel auch die Rezeption des jeweiligen Hotels bestens Bescheid.

Die Busse sind meist recht schnell unterwegs – vielleicht zu schnell für manchen Geschmack – aber sehr zuverlässig. Auch am Sonntagnachmittag fahren sie noch. So dauert eine Fahrt von Cap Malheureux nach Port Louis rund 80 Minuten, über Péreybère, Grand Baie, Troux aux Biches, Triolet und kostet ganze 34 Rs. Die Teilstrecken liegen unter 34 Rs. Die 95 fährt fast dieselbe Strecke, biegt nur auf den letzten Kilometern vor Port Louis links von der Hauptstraße ab Richtung SSR Hospital und Pamplemousses, ebenfalls für 34 Rs.

Die Vorteile des Busfahrens liegen auf der Hand: gute Aussicht, leicht erhöht über die Mauern der Strandvillen. Wer will, kommt mit den Einheimischen leicht ins Gespräch. Und man spart sich den Stress, die manchmal stark befahrene A13 selbst fahren zu müssen.

Die Strände des Nordens

Baie du Tombeau: Knapp 5 km nördlich von Port Louis gelegen und über die B29 zu erreichen. Nur einige Durchgänge zwischen den Privathäusern und Grundstücken führen zu den Public Beaches, die jedoch nicht außergewöhnlich schön sind. An Wochenenden drängeln sich die vielen Picknick-Ausflügler aus Port Louis, und im mauritischen Sommer ist es an der Bucht oft unerträglich schwül. Der Name rührt vom „Grab" des holländischen Admirals Pieter Both her.

Trou aux Biches: Zusammen mit dem südlichen Pointe aux Piments und den nördlichen Stränden von Moint Choisy und von Pointe aux Canonniers ein Zentrum des Strandlebens sowohl von Einheimischen als auch ausländischen Urlaubern – nicht ohne Grund. Entlang dem weißen Sandstreifen zur Landseite zieht sich ein schöner Filao-Wald, in dem Mauritier zelten und Picknicks veranstalten. Es bestehen alle Möglichkeiten des Wassersports. An der Pointe aux Piments ist wegen vieler Korallen- und Felsabschnitte Baden allerdings nur eingeschränkt möglich. In der Gegend südlich der gleichnamigen Ortschaft, zwischen den historischen Batterie des Grenadiers und Ancien Arsenal français, wird es, je weiter man in den Süden kommt, immer ruhiger; sie ist aber nicht einfach zu erreichen. Zum Norden hin (Pointe aux Canonniers) stehen einige neue und ältere Hotels der oberen Klasse mit schönen Flammenbäumen und dem Hindutempel von Triolet – eine kulturell und landschaftlich anregende Umgebung. Entlang der Küstenstraße und im Ort Trou aux Biches gibt es mehrere Restaurants, Bars und Shops.

Grand Baie: Mit ihrem blauen, klaren Wasser ist die tief ins Land reichende Grand Baie eine Freude fürs Auge, und der ehemals verträumte gleichnamige Ort hat sich zu einem Ballungszentrum mit allen Annehmlichkeiten des touristischen Lebens entwickelt. Einigen allerdings ist es hier bereits zu gedrängt. Die Strandabschnitte sind jedoch weniger gut als die Möglichkeiten zum Segeln, Surfen, Tretboot-, Kajak- und Glasbodenboot fahren. Vor den großen Hotels erstrecken sich bessere, z. T. künstlich angelegte Strände. Wem es hier am Wochenende am Strand zu voll ist, der sollte den Public Beach in Péreybère ausprobieren – allerdings sind viele Einheimische auch längst auf die Idee gekommen.

Die Nordspitze: Die Küste von Péreybère bis zum Cap Malheureux ist mit Villen, Ferienhäuschen und Bungalowanlagen, weniger mit großen Hotels besiedelt. Die sandigen Buchten sind z. T. noch ursprünglich, von steilen Abschnitten eingeengt und oft mit schöner Sicht auf die Insel Coin de Mire. Allerbeste Bademöglichkeiten bestehen im flachen, geschützten Wasser der Bucht von Péreybère. Nach Grand Gaube hin wird der Strand breiter und feinsandiger.

Ein ausgefüllter Tag und Hinweis zur Route

Start in Port Louis – Baie du Tombeau – Hindutempel in Triolet – Badepause in Trou aux Biches – Mittagessen in Grand Baie – Cap Malheureux – Pause in Grand Gaube oder Poudre d'Or – Pamplemousses.
Bei dieser Tour sollte man **spätestens um 16 Uhr** in Pamplemousses sein, weil der Botanische Garten um 17.30 Uhr seine Tore schließt und die Rückfahrt in der Dunkelheit länger dauert als am Tage. Auch das L'Aventure du Sucre schließt um 17 Uhr, und das Museum sollte nicht ausgelassen werden. Für botanisch und historisch besonders Interessierte empfiehlt es sich deshalb auch, diese Besichtigungen an den Anfang des Ausflugs zu legen und dann über Arsenal zur Westküste zu fahren. Alternative ist ein Sonntagsausflug zum Château de Labourdonnais in Mapou und dann nach Pamplemousses: Am Sonntag ist der Eintritt in den Botanischen Garten für Einheimische frei. Und es macht Spaß, die mauritischen Familien beim Picknick zu erleben oder selbst mitzumachen. Danach geht es weiter zum L'Aventure du Sucre.

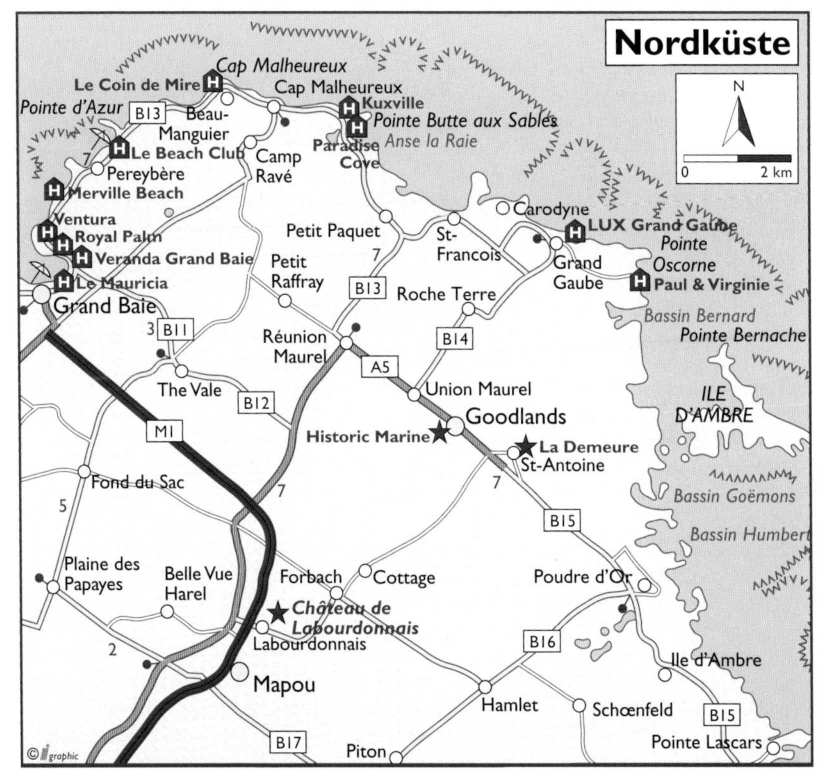

Redaktionstipps

Sehens- und Erlebenswertes

▸ **Besichtigung des Triolet Shivalah**, des größten Hindutempels der Insel (S. 156).

▸ Für Romantiker: Ein Erlebnis ist an der **Nordwestküste** der **Sonnenuntergang**, beispielsweise in Grand Baie (S. 160).

▸ Das Leben auf Mauritius im 19. Jh. kennenlernen – im **Château de Labourdonnais** (S. 176).

▸ Besuch der weltberühmten **Botanischen Gärten von Pamplemousses** (S. 178) und des Erlebnismuseums zum Thema Zucker: **L'Aventure du Sucre** (S. 182).

Einkaufen

▸ Ein **Freitagsausflug nach Goodlands** auf den Markt mit abschließender Besichtigung einer Schiffsmodell-Werkstatt (S. 171).

Aktivitäten

▸ Ein herrlicher **Tag auf See** mit Baden, Schnorcheln, Mittagessen und Getränken an den zahlreichen Public Beaches des Nordens. (S. 102).

▸ Mal ein bisschen tiefer ins Wasser schauen und Großartiges entdecken: **Tauchen vor Grand Baie** (S. 167).

▸ Picknickkorb mitnehmen und sich in Poudre d'Or von einem Fischer zur **Île d'Ambre** übersetzen lassen zum Baden, Schnorcheln oder zur Strandwanderung (S. 175).

Dieses Kapitel beschreibt eine **Rundfahrt**, die Port Louis als Start- und Zielpunkt hat und etwa 95 km lang, also an einem Tag gut zu schaffen ist. Wer im Norden logiert, wird natürlich, je nach Standort, die Reihenfolge der Stationen anders setzen und auch Port Louis auslassen (stattdessen von Pamplemousses direkt nach Trou aux Biches bzw. Poudre d'Or fahren). Wer im Südwesten wohnt, sollte zunächst nach Port Louis fahren und dafür gut zwei Stunden einkalkulieren. Wer im Süden oder Südosten wohnt, spart rund 30 Minuten Fahrzeit in den Norden, wenn er die Umgehungsstraße M3 nimmt und Port Louis im wahrsten Sinne des Wortes „links liegen" lässt. Ab Trou d'Eau Douce ist es aber sinnvoller, die Ostküstenroute bis nach Poudre d'Or zu nehmen und die vorgeschlagene Rundfahrt in umgekehrter Reihenfolge abzufahren. Am Schluss ergibt sich die Möglichkeit, ab Pamplemousses über Bon Accueil oder über Rivière du Rempart zurückzugelangen.

Von Port Louis bis Pointe aux Canonniers

Die Rundfahrt beginnt am **Hafen** in **Port Louis**, wo nördlicher und südlicher Motorway an der Place du Quai zusammenkommen. Hier geht es, am General Post Office vorbei, in nördlicher Richtung und dabei durch einige Verkehrskreisel. Am ersten geht es links zu den Docks ab, am zweiten zum Freihafen und zum Fort George. Wer zwischen Oktober und März auf Mauritius unterwegs ist und ein Herz für die Vogelwelt hat, der folgt anschließend der Beschilderung zum **Rivulet Terre Rouge Estuary Bird Sanctuary**. Hier gibt es einen kleinen Vogel- und Pflanzenpark. Die Mündung des Rivulet ist ein beliebtes Überwinterungsgebiet von Zugvögeln, die den weiten Weg aus dem Norden nicht scheuen. Auch gibt es einige einheimische Pflanzenarten zu sehen.

Rivulet Terre Rouge Estuary Bird Sanctuary, *✆ 217-2886, tgl. Okt.–März, Eintritt frei.*

Gefährliche See

Im dritten Kreisverkehr zweigt linker Hand die B29 zur **Baie du Tombeau** ab, sowohl die Bezeichnung einer Halbinsel als auch jener Bucht, die diese nördlich begrenzt. Ihr Name (Deutsch: Grabesbucht) rührt von vielen unglücklichen Seeleuten her, die in den gefährlichen Gewässern mit ihren Korallenriffen ums Leben kamen. Darunter befanden sich auch im Jahre 1615 jener Admiral Pieter Both, dessen Namen der zweithöchste Gipfel der Insel trägt, und George Weldon, ein britischer Gouverneur von Bombay, der 1697 in der Bucht ertrank.

Die Halbinsel ist relativ dicht bevölkert, weshalb man sich die schmale Straße mit vielen Fußgängern, Fahrrad- und Mopedfahrern teilen muss. Dabei passiert man etliche einfache Bungalows, Wohnhäuser und Vorgärten, jedoch nur wenige Hotels. Es ist möglich, auf der ca. 10 km langen Straße um die gesamte Baie du Tombeau herumzufahren. In der Weihnachtszeit beeindrucken hier wunderschöne Flamboyants. Der Strand, ein von Einheimischen stark besuchter Public Beach, ist nicht besonders schön, sodass man sich die Badepause für später aufbewahren kann.

Wer auf die Rundfahrt entlang der Baie du Tombeau verzichtet, nimmt am besten den Motorway Richtung Norden und biegt in **Terre Rouge** auf die Hauptstraße A 4 ab. Der dortige große Friedhof zählt zu den interessantesten der Insel: Eigentlich ist er den Chinesen vorbehalten, doch sind hier Angehörige aller Glaubensrichtungen beigesetzt. Man sieht hoch aufragende Kreuze, Obelisken und Grabmonumente mit kleinen pagodenartigen Dächern, Inschriften mit lateinischen oder chinesischen Buchstaben und oft auch ein Foto der Verstorbenen.

Imposanter Friedhof

Arsenal und Pointe aux Piments

Auf der Weiterfahrt in den Norden überquert man auf der A4 den Rivière du Tombeau und gelangt in die Ortschaft **Arsenal**. Ihr Name rührt von einem Munitionsdepot her, das der berühmte Gouverneur Mahé de Labourdonnais hier einrichten ließ. Arsenal beherbergt einen Cerruti- und Karl-Kaiser-Outlet. Um zur Küste zu gelangen, verlässt man in der Ortschaft die Hauptstraße nach links und fährt durch einen flachen, von Zuckerrohrfeldern dominierten Landstrich nach Westen auf die **Turtle Bay** (Baie aux Tortues) zu. Bucht und Halbinsel erhielten ihren Namen nach den Seeschildkröten, die zur Zeit der Holländer hier an Land ihre Eier ablegten.

Sonnenuntergang an der Westküste

Auch heute noch sind Flora und Fauna in den Küstengewässern außergewöhnlich artenreich, weshalb der Meeresstreifen als Naturschutzgebiet ausgewiesen wurde. Eine gute Möglichkeit, diese Wunderwelt samt gutem Sandstrand kennen zu lernen, bietet das Tauchzentrum des **Maritim Hotels** in **Balaclava**, das auf einem riesigen Privatgelände an der Bucht errichtet wurde und über eine links abgehende Stichstraße zu erreichen ist. Das Hotel diente 1993 als Tagungsort für das Gipfeltreffen der frankophonen Länder unter Vorsitz von Präsident François Mitterand. Wer sich hier ebenfalls wie „Gott in Frankreich" fühlen möchte, sollte im Maritim das elegante und sehr intime Gourmetrestaurant Château Mon Desir ausprobieren (www.chateaumondesir.mu). Ein weiteres Highlight des Hotels ist, dass auf seinem Gelände historische Überreste des ehemaligen französischen Munitionsdepots zu finden sind.

Tagungsort

Nördlich der Bucht führt die Straße auf **Pointe aux Piments** zu, benannt nach den vielen Pimentbüschen der Region. Hier wurden mehrere neue Unterkünfte hochgezogen, vor allem solche der First-Class- und Luxuskategorie wie La Plantation d'Albion und The Oberoi. Demgegenüber wirkt das 1994 eröffnete First-Class-Hotel Le Victoria fast schon etwas antiquiert.

Villas Mon Plaisir, Le Meridien Ile Maurice und Récif Attitude sind weitere Hotels entlang des nun folgenden Sandstrands, der lang gestreckt, allerdings auch ziemlich schmal ist. Außerdem wird er immer wieder von felsigen Abschnitten unterbrochen, die andererseits eine Vielzahl an farbenprächtigen Fischen und anderem Getier anlocken und damit ein ideales Tauch- und Schnorchelrevier darstellen. Und romantische Naturen werden abends von dem dramatisch-schönen Schauspiel begeistert sein, wenn die Sonne im Indischen Ozean versinkt. Wer die Unterwasserwelt kennenlernen will, ohne selbst ins Wasser zu gehen, ist im **Aquarium** von Pointe aux Piments richtig. Neben beeindruckenden Hochseefischen bietet das Aquarium einen schönen (Familien-)Ausflug in neue Welten. Und, wenn es zeitlich geht: Die Fischfütterung um 11 Uhr nicht verpassen!

Sonnenuntergang

Mauritius Aquarium, *Coastal Rd., Pointe aux Piments, ✆ 261-4561, www.www.mauritiusaquarium.com, Mo–Sa 9.30–17, So und Feiertag 10–16, Fütterung 11 und 15 Uhr, Erwachsene 250 Rs, Kinder bis 12 Jahre 125 Rs.*

Etwa 10 km ist die **Küstenstraße** lang, die vom Pointe aux Piments über Trou aux Biches und Mont Choisy bis zum Pointe aux Canonniers hinaufreicht und entlang der sich Wochenendhäuser, Appartementhotels und Luxusherbergen aufreihen. Autoreisende fahren hier fast immer in Sichtweite zum Meer und haben oft Gelegenheit, in den Filaohain Richtung Public Beach abzubiegen, um am lang gestreckten Sandstrand eine Pause zu machen. An Wochenenden breiten sich hier die mauritischen Familien aus und genießen mit Picknick, Bier, Karten- und Ballspielen und viel Palaver den freien Tag.

Trou aux Biches

Die nächste kleine Ortschaft an der Küste, **Trou aux Biches** (Deutsch: Wasserstelle der Hirschkühe) hat ihren früheren ländlichen Charakter gegen die Errungenschaften der Tourismusindustrie eingetauscht. Kleinere Hotels, Restaurants, einige Wassersportanbieter und Boutiquen bestimmen das Bild und geben einen Vorgeschmack auf das turbulente Leben an der Grand Baie. In Trou aux Biches herrschen *easy going* und Gelassenheit.

In der Ortsmitte mit einem Parkplatz und öffentlichen Toiletten lohnt sich ein kleiner Zwischenstopp für einen Blick auf den Strand oder ein belegtes Brötchen bei Snack Kwan Peng. Größerer Hunger kann beim Fischstand La Cabane du Pecheur befriedigt werden, dank opulenter Fischkarte. Wer danach Zeit für ein Päuschen braucht, fährt am Dorfende links auf den Parkplatz der Public Beach, mietet sich vielleicht eine Liege (500 Rs/halber Tag, 800 Rs/Tag) und schaut dem gemächlichen Treiben am Strand zu. Und wem es zu langweilig wird, der geht zum nahen Boathouse, lässt sich in Sachen Wassersport beraten und probiert dann ganz etwas Neues aus: Parasailing vom Boot aus, 1.500 Rs kostet der Spaß. Mit der Neueröffnung des luxuriösen Beachcomber-Hotels Troux aux Biches Resort & Spa Ende 2010 gleich nebenan konnte das Örtchen auf der touristischen Beliebtheitsskala noch ein wenig weiter nach oben klettern (s. S. 158).

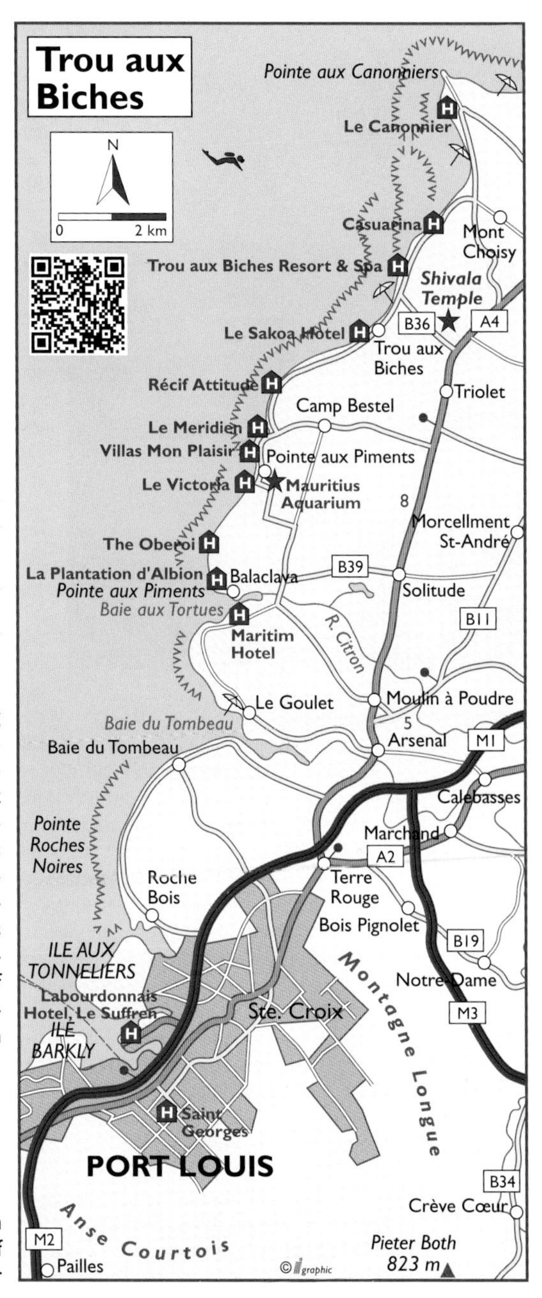

Triolet und Pointe aux Canonniers

Von Trou aux Biches führt ein kurzer Abstecher nach rechts auf der Shivalah Road (B36) von der

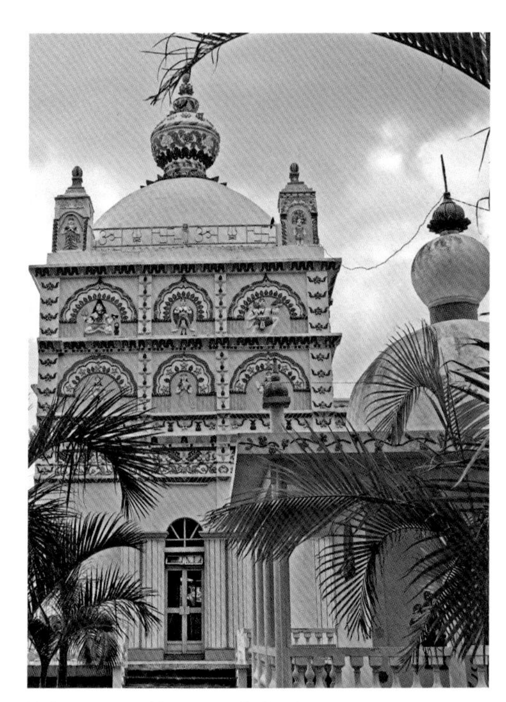

Nicht verpassen: Maheswarnath Mandir, der größte Hindutempel auf Mauritius

Küste ins Inselinnere. Wer am Public Beach geparkt hatte, kreuzt die Küstenstraße. Das Ziel ist **Triolet**, das längste Dorf der Insel, mit echtem, indischem Alltagsleben. Kein Wunder, dass sich hier die hinduistische Tempelanlage **Shivalah** befindet, die größte des Landes. Sie wird bereits auf der B36 hinter der Bushaltestelle zur Linken sichtbar. Der Haupttempel Maheswarnath Mandir gehört zu den prächtigsten Sakralbauten der Insel. Wegen des Einbahnstraßensystems muss man ihn jedoch erst einmal umfahren, um zum Haupteingang zu kommen. Hinter der katholischen Kirche Nôtre Dame des Anges biegt man dazu links in die Royal Road ab, und bei der nächsten Möglichkeit nochmals nach links, nach wenigen Metern wird der Tempeleingang erreicht.
Tempelanlage Shivalah, *tgl. 5.45–17.55 Uhr.*

Die 1891 fertiggestellte Anlage besteht aus drei größeren Gebäuden, die alle in leuchtenden Farben bemalt und verschwenderisch dekoriert sind. Vishnu, Shiva, Krishna, Ganesha und viele andere Götterstatuen befinden sich an und in den Tempeln, daneben mythologische Tiger und Elefanten. Eine Besichtigung ist möglich. Wichtig: Beim Betreten des Inneren die Schuhe ausziehen! Meist bieten Jungen gegen ein kleines Trinkgeld ihre Dienste als Führer an und erklären auf Englisch die wichtigsten Göttergestalten. Der Tempelbezirk ist aber auch – besonders in den Wintermonaten – wegen seines mächtigen Banyanbaums, der den Eingang bewacht, und der auf der Straße blühenden Flamboyants sehenswert. Um Silvester herum lohnt sich ein Besuch von Triolet ganz besonders. Dann findet hier am Neujahrstag eine hinduistische Zeremonie statt, bei der in Trance versetzte Gläubige über glühende Kohlen laufen.

Flammenbaumallee

Von Triolet kann man direkt nach Grand Baie weiterfahren oder aber die schönere Küstenstraße benutzen. In letzterem Fall geht es erst einmal nach Trou aux Biches zurück und dann parallel zum Meer auf einer herrlichen Flammenbaumallee nach Norden, zur Linken immer am schönen Trou-aux-Biches-Strand vorbei, zur Rechten u. a. am Golfplatz.

Immer wieder kann man an dem Public Beach, der sich hinter dem Filaohain erstreckt, anhalten und das Strandleben der Einheimischen beobachten oder selbst eine Badepause einlegen. Einen Blick in die Welt der Fische und Korallen bis zu einer Tiefe von 35 m gewährt die U-Boot-artige **Blue Safari Submarine**.

Blue Safari Submarine, *Restaurant Le Pescatore, Royal Rd., ✆ 265-7272, www.blue-safari.com, tgl. stündliche Abfahrt Sept.–April 8.30–16.30, Mai–Aug. 8.30–15.30 Uhr, Reservierung empfohlen, Erwachsene ab 4.400 Rs, Kinder unter 12 Jahren 2.900 Rs.*

Weiter Richtung Grand Baie kann man am später folgenden Kreisverkehr rechts direkt nach Grand Baie gelangen oder – empfehlenswerter – noch ein wenig an der Küste bis zum **Pointe aux Canonniers** weiterfahren. Der direkte Seeblick wird auf dieser Etappe allerdings von vielen Villen verstellt, deren üppige Gärten sich hinter grauen Steinmauern verstecken.

Französisches Fort

Am „Kap der Kanoniere" gibt es nochmals schöne Sandstrände mit Filaohainen, weshalb sich einige große Hotels angesiedelt haben wie das zur Beachcomber-Gruppe gehörende Le Canonnier, das inmitten tropischer Gärten auf dem Gelände eines ehemaligen Forts der Franzosen gelegen ist. Die Ruinen und Kanonen der **Festung** wurden geschickt und geschmackvoll in den modernen Hotelbau integriert, ebenso wie der kleine Leuchtturm, der 1855 auf den Militäranlagen errichtet wurde. Vor dem Hotel erstrecken sich drei Strände, von denen der südliche den Blick fast bis nach Port Louis schweifen lässt.

Reisepraktische Informationen Westküste bis Pointe aux Canonniers

Unterkunft

Casuarina Resort & Spa $$, *Trou aux Biches, ✆ 204-5000, www.hotel-casuarina.com. Im maurischen Stil errichtetes, einfacheres Hotel nahe dem schönen Trou-aux-Biches-Strand, 87 Mittelklassezimmer, Restaurant, durch eine Straße vom Strand getrennt.*
Villas Mon Plaisir $$, *Royal Rd., Pointe aux Piments, ✆ 261-7980, www.villasmonplaisir.com. 1994 eröffnetes, kleines, gemütliches Hotel zwischen Grand Baie und Port Louis, 41 solide Mittelklasse-Zimmer (auch Familienzimmer), Pool, freundlicher Service, chinesisch-mauritisches Restaurant mit Meerblick.*
Hotel Récif Attitude $$-$$$, *Pointe aux Piments, ✆ 261-0444, www.recif-hotel-mauritius.com. Stylishes Resort mit einer lockeren Atmosphäre, Pool und sämtlichen Annehmlichkeiten, die auch und vor allem in teureren Resorts entlang der Nordküste zu finden sind.*
Le Canonnier $$$, *Pointe aux Canonniers, Grand Baie, ✆ 601-9000, www.beachcomber-hotels.com/hotel/le-canonnier. 1989 erbaute, empfehlenswerte Anlage der gehobenen Mittelklasse, inmitten tropischer Gärten mit Ruinen und Kanonen eines ehemaligen Forts gelegen, 171 bestens ausgestattete Zimmer, großer Pool im Zentrum des Komplexes, Diskothek, mehrere Restaurants, drei Strände, von denen der südliche den Blick fast bis nach Port Louis schweifen lässt. Mai–2. Sept. 2017 wg. Renovierung geschl.*
Maritim Resort & Spa $$$, *Baie aux Tortues, Balaclava, ✆ 204-1000, www.maritim.de. Nahe der Hauptstadt (12 km) gelegenes, schönes First-Class-Hotel, 180 gut ausgestattete Zimmer in zwei Flügeln, herrlicher Park, mehrere Restaurants (u. a. das Feinschmeckerrestaurant Mon Desir mit nur zwölf Tischen), großer Pool, überdurchschnittlich umfangreiches Sportangebot mit u. a. Tauchbasis, Tennis und Golf (9-Loch), gute Schnorchelgelegenheiten und Sandstrand am Naturschutzgebiet der Turtle Bay.*
The Oberoi Mauritius $$$, *Baie aux Tortues, Pointe aux Piments, ✆ 204-3600, www.oberoihotels.com. 2001 eingeweihte Spitzenherberge, inmitten eines tropischen*

Gartens gelegen. 76 luxuriöse, alleinstehende Villen und Pavillons (70–250 m²), u. a. mit eigenem Pool und Garten, daneben zwei große Pools in Strandnähe, zwei Gourmetrestaurants, Spa-Center, Bar und Weinkeller direkt am Sandstrand.

Umweltfreundliches 5-Sterne-Resort

306 Zimmer, sechs Restaurants, um die 800 Gäste gleichzeitig, 735 Mitarbeiter und nicht weniger als 108 Pools. 108 Pools für ein Resort direkt am blauen, warmen Ozean, mit kilometerlangem feinstem Sandstrand? „Die Gäste wünschen das, Pools sind ein großes Thema im Verkauf", sagt Nicolas Dupouy, Maintenance Manager im **Trou aux Biches Resort & Spa** und kann auch gleich erklären, warum das 2010 inmitten eines schönen Parks wiedereröffnete Luxushotel trotzdem umweltfreundlich funktioniert. 2008 wurde die bestehende Anlage geschlossen für den Neu- und Umbau, mit dem sich die Zimmerzahl glatt verdoppelte. Die parallel zum Strand laufende Landstraße B38 wurde kurzerhand verlegt und mit einem Grüngürtel umgeben, der frühere 9-Loch-Golfplatz überbaut und dann das Resort mit seinen zahlreichen schmucken Bungalows und seinem Tennisplatz wieder rein ins Feuchtgebiet gesetzt. Und wenn man schon mal neu denkt, dann richtig: Unter dem Tennisplatz beispielsweise befindet sich eine riesige Zisterne, in der das Regenwasser gesammelt wird. Das Trou aux Biches Resort & Spa arbeitet mit einer eigenen Quelle in 40 m Tiefe und einem weitestgehend geschlossenen Wasserkreislauf – nur bei großer Trockenheit wird Wasser zugekauft. Das Wasser aus den 108 Pools also bleibt „im Haus", wird gereinigt, microgefiltert, geprüft, mit 500 Solarkollektoren auf 50 °C erhitzt und kommt dann wieder zu den Gästen. Reicht die Sonne nicht, wird der Gasbrenner angeworfen. Da ist es nur konsequent, dass das dazugehörige Chlor nicht von der Stange im Laden gekauft, sondern selbst hergestellt wird. „Unsere Mission war, auch mit der doppelten Anzahl an Zimmern nur so viel Wasser wie vorher zu verbrauchen", sagt der Ingenieur Dupouy, „und das ist uns gelungen." Dupouy ist stolz auf das Erreichte, „denn wann kriegt man schon mal so ein großes Projekt?" Seit mehr als 18 Jahren arbeitet er für die mauritische Beachcomber-Gruppe, die das Resort betreibt, langweilig wird ihm dabei nicht. Aber Wasser sei längst nicht alles, sagt er: 80 % des Lichts werde über energiesparende LED-Lampen erzeugt, schon die Architektur des Resorts berücksichtige viele Umweltaspekte, so ist das Gelände mit 60 strombetriebenen Golf-Carts befahrbar. Auch der Müll werde nach deutschem Vorbild getrennt und so weit wie möglich recycled. Deshalb kommen die staatlichen Organisationen weniger zum Kontrollieren als zum Lernen: „Wir betreiben den Umweltschutz vielleicht ein wenig ernsthafter." Und auf europäischem Standard, wie Dupouy betont. Logisch, dass ein Großteil seines Maschinenparks aus Deutschland stammt, „und die funktionieren am besten."

Trou aux Biches Resort & Spa $$$, *Royal Rd., Trou aux Biches/Triolet, ✆ 204-6800, www.trouauxbiches-hotel.com.*

Le Sakoa Hotel $$$, *Route Royal, Trou aux Biches,* ✆ *483-4970, www.lesakoa.com. Sehr intimes, ungemein stylishes, überschaubares Hotel mit 16 Zimmern, alle mit Küche/ Balkon/Terrasse, Swimmingpool, Bar, Restaurant, Supermarkt ganz in der Nähe.*

Restaurants

Le Pescatore, *Route Cotière, Trou aux Biches,* ✆ *265-6337, http://pescatore. restaurant.mu.* Schickes, bekanntestes und vielleicht teuerstes Restaurant auf der Insel, *wunderschöne Lage direkt am Meer, vornehmes Ambiente, tgl. geöffnet, teuer.*
Au Soleil Couchant, *Royal Rd., Pointe aux Piments,* ✆ *261-6786.* Einfaches Restaurant *mit solider indischer Küche, u. a. gute Curries, tgl. geöffnet, preiswert.*
Souvenir Restaurant, *Trou aux Biches,* ✆ *291-1440,* gegenüber der Polizeistation, *bekannt als sehr preiswert und lecker.*

Wassersport

Die **Organisation de Pêche du Nord (Corsaire Club)**, *Trou aux Biches,* ✆ *265-5209, bietet* **Hochseefischen** *an.*
Zudem gibt es folgende **Tauchcenter**:
Maritim Diving Centre, *Maritim Hotel, Balaclava,* ✆ *204-1000, www.maritim diving.com.*
Blue Water Diving Centre, ✆ *265-7186, www.bluewaterdivingcenter.com.*
Atlantis Diving Center, *Coastal Rd., Trou aux Biches,* ✆ *265-7172, www.atlantis diving.info.*
Diving World, *Cannonier Hotel, Pointe aux Canonniers, Grand Baie,* ✆ *263-1225, www.diving-mauritius.com.*

Einkaufen

Die Ortschaft **Pointe aux Canonniers** *ist für* **Perlenliebhaber** *sowie für* **Kunstfreunde** *wegen einiger Galerien interessant:*
Galerie Hélène de Senneville, *Coastal Rd., Pointe aux Canonniers,* ✆ *263-7426, www.galeriehelenedesenneville.com. Gemälde und Skulpturen mauritischer Künstler, u. a. viele Originale von Chazal.*
Seebaluck Art Gallery & Galerie Raphael, *Coastal Rd., Pointe aux Canonniers,* ✆ *263-6470. Gemälde und Skulpturen in herkömmlicher und moderner Manier.*

Ruhe genießen: am Strand in Trou aux Biches

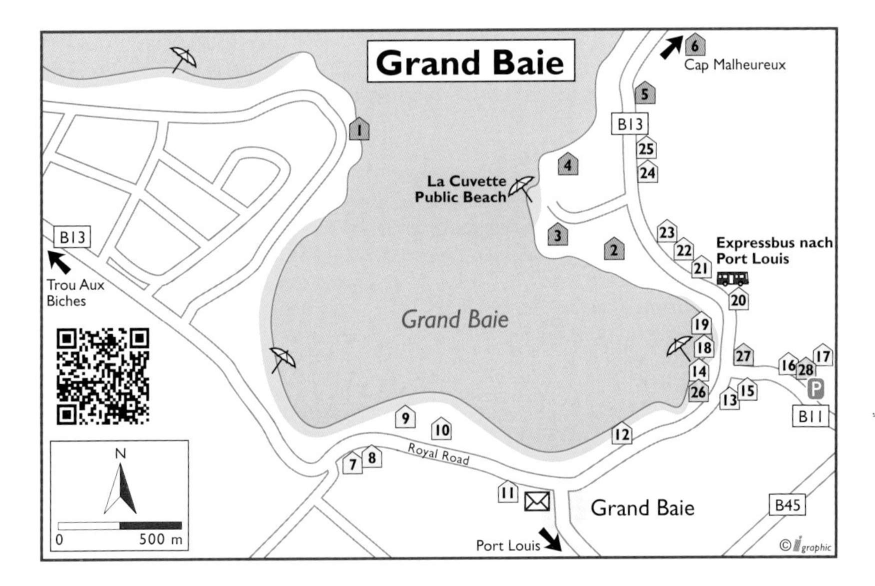

Grand Baie

Knapp 3 km lang ist die Küstenstraße vom Pointe aux Canonniers bis zur **Grand Baie**, dem quirligen Zentrum des Fremdenverkehrs mit Textilgeschäften, Cafés, einer Menge Restaurants, Tankstelle, Supermarkt, Diskotheken u. v. m. Was die einen abschreckt, die anderen aber anzieht, heißt in der touristischen Werbung „die Côte d'Azur von Mauritius" und ist tatsächlich ein sehr schönes Fleckchen Erde. Die Bucht strahlt ihren besonderen Reiz tagsüber aus, wenn unzählige Wassersportler – Segler, Surfer und Bootsfahrer – das türkisfarbene Wasser bevölkern. Aber auch in der Dunkelheit, wenn die bunten Lichter der Hotels und Restaurants die Szenerie bestimmen, ist so mancher Urlauber hingerissen.

Sobald man eine schöne große **Moschee** auf der rechten Seite sowie zur Linken die Polizeistation passiert, beginnt der eigentliche Ort. Seine Hauptstraße ist auch hier die **Royal Road**, die z. T. direkt am Wasser entlangführt und an der Restaurants, Shops, Yachthäfen und Einkaufszentren wie Sunset Boulevard und **Grand Bay Store (27)** liegen. Hier kann man flanieren und sich ein wenig in den zahlreichen Läden umschauen, die jede Saison aufs Neue aus dem Boden sprießen. Wer sich für chinesische Geschichte auf Mauritius interessiert, wirft im ersten Stock des Grand Bay Store einen Blick in das **Chinese Heritage Centre (27)**, das Ende 2013 von Port Louis nach Grand Baie umgezogen ist. Hier ist das chinesische Leben auf der Insel nett dokumentiert, von Ausstellungsstücken mit kulturellem Charakter bis zu einer historischen Küche, einem Laden und einem alten Fahrrad.

Chinesische Geschichte

Chinese Heritage Centre, *Grand Bay Store, Royal Rd., ✆ 263-2680, Mo–Sa 9.30–17.30 Uhr, feiertags geschl., Erwachsene 200 Rs, 5–17 Jahre 100 Rs.*

Unterkunft
1 20° Sud
2 Le Mauricia
3 Veranda Grand Baie
4 Royal Palm
5 Ventura
6 Merville Beach

Essen und Trinken
7 Rivoli
8 Mamma Mia
9 Le Capitaine
10 Coolen – Chez Ram
11 Café Müller
12 Beach House
13 Sauterelle
14 Sunset Café
15 B 52
16 Gelaterie LOVE
17 Happy Rajah
18 Café de Grand Baie Plage
19 Imbiss-Stände am Strand
20 CocoLoko
21 Palais de Chine
22 Kamikaze
23 Banana Beach Club
24 Luigi's
25 Insomnia

Einkaufen
26 Sunset Boulevard
27 Grand Bay Store & Chinese Heritage Centre
28 Super U Hypermarkt

Wer bisher noch nicht zu einer Frühstücks- oder Mittagspause gekommen ist, sollte jetzt die Chance nutzen und am **Public Beach** einen der zahlreichen **Imbisse (19)** aufsuchen. Beispielsweise sind bei La Baraque a Frites gebratene Nudeln für 180 Rs, Meerblick inklusive, eine Versuchung wert. Ein bisschen feiner – aber ebenfalls mit Ausblick – sitzt es sich im beliebten **Café de Grand Baie Plage (18)** oder ein paar Schritte weiter im **Sunset Café (14)**, das wiederum zum Paparazzi Restaurant gehört. Überhaupt gibt es in Grand Baie keinen Mangel an Einkaufsmöglichkeiten, Cafés, Restaurants und Bars: vom **Super U Hypermarkt (28)**, der bei Insidern als der beste auf Mauritius gilt, dem **Café Müller (11)**, in deutscher Hand und mit deutschem Angebot, bis hin zum **Banana Beach Club (23)**, einem hippen Nachtclub. Ebenfalls wird das komplette Angebot an Wassersport an den Mann oder die Frau gebracht. Und wer schon immer mal Hochseefischen wollte, kann sich bei Sportfisher ab 18.000 Rs am Tag ein Boot mit kompletter Mannschaft, Angelausrüstung und Softdrinks mieten.

Shopping

Grand Baie ist auch ein gutes Sprungbrett, um sich unter Wasser ein wenig umzuschauen. Denn etliche der besten Tauchspots von Mauritius liegen im wahrsten Sinne des Wortes direkt vor der Tür. In wenigen Minuten ist man mit dem Tauchboot dort und genauso schnell wieder zurück am sonnigen Strand.

Stressfrei tauchen – bis die Flasche leer ist

info

Ein Gespräch mit Bernhard Jackenkroll vom Orca Dive Club in Grand Baie

Bernhard Jackenkroll kommt ursprünglich aus Deutschland, konnte aber schon gut 30 Jahre Tauchcentererfahrung in Südostasien vorweisen, als er mit 65 kg Gepäck – davon allein 20 kg für die Unterwasser-Kameraausrüstung – im Jahr 2011 auf Mauritius landete. Heute führt er den Orca Dive Club in Grand Baie und gehört damit zu den wenigen deutschen Tauchschulleitern auf Mauritius, wie er nicht ganz ohne Stolz erzählt.

30 Jahre Asien, dann Mauritius: Kulturschock?
Nein. Mauritius liegt zwar in den Tropen, ist aber gut organisiert und der westliche Einfluss ist deutlich bemerkbar. Ich sage mal so: Nach 30 Jahren mehr oder weniger Anarchie ist es hier deutlich ruhiger. Die Menschen sind tolerant, das Essen ist hervorragend, das Wetter tropisch. Und die Taucherei ist wunderbar – bei angenehmen 28 °C Wassertemperatur.

Es lohnt sich also, nach Mauritius zum Tauchen zu kommen? Ist es besser als beispielsweise in Indonesien?
Besser kann ich so nicht sagen, da man nicht unmittelbar vergleichen kann. Aber es gibt auf Mauritius beispielsweise einige Fischarten, die es sonst nirgends gibt. Wer Muränen mag: Hier hocken gleich vier oder fünf in einem Loch, nicht nur eine. Und die Sichtweiten liegen gut zwischen 15 und 50 m. Nur bei Großfisch, da ist man auf den Malediven besser aufgehoben.

Wie sehen Deine typischen Tauchkunden aus?
Zu Orca kommen logischerweise viele Deutsche, auch von der mauritischen Ostküste. Mauritius ist ideal für Familien, bei denen vielleicht nur ein Mitglied taucht. Wir fahren morgens um 9 und nachmittags um 13 Uhr raus und kommen nach dem ersten Tauchgang zurück. Unsere Taucher haben also davor oder danach reichlich Zeit. Der Rest der Familie kann sich währenddessen gut beschäftigen, da es noch viele andere Freizeitangebote gibt: Man kann Touren machen, Wassersport treiben oder shoppen gehen. Unsere Tauchspots eignen sich auch für Tauchanfänger, keine Frage.

Kannst Du uns etwas zu den Tauchspots und zur Taucherei mit Euch sagen?
Hier im Nordwesten kann man auf Mauritius am besten tauchen, davon bin ich überzeugt. Im Südwesten ist es sehr steinig, im Osten sehr windig. Bei uns ziehen von Juli bis Oktober sogar Wale vorbei, auch Delfine kann man sehen. Von unserer Basis im Merville Beach Hotel fahren wir allein 27 Tauchspots an. Und das sind sehr abwechslungsreiche – vom beeindruckenden Wrack bis zum farbenfrohen ‚Aquarium'. Täglich haben wir eine Idee, wo wir hinfahren, letztendlich entschieden wird dann aber auf Grund des Wetters und der Strömung. Sicher ist: Morgens geht's tiefer runter, mittags flacher. Und, nicht zu vergessen: Die Fahrzeit zu den Spots beträgt maximal 25 Minuten. Etliche, wie Merville Patches mit den vielen Muränen, liegen gerade mal vier bis fünf Minuten mit dem Boot entfernt. Tauchen können unsere Gäste, bis die Flasche leer ist – und drin ist meist Nitrox, das wir umsonst anbieten.

Muss man beim Tauchen auf Mauritius saisonale Unterschiede berücksichtigen?
Nein, getaucht wird immer – nur die Wassertemperatur nimmt ab Mai langsam etwas ab. In der Hochsaison, im deutschen Winter bis Ostern, fahren

wir bis zu vier Touren am Tag, aber trotzdem läuft alles immer sehr ruhig, locker und zuverlässig ab. Stress darf es beim Tauchen nicht geben. Dafür sorgt schon mein Team.

Verrätst Du uns Deinen liebsten Tauchspot?
Das ist gar nicht so einfach. Als leidenschaftlicher Fotograf mag ich Makro genauso wie Wrack. Ich sag mal: Hier ist alles schön, und vor allem die Abwechslung macht den Unterschied.

Orca Dive Club Mauritius, *Merville Hotel, ✆ 5940-2016, www.orca-diveclub-merville.com. Ein Tauchgang kostet 32 €, zwei Tauchgänge 54 €. Auf der facebook-Seite von Orca gibt es jede Menge Fotos, günstige Paket-Angebote und aktuelle Infos: www.facebook.com/orcadiveclubmauritius.*

Reisepraktische Informationen Grand Baie

Information

In jedem größeren Hotel findet man mindestens einen Stand der renommierten Reiseagenturen wie **Mauritours, Mautourco** *oder* **SummerTimes**, *wo man sich über Ausflugsmöglichkeiten informieren kann und oft auch weitere Tipps bekommt. Gute Informationen und Buchungsmöglichkeiten gibt es bei den zahlreichen Agenturen in der Ortsmitte von Grand Baie. Am besten einfach die Angebote auf den Flugblättern vergleichen.*

Unterkunft

Ventura Hotel (5) $-$$, *Royal Rd., ✆ 263-6030, www.hotelventura.com. Am Ortsausgang in Richtung Péreybère auf der rechten Straßenseite gelegen, macht das Ventura Hotel auf den ersten Blick nicht viel her. Bietet aber einiges für günstiges Geld, inklusive Pool und Kinderpool.*

Merville Beach Hotel (6) $$, *außerhalb, an der B13 Richtung Péreybère, ✆ 698-9800, www.mervillebeach.com. Bei Deutschen beliebtes Hotel der Mittelklasse. Das Haupthaus ist nicht mehr ganz neu, aber gepflegt, die Bungalows im kleinen Park sind schön. Ebenso das Stück Sandstrand, der Pool und die zum Meer hin offene Bar. Es gibt auch die Möglichkeit, sich all-inclusive einzumieten. Am Strand des Merville Beach ist der Orca Dive Club beheimatet* *(s. S. 161)**.*

Veranda Grand Baie Hotel & Spa (3) $$-$$$, *✆ 209-8000, www.veranda-resorts.com. Gemütliche Anlage neben dem Royal Palm Hotel mit gutem Preis-Leistungs-verhältnis, 94 Mittelklasse-Zimmer und Bungalows, Restaurant, Tennisplätze, kleiner Pool und schmaler Hotelstrand.*

20° Sud (1) $$$, *✆ 263-5000, www.20degressud.com. „Leben im Stil eines alten Herrenhauses" ist das Versprechen des beliebten Boutique-Hotels. Es werden auch Katamarantouren in die Inselwelt angeboten.*

Le Mauricia (2) $$$, *✆ 209-1100, www.beachcomber-hotels.com/hotel/le-mauricia. Recht großer Komplex der Beachcomber-Gruppe mit 226 Zimmern der gehobenen Mittelklasse, riesige, offene Lobby, zwei Restaurants, darunter das Seafood-Restaurant Le*

Nautic, großer Pool, breites Sportangebot, kleiner, aber schöner Sandstrand. Das richtige für einen „Spaßurlaub".

Royal Palm (4) $$$, ✆ *209-8300, www.beachcomber-hotels.com/hotel/royal-palm. Das Mitglied der Beachcomber-Gruppe und der „Leading Hotels of the World" punktet mit 69 Suiten der absoluten Luxusklasse, drei Gourmetrestaurants und einer 500 m² großen Wellnessoase mit u. a. Saunen, Massagekabinen, Hamams und Balneotherapie-Räumen, einem guten Sandstrand sowie gediegener Atmosphäre von ungezwungener Eleganz.*

Restaurants

Das Angebot an Restaurants lässt in Grand Baie keine Wünsche offen. Meist entlang der Royal Road gelegen gibt es „echte" Italiener, schicke Nobelrestaurants, günstige Inder und einfache Mahlzeiten auf die Hand am Public Beach. Hier ein paar Vorschläge:

CocoLoko (20), *Royal Rd.,* ✆ *263-1241. Ob Pizza oder einfach an die Bar oder im Palmengarten sitzen – alles möglich im netten, moderat teuren CocoLoko. Auch, wenn es manchmal recht laut werden kann. Zur Happy Hour, 16–20 Uhr, gibt es einen Liter Bier für 140 Rs.*

Le Capitaine (9), *Royal Rd.,* ✆ *263-6867, www.lecapitaine.mu. Nettes Restaurant am Meer, hauptsächlich Meeresfrüchte, gute Weinkarte, moderat bis teuer.*

Luigi's (24), ✆ *269-1125, http://luigis.restaurant.mu, und* **Rivoli (7)**, ✆ *269-0617, http://rivoli.restaurant.mu, beide an der Royal Rd., zwar an gegensätzlichen Enden von Grand Baie, aber mit demselben Anspruch: „echtes italienisches Essen vom echten Italiener". Moderat bis teuer, aber die Pizzen und Salate sind bei beiden eine Versuchung wert. Bei Luigi's sollte man unbedingt auch die Pasta probieren.*

Gelaterie LOVE (16), *Complex Super U,* ✆ *263-5402. Nicht nur die Einheimischen schwören, dass es hier das beste Eis gibt. Moderat, aber köstlich.*

Palais de Chine (21), *Royal Rd.,* ✆ *263-7120. Das vielleicht am meisten zu empfehlende unter den vielen China-Restaurants an der Royal Road, moderat.*

Sauterelle (13), *Sunset Blvd.,* ✆ *263-8836. Gehobenes Restaurant mit wechselnder, anspruchsvoller Speisekarte und professionellem Service. Empfehlenswert!*

Happy Rajah (17), *Super U Complex,* ✆ *263-2241, www.happyrajah.com. Restaurant mit langer Tradition, jetzt in neuen Räumlichkeiten und noch immer gut. Preiswert bis moderates indisches Essen, die Curries sind berühmt.*

Sunset Café (14), *Royal Rd. (Sunset Boulevard),* ✆ *263-9602. Nette Café-Bar mit leckeren Snacks für den „kleinen Hunger", u. a. vorzügliche Sandwiches, preiswert bis moderat.*

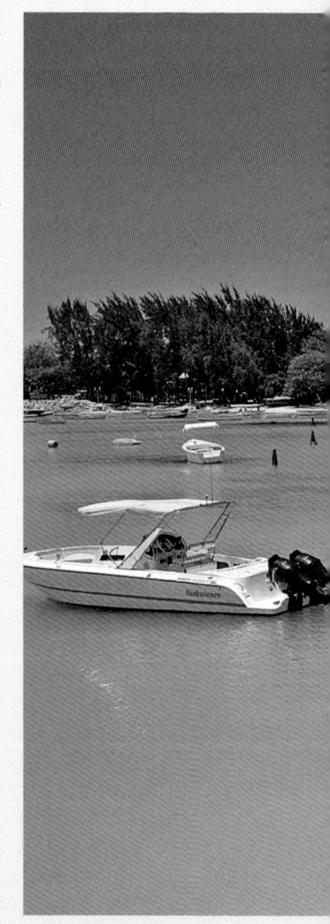

Der Strand in Grand Baie bietet eine große Auswahl an Wassersportmöglichkeiten

Café de Grand Baie Plage (18), *Sunset Boulevard,* ✆ *263-7041. Schlichtes Lokal mit einfachen Gerichten, aber ein bei jugendlichen Einheimischen wie Touristen beliebter Treffpunkt, tgl. geöffnet, preiswert.*
Café Müller (11), *Royal Rd.,* ✆ *263-5230. Sitzen wie im Kaffeehausgarten, speisen wie in der alten Heimat: Gebäck, Sandwiches und Salate, gut und günstig.*
Coolen – Chez Ram (10), *Royal Rd.,* ✆ *263-8569, nicht zu verfehlen, da immer gut besucht, bekannter Meetingpoint der Expat-Gemeinde, günstige kreolische Küche.*
Mamma Mia (8), *Royal Rd.,* ✆ *5422-4556. Italiener mit angenehmer Atmosphäre, besonders die Pizzen sind zu empfehlen.*
Beach House (12), *Royal Rd.,* ✆ *263-2599. Trubeliges Strandrestaurant und Bar, es gibt v. a. Fisch, Burger, Steaks und Salate in guter Qualität, die tolle Lage spiegelt sich allerdings in den Preisen wider.*

Nachtleben

Für Nachtschwärmer ist der Norden der Insel die beste Adresse des Landes: In Grand Baie und weiter die Küste hoch in Péreybère gibt es nicht nur eine Kneipenszene,

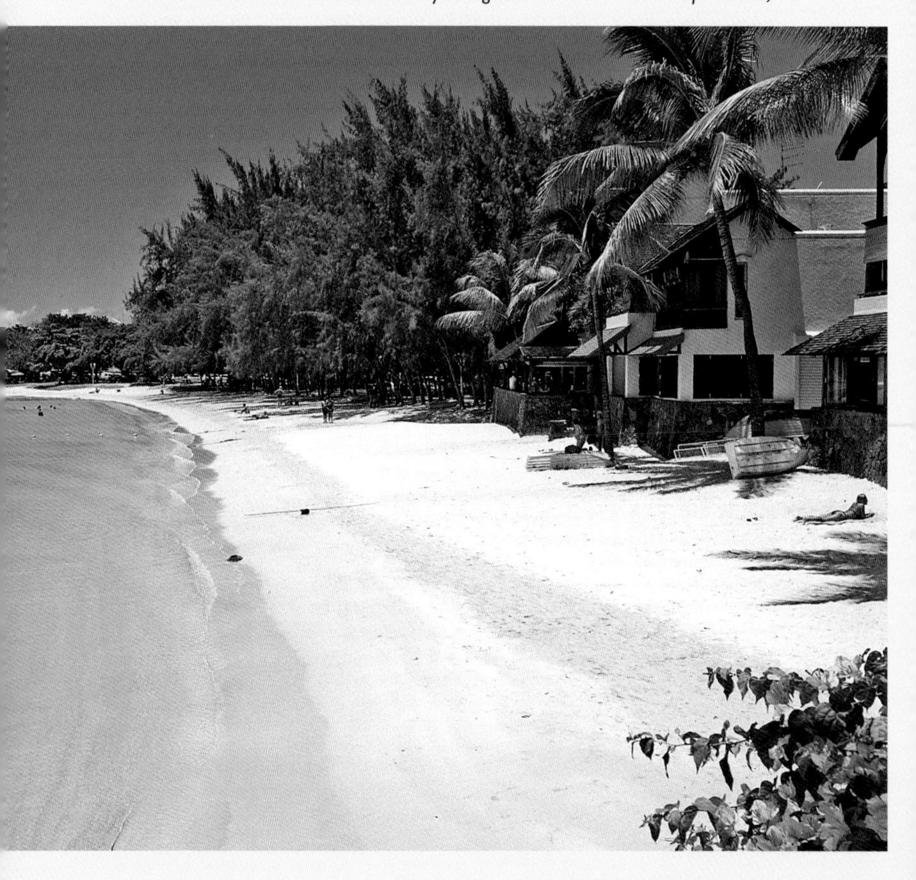

wie sie sonst in Mauritius völlig fehlt, sondern auch Bars, Musik-Clubs und Diskotheken außerhalb der Hotels. Dazu einige Tipps:

B 52 (15), *La Salette Rd., ✆ 263-0214. Meist ist die laute Musik nicht zu überhören, da das Lokal zur Straße hin offen ist.*

Banana Beach Club (23), *Royal Rd., ✆ 263-0326, www.bananabeachclub.com. Originelle Cocktailbar mit Restaurant und Nightclub – Strandambiente, große Auswahl, lebhafte Atmosphäre.*

Kamikaze (22), *Royal Rd., liegt direkt neben dem Banana Beach Club. Das Etablissement wechselt häufig seinen Namen: Aus dem Zanzibar wurde der Z-Club, der Z-Club wurde zum Kamikaze. Hauptsache, die Mucke ist laut und die Kaltgetränke sind eisig.*

Insomnia (25), *Royal Rd., ✆ 5258-5859. Club mit zwei oft gut gefüllten Tanzflächen, hauptsächlich läuft EDM.*

Wassersport

Keine andere Küste auf Mauritius bietet auch nur annähernd eine solch breite Palette an Wassersportmöglichkeiten wie der Norden. Dabei ist ein Großteil der Aktivitäten an der Grand Baie konzentriert, sowohl bei den einzelnen Hotels als auch von freien Anbietern. Zu letzteren gehören folgende Agenturen:

Sportfisher, *Sunset Boulevard, ✆ 263-6309, www.sportfisher.com. Das Programm umfasst u. a. Segeltörns, Hochseeangeln, Bootsvermietung und Wasserskikurse – letztere mit Erfolgsgarantie!*

Solar Undersea Walk, *Royal Rd., ✆ 263-7819, www.solarunderseawalk.com. Hier kann man unter Wasser gehen, ohne tauchen zu müssen. Eine kleine Plattform fährt Mo–Sa um 10.30 und 13.30 Uhr aufs Meer, von ihr steigt man – versehen mit einem beatmeten Helm – ins Wasser. 55 Euro pro Person kostet der Spaß.*

Wegen der vorzüglichen **Tauchreviere**, *die der Nordküste vorgelagert sind, findet man rund um Grand Baie auch die meisten Tauchzentren. Sie sind zumeist in einer mehr oder weniger lockeren Kooperation verschiedenen Hotels angeschlossen, bieten jedoch ihre Aktivitäten natürlich auch externen Gästen an. Eine bekannt gute Adresse ist dabei der* **Orca Dive Club Mauritius** *(s. Infokasten S. 161).*

Touren

Über die Activity-Desks der Hotels bzw. die Reiseagenturen können problemlos die üblichen **Tagesausflüge** *(***Île aux Cerfs, Südwest-Mauritius-Rundfahrt, Shopping-Ausflug Port Louis** *usw.) gebucht werden. Von der Entfernung her näher sind die* **Exkursionen zur See**, *deren Ziele die Küste und die Inselwelt des Nordens sind. Einen ganzen Tag dauern beispielsweise die Exkursionen zur Insel* **Îlot Gabriel**, *die mit den schnittigen Katamaranen durchgeführt werden und bei denen man genügend Gelegenheit zum Baden und Schnorcheln hat. Ein solcher Törn kostet inkl. Mittagessen und Getränken ab 1.500 Rs. Ein bekannter Anbieter von Katamaranausflügen im Norden ist* **Croisières Australes**, *Port Louis, ✆ 202-6660, www.croisieres-australes.mu.*

Einkaufen

In Grand Baie reihen sich an der Hauptstraße Royal Road gleich mehrere Läden, Boutiquen und Einkaufspassagen aneinander. Shops mit qualitätsvoller Ware – mehrheitlich Damen- und Herrenmode – sind in den Einkaufszentren konzentriert:

Sunset Boulevard (26), *Royal Rd., Mo–Sa 8–22 Uhr.*

Grand Bay Store (27), *Royal Rd. 230, Mo–Sa 7.30–19, So bis 12 Uhr.*

Grand Baie – La Croisette, *Sotisse Rd. (an der Einfahrtsstraße aus Richtung Port Louis), www.gblc.mu, Mo–Do 9.30–19.30, Fr/Sa 9.30–20.30, So und feiertags 9.30–16 Uhr. Neben Geschäften gibt es hier auch Restaurants und Kinos.*
Wirklich alles findet man im **Super U (28)**, *La Salette Rd., www.superu.mu, Mo–Do 9–20.30, Fr/Sa 9–21.30, So 9–16.30, Fei 9–13.30 Uhr.*

Die schönsten Tauchreviere um Grand Baie

27 Tauchspots sind von Grand Baie aus leicht erreichbar. Man sollte sich auf das jeweilige Tauchcenter verlassen, welche Spots gerade eine gute Sicht, wenig Strömung und viel Fisch versprechen. Es schadet aber auch nicht, eine kleine Wunschliste dabei zu haben. Hier unsere recht persönliche Auswahl (max. 25 Minuten mit dem Boot), los geht's:

- Das **Grand Baie Aquarium**, das maximal 20 m tief ist und massive Korallen, weißen Sand sowie tiefblaues Wasser aufweist. Wer Fische sucht, wird fündig – wie der Name schön verrät: z. B. Riesendrücker, Schnapperschwärme, Soldatenfische, Riesenmuränen, Steinfische, Seezungen, Boxergarnelen und Schlangenaale. Ein wunderbarer Einstieg in die bunte Unterwasserwelt von Mauritius.
- Die unterseeische Steilklippe des **Whale Rock**, eines zerklüfteten, schwarzen Felsens, an dem es bis auf 45 m hinuntergeht und man u. a. fantastische Gorgonenkorallen, Leopardenmuränen und manchmal auch Weisspitzen- oder graue Riffhaie entdecken kann.
- Die **„Stella Maru"**, das Wrack eines 1987 versenkten japanischen Trawlers, 44,5 m lang, 7,2 m breit, rund 24 m tief. Es bietet beim Abtauchen auf hellem Sand eine eindrucksvolle Kulisse, das Leben darin und drumherum auch: Muränen, Rotfeuerfische, Schwarmfisch, teilweise Weichkorallen – eine wunderbare Atmosphäre.
- **The Wall** ist ein Tauchplatz an der vorgelagerten Insel Coin de Mire, einem steil abfallenden, majestätisch aus dem Wasser ragenden Eiland. Hier geht es runter bis auf 32 m. Die normalerweise großartigen Sichtweiten im tiefblauen Wasser sind weithin bekannt. Zu sehen gibt es Makrelenschwärme, Thunfische, manchmal auch Adler- und große Stechrochen.
- **Confetti** – wer hier taucht, versteht den Namen, denn die Bucht präsentiert sich unter Wasser wirklich wie ein bunter Konfettiregen. Ebenfalls bei der Insel Coin de Mire gelegen, gehört Confetti sicher zu den schönsten Tauchspots auf Mauritius. Der 6 bis 18 m tief liegende Korallengarten punktet mit bunten Barschen, Trompetenfischen, Soldatenfischen, Wimpelfischen, Oktopoden, Steinfischen, Nacktschnecken und anderen Bewohnern. Da bleiben keine Wünsche offen.
- **Merville Patches** wartet mit flachen Korallenbänken samt Weichkorallen, Algenbewuchs und kleinen Hartkorallenformationen auf. Hier lugen unzählige Muränen aus ihren Höhlen. Daneben Schaukelfische, Stein- und Skorpionsfische, Anemonen mit vielen Nemos, Oktopusse und vieles mehr im Makrobereich. Mit ein bisschen Glück zieht gerade ein Barrakuda vorbei ...

Von Grand Baie über Poudre d'Or nach Pamplemousses

Die nördliche Inselspitze umfährt man ab Grand Baie auf der Küstenstraße B13, die am Ortsausgang (am Hindutempel) beginnt. Nach **Péreybère** geht es parallel zum schönen Strand, den man allerdings wegen der hier dichten Bebauung mit Villen, Ferienhäuschen und Hotelanlagen anfangs nicht immer sieht. In der Ortsmitte des Dorfes allerdings zeigt er sich am Public Beach mit seiner ganzen Schönheit. Hier ist das ruhige, flache Wasser der Lagune besonders gut zum Baden geeignet, gerade auch für Kinder. Außerdem ist der Blick auf die vorgelagerte Inselwelt geradezu spektakulär. Pétanque-spielende Urlauber lassen sich allerdings von diesem Ausblick nicht aus der Ruhe bringen.

Flache Lagune

Péreybère ist ein gemächliches Örtchen, in dem sich außer Strandleben auf den ersten Blick nicht viel tut. Immerhin wurde vor einigen Jahren ein Winner's Supermarché am Ortsende Richtung Cap Malheureux eröffnet. Seitdem pilgert ein Großteil der Touristenschaft an diesem Teil der Küste und des Hinterlands hierher zum Einkaufen.

Einen Blick wert ist aber auch das Beach Resource Centre, das am Public Beach einen Stand hat. Hier geht es in Büchern, auf Schaubildern und Tafeln um die Strände von Mauritius, das Leben im Wasser und vor allem den Erhalt von beidem. Danach noch ein Kaffee oder ein Snack in der von Urlaubern gut besuchten und dementsprechend beliebten Caféteria Péreybère gleich nebenan, und weiter geht es die Küste entlang.

Cap Malheureux

Noch besser als von Péreybère sieht man die Inseln von Mauritius' Nordspitze aus, die den wenig schmeichelhaften Namen „Unglückskap" trägt. Früher von Seeleuten wegen der Riffe gefürchtet, die viele tragische Schiffsunglücke verursachten (daher die Bezeichnung), ist das **Cap Malheureux** heute nur ein schönes Fleckchen Erde, das viele Touristen anzieht und von dem inzwischen eine ganze Reihe von Hotels und anderen Unterkünften profitiert, beispielsweise Le Coin de Mire und Le Paradise Cove.

Gefürchtete Riffe

Kurz vor dem Kap liegt rechter Hand ein sehenswerter Hindutempel, gleichzeitig beginnt links der Straße der etwas ungepflegte Friedhof, der mit seinen z. T. umgestürzten Grabmälern und vom Wind zerzausten Gebüsch einen herb-pittoresken Charme hat. Kurz dahinter folgt links der Straße die bekannte römisch-katholische Kirche Nôtre Dame Auxiliatrice mit ihrem roten Dach. Hier lohnt es sich anzuhalten, bis zum Ufer bzw. auf den Bootsanleger zu gehen oder sich im Restaurant Coin de Mire gleich gegenüber zu erfrischen. Der Uferabschnitt ist relativ unberührt und lädt zu einem kleinen Strandspaziergang ein. Seine historische Bedeutung hat er durch den 2. November 1810, als hier die britische Invasionsarmee an Land ging.

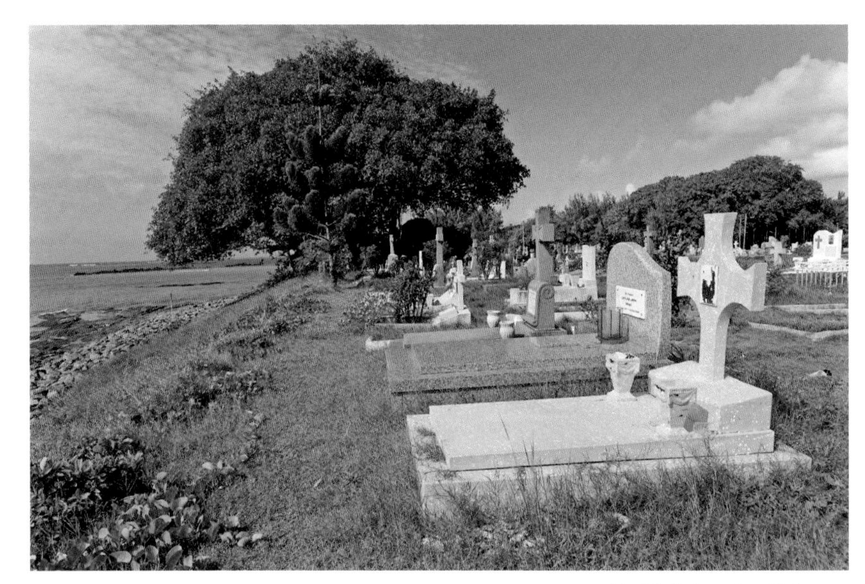

Der Friedhof am Cap Malheureux

Das Cap Malheureux selbst ist zwar nicht besonders spektakulär, die Aussicht auf die vorgelagerten Inseln jedoch fantastisch.

Coin de Mire

Am nächsten (etwa 3 km) zur Küste liegt **Coin de Mire** *(Gunner's Point)*, deren merkwürdige Silhouette von der gesamten Nordspitze aus gut auszumachen ist. Der englische Name Gunner's Point erinnert an die Zeit, als dort Schießübungen abgehalten wurden. Die Insel, die an ein untergehendes Schiff erinnert, besteht aus einem Sandsteinklotz, der von Osten nach Westen bis auf 163 m ansteigt und dort steil ins Meer abfällt. Mit Ausnahme der Hasen, die dort keine natürlichen Feinde haben, ist Coin de Mire unbewohnt und ein Naturschutzgebiet.

Unbewohnte Insel

Île Plate und Îlot Gabriel

Weitere 5 km dahinter tauchen die von einem Leuchtturm bekrönte **Flat Island** (Île Plate) und ihr kleiner Ableger Îlot Gabriel auf. Der Name „Flache Insel" stimmt nicht ganz – was man übrigens auch von anderen Inselbezeichnungen behaupten kann (s. u.). Denn auf einer Seite befindet sich ein Hügel von immerhin etwa 90 m Höhe, von dem aus sich das dicht mit Filaos bewaldete Eiland langsam zur anderen Seite ins Meer neigt. Badefreunde und Schnorchler finden hier in der Lagune zwischen den Inseln ideale Bedingungen: Die Küste ist von einem herrlichen weißen Sandstrand gesäumt und bietet eine spektakuläre Unterwasserszenerie. Kein

Wunder also, dass viele der in Grand Baie angebotenen Segel- und Katamaranexkursionen Flat Island zum Ziel haben (rund 1.500 Rs für einen Tagesausflug inklusive Barbecue, Salat und Getränke).

Von historischer Bedeutung war Flat Island übrigens für Tausende indischer Einwanderer, die zunächst die dortige **Quarantänestation** passieren mussten, bevor sie ihr eigentliches Reiseziel Mauritius erreichten.

Direkt daneben liegt die **Îlot Gabriel**, die von ihrer größeren Schwester aus bei Ebbe über eine Sandbank zu Fuß erreicht werden kann. Badegäste und Taucher, die zu dem Inselchen schwimmen wollen, müssen auf die extrem starke Strömung Acht geben! Auch die Îlot Gabriel hat einen Sandstrand und als einzige Bewohner Hasen. Sehenswert sind einige Stümpfe an der östlichen und nördlichen Küste, die versteinerten Palmen ähnlich sehen. Wer sich ein wenig in das Leben auf den beiden Inseln und vor allem das Überleben in der Quarantänestation versenken will, dem sei J. M. G. Le Clézios Buch „Ein Ort fernab der Welt" ans Herz gelegt. Der Franzose, dessen Familie aus Mauritius stammt, ist ein glänzender Erzähler und nicht umsonst Literatur-Nobelpreisträger. Sein poetischer Roman, Familiensaga und Abenteuergeschichte in einem, schildert das ungewöhnliche Schicksal der Brüder Jacques und Léon Archambau, für die die Inseln Hölle und Paradies zugleich sind.

Quarantänestation

Round Island und Serpent Island

Noch weiter im Norden, etwa 22 km von Mauritius entfernt, liegen Round Island und Serpent Island im Indischen Ozean. Die beiden Inseln verdanken ihren Namen offensichtlich einer gegenseitigen Verwechslung: Round Island *(Île Ronde)* ist im Gegensatz zur Serpent Island *(Île aux Serpents)* nicht rund, sondern hat auf der östlichen Seite eine mondsichelartige Bucht. Und auf der „Schlangeninsel" leben keine Schlangen, dafür aber auf der „Runden Insel".

Vom botanischen und zoologischen Standpunkt ist **Round Island** sicherlich die interessanteste aller vorgelagerten Inseln. Man kann vielleicht sogar behaupten, dass es hier mehr einzigartige Pflanzen- und Tierarten gibt als in jedem vergleichbar kleinen Gebiet auf der Welt. Warum ausgerechnet sie viele Arten beherbergt, die auf Mauritius bereits ausgestorben sind, ist umstritten, denn auch nach Round Island gelangten im 19. Jh. jene Ziegen und Hasen, die für einen Großteil der ökologischen Schäden in Mauritius verantwortlich waren. Andererseits haben es Ratten – der zweite Gefahrenherd für die Ausrottung vieler Arten – niemals geschafft, das steile Ufer zu bezwingen und sich auf der Insel zu vermehren. Mit einer Fläche von rund 150 ha ist Round Island daher eine der größten tropischen Inseln der Welt, auf der es keine Ratten gibt.

Naturreservat

Nachdem man 1984 Round Island zum Naturreservat erklärte und zwei Jahre später auch alle Hasen und Ziegen konsequent vertrieb, konnten sich dort die einzelnen Biotope ungestört entwickeln. Als Zufluchtsort für einzigartige Eidechsen-, Gecko- und Boa-Arten ist Round Island daher vielen Botanikern ein Begriff, und nur diese haben Zutritt zu der Insel. Touristen dürfte es ohnehin schwer fallen, hierhin zu gelangen, da es weder Strände noch Ankerplätze gibt und eine Anlandung selbst an ruhigen Tagen zu einem riskanten Manöver gerät.

Zur heimischen Fauna gehören u. a. Reptilien wie die beiden endemischen Schlangenarten der Mauritius-Boa, beide klein und ungiftig, außerdem glänzende Telfair-Glattechsen, Riesen-Taggeckos und eine besondere Nachtgeckoart. Auch verschiedene Land- und Seevögel halten sich hier gerne auf, darunter weiß- und rotschwänzige Tropikvögel, Trinidad-Sturmvögel und Sturmtaucher. Die Flora ist mit mehreren sehr seltenen oder endemischen Arten vertreten, insbesondere Palmen und Gräser. Die hier wachsenden acht Exemplare der Flaschenpalme z. B. sind die einzigen wild wachsenden überhaupt, auch die Savannen-, Schrauben-, Fächer- und Hurricanpalme sind noch im ursprünglichen Zustand erhalten. Das Landschaftsprofil der Round Island ist durchweg hügelig und hat seine höchste Erhebung bei 276 m ü. d. M. An den Küsten finden sich merkwürdige, durch Wind und Wellen ausgewaschene Gesteinsformationen, die den Betrachter mit etwas Fantasie an urweltliche Tiere oder Märchenfiguren erinnern.

Schlangen und Echsen

Nur wenige Kilometer entfernt liegt nordöstlich **Serpent Island**, die über keinerlei Vegetation verfügt, also völlig kahl ist und außerdem kaum Niederschläge hat. Als ein Vogelschutzgebiet und Paradies für Seevögel ist das 162 m hohe Eiland über und über mit Guano bedeckt. Zum Baden ist die „Schlangeninsel" demzufolge nicht geeignet, dafür aber zum Schnorcheln und zur Naturbetrachtung.

Nach dem Besuch des Cap Malheureux geht es auf der deutlich weniger befahrenen B13 weiter parallel zur Küste, wo in der Bucht **Anse la Raie** die kleine, aber höchst luxuriöse Anlage des Paradise Cove Hotel samt künstlicher Lagune etabliert wurde. Noch schöner anzuschauen aber ist der kleine Hinduschrein am Public Beach. Nicht nur ein begehrtes Fotomotiv, sondern auch ein beliebter Treffpunkt für einheimische Ausflügler.

Grand Gaube und Goodlands

Danach verlässt die Straße die Küste und macht einen leichten Bogen durch die Zuckerrohrfelder des Landesinneren, bis man nach ca. 8 km **Grand Gaube** erreicht. Seitdem in den späten 1980ern zwei Hotels gebaut wurden, hat das Fischerdorf an der weit geschwungenen, halbkreisförmigen Bucht sein Gesicht zwar gewandelt, sein ursprüngliches Kleid jedoch nicht völlig abgelegt.

Die Straße direkt am Meer ist eng und nicht im besten Zustand, einfacher ist es, über die B14 nach Roche Terre und dort auf der A5 nach **Goodlands** zu fahren (ca. 4 km). Dabei ergibt sich auch die Gelegenheit, erstens einen der Hindutempel oder den Freitagsmarkt in der Ortschaft zu besuchen und zweitens in der Firma Historic Marine die berühmte Modellschiffproduktion per Führung in Augenschein zu nehmen. Wer noch ein wenig Zeit hat, schaut in den Garten der wunderschönen Kolonialvilla **La Demeure Saint Antoine**, nur 200 m weiter auf der Hauptstraße.

Tempel und Markt

La Demeure Saint Antoine, *Royal Rd., St. Antoine, Goodlands, ✆ 2821823, www.lademeuresaintantoine.com.*

Historische Schiffe maßstabsgetreu nachgebaut

Schiffsmodelle

Vor dem Ortsausgang geht es links in einen kleinen Industriepark, **Historic Marine** ist ausgeschildert. Hier arbeiten 40 Leute daran, Schiffmodelle originalgetreu und recht beeindruckend nachzubauen. Das beginnt damit, dass Originalpläne in den jeweiligen Schifffahrtsmuseen besorgt, nachgezeichnet, auf den korrekten Maßstab verkleinert und dann per Hand gebaut werden. Jedes Teil muss sitzen, es wird kein Kunststoff verwendet, und die Segel am Ende ordentlich gebügelt. Für ein komplexeres Schiff mit tausenden von Teilen sind da schon mal rund sechs Monate Arbeit drin. Kein Wunder, dass so ein Modell mehr als 1.000 € kosten kann. Der Transport in die Heimat des Urlaubers wird gerne von Historic Marine organisiert.

Historic Marine, *Goodlands, ✆ 283-9404, Mo–Fr 9–17 Uhr, Sa, So und feiertags 9–12 Uhr.*

Reisepraktische Informationen Nordküste

Unterkunft

Kuxville Beach Cottages $$-$$$, *Cap Malheureux, ✆ 262-8836, www.kuxville.com. Die gemütliche Apartmentanlage unter deutscher Leitung in einer geschützten Bucht richtet sich inzwischen vor allem an Langzeitmieter. Die großen Zimmer wurden entsprechend umgebaut, zwei Apartments und ein Strandhaus verbleiben zur Kurzzeit-Vermietung. Frühstück ist inklusive, man kann einzelne Mahlzeiten oder gleich Halbpension buchen. Für Beach- und Wassersportfreunde ideal: Die bekannte Kitesurfingschule Sindbad gehört zur Anlage. Sie ist Mitveranstalter des jährlich stattfindenden*

Le Beach Club

Ein echtes Strandhotel mit eigenem Strandabschnitt direkt neben dem Public Beach, zu dem ein kurzer Fußweg am Meer entlang führt. Ausnehmend freundlich und aufmerksam zeigt sich das Personal. Die Apartments und Studios sind großzügig und hell, das Frühstück im Garten mit Blick aufs Meer ist mehr als üppig. Ideal ist die Unterkunft aber auch für Selbstversorger: Der Winner's Supermarkt ist nur 100 m Fußweg entfernt und die Apartments sind mit einer kleinen Küchenzeile ausgestattet.
Le Beach Club $$, *Royal Rd., Péreybère, ✆ 263-5104, www.le-beach-club.com.*

Kiteivals, bei dem sich Kitesurfer aus der ganzen Welt treffen. Im hauseigenen „Mistral"-Center stehen u. a. Kite- und Windsurfen sowie Stand Up Paddling auf dem Programm. Infos unter ✆ 52551850.

Coin de Mire Attitude $$, *Bain Boeuf, Cap Malheureux, ✆ 204-9900, www.coindemire-hotel-mauritius.com. Gemütliches Mittelklasse-Hotel mit 102 Zimmern in drei Kategorien, untergebracht in mehreren zweistöckigen, strohgedeckten Gebäuden. Schöner Garten mit Pool und viele kostenlose Wassersportmöglichkeiten. Der schmale Strand, der durch eine Straße vom Hotel getrennt wird, ist mit steinigen Korallen-Partien durchsetzt – dafür gibt es hier aber gute Schnorchelbedingungen.*

LUX Grand Gaube $$$, *Grand Gaube, ✆ 204-9191, www.luxislandresorts.com. First-Class-Anlage mit 198 Zimmern, nach den Feng-Shui-Prinzipien eingerichtet, mehrere Restaurants, vier Bars, sehr großer Wellness-Bereich, Pool, breites Sportangebot, hübscher Sandstrand an einer halbkreisförmigen Bucht.*

Veranda Paul & Virginie $$$, *Grand Gaube, ✆ 288-0215, www.veranda-resorts.com. Drei-Sterne-Haus mit 81 geschmackvollen Zimmern, auf mehrere dreistöckige, strohgedeckte Gebäude verteilt, jeweils zwei Pools, Restaurants und Bars, gutes Sportangebot.*

Le Paradise Cove Hotel $$$, *Anse la Raie, ✆ 204-4000, www.paradisecovehotel.com. Mit 67 Zimmern überschaubare und luxuriöse Anlage nur für Erwachsene, am Strand einer künstlichen Lagune gelegen, alle Annehmlichkeiten und Sportmöglichkeiten, Mitglied der „Small Luxury Hotels of the World".*

Restaurants

Grill & Chill, *Royal Rd., Péreybère, ✆ 5250-7640. Fisch und Fleisch vom Grill in hervorragender Qualität, zuvorkommender Service. Nicht ganz günstig, aber es lohnt sich! Mo–Sa 18–22 Uhr.*

Le Benitier, *Royal Rd., Péreybère, ✆ 5754-3843, gegenüber dem Beach. Netter, aufmerksamer Service, günstig und gute bis sehr gute kreolische Speisen und auch das Gegrillte ist nicht von schlechten Eltern.*

Sea Lovers Beach Restaurant, *Péreybère, ✆ 263-6299. Direkt am Strand und sehr schön gelegenes Restaurant mit prächtigem Blick, europäischer Küche und Seafood-Spezialitäten, täglich musikalische Unterhaltung, moderat.*

Café Péreybère, *Royal Rd., Péreybère, ✆ 263-8700. Der anerkannt beste Chinese in Péreybère mit moderaten Preisen.*

Caféteria Péreybère, *Royal Rd., Péreybère, ✆ 263-8539. Direkt am Strand essen mit Aussicht – sehr beliebt bei Urlaubern. Moderat.*
Wang Thai Restaurant, *Royal Rd., Péreybère, ✆ 263-4050, www.thai.mu. Es lohnt sich unbedingt, die kleine Treppe zum Wang Thai hinaufzusteigen. Einerseits, um dann wieder hinunterzuschauen auf die Straße und das Meer, andererseits um sich bei moderaten Preisen –zumindest kulinarisch – auf eine Reise Richtung Thailand zu begeben.*
La Paillotte, *Royal Rd., Bain Boeuf, ✆ 262-8070, www.coindemire-hotel-mauritius.com. Mit schöner Aussicht auf die gegenüberliegende Kirche Notre Dame Auxiliatrice. Moderate Speisen zu moderaten Preisen. Angeschlossen ans Hotel* **Coin de Mire Attitude**.

Wassersport
Eine gute Adresse für das beliebte Kitesurfen ist Nico Kux mit seinem Unternehmen **Sindbad** *(im Kuxville Cottage, Royal Rd., Cap Malheureux, ✆ 5255-1850, www.sindbad.mu. Das Kitesurfing-Center zieht seit vielen Jahren Gäste aus Deutschland an. Neben der Schulung kann man auch mit dem Schulboot mitfahren, quasi als „Überwachung". Das sei für diejenigen gut, die kitemäßig noch nicht ganz „trocken" hinter den Ohren seien, so Nico Kux. Das Mieten von Material ist ebenfalls möglich.*
Ocean Spirit Diving, *Royal Rd., Péreybère, ✆ 263-4468, www.osdiving.org. Tauchcenter.*

Poudre d'Or

Folgt man von Goodlands der B15, erreicht man nach ca. 6 km das Fischerdorf **Poudre d'Or**. Über die Herkunft des Namens (dt.: Goldstaub) kann nur spekuliert werden, für Touristen gibt es jedenfalls nicht viel zu sehen und zu tun. Die größte Sehenswürdigkeit ist jenes kleine Denkmal, das an den Schiffbruch der „St. Géran" erinnert, der sich 1744 an den Korallenriffen bei der vorgelagerten Île d'Ambre ereignete. Nur neun Personen haben die Katastrophe, die damals die Gemüter der Mauritier sehr bewegte, überlebt.

info

Wer waren Paul und Virginie?

Der Untergang der „St. Géran" war auch der Hintergrund für die berühmte Liebesgeschichte, die der französische Dichter **Bernardin de Saint-Pierre** in seiner „*Voyage à l'Île de France par un Officier du Roi*" erzählt. Sie handelt von zwei mauritischen Nachbarskindern, deren gegenseitige Liebe auch nicht vergeht, als Virginie nach Paris aufbrechen muss. Auf Mauritius wartet Paul sehnsüchtig auf ihre Heimkehr, und endlich ist es soweit: Mit der „St. Géran" soll Virginie aus Frankreich zurückkehren.

Schon in Sichtweite ihrer Heimat aber geschieht die Katastrophe – das Schiff läuft auf ein Korallenriff, und die Passagiere sind dem Tod geweiht. Es sei denn, sie versuchten, die Strecke schwimmend zurückzulegen. Die tugendhafte Virginie aber weigert sich, vor anderen Menschen ihren Rock

info

Als Statue in Curepipe verewigt: Paul und Virginie

abzulegen, und muss ertrinken. Ihr Tod wiederum führt dazu, dass auch Paul an seinem gebrochenen Herzen stirbt.

Bernardins Erzählung geht zwar auf den wirklichen Schiffbruch der „St. Géran" zurück, aber wahrscheinlich nicht auf ein tatsächliches Schicksal. Es befand sich kein Mädchen gleichen Namens auf dem Schiff, und auch Versuche, die Frauengestalt mit anderen Passagieren oder weiblichen Bekannten des Dichters zu identifizieren, sind wenig überzeugend.

Die tragisch-naive Geschichte, die noch heute auf der Insel sehr populär ist, fand schon beim zeitgenössischen sentimentalen Publikum in aller Welt Anklang. Über 30 Mal wurde sie übersetzt oder als Vorlage für Theaterstücke, Gemälde, Skulpturen usw. genutzt. Das berühmteste Bild ist vielleicht das von **Claude Joseph Vernet**, das sich in der St. Petersburger Eremitage befindet. Auf Mauritius selbst erinnern verschiedene Denkmäler, Straßennamen, Produkt- und Restaurantbezeichnungen sowie Briefmarkenmotive an das tragische Liebespaar ...

Île d'Ambre

Von Poudre d'Or aus eröffnet sich ein Blick auf die völlig flache **Île d'Ambre** und ihre kleine Nachbarin **Bernache**. Nur 30 Bootsminuten von der Küste entfernt und von Grande Gaube oder Poudre d'Or leicht erreichbar, ist die fast vollständig von Korallenbänken umgebene und von Filaos, Palmen und Mangroven bewachsene Île d'Ambre zu einem Ferienparadies geworden.

Von den schönen, langen Sandstränden werden auch Einheimische angelockt, die oft in Zelten auf der Insel campieren. In den nördlichen Gewässern zwischen Festland und Insel werden übrigens Austern gezüchtet. Aber auch für Schatzsucher hat diese Gegend einen wohlklingenden Namen. In Belmont, nahe bei Poudre d'Or, fand noch in den 1950er-Jahren ein Bauer einen Koffer voller Goldstücke. Schließlich vermuten einige, dass hier, im Bassin Vale, auch der Schatz des berühmten Piraten La Buse vergraben sei, und es fehlt nicht an Versuchen, ihn wieder zu finden. Das Wissen um den genauen Standort hat der „Bussard" jedoch in sein Grab auf Réunion genommen

Austernzucht

Château de Labourdonnais

Ab Poudre d'Or könnte es auf der B15 nun weitergehen zu den herrlichen Stränden von **Poste Lafayette**, **Belle Mare** oder **Trou d'Eau Douce** (s. S. 218). Die Tagestour aber führt über die B16 nach **Piton** (ca. 7 km), von da aus über die A6 weiter nach Pamplemousses (ca. 7km). Wer vorher noch ein wunderbar gelungenes Beispiel kreolischer Villenarchitektur bewundern möchte, sollte etwa 4 km hinter dem Ortsausgang im Dorf **Hamlet** nach rechts und nach weiteren rund 3 km nach links zum **Château de Labourdonnais** abzweigen.

Arbeitszimmer im Château de Labourdonnais

Das **Château de Labourdonnais**, ist ein ganz besonderes Ereignis im wahrsten Sinne des Wortes. Es handelt sich um die Villa des deutschstämmigen Dänen Christian Wiehe, die er 1859 erbauen ließ. Wiehe war ein Unternehmer im großen Stil, wurde mit der Herstellung von feinstem Zucker reich und berühmt und wollte das mit seinem Wohnsitz zeigen. Das Gebäude, bis 2006 in Familienbesitz, verfiel allerdings nach seiner Glanzzeit über die Jahrzehnte. Diesen Niedergang des ehemaligen Juwels konnten und wollten die Verantwortlichen des von Wiehe gegründeten Unternehmens nicht mehr mitansehen und nahmen die Renovierung in Angriff. Dreieinhalb Jahre dauerte der Wiederaufbau, Unmengen von Geld wurden eingesetzt, Experten aus Frankreich und Réunion halfen bei der Rekonstruktion, aber mehr als 90 % der Arbeiten wurden von Mauritiern ausgeführt.

Und das Ergebnis ist eine einmalig schöne Villa, originalgetreu wiederaufgebaut mit einem multimedialen Museum im Inneren, in dem sogar die Tische sprechen können. Immer wieder kommen neue „sprechende Möbelstücke" hinzu, das Museum soll schließlich lebendig bleiben. Hier kann man das Leben auf Mauritius im 19. Jh. kennenlernen – von der Küche über das Arbeitszimmer bis hin zu Madames Schlafzimmer. Eine Familiengeschichte steht stellvertretend für die Historie der Insel Mauritius. Die Villa und der umliegende Park werden gerne für Feierlichkeiten wie Hochzeiten oder offizielle Regierungsanlässe angemietet, auch der eine oder andere DJ wurde schon im aufgebauten Festzelt gesichtet.

Sprechende Möbel

Nebenbei und nebendran gibt es Kunstausstellungen, einen Obstgarten, ein kleines Gehege mit Riesenschildkröten, eine Rumdestillerie mit preisgekrönten Sorten, einen Shop, ein hervorragendes **Restaurant** sowie einen Verkostungsraum für Fruchtcocktails. Auch Wiehe kannte sich mit Früchten gut aus: In seinem Garten züchtete er mehr als 50 Mangosorten. Wer ein wenig zu schlapp ist, das ganze Gelände zu Fuß zu erkunden, der macht mit bei einer organisierten Fahrradtour.
Château de Labourdonnais, *Mapou, ✆ 266-9533, www.domainedelabourdonnais.com, tgl. 9–17 Uhr, Erwachsene 385 Rs, Kinder bis 10 Jahre 220 Rs.*

Pamplemousses

Der Ort **Pamplemousses** hat einiges zu bieten und ist auf vielfältige Weise auch mit dem historischen und modernen Mauritius verknüpft. Hier befindet sich das große Krankenhaus Sir Seewoosagur Ramgoolam Hospital, und hier gibt es große, leistungsfähige **Zuckerfabriken** und Kleinindustrien. Die Geschichte des Landes wird durch Anlagen wie der ältesten Kirche, der ersten Zuckerfabrik, den Friedhof und den Botanischen Garten repräsentiert, aber auch durch Daten wie 1810, als sich hier zum letzten Mal französische und britische Soldaten gegenüberstanden, oder 1985, als hier der Leichnam des Nationalhelden Sir Seewoosagur Ramgoolam eingeäschert wurde (s. S. 24).

Historische Bedeutung

Am bekanntesten jedoch wurde Pamplemousses durch den **Botanischen Garten** (ehemals: Royal Botanic Gardens), der seit 1988 Sir Seewoosagur Ramgoolam Botanic Garden heißt. Vom Haupteingang – 300 m vom ausgeschilderten, öffentlichen Parkplatz entfernt – lohnt sich ein Blick in die gegenüber dem Hauptportal liegende katholische Kirche **St. François d'Assisi**, die die älteste des Landes ist. Das schlichte Gotteshaus mit seinem markanten Westturm wurde 1756 gebaut und besitzt ein sehenswertes Inneres. Die einschiffige Halle samt Querschiff hat noch den alten offenen Dachstuhl, der mit einem filigranen Gitterwerk aus tropischen Hölzern abgestützt wird. Interessant sind auch die beiden Kristallleuchter. Daneben enthält der Friedhof die Grabstätten vieler bedeutender Kolonialpolitiker und „Zuckerbarone" und steht deshalb z. T. unter Denkmalschutz.

Der gesamte Kirchenbereich erinnert auch an die Zeit, als sich viele Adelige – getreu der absolutistischen Auffassung – um das Landhaus des Gouverneurs ansiedelten und hier, unter den Augen des Bischofs, der große **Sklavenmarkt** abgehalten wurde.

Gegenüber ein Stück aus einer anderen Welt: Das **Wiener Walzer Café** heißt in der Tat so und entführt in die klassische Wiener Kaffeehauswelt.

Botanischer Garten

Der **Botanische Garten Sir Seewoosagur Ramgoolam** ist tatsächlich eine Sehenswürdigkeit von Weltruf, die nicht nur Botanikern ein Begriff ist, sondern ein unbedingtes „Muss" für alle Mauritiusurlauber. Folgerichtig wird ein Ausflug hierhin von allen größeren Hotels angeboten und jedes Sightseeing-Unternehmen hat einen geführten Rundgang durch die Parkanlage im Programm. Bereits 1893 schrieb der reisende Franzose Leclercq: „Sicher ist die Insel Mauritius das Paradies der Südhalbkugel, aber man kann auch sagen, dass der Garten von Pamplemousses das Paradies der Insel Mauritius ist!"

Paradiesgarten

Die Geschichte des solchermaßen gelobten Parks geht auf den berühmten Gouverneur Mahé de Labourdonnais zurück, der sich hier 1735 ein **Landhaus** (Mon Plaisir) anlegen ließ und dazu einen Gemüsegarten, der bald schon den Bedarf von Port Louis deckte. In unmittelbarer Nähe standen damals die Hütten der Sklaven, die die Felder bewirtschafteten. Nachdem kurze Zeit später die französische Ostindien-Kompanie das Gelände übernommen hatte, war es dem Intendanten Pierre Poivre vorbehalten, ab 1770 aus dem Gemüsegarten eine weltberühmte Parkanlage zu schaffen. Dieser Mann mit seinen weit reichenden Verbindungen bis nach China, Java, Indien und den Seychellen ließ aus fast allen tropischen Gebieten der Erde Pflanzen nach Pamplemousses bringen, wo sie hervorragend gediehen. Er tat dies nicht nur wegen seiner botanischen Leidenschaft, sondern auch aus handfesten wirtschaftlichen Interessen – galt es doch, das damalige Gewürzmonopol der Holländer zu brechen und zusätzlich durch den Export von Zierpflanzen nach Europa Geschäfte zu machen.

Tropische Artenvielfalt

Der heutige Botanische Garten ist mit dem Erbe Poivres pfleglich umgegangen und gehört zu den umfangreichsten tropischen Anlagen überhaupt. Die Artenvielfalt ist so groß, dass unmöglich auch nur die wichtigsten genannt werden können. Für Interessierte empfiehlt sich daher der Kauf eines Führers mit Planskizze, der auch die lateinischen Bezeichnungen enthält. Am Haupteingang gibt es auf Nachfrage eine Karte des Gartens. Empfehlenswert sind die Führungen, die in Französisch und Englisch durchgeführt werden. Und wer mehr über den Garten, die Pflanzen und die Idee wissen will, um sich dann per Selbststudium gut präpariert im Botanischen Garten zurechtzufinden, der kauft A. W. Owadallys Buch „Sir Seewoosagur Ramgoolam Botanic Garden" für 250 Rs im Buchhandel.

Das herrliche weiße Eisenportal ist ein Geschenk des Franzosen Liénard, das 1862 nach England zur Weltausstellung im Londoner Kristallpalast verfrachtet und dort mit einem ersten Preis ausgezeichnet wurde.

Rundgang durch den Botanischen Garten

Zeitplanung

Wer sich nicht einen ganzen Tag im Park aufhalten möchte (was ohne weiteres möglich wäre), der kann folgenden Rundgang machen, der 1–2 Stunden Zeit beansprucht und das Wichtigste enthält. Toiletten befinden sich beispielsweise hinter dem Nachbau der Zuckermühle. Auch die anderen Sanitäranlagen sind gut ausgeschildert.

Nach dem **Eingang (1)** an der Avenue Labourdonnais geht es zunächst halbrechts die **Poivre Avenue (2)** mit ihren majestätischen Königspalmen entlang. An ihrem Ende zweigt rechts der Weg Octave Wiehe ab, der den idyllischen Zitronenfluss mit der Pont des Soupirs überbrückt. Hier sind Litchis, Mahagonibäume, Riesenfarne u. v. m. zu sehen. Nach einem kleinen Rundgang auf dem jenseitigen Ufer kommt man über die Pont de Soupirs zurück und biegt nach 50 m rechts in die Adrien d'Epinay Avenue ein, die nach einigen Schritten nach links auf der Cossigny Avenue wieder verlassen wird. An der Kreuzung stehen verschiedene Bambusarten. Den Weg flankieren mehrere Palmensorten, wobei der Hain mit **Talipot-Palmen (3)** besondere Beachtung verdient. Diese Art trägt nur einmal, im Alter von 40–60 Jahren, eine lange Dolde mit Millionen von Blüten, bevor sie stirbt. Aber auch die brasilianische Königinnenpalme, die Palmyrapalme, die Flaschenpalme, der Baum des Reisenden u. a. sind zu sehen. Links der Avenue erinnert ein **Monument (4)** an Pflanzungen durch die spätere Queen Mary, während sich rechts das palmengesäumte Rechteck der **Place de la Victoire (5)** ausbreitet. Auf der Kreuzung mit der Labourdonnais Avenue folgt ein **Marmor-Obelisk (6)**, der nach seinem Donator François Liénard de la Mivoie benannt ist. Hier geht es nach rechts, vorbei an einem Hain mit **Ajacoubäumen (7)** und nach 20 m in die Charles Darwin Avenue. Rechter Hand eine der größten Attraktionen, der rechteckigen **Wasserlilien-Pool (8)**, der voller Riesenseerosen *(victoria amazonica)* mit ihren wagenradgroßen schwimmenden Blättern ist.

Königspalmen

Am Ende des Teichs wird ein Kanal überquert, dann folgt ein **Teich (9)** mit herrlichen Lotusblüten. An dessen Ende geht es weiter nach links auf die

Château de Mon Plaisir im Botanischen Garten

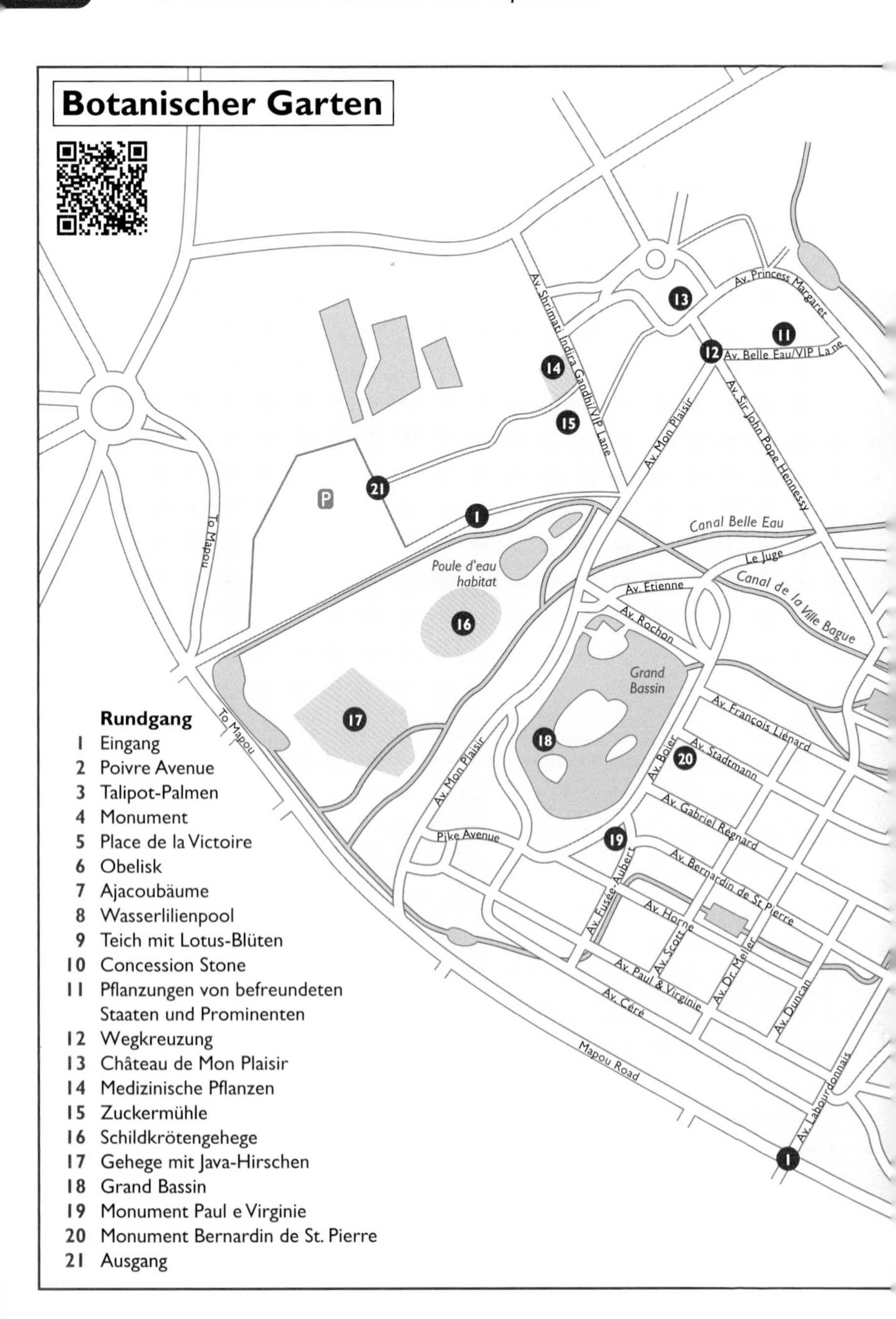
Botanischer Garten
Av. Shrimati Indira Gandhi/VIP Lane
Av. Princess Margaret
Av. Belle Eau/VIP Lane
Av. Mon Plaisir
Av. Sir John Pope Hennessy
To Mapou
Canal Belle Eau
Le Juge
Poule d'eau habitat
Av. Etienne
Canal de la Ville Bague
Av. Rochon
Grand Bassin
Av. François Liénard
Av. Stadtmann
Av. Boier
Av. Gabriel Régnard
Pike Avenue
Av. Bernardin de St. Pierre
Av. Fusée-Aubert
Av. Horne
Av. Scott
Av. Dr. Meller
Av. Paul & Virginie
Av. Céré
Av. Duncan
Mapou Road
Av. Labourdonnais
Rundgang
1 Eingang
2 Poivre Avenue
3 Talipot-Palmen
4 Monument
5 Place de la Victoire
6 Obelisk
7 Ajacoubäume
8 Wasserlilienpool
9 Teich mit Lotus-Blüten
10 Concession Stone
11 Pflanzungen von befreundeten Staaten und Prominenten
12 Wegkreuzung
13 Château de Mon Plaisir
14 Medizinische Pflanzen
15 Zuckermühle
16 Schildkrötengehege
17 Gehege mit Java-Hirschen
18 Grand Bassin
19 Monument Paul e Virginie
20 Monument Bernardin de St. Pierre
21 Ausgang

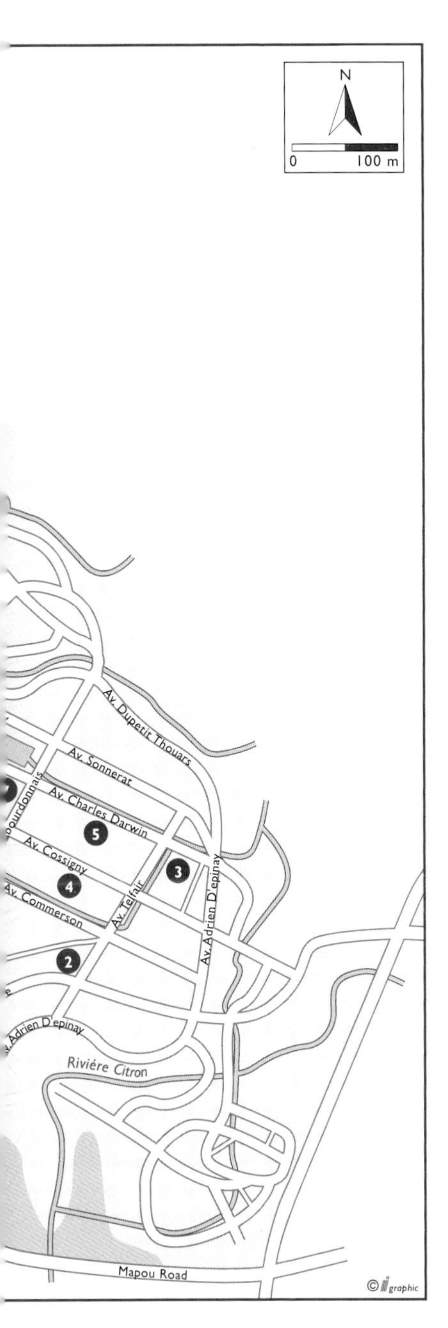

Avenue Princess Margaret, über einen weiteren Kanal (Ficus-Bäume und die mächtige Coco-de-mer-Palme von den Seychellen), vorbei am **Concession Stone (10)** mit einem 30 m hohen Riesenbambus und halblinks zu den **Pflanzungen von befreundeten Staaten und Prominenten (11)**. An der folgenden **Wegkreuzung (12)** steht ein Baum, der von Prinzessin Margaret im Jahre 1956 gepflanzt wurde, der Baum gegenüber wächst hier seit dem Tag der Unabhängigkeit (12. März 1968).

Kreolisches Schloss

Von hier aus sieht man bereits das Kolonialhaus **Château de Mon Plaisir (13)**. Das zweistöckige „Schloss" ist nicht mit dem ursprünglichen Gebäude des Mahé de Labourdonnais identisch, das dieser in der Nähe des Haupteingangs hatte erbauen lassen. Nachdem der Gouverneur David „Mon Plaisir" verkommen ließ und sich auf sein Le Réduit (s. S. 141) zurückzog, wurde das Landhaus abgerissen und an der heutigen Stelle 1777 in neuer Form erbaut. Immerhin: Auch dieses Château ist alt, eindrucksvoll und ein gutes Beispiel kreolischer Architektur. Nicht umsonst ist es zum Nationaldenkmal ernannt worden.

Weiter geht es nun nach rechts zu den **Medizinischen Pflanzen (14)**, dann folgt eine restaurierte **Zuckermühle (15)**. Sie stammt aus einer Zeit, in der man natürlich noch ohne Motor auskommen musste, stattdessen Ochsen oder Sklaven für die Maschinerie gebrauchte. Man sieht das Drehrad, mit dem der Saft aus dem Zuckerrohr gepresst wurde, der anschließend in den Schalen des zweiten Gebäudes zu Karamell „aufgekocht" wurde. Wer den Weg zum Ausgang kreuzt und die Avenue Mon

Plaisir ein Stückchen hintergeht, kann rechterhand das **Gehege der Schildkröten (16)** besuchen, die bereits 1875 von den Seychellen importiert wurden. Ein paar Schritte weiter folgt ein Gehege mit **Java-Hirschen (17)**, die auf Mauritius in freier Wildbahn anzutreffen sind.

Damwild

Zurück auf der Avenue Mon Plaisir, vorbei an Fischteichen und dem **Grand Bassin (18)** mit Papyrusbewuchs und reichem Fisch- und Vogelleben endet der Besuch an einem **Monument für Paul und Virginie (19)**, den Titelgestalten der berühmten Geschichte des Bernardin de Saint-Pierre (s. S. 174). An jenen erinnert ein weiteres **Denkmal (20)** etwa 100 m weiter. Der Weg zum Ausgang und Parkplatz führt um das Grand Bassin herum über die Avenue Rochon und die Avenue Mon Plaisir und dann den Stichweg hinunter zum Tor.
Sir Seewoosagur Ramgoolam Botanic Garden, *Pamplemousses, ✆ 243-9401, http://ssrbg.govmu.org, tgl. 8.30–17.30 Uhr, 200 Rs, Führung bis zu vier Personen 50 Rs pro Person, fünf bis maximal zehn Personen 40 Rs pro Person.*

Zuckermuseum

Wer jetzt Energie braucht, sollte das **Zuckermuseum L'Aventure du Sucre** nicht verpassen. Der Weg zum „Zuckerabenteuer" inklusive Zuckerverkostung ist ab dem Parkplatz des Botanischen Gartens ausgeschildert (750 m). Im L'Aventure du Sucre ist eindrücklich die ehemalige Existenzgrundlage der Insel in all ihren Facetten dokumentiert. Die einstige Zuckerfabrik Beau Plan bietet mit 5.000 m² genügend Fläche, um anhand von Maschinen, Modellen und multimedialen, kinderfreundlichen Ausstellungen alle Schritte der Zuckerproduktion auszuleuchten. Und wer bei einem kleinen Fragespiel mitmacht und gewinnt, kann sogar eine Lokomotive der Zuckerrohreisenbahn zum Pfeifen und ihre Räder zum Drehen bringen. Die Lokomotive wurde übrigens in Berlin gebaut. Zum Museum gehört auch ein Shop, in dem man sich außer 15 verschiedenen Zuckersorten Literatur, heimisches Kunsthandwerk oder andere Souvenirs besorgen kann. Für Erfrischungen, Essen, Tee, oder ein frühes Abendessen etc. bietet sich das **Restaurant Fangourin** im Museumsgarten an. Die Sicht in die Berge ist einen Blick wert.

Kinderfreundlich

L'Aventure du Sucre, *Beau Plan, Pamplemousses, ✆ 243-7900, www.aventuredusucre.com, tgl. 9–17 Uhr, Erwachsene 380 Rs, Kind 6–13 Jahre 190 Rs. Auf der Website steht eine App zum Download bereit, die auch eine schön gemachte deutschsprachige Audioguide-Führung durch das Museum beinhaltet. Zu den Highlights des Museums gehören die Touren zum Zuckerrohrschneiden, s. u. Weitere Gruppenangebote und Termine gibt es auf der Website.*

info

Zuckerrohrschneiden für Anfänger

Jeder Mauritiusbesucher kennt die grüne Wälle links und rechts der Straße: Hier steht das Zuckerrohr, und je näher es auf die Erntesaison zugeht, desto höher steht es. Wer einmal ausprobieren will, wie sich Zuckerrohr anfühlt, wie es geschnitten, ausgepresst und dann zu einem Cocktail

info

verarbeitet wird, sollte sich diese vom **Museum L'Aventure du Sucre** angebotene **Tour** nicht entgehen lassen.

Wenn Jean Alain Carmagnole ins Zuckerrohr geht und dabei das große Hackmesser schwingt, dann kommt auch er ins Schwitzen. Immerhin hat er gemeinsam mit seinem Vater bald 30 Jahre seines Lebens damit verbracht, Zuckerrohr zu schneiden. „5 bis 6 Tonnen am Tag, und wir wurden nach Tonnen bezahlt. Wer also weniger geschnitten hat, bekam weniger Geld." Heute ist Carmagnole im Museum beschäftigt und zeigt Interessierten den richtigen Schwung mit dem Hackmesser: „Ganz unten und schräg ansetzen, da hier die Flüssigkeit sitzt. Je weiter oben Sie abhacken, desto trockener ist das Zuckerrohr." Also Handschuhe anziehen, Hackmesser in die rechte Hand, leicht in die Knie gehen, mit links das Zuckerrohr festhalten und dann schräg von oben reinhacken. Dann das Zuckerrohr lässig in der Hand um 180 Grad drehen und das lose Ende abhacken, fertig. „Und Sie haben jetzt nur ein Rohr geschnitten. Wie wär's mit sechs auf einen Schlag?"

Das Leben der Zuckerrohrschneider war nicht einfach, wie man auch im Museum selbst erfährt. Morgens um 3 oder 4 Uhr aufstehen, damit es um 5 losgehen konnte. Um 12 Uhr war es schon zu heiß, dann am Abend nochmal losziehen. Ein harter Job. Carmagnoles Vater wurde nur 46, wie der Sohn erzählt. Heute allerdings wird von Menschenhand nur noch an Hängen und in unwegsamen Gebieten geschnitten. In der Ebene sind gewaltige Erntemaschinen unterwegs.

Nach diesem Einstieg ins Thema folgt logischerweise ein Rundgang durch das Zuckermuseum, in dem sich die Welt des mauritischen Zuckers und damit eine Kulturgeschichte der Insel schnell erschließt. Keine trockene Materie und feucht wird es sicher am Ende des Rundgangs, im Museumsshop: Hier kann man Zuckerrohr durch die Quetsche schieben und dann aus dem Saft und ein paar Zutaten einen eigenen, leckeren Cocktail mixen. Und beim Probieren darüber nachdenken, welche Rum- oder Zuckersorte(n) man nach Hause mitnimmt: Vielleicht den *Golden Semole* – gut für Käsekuchen –, den *Granulus Cafe*, den es nur hier gibt und der in den Kaffee gehört, oder den *Molasse Sugar*, ideal für Gebäck und ordnungsgemäß getestet mit einem Stückchen Schokoladenkuchen – zuckersüß.

L'Aventure du Sucre, *s. S. 182, Tour Mi ab 10.30 Uhr auf Englisch und Französisch, 460 Rs plus Eintritt (mind. 20 Teilnehmer).*

Auch das Cocktailmixen will gelernt sein

6. SÜDWESTEN

Überblick

Der Südwesten von Mauritius ist sicher einer der eindrucksvollsten Landesteile und ein Gebiet voller Gegensätze – mit hohen Bergen, Wasserfällen, tiefen Schluchten und großen Seen, mit landschaftlichen Merkwürdigkeiten wie den Vulkankratern Trou aux Cerfs und Grand Bassin, den farbenprächtigen Terres des Couleurs oder dem eindrucksvollen Morne Brabant, aber auch mit schönen Stränden, idyllischen Wanderwegen und reichem Tier- und Pflanzenleben im Black River Gorges National Park. Daneben setzt der Südwesten kulturelle Akzente, z. B. mit den Kirchen und Tempeln von Quatre Bornes und Rose Hill, der „heimlichen Hauptstadt" Curepipe oder den heiligen Hindustätten am Grand Bassin.

Eindrucksvolle Landschaften

Wer den Südwesten auf einer **Tagesexkursion** erleben möchte, sollte viel Zeit mitbringen. Immer wieder locken verschiedenste Sehenswürdigkeiten sowie kleine Wanderungen und Badegelegenheiten. Die Straßen überbrücken z. T. erhebliche Höhenunterschiede, damit verlängert sich nicht nur der gefühlte Weg. Außerdem ist die Strecke – gerechnet ab und bis Port Louis – mit etwa 130 km länger als die Nord-Route. Man sollte also auswählen und auf einiges verzichten bzw. an einem anderen Tag unternehmen. Wer z. B. eine längere Bergwanderung einplant oder für Stadtbesichtigung und Shopping in Curepipe oder ein Bad im Indischen Ozean (am Morne Brabant oder bei Flic en Flac) einige Stunden veranschlagt, kann die Exkursion nicht an einem Tag durchführen.

Ob man überhaupt die Route in dieser Form nachvollzieht, hängt wieder einmal vom **Hotelstandort** ab:

- Sie ist geeignet für alle, die im Norden wohnen und Curepipe am günstigsten über die Umgehungsautobahn M3 ansteuern.
- Wer sein Hotel im Süden oder Westen, d. h. an der Küste zwischen Baie du Cap und Flic en Flac hat, kann sich Zeit lassen: Die Strecke Port Louis – Curepipe könnte man streichen und hätte außerdem keinen Zeitverlust durch die Anfahrt zur Rundstrecke.
- Wessen Hotelstandort an der mittleren Ostküste liegt, sollte allerdings eine ganz andere Routenführung wählen: Von Trou d'Eau Douce und Umgebung aus über Quartier Militaire nach Curepipe, dann weiter bis Chamarel und von dort aus direkt zur Westküste mit evtl. einem Abstecher zum Morne Brabant, dann

Hinweis zur Route

Wenn man die in diesem Kapitel beschriebene **Rundfahrt** macht, könnten an einem Tag folgende Programmpunkte „geschafft" werden:
Fahrt nach Curepipe (kurze Stadtbesichtigung, Vulkankrater Trou aux Cerfs, zweites Frühstück/vorgezogenes Mittagessen) – Mare aux Vacoas – Grand Bassin (Besichtigung) – Plaine Champagne (zwei kurze Spaziergänge) – Terres des couleurs (Aufenthalt) – Baie du Cap – Morne Brabant (Kaffeepause, evtl. Baden) – Tamarin – Casela World of Adventures (Besichtigung) – Flic en Flac (evtl. Baden, Sonnenuntergang) – Port Louis.

Strände im Südwesten

Pointe Corail de la Prairie: Ein schöner, weiter Sandstrand auf einer Halbinsel an der Südküste, der herrliche Panoramablicke bietet. Wegen gefährlicher Unterströmungen aber nicht zum Schwimmen geeignet.

Le Morne Brabant: Im äußersten Südwesten von Mauritius gelegen, stellt der 550 m hohe Morne Brabant eine weithin sichtbare Landmarke dar und gliedert die nach ihm benannte Halbinsel in einen südlichen und nördlichen Teil. Hier sind die Badebedingungen so gut und die Szenerie so eindrucksvoll, dass der Ausbau des Fremdenverkehrs nicht ausblieb. Aber Platz ist ausreichend vorhanden, denn sowohl an der Küste nach La Gaulette als auch auf der Île aux Bénitiers befinden sich herrliche Strände, und wenn es an der Küste langweilig werden sollte, reizt das gebirgige Hinterland zu Wandertouren und Exkursionen.

Baie de la Rivière Noire: Wo sich der große Black River (Grande Rivière Noire) in den Indischen Ozean ergießt, gibt es eine kleine Bucht mit Badegelegenheit. Allerdings ist hier das Wasser nicht so kristallklar wie in den Lagunen, und der Strand nur recht bescheiden. Wer sich für Hochseeangeln interessiert, hat hier allerdings den geeigneten Standort gefunden, denn im Jacht-Club – nördlich der Salinen – liegt eine ganze ansehnliche Flotte von entsprechend ausgerüsteten Booten. Auch die Hotels haben sich auf die Hochseefischerei und deren Gäste eingestellt. Das Hinterland lädt zu Wanderungen ein, z. B. durch den beeindruckenden Canyon des Black River. Sehr viel besser sind die Bedingungen für Badegäste am langen und ursprünglichen Public Beach von La Preneuse nördlich der Bay.

Baie du Tamarin: 6 km nördlich der Black-River-Bucht gelegen und von dieser durch den 548 m hohen Tourelle du Tamarin getrennt, bietet die Bucht von Tamarin einen besseren, aber nicht ganz ungefährlichen Strand. Hier hält kein Korallenriff die Wellen des Indischen Ozeans ab – die Brecher, die für Kinder bedenklich werden können, sind Ziel der Wellenreiter, die hier die besten Bedingungen auf Mauritius vorfinden.

Flic en Flac: Neben dem Norden mit den Ballungszentren von Trou aux Biches, Grand Baie und Belle Mare ist Flic en Flac das bedeutendste Neubaugebiet der Insel. Vom guten, durch ein vorgelagertes Korallenriff geschützten Strand und den Möglichkeiten, die der Ort bietet, angelockt, haben sich einige große Hotels und eine ganze Reihe kleinerer, guter Bungalowanlagen angesiedelt, allerdings auf Kosten einer ziemlich zersiedelten Landschaft. Zum internationalen Tourismus kommt der mauritische, der besonders an Wochenenden und in den Ferien den Filaowald in ein Zeltlager umfunktioniert. Trotzdem: Auf etwa 6 km Strandlänge wird man sich auch in Zukunft wohl nicht allzu sehr in die Quere kommen, und das warme Wasser bietet beste Badebedingungen.

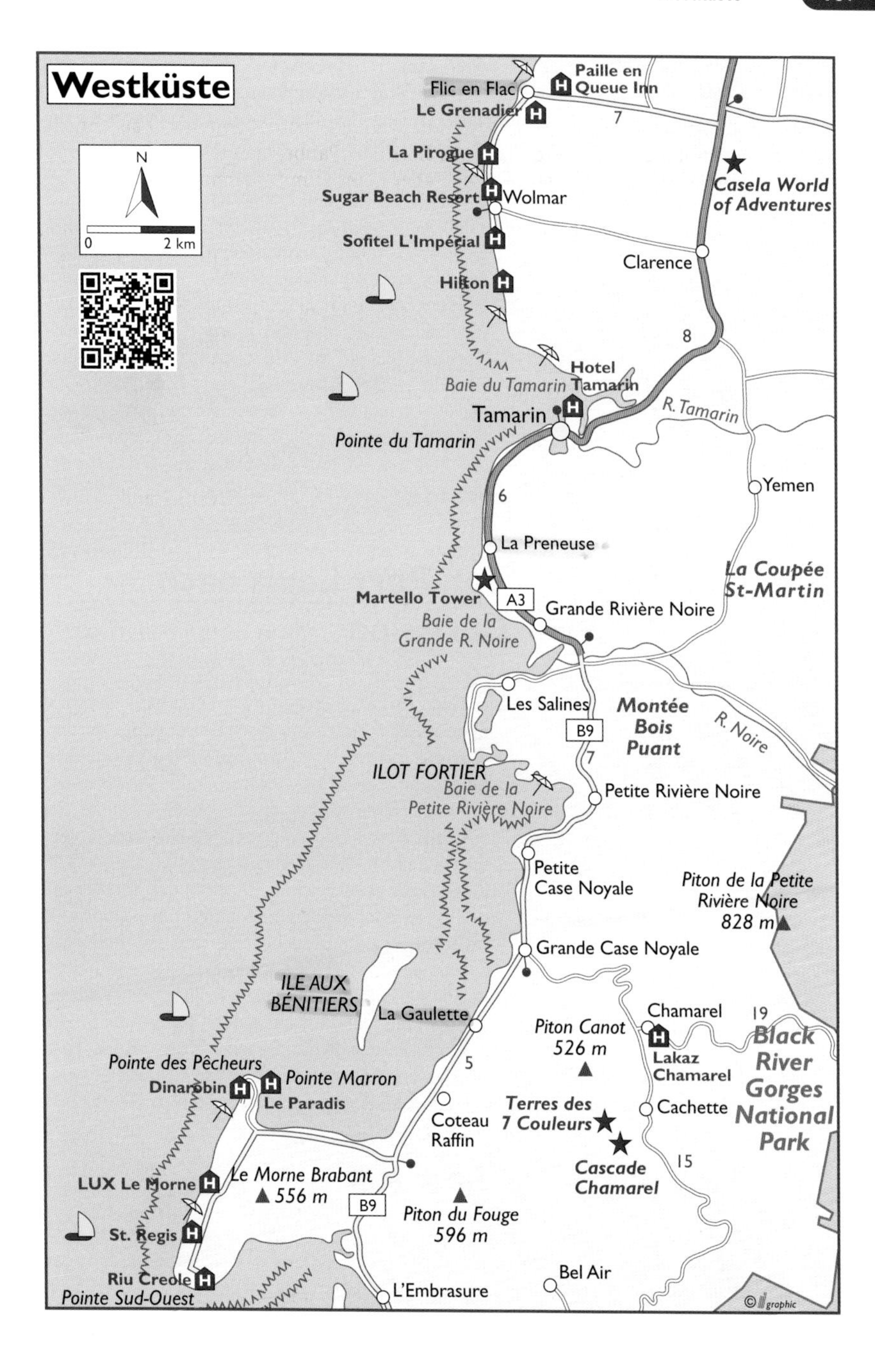
Westküste
N
0
2 km
Flic en Flac
Paille en Queue Inn
Le Grenadier
7
La Pirogue
Casela World of Adventures
Sugar Beach Resort
Wolmar
Sofitel L'Impérial
Clarence
Hilton
8
Hotel Tamarin
Baie du Tamarin
R. Tamarin
Tamarin
Pointe du Tamarin
Yemen
6
La Preneuse
La Coupée St-Martin
Martello Tower
A3
Grande Rivière Noire
Baie de la Grande R. Noire
Les Salines
Montée Bois Puant
R. Noire
B9
7
ILOT FORTIER
Baie de la Petite Rivière Noire
Petite Rivière Noire
Petite Case Noyale
Piton de la Petite Rivière Noire 828 m
Grande Case Noyale
ILE AUX BÉNITIERS
La Gaulette
Chamarel
19
Piton Canot 526 m
Black River Gorges National Park
Lakaz Chamarel
5
Pointe des Pêcheurs
Pointe Marron
Dinarobin
Le Paradis
Cachette
Terres des 7 Couleurs
Coteau Raffin
15
Cascade Chamarel
LUX Le Morne
Le Morne Brabant 556 m
B9
Piton du Fouge 596 m
St. Regis
Riu Creole
Pointe Sud-Ouest
L'Embrasure
Bel Air
© graphic

Redaktionstipps

Sehens- und Erlebenswertes

▶ Besuch in **Curepipe** mit dem Krater Trou aux Cerfs und dem Botanischen Garten, anschließend Einkaufsbummel in der Stadt (S. 192).

▶ Wer im Februar/März auf Mauritius ist, sollte sich nach dem genauen Termin des Maha Shivaratree am Grand Bassin erkundigen: Die Teilnahme am größten **Hindufest** außerhalb Indiens ist mehr als eindrucksvoll (S. 199).

▶ Wandern auf dem grünen „Dach von Mauritius": Nirgendwo gibt es mehr und bessere Trails als im **Black River Gorges National Park**, so z. B. auf den höchsten Inselberg Black River Peak (S. 201).

▶ Erholung pur: ein Badetag am Strand der Halbinsel des **Morne Brabant** (S. 207) und/oder auf der Insel **Île aux Bénitiers** (S. 208).

▶ Auf Hemingways Spuren während eines **Hochseeangeltrips** mit einem der gut ausgerüsteten Boote des Centre de Pêche in Grande Rivière Noire (S. 208).

▶ Nicht nur für Ornithologen: Der Park **Casela World of Adventures** (S.211) ist ein perfekter Platz, um neben der einheimischen Vogelwelt auch Riesenschildkröten, eine prachtvolle Vegetation und schöne Ausblicke zu genießen.

über Tamarin (Flic en Flac) und Curepipe auf dem gleichen Weg zurück. Am zweiten Tag an der Ostküste entlang über Mahébourg, dann über Rose Belle, Bois Chéri und Grand Bassin zur Plaine Champagne, von Chamarel schließlich zum Baie du Cap und über Souillac und Mahébourg wieder zurück.

- Auch wenn man in Mahébourg und Umgebung logiert, wäre eine Kombination mit der ab S. 243 vorgeschlagenen Rundfahrt sinnvoller – etwa nach folgendem Programm: Erster Tag bis Baie du Cap, dann über Chamarel und die Plaine Champagne nach Curepipe und auf der A10 zurück. Zweiter Tag über Rose Belle, Bois Chéri und Grand Bassin nach Chamarel, von hier aus zur Westküste und hoch bis nach Tamarin, dann quer über die Insel (Vacoas – Quartier Militaire – Centre de Flacq) zur Ostküste und hier auf der Küstenstraße zurück.

Von Port Louis nach Curepipe

Die etwa 20 km zwischen Port Louis und Curepipe können auf dem Motorway rasch zurückgelegt werden, sodass die Exkursion in den Südwesten in Curepipe ohne großen Zeitverlust beginnen kann. Andererseits ist es auch möglich, über die Autobahn oder die alte Landstraße A1 auf dem Weg noch das eine oder andere Ziel anzusteuern (evtl. an einem separaten Tag), was allerdings recht zeitaufwendig ist, denn der Verkehr auf der A1 ist zu jeder Tageszeit gewaltig. Interessant ist die Tour besonders für Besucher, die auch am modernen Mauritius interessiert sind, denn zwischen den beiden Orten liegt das größte städtische Ballungsgebiet der Insel, in dem die Orte fast ineinander übergehen. Städte und Stadtteile wie **Beau Bassin**, **Moka**, **Rose Hill**, **Quatre Bornes**, **Phoenix**, **Vacoas** und **Floréal** wurden 1986 z. T. in einer Gemeindereform zusammengelegt und haben überwiegend neuzeitliches Gepräge.

Beau Bassin und Rose Hill

Wer ab Port Louis der Landstraße A1 folgt, erreicht nach etwa 9 km **Beau Bassin**, das seinen Namen vielleicht nach jenem „schönen Teich" erhalten hat, der sich heute am städtischen Krankenhaus befindet. Die Stadt liegt zwischen zwei Höhenzügen und erstreckt sich in Nord-Süd-Richtung, im Süden geht sie nahtlos in

Alternativen

Wer ab Port Louis den Motorway benutzt, hat nach etwa 8 km (in Cybercity) die Möglichkeit zu einem Abstecher nach **Moka** mit Besteigung des Le Pouce (S. 140) sowie zur Kolonialvilla **Eureka** (S. 138) am Fuß der Montagne Ory. Auch für die Rundfahrt um den **Pieter Both** (S. 143) benutzt man diese Abfahrt, die gleichzeitig zur **Universität von Mauritius** und zum **Institut Mahatma Gandhi**, einem Zentrum indischer Kultur, führt. Von Moka aus kann man an Le Réduit vorbei nach Rose Hill fahren und von dort durchs städtische Zentrum wieder auf die Autobahn nach Quatre Bornes/Curepipe.

die Schwesterstadt Rose Hill über, mit der sie seit 1896 eine Verwaltungseinheit bildet und mit zusammen ca. 111.000 Einwohnern das drittgrößte städtische Gemeinwesen der Insel.

Schöner Blick ins Tal

Sehenswert ist in Beau Bassin die Mitte 2016 wieder in Schuss gebrachte Parkanlage **Jardin Balfour** (*tgl. 10–19 Uhr*) im östlichen Stadtteil. Man erreicht sie, wenn man die dritte Straße nach dem Ortsanfang (am Supermarkt Tang Wai) nach links fährt und der John Trotter Street bis zum Ende folgt. Im Vergleich zu anderen botanischen Gärten der Insel muss der Jardin Balfour hinter denen von Pamplemousses und Curepipe zurückstehen, doch lohnt sich der Besuch u. a. schon wegen des schönen Blicks in das Tal des Rivière Nord-Ouest mit seinem Wasserfall. In dieser Schlucht sieht man auch ein weißes Gebäude, das 1834 errichtet wurde und seit 1977 als Thabor-Kloster eine wichtige Rolle im römisch-katholischen Geistesleben spielt.

Zurück im Stadtzentrum, passiert man auf der Hauptstraße die römisch-katholische Kirche Sacré Cœur von 1880 und den Marktplatz.Anschließend geht es im Kreisverkehr rechts ab zur Schwesterstadt **Rose Hill,** wo man über die Route Royale automatisch zum Stadtzentrum kommt, wo sich zur Rechten die großzügige Plaza befindet, an der sich Institutionen wie Rathaus, Bürgermeisterei, Stadtbibliothek, Theater, Gemeindeverwaltung und eine Galerie konzentrieren. Ebenfalls an der Route Royale entdeckt man ganz in der Nähe die beiden römisch-katholischen Kirchen Sacré Cœur de Montmartre mit ihrem neugotischen, spitzen Kirchturm und die modernere Notre Dame de Lourdes.

Arab town

Etwas weiter an der Hauptstraße gelangt man zum Busbahnhof und, direkt gegenüber, in die kleine „arabische Stadt" (*Arab town*) mit Verkaufsbuden und Imbissgaststätten im traditionellen Stil. Auf der anderen Seite dieses Quartiers haben die Muslime ihre wichtigste Moschee (Dar-es-Salaam, 1923), der der farbenprächtige Markt benachbart ist.

Ansonsten hat Rose Hill eine Einkaufszone mit großen Geschäftskomplexen und viele funktionale, aber nicht gerade schöne Betonbauten. Für das moderne Mauritius besitzt die Stadt außerdem wegen mehrerer Lehranstalten eine große

Bedeutung. Und damit auch der Landschaftseindruck nicht zu kurz kommt, erhebt sich im Westen der „Hausberg“ Corps de Garde (719 m), zu dessen Fuß man auf einer der lang gezogenen Querstraßen (nach rechts) gelangen kann.

Wenn man der Hauptstraße Route Royal weiter in bisheriger Richtung folgt, kommt bald der Verkehrskreisel, wo jene auf die Autobahn nach Phoenix stößt. Hier liegt rechter Hand auch die letzte große Kirche von Rose Hill, die römisch-katholische St. Jean sowie linker Hand ein beeindruckend moderner Bau der Mauritius Commercial Bank.

Quatre Bornes und Vacoas/Phoenix

Am Kreisel geht es nun direkt nach Phoenix weiter oder man folgt der Route St. Jean ins Stadtzentrum von **Quatre Bornes**. Die Stadt (ca. 77.500 Einwohner) macht einen großzügigen, aufgeräumten Eindruck und hat, bis auf die Avenue Victoria, kaum Straßenzüge mit alter Bausubstanz, dafür umso mehr Bauprojekte vorzuweisen. Das moderne Rathaus, die Kaufhäuser, Hotels und das Handelsviertel sind funktional, aber nicht hässlich. Vom wirtschaftlichen Boom der letzten Jahre profitierte Quatre Bornes ganz besonders, sodass sie den Beinamen „Millionärsstadt“ trägt. Mit ihren vielen gepflegten Grünflächen und Gärten am Fuße des Corps de Garde wird sie daneben auch als „Blumenstadt“ (Ville des Fleurs) bezeichnet. Wer in der entsprechenden Zeit da ist, hat Gelegenheit, hier das tamilische „Feuerlaufen“ oder das hinduistische Cavadee-Fest zu beobachten. Lokalkolorit bietet auch der Markt, der ein bisschen mehr Leben in die Straßen bringt.

Blumenstadt

Durch den sanften Candos-Hügel wird Quatre Bornes von der Doppelstadt **Vacoas und Phoenix** (zusammen ca. 106.500 Einwohner) getrennt. Wer Quatre Bornes über die Hauptstraße verlässt und auf der B3 weiterfährt, erreicht nach etwa 5 km Vacoas, das seinen Namen von der typischen Palme mit ihren Stelzwurzeln erhielt. Wer über den Motorway ankommt, durchfährt zunächst den Stadtteil Phoenix, dessen Brauerei die beliebten mauritischen Biersorten herstellt. Shopping ist hier ein großes Thema: Die Phoenix Mall und Phoenix Les Halles sind weithin sichtbar.

Es ist nicht ganz einfach, sich im Straßengewirr der Doppelstadt zu orientieren, aber wer einmal kreuz und quer auf Entdeckungstour gehen will, wird automatisch auf sehenswerte Sakralbauten aller Religionen stoßen. Das Christentum ist mit vier Kirchen und einem Karmeliterkloster vertreten, der Hinduismus durch die Tempel Mahant Kabir (in Vacoas) und Rama Krishna, der Islam durch zwei Moscheen.

Rundfahrten von Vacoas aus

Von Vacoas aus sind übrigens landschaftlich sehr schöne Rundfahrten oder auch Abkürzungen zur vorliegenden Route möglich. Dazu sollte man im Ortsteil Quinze Cantons nach rechts fahren in Richtung Tamarin an der Westküste (s. S. 209). Die Straße verläuft zwischen den etwa 600 m hohen Bergrücken der **Montagnes**

Vacoas (im Süden) und den **Trois Mamelles** (im Norden), dahinter taucht die eindrucksvolle **Montagne du Rempart** (777 m) auf, das „mauritische Matterhorn". Knapp 5 km hinter Quinze Cantons nach links abbiegen und nach weiteren 6 km, vorbei am Simonet (632 m), erreicht man den See **Tamarind Falls Reservoir.** Hier geht es einige hundert Meter nach links, wo die sieben Wasserfälle der **Tamarind Falls** (die höchsten des Landes) ein eindrucksvolles Bild abgeben. Die Tamarind Falls können auch auf einer drei- bis vierstündigen Wanderung ab dem einfacher zu erreichenden Henrietta „erobert" werden. Im Dorf gibt es reichlich Guides, die die Rundwanderung für 600 Rs pro Teilnehmer anbieten – und als Belohnung wartet es ein erfrischendes Bad unter den Wasserfällen.

Sehenswerte Wasserfälle

Mit dem Fahrzeug geht es dann wieder nach links in Richtung Henrietta. Nach gut 1 km kann man auf einer engen Stichstraße auf die Montagnes Vacoas bis zum **Aussichtspunkt Mirador** fahren: Herrliche Panoramablicke auf die nordwestlichen Berge und die große Ebene mit Vacoas, Floréal und Curepipe sind der Lohn der Mühe. Ab Henrietta folgt nach 6 km Curepipe. Die Rundfahrt ist insgesamt etwa 15 km lang und kann in gut einer Stunde durchgeführt werden. Wer Curepipe schon kennt oder nicht bzw. zu einem anderen Zeitpunkt besichtigen will, kann ab Henrietta auch zum Mare aux Vacoas weiterfahren. Dann ist man bereits auf der Route, die ab S. 198 beschrieben wird.

Reisepraktische Infos von Port Louis nach Curepipe

Unterkunft

Gold Crest Business Hotel $-$$, *St. Jean Rd., Quatre Bornes, ✆ 454-5945, www.goldgrouphotels.com. Angenehmes, renoviertes Mittelklasse-Hotel mit 50 gut ausgestatteten Zimmern, hauptsächlich für Geschäftsleute, Fitness-Studio, Shops, Restaurant, gutes Preis-Leistungs-Verhältnis.*

Palms Hotel $$, *St. Jean Rd., Quatre Bornes, ✆ 465-7575, www.palmshotelmauritius.com. Neues, 2016 eröffnetes Hotel mit 48 Zimmern unterschiedlicher Kategorie und Größe. Zwei Restaurants und ein Café stehen zur Verfügung.*

Restaurants

Dragon Vert, *La Louise, Quatre Bornes, ✆ 424-4564. Solides Lokal mit chinesischer, kreolischer und europäischer Küche, preiswert.*

King Dragon, *St. Jean Rd., Quatre Bornes, ✆ 424-7888. Chinesisches Restaurant mit guter Küche, leckere Seafood-Gerichte und Peking-Ente (24 Std. Vorbestellung), moderat.*

Nachtleben

Le Saxo, *Royal Rd., Beau Bassin, Mi und Fr–Sa 20–3 Uhr, Eintritt ca. 300 Rs. Diskothek mit den jüngsten Hits der internationalen Charts, hier trifft man hauptsächlich junges, einheimisches Publikum.*

Palladium, *Trianon (direkt an der Autobahn gelegen), Rose Hill, Eintritt ca. 300 Rs. Kitschig-schönes Haus mit vielfältigem Entertainment, das sich auf drei Etagen verteilt, u. a. mit* **Diskothek** *(Mi und Fr–Sa 23–04 Uhr),* **Spielcasino** *(tgl. 20.30–4 Uhr),* **Spaghetti-Restaurant** *(tgl. außer Mo 18–22 Uhr) und* **Sega-Shows**. *Hier amüsiert sich vorwiegend einheimisches Publikum aller Altersstufen.*

Einkaufen

Ocean Factory Shop, *Nalletamby Road 56, Phoenix, Mo–Sa 8.30-17.30 Uhr. Bade- und Freizeitmode.*

Mauritius Glass Gallery, *Pont Fer, Phoenix, ✆ 696-3360, Mo–Fr 8–17 Uhr, Sa 8–12 Uhr, Erwachsene 100 Rs. Hier kann man auch Souvenirs aus Altglas erwerben.*

Curepipe

Floréal und Mangalkhan

Von Vacoas oder Phoenix gibt es viele Wege nach Curepipe. Wobei man das Ziel am einfachsten von der Hauptstraße über die Floréal Road erreicht. Zunächst gelangt man so in die zu Curepipe gehörende Gemeinde **Floréal**, in der sich auch verschiedene Botschaften niedergelassen haben. Mit seinem großen Shopping Centre mit zwölf Outlet-Shops, Café und Duty-free-Boutiquen, deren breit gefächertes Angebot z. B. Spirituosen, Schiffsmodelle, Kleidung, Seide, Schmuck, Teppiche, Kunsthandwerk und Luxuswaren umfasst, hat sich Floréal auch als Einkaufsort für Touristen einen Namen gemacht.

Einzige Diamantschleiferei

Günstige Shoppingmöglichkeiten bestehen auch im Vorort **Mangalkhan**, im Norden von Floréal und links der Straße nach Curepipe gelegen. Hier kann man Strickwaren und andere Textilien zu Fabrikpreisen u. a. in der Floréal Boutique erstehen. Und vis-à-vis sollten sich Liebhaber von Diamanten und hochwertigem Goldschmuck einen Besuch bei Adamas nicht entgehen lassen: In dem modernen, klimatisierten Gebäude befindet sich die einzige Diamantenschleiferei des Landes, deren Produkte preiswert *(Duty-free)* feilgeboten werden. Außerdem gibt es ein Museum, und man bekommt per Videofilm, Fotodokumenten und ausgestellten Gerätschaften einen Einblick in Schliff und Politur der Edelsteine oder kann einen Blick in die Fabrikationshalle werfen.

Adamas Floreal, *Mangalkhan, ✆ 686-5246, www.adamasltd.com, Mo–Fr 9–16.15 Uhr, Sa 9–14 Uhr.*

Trou aux Cerfs

Bei der Weiterfahrt nach Curepipe zeigt bald ein kleiner Hinweis den Weg zur wohl interessantesten Sehenswürdigkeit der Stadt: Der Vulkankrater **Trou aux Cerfs (1)**, der sich etwa 650 m ü. d. M. erhebt. Auf seinem oberen Rand verläuft ein Fahrweg, der allerdings dank einer Sperrkette nicht mit dem Fahrzeug befahren werden kann. Ein Spaziergang aber lohnt sich, vielleicht am Aussichtspavillon mit einem Blick in den Krater.

Zwei Gründe für einen Besuch des Trou aux Cerfs:

- An keiner Stelle wird die **vulkanische Vergangenheit** von Mauritius sichtbarer als hier. Der Krater ist ca. 85 m tief und misst mehr als 200 m im Umfang,

Blick vom Vulkankrater Trou aux Cerfs

sein Boden wird von einem sumpfigen See bedeckt. Man ahnt hier etwas von den Urkräften der Natur, denen Mauritius seine Entstehung verdankt.

- Man hat kaum anderswo einen solch weiten **Blick** auf die Insel Mauritius mit ihren Bergen, Zuckerrohrfeldern und Städten. Da Curepipe ziemlich zentral liegt, können bei klarer Sicht der Pieter Both, die Moka-Berge und der Rempart erkannt werden, manchmal in weiter Ferne sogar die Bergspitzen der Nachbarinsel Réunion. Es heißt, dass man 1977 sogar den Feuerschein des Vulkanausbruchs auf Réunion beobachten konnte.

Der Trou aux Cerfs wird von Touristen und Einheimischen gleichermaßen gern besucht, an Wochenenden auch zum Picknick und privaten Festen. Zum gepflegten Eindruck der parkähnlichen Anlage gehören die umliegenden Gärten genauso wie aufgestellte Bänke und Pavillons, und romantische Naturen genießen von hier aus den Sonnenuntergang ...

Picknick und Partys

Im Stadtzentrum

Vom Krater führen verschiedene Wege den Hügel hinab durch die wohlhabenderen Wohnviertel zum Zentrum von **Curepipe**. Vom Charakter her stellt die Stadt mit ihren rund 79.000 Einwohnern den genauen Gegenpol zum quirligen und stickigen Port Louis dar, was sowohl an der Höhenlage (mehr als 500 m ü. d. M.) liegt als auch an der Einwohnerschaft, die immer noch durch eine starke weiße Schicht geprägt ist. So wie Port Louis die mauritische Gesellschaft mit all ihren Facetten repräsentiert, so stellt Curepipe die koloniale Vergangenheit und eine europäische

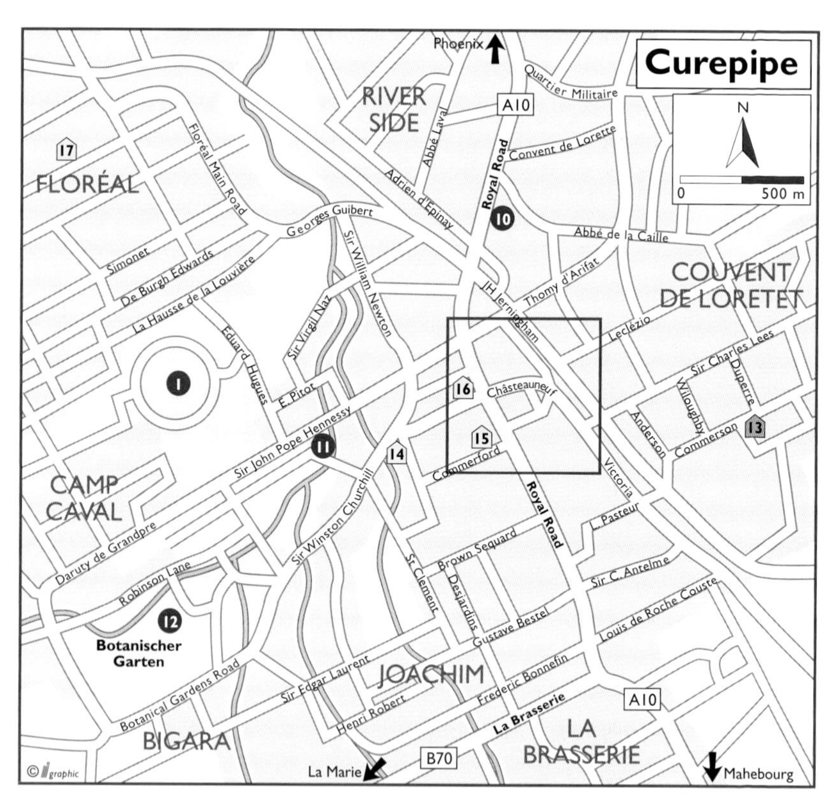

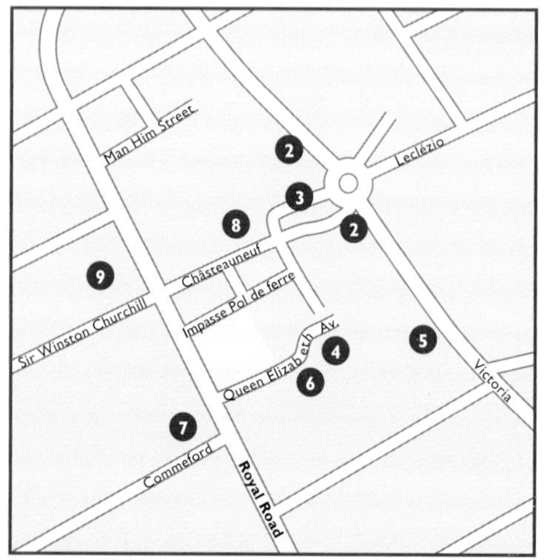

Rundgang
1 Trou aux Cerfs
2 Busbahnhof (2x)
3 Markthalle
4 Rathaus
5 Casino
6 Carnegie Public Library
7 Kirche St. Thérèsa d'Avila
8 Salaffa Arcades
9 Royal College
10 Basilika St. Hélène
11 Kolonialvilla La Sablonnière
12 Botanischer Garten

Unterkunft
13 La Vigie Guesthouse

Essen und Trinken
14 La Potinière
15 Flame n Grill
16 Bite Me Sushi
17 La Clef des Champs

Minderheit dar. Im Stadtbild dominieren moderne Zweckbauten, die Geschäfte und Boutiquen der gehobeneren Preisklasse, aber auch wunderschöne Beispiele der kreolischen Architektur und weitläufige Grünanlagen.

Curepipe ist als höchstgelegene Stadt der Insel der einzige Ort, der im Winter (Juli, August) wirklich kühle Temperaturen aufweisen kann – demgegenüber ist es hier im Sommer i. d. R. erfrischender und angenehmer als in der schwül-heißen Hauptstadt, allerdings auch regenreicher: Die Niederschlagsmengen sind dreimal so hoch wie dort.

Höchstgelegene Stadt

Woher der Name Curepipe stammt, ist nicht ganz klar. Möglicherweise brachten ihn Einwanderer aus dem gleichnamigen Dorf an der französischen Gironde mit, oder aber er bezieht sich auf Pfeife rauchende Gäste der Kutschen, die hier früher eine Rast einlegten – oder er hat etwas mit den Dampflokomotiven zu tun, die hier Station machten und gereinigt werden mussten, vielleicht mit einer Art „Pfeifenreiniger" (Curepipe).

Für eine **Stadtbesichtigung** braucht man nicht so viel Zeit wie in Port Louis, da die Sehenswürdigkeiten recht nah beieinander liegen (mit Ausnahme des Vulkankraters) und weil das Merkwürdige dieses Ortes – nämlich das europäische Flair – für Europäer eben nicht so sensationell ist. Curepipe eignet sich für einen kleinen Spaziergang mit Einkaufsgelegenheit, der über die Hauptachsen Royal Road und Victoria Avenue führt, und zu einem erholsamen Aufenthalt im **Botanischen Garten (12)**.

Zu den genannten Straßen wird man automatisch geleitet, wenn man der großen Autostraße von Floréal bzw. Phoenix folgt. Wer mit dem Bus anreist, steigt am großen **Busbahnhof (2)** an der Victoria Avenue aus und ist damit ebenfalls mitten im Stadtzentrum. Neben dem Busbahnhof ist die **Markthalle (3)**, die durch ihre zwar moderne, aber trotzdem etwas schäbig wirkende große Turm- und Dachkonstruktion aus Beton unschwer zu erkennen ist. Sehr viel schöner wirkt da das Anfang der 1990er-Jahre renovierte **Rathaus (4)** (*Town Hall, Hôtel-de-Ville*). Ein hölzernes Gebäude von 1890, das mit seinen vier Ecktürmen, der Säulen tragenden Veranda, den Freitreppen und Eisengittern eines der besten Beispiele kreolischer Architektur ist. Das Rathaus ist von einem schönen **Garten** umgeben, in dem einige Statuen

In der Markthalle von Curepipe

zu sehen sind, darunter auch ein Abguss von Prosper d'Épinays Skulptur *Paul et Virginie* (s. S. 174).

Und flankiert wird das Gebäude von zwei ebenfalls wichtigen Institutionen: Im Osten ist da das **Casino (5)**, das seit vielen Jahrzehnten eine der besten Adressen für Spieler darstellt und in dem es dementsprechend vornehm zugeht. Im Westen umfasst die **Carnegie Public Library (6)** eine berühmte Sammlung von Büchern und Dokumenten, u. a. zur Geschichte der Insel Madagaskar. Daneben steht das Büro des Bürgermeisters.

Schräg gegenüber der Bücherei, jenseits der Royal Road, erhebt sich die 1872 eingeweihte römisch-katholische Kirche **St. Thérèsa d'Avila (7)** mit ihrem markanten Westturm hinter einem kleinen Platz. Ihre drei Schiffe, der Hauptturm und die zwei westlichen Ecktürmchen geben ein gutes Beispiel der Neugotik, während der Eingangsbereich barock gestaltet ist.

Schlendert man die Route Royale wieder aufwärts, passiert man kurz hinter der Kirche die Einkaufspassage **Currimjee Arcades** und gelangt dann zur Kreuzung mit der Sir Winston Churchill Street. Zweigt man hier rechts ab, kommt man zum Busbahnhof zurück und hat dabei Gelegenheit, einen Blick in die **Salaffa Arcades (8)** zu werfen, das wohl bekannteste Shopping Centre der Stadt, in dem es Textil- und Schuhgeschäfte, Andenkenläden, Drogerien und Restaurants gibt. Bleibt man an der Kreuzung stattdessen auf der Royal Road folgt nach wenigen Metern das **Royal College (9)**, das hinter einem offenen Platz liegt. Dass diese beste Schule der Insel ein Erbe der Engländer ist, sieht man ihr sofort an, wenn auch der Beiname „Buckingham Palace" weit übertreibt. Vor der grauen Fassade von 1912 erinnert ein Denkmal mit einem französischen und britischen Soldaten an die Opfer des Ersten Weltkrieges.

Buckingham Palace?

Außerhalb des Zentrums

Wer eine weitere römisch-katholisches Kirche besuchen möchte, muss an der Kreuzung auf der nördlichen Verlängerung der Route Royale etwa 600 m weitergehen: Dort stößt man nahe einer Moschee auf die Basilika **St. Hélène (10)**. Wie die St. Thérèsa besitzt sie einen markanten Westturm, allerdings ohne Helm, und wird ansonsten von neo-romanischen Formen samt einer Kuppel geprägt. Schön ist die Fensterrose über dem westlichen Hauptportal.

Mehrere Boutiquen, Shops und Supermärkte, letztere auch mit deutschsprachigen Zeitungen, findet man, wenn man über die Sir Winston Churchill Street nach Südwesten bummelt. Etwas weiter passiert man linker Hand (direkt gegenüber der Polizeistation) das Hillcrest Building, das das gute Restaurant La Potinière beherbergt. Am Ende der Straße geht es halblinks auf die Route du Jardin Botanique. Je nachdem, wo geparkt wurde, sollte man sich jetzt für oder gegen die Weiterfahrt mit dem Auto entscheiden. Denn der Fußweg zum Botanischen Garten zieht sich. Nicht zu vergessen, dass der Botanische Garten mit dem Auto befahren werden kann.

Auf jeden Fall sollte man nach etwa 300 m rechts auf die Avenue Bernardin de St. Pierre abbiegen, an einer Hochhausinvestitionsruine vorbei, zur **Kolonialvilla La Sablonnière (11)** einbiegen. Das vorzüglich restaurierte Holzhaus im kreolischen Stil beherbergt heute das asiatische Antiquitätengeschäft Private Collection und ist von einem herrlichen, gepflegten Park umgeben. Auffälligster Blickfang ist dort das weiße Modell des **Eiffelturms**, das 1989 zum 200-jährigen Jubiläum der französischen Revolution aufgestellt wurde.

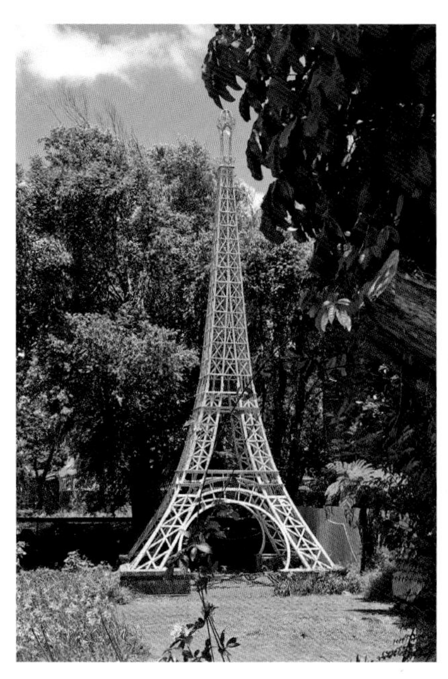

Modell des Eiffelturms

Zurück auf der Route du Jardin Botanique, folgt nach rund 1 km der **Botanische Garten (12)**. Er hat zwar nicht die Ausdehnung und Artenvielfalt der Gärten von Pamplemousses erreicht, ist aber immerhin die „zweitbeste" Adresse für botanisch Interessierte. Wertvollster Schatz des Gartens ist eine Palme, die so selten ist, dass sie nur einen wissenschaftlichen Namen bekommen hat (*hyophorbe amaricaulis*). Der Baum – das einzig bekannte Exemplar überhaupt – wurde rein zufällig bei den Rodungsarbeiten für den Botanischen Garten entdeckt und wäre um ein Haar gefällt worden …
Auch sonst lockt die Anlage, durch die man übrigens auch mit dem Wagen fahren kann, mit allerlei Raritäten aus Mauritius, Madagaskar, Australien und von den Seychellen, darunter die Kokospalme *coco de mer* mit ihren doppelten Nüssen oder die Hurrikanpalme. Vor allem zur Zeit der Azaleenblüte lohnt sich ein Besuch.
Jardin Botanique, *tgl. 7–19 Uhr (1. Okt.–30. April) oder 8–18 Uhr (1. Mai–30. Sept.), Eintritt frei.*

Reisepraktische Informationen Curepipe

Unterkunft

La Vigie Guesthouse (13) $, *Commerson St., Curepipe, ✆ 676-3023. Kleine, gemütliche und nahe dem Zentrum gelegene Unterkunft.*

Restaurants

La Potinière (14), *Sir Winston Churchill St. (Hillcrest Building), Curepipe, ✆ 549-22712. Renommiertes Restaurant mit guter europäischer und kreolischer Nouvelle cuisine, Crêperie, moderat.*
Flame n Grill (15), *Arcades Currimjee, 256 Royal Rd., Curepipe, ✆ 674-0437, www.flamengrill.mu. Mo–Do 10.30–15 u. 18–22, Fr/Sa 10.30–22 Uhr. Indische Küche und Grillgerichte. Empfehlenswert.*

La Clef des Champs (17), *Queen Mary Ave., Floréal, ✆ 686-3458, So Ruhetag. Gute und gemütliche Gaststätte mit französischer Küche, moderat.*
Bite Me Sushi (16), *College Lane, Curepipe, ✆ 5498-3211, www.sushi-mauritius.com. Einfaches Lokal direkt am College mit frischen und leckeren Sushi-Varianten (auch zum Mitnehmen).*

Nachtleben
Casino de Maurice, *Rue Teste de Buch (Ecke Boulevard Victoria), ✆ 602-1300, www.casinosofmauritius.mu, tgl. 9–2 Uhr. Vornehmes Spielcasino mit Krawattenzwang, Roulette, Black Jack und in den Vorräumen „einarmige Banditen“, Restaurant- und Tanzbetrieb.*

Einkaufen
Curepipe gilt als ein Shopping-Eldorado für die Dinge des täglichen Lebens genauso wie für Bekleidung. Eine erste Adresse für einen Einkaufsbummel sind sicher die **Salaffa Arcades (8)**: *Bunte indische Stoffe, T-Shirts, Designerkleidung, alles ist hier zu haben. Wem es hier zu stressig ist, der besucht das* **Garden Village Shopping** *(Botanical Gardens St., Curepipe), einen netten Kontrapunkt zur hektischen Einkaufsmeile in der Innenstadt. Hier geht es in einer schick gestalteten Mall deutlich ruhiger zu, stylishe Läden und Restaurants bis hin zu einer Piano Bar sorgen für gute Einkaufsatmosphäre.*
Shopping Centre Floréal Square, *Floréal, 1 J. F. Kennedy St. Zwölf Outlet-Shops und Duty-Free-Boutiquen, Café, Mo–Sa 9.30–17.30 Uhr.*
Comajora, *La Brasserie Rd., Forest-Side, Curepipe, ✆ 675-1644. Älteste, bekannteste und größte Schiffsmodellfabrik des Landes, mit kleinem Museum, am südlichen Ortsausgang gelegen.*
Currimjee Arcades, *Ecke Royal Rd. und Chateauneuf, Curepipe. Hier kann man Kleidung, Schmuck und Kunsthandwerk kaufen. Außerdem Galerie.*

Von Curepipe nach Baie du Cap

Curepipe wird verlassen über die Royal Road in südlicher Richtung. An deren Ende geht es – gut ausgeschildert – Richtung Grand Bassin. Nach rund 4 km folgt der Weiler La Marie, wo die Route der Abzweigung nach links in Richtung Mare aux Vacoas und Le Pétrin folgt.

Mare aux Vacoas

Trinkwasserreservoir

Gut 2 km hinter La Marie auf der B3 kommt man zum größten Binnensee von Mauritius, dem **Mare aux Vacoas**. Wie fast alle Seen der Insel wird auch dieses „Meer“ als Trinkwasserreservoir und als „Rohstoff“ für ein Wasserkraftwerk genutzt. Von der Straße aus ist die Oberfläche zunächst nicht zu erkennen, weil ein hoher Damm die Sicht versperrt. Doch spätestens beim ausgeschilderten Picknickplatz lohnt es, anzuhalten und auf das Reservoir zu schauen. Zumal bei schlechtem Wetter glaubt man kaum, in den Tropen zu sein: Die hügelige, bewaldete

Landschaft, die deutlich kühlere Temperatur (der See ist ca. 600 m ü. d. M.) und evtl. Regenschauer lassen eher an die deutschen Mittelgebirge denken. Dieses Landschaftsbild ändert sich auch auf den nächsten 7 km nicht, wo dichter Wald bis an die Straße heranreicht und ab und zu Wanderwege – wie der **Sophie Nature Walk** (*So geschlossen*) – und Lichtungen zum Anhalten reizen. Wer sich mal als Jäger, Quadfahrer oder Mountainbiker versuchen will, der folgt der Abfahrt links Richtung **Domaine des 7 Vallées**.

Dichter Wald

Grand Bassin

An der nächsten Kreuzung erreicht man Le Pétrin und damit den **Black River Gorges National Park**. Hinter dem Besucherzentrum liegt ein beliebter Picknickplatz mit Toilettenanlage. Nach links folgt eine schnurgerade, 2 km lange Straße zum heiligen See der Hindus, dem Grand Bassin. Ihre (Spur-)Breite lässt erahnen, wie viele Menschen zu Maha Shivaratree hier anreisen. Dementsprechend geht auch die Zahl der Parkplätze in die Tausende.

Das **Grand Bassin** ist jederzeit sehenswert. Die „Attraktion“ des Grand Bassin aber findet im Februar/März statt: das größte Hindufest außerhalb Indiens. Und auch hier feiert man an heiligen Wassern, nämlich angeblich am Ganges, mit dem der See gemäß einer lokalen Legende in Verbindung steht. Tatsächlich wurde 1972 heiliges Wasser aus dem Ganges in den See geschüttet und dem Grand Bassin der Beiname Ganga Talao (dt.: See des Ganges) verliehen. Beim alljährlichen Fest pilgern Hunderttausende weiß gekleideter Gläubige zu Fuß, mit Mopeds, Bussen oder Karren hierhin, singen, beten und tanzen, steigen zum See hinab und übergeben Blumenopfer

Hinduistische Gottheiten am Grand Bassin

(s. S. 59). Wenn der Platz während des Festes **Maha Shivaratree** vor Menschen überquillt, so ist er in der übrigen Zeit nicht ganz verwaist: Auch in allen anderen Monaten kommen Gläubige und Touristen zum heiligen See, gehen die Stufen hinunter zum Wasser, bewundern die ringsum anzutreffenden Schreine mit Götterstatuen und wandern am Kraterrand entlang bis zum hoch gelegenen kleinen Tempelpavillon mit seiner schönen Aussicht.

Sakraler Kratersee

Wie der Trou aux Cerfs in Curepipe ist auch das Grand Bassin ein erloschener Vulkanschlot, der sich – den Maaren der Eifel vergleichbar – mit Wasser gefüllt hat. Nur ist hier der Kratersee nicht so kreisrund und sind die Wände nicht so steil wie in Curepipe, der See selbst ist größer als dort und hat sogar ein kleines Inselchen, und die idyllische Landschaft mit den bewaldeten Hängen unterstreicht den sakralen Charakter dieses Ortes. Nur manchmal ist es hier oben ungemütlich, wenn dichter Nebel die verschiedenen Tempel, Versammlungshallen, Waschräume und Schreine verhüllt oder einen ein kalter Regenschauer auf den Parkplatz zurücktreibt.

Abstecher zur Teefabrik Bois Chéri

Folgt man der Straße zum Grand Bassin (B88) nach Osten, gelangt man durch ausgedehnte Teeplantagen zur 1890 gegründeten Teefabrik Bois Chéri, die am Rand des gleichnamigen Ortes liegt. Der Abstecher dorthin ist sehr empfehlenswert, da Gäste auf dem Fabrikgelände herumgeführt werden und man einen guten Einblick in den Produktionsablauf erhält, vom Trocknen über das Sortieren bis zur Verpackung der verschiedenen Teesorten. Auch ein **Tee-Museum**, eine **Vanille-Plantage** und **Gewächshäuser** mit Anthurien gehören zum Anwesen. Anschließend sollte man in der über einem verwunschenen See gelegenen Lounge die verschiedenen Tees und die Panoramaaussicht von der Bergkuppe aus genießen – der Tee kann natürlich auch direkt vor Ort gekauft werden. Und zum Abschluss gibt es im **Restaurant** Le Bois Chéri vielleicht „Afternoon Delights“: leckere Crêpes ab 150 Rs.
Teeplantage Bois Chéri, *Bois Chéri, Grand Bois, ✆ 617-9109, www.saintaubin.mu/fr/bois_cheri.aspx, tgl. 9–17 Uhr. Erwachsene 500 Rs. Teeverkostung 200 Rs, mit ausgiebigem Lunch 1.300 Rs. Tipp: Eine Fabrikbesichtigung plant man am besten vor 11.30 Uhr, da es dann in der Fabrik „brummt“, und am besten in der Hauptsaison von Oktober bis März. Wer eine deutschsprachige Führung wünscht, sollte nach dem Guide Sunassee fragen. Er spricht ein sehr charmantes Deutsch und freut sich über jeden Gast, der seine Sprachfertigkeit in Anspruch nimmt.*

Auf der Verlängerung der Straße gelangt man etwa 3 km hinter Bois Chéri auf die A9, auf der man in nördlicher Richtung nach Nouvelle France und Port Louis und in südlicher Richtung nach Souillac gelangt. Um die in diesem Kapitel beschriebene Rundfahrt fortzusetzen, geht es aber vom Grand Bassin zunächst die 7 km auf der gleichen Straße bis nach Le Pétrin zurück, wo man an der Kreuzung nach links zur Plaine Champagne fährt.

Nationalpark Black River Gorges

Der erste Nationalpark des Landes wurde im Jahr 1994 eingeweiht, als man verschiedene Naturreservate zu einem rund 4.000 ha großen Naturschutzgebiet zusammenfasste. Obwohl der Black River Gorges National Park seinen Namen nach der eindrucksvollen Schlucht des Black River (Rivière Noire) erhalten hat, besteht der Nationalpark zum größten Teil aus der etwa 700 m ü. d. M. gelegenen Hochfläche Plaine Champagne, gewissermaßen dem „Dach von Mauritius". Der Reiz dieses Gebiets liegt in der teils herben und abweisenden, teils tropisch wirkenden Landschaft mit ihren vielen Wasserfällen, vereinzelten Berggipfeln und ausgedehnten Wäldern.

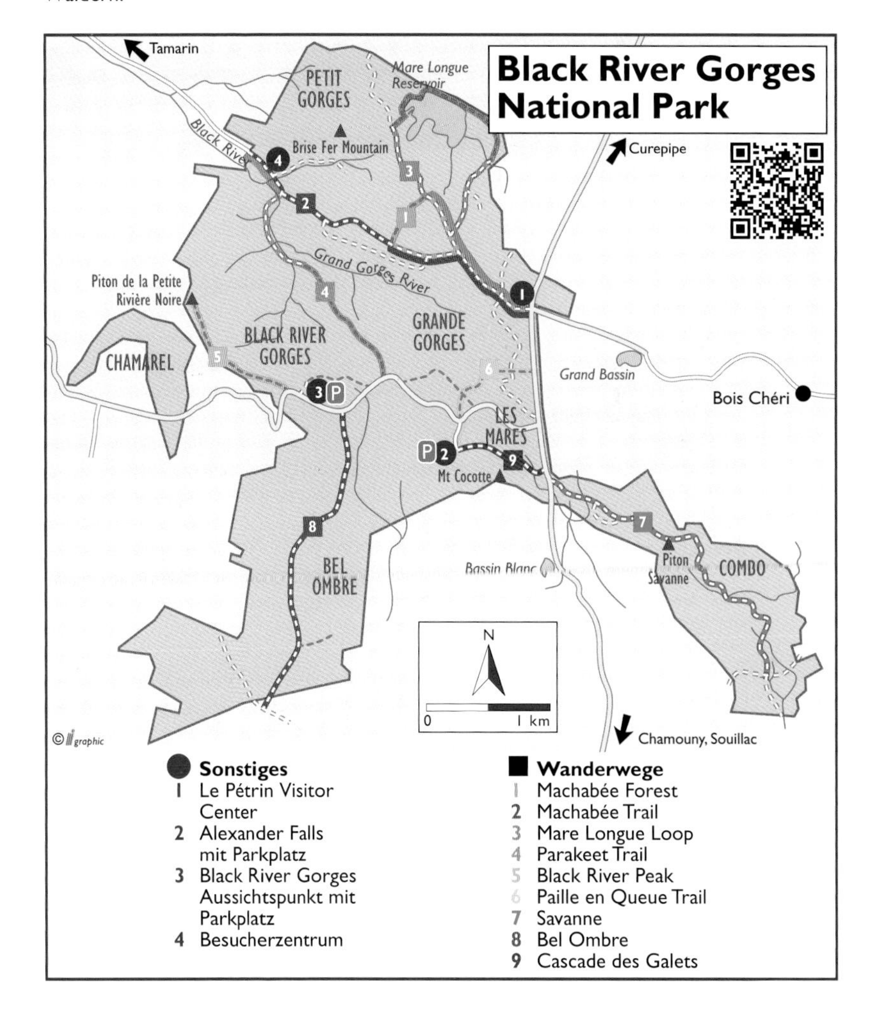

Blick vom Aussichtspunkt Black River Gorges

Hier bestehen gute Chancen, wild lebende **Java-Hirsche** oder verwilderte Schweine und Affen zu Gesicht zu bekommen. Mit etwas Glück sind seltene Vögel wie der Mauritius-Sittich, die Rosa Taube und der Turmfalke zu beobachten oder Flughunde und Tanreks. Insbesondere für botanisch Interessierte ist der Nationalpark ein wahrer Schatz, den man am besten wandernd erforscht. Das, was von der endemischen Flora übrig geblieben ist, kann man hier am ehesten entdecken, hohe Ebenholzbäume ebenso wie Colophane- oder Macchabéen-, Tambalocoquebäume, den Bois d'Olive ebenso wie Bois du Natte, Bois de Fer, Bois Puant oder den Makak. Natürlich haben auch importierte Pflanzen ihren Weg in den Regenwald gefunden, u. a. die Chinesische Guave (Guave de Chine), die man auch am Straßenrand findet und die von Januar bis Mai äußerst schmackhafte, gelbrote Beeren trägt.

Seltene Vögel

Besucherzentren, *Le Pétrin* **(1)**, *tgl. 7–15.15 Uhr, ✆ 507-0128; Black River* **(4)**, *Mo–Fr 7–17 Uhr, Sa & So 9–17 Uhr, ✆ 258-0057. Information und Wanderkarte (5 Rs) gibt es in den Büros des Nationalparks. Weitere Infos: http://npcs.govmu.org/English/Pages/NPCS%20Updated/Black-River-Gorges-National-Parks.aspx.*

Die Straße von Le Pétrin bis Chamarel windet sich durch die **Plaine Champagne**, in einem Kreisverkehr geht es rechts Richtung Chamarel. Es folgen ausgeschilderte Einstiege mit Parkmöglichkeit in Wanderwege oder Attraktionen, die mit beliebten Picknick- und Toilettenanlagen verbunden sind, beispielsweise **Alexander Falls (2)**: Gelegen in 700 m Höhe eröffnet sich vom Aussichtspunkt aus ein schöner Blick über die Südküste von Mauritius. Ein paar Kilometer weiter folgt der **Aussichtspunkt Black River Gorges (3)**: Wer sich durch die Händler und die Verkaufsstände durchgeschlängelt hat, wird mit einem grandiosen Ausblick über tiefe Schluchten bis hin zur Küste belohnt – die Montagne Brise Fer auf der rechten Seite, hohe Wasserfälle, überquellende Vegetation, in der Luft vielleicht sogar Turmfalken, aus dem Urwald Affengeschrei und am Horizont der Indische Ozean – eine wahrhaft mauritische Ideallandschaft.

Wasserfälle

Wandern im Nationalpark Black River Gorges

Mit mehr als 60 km markierter Wege ist der Nationalpark Black River Gorges das beste Wandergebiet des Landes. Die bekanntesten Wege sind:

1. **Machabée Forest**, 14 km, moderat, Rundweg durch den Regenwald, startet und endet in Le Pétrin.
2. **Machabée Trail**, 10 km, anstrengend, von Le Pétrin zum Besucherzentrum in Black River, mit spektakulären Aussichten.
3. **Mare Longue Loop**, 12 km, moderat, Rundweg ab Le Pétrin durch einheimischen Wald mit Besuch eines Wasserreservoirs.
4. **Parakeet Trail**, 8 km, anstrengende aber landschaftlich noch spannendere Variante ab Plaine Champagne bis zum Besucherzentrum in Black River.
5. **Black River Peak**, 9 km, moderat, Rundwanderweg, startet 500 m entfernt vom Black-River-Gorges-Aussichtspunkt an der Straße Richtung Chamarel. Hier geht es auf den höchsten Berg von Mauritius. Wer den Black River Peak mit seinen 828 m Höhe erklommen hat, kann sich seit April 2015 auf der „Bench828" ausruhen, einem Geschenk von drei deutschen Touristen. Dazu gibt es eine nette Facebook-Geschichte: www.facebook.com/Bench828.
6. **Paille en Queue Trail**, 3 km, moderat, von der Alexandra Road nach Plaine Champagne.
7. **Savanne**, 6 km, einfach, Rundwanderweg an Ende der Les Mares Road, mit schönen Ausblicken auf die Südküste von Mauritius.
8. **Bel Ombre**, 18 km, anstrengend, Rundwanderweg ab Plaine Champagne bis zur Parkgrenze.
9. **Cascade des Galets**, 3 km, anstrengender Rundwanderweg zu einem Wasserfall.

Es kann sinnvoll sein, sich einer Tour mit ausgebildeten **Bergführern** (*guides*) anzuschließen, da diese nicht nur die Wege kennen, sondern auch auf versteckte Kostbarkeiten der Flora und Fauna hinweisen. Gutes Schuhwerk, lange Hosen (wegen des Gestrüpps) und die Mitnahme von Proviant sind zu empfehlen. Auf keinen Fall sollte man das Wasser der Bäche oder Teiche trinken.

Chamarel und Umgebung

Auf der Straße geht es nun weiter, bis man nach etwa 5 km in einigen Haarnadelkurven wieder an Höhe verliert. Kurz vor Chamarel hat man einen wunderbaren Blick auf das Dorf, die Zuckerrohr-, Ananas-, Bananen- und Kaffeefelder und den dahinter liegenden **Piton Canot** (526 m). Aussichtsreich sind auch zwei bekannte **Restaurants** des Ortes, das Varangue sur Morne, das links an der Serpentinenstraße nach Chamarel liegt, und das Le Chamarel Restaurant, die sich überdies mit ihrer soliden kreolischen Küche für eine Lunchpause oder einen Sundowner

anbieten. Einen Zwischenstopp wert ist auf jeden Fall die **Rhumerie de Chamarel**. Eine Destillerie, in der Besucher alle Facetten des Rum-Machens kennenlernen können – umweltfreundlich, wie es heißt.
Rhumerie de Chamarel, *Royal Road, ✆ 483-4980, www.rhumeriedechamarel.com, Mo–Sa 9.30–17.30 Uhr, auch an Feiertagen. Führung inkl. Rum-Verkostung 400 Rs.*

Vanille-plantage

Von den Bergen kommend, erreicht man das weitgehend ursprüngliche Dorf **Chamarel**, das seinen Namen nach dem französischen Kommandanten Antoine de Chamarel erhielt, der hier im 18. Jh. die ersten Vanille- und Kaffeeplantagen anlegen ließ. Gleich am Ortseingang liegt rechter Hand die kleine katholische Wallfahrtskirche Ste-Anne, zu der am 15. August (Mariä Himmelfahrt) die Gläubigen pilgern.

Terres des 7 Couleurs und Cascade Chamarel

Wer nicht direkt zur Westküste weiterfahren möchte, folgt der Beschilderung Richtung **Terres des 7 Couleurs**, einer bekannten – vielleicht überschätzten – Sehenswürdigkeit der Region. Sie befindet sich auf dem Privatgelände der **Plantage von Bel Ombre** und bietet einige fragwürdige Freizeitangebote rund um die farbigen Erden. Es gibt einen Schildkrötenteich, einen Souvenirshop, ein Café und einen überbordenden Parkplatz, auf dem die Minibus- und Taxichauffeure im laufenden, klimatisierten Fahrzeug auf die hergebrachten Touristen warten.

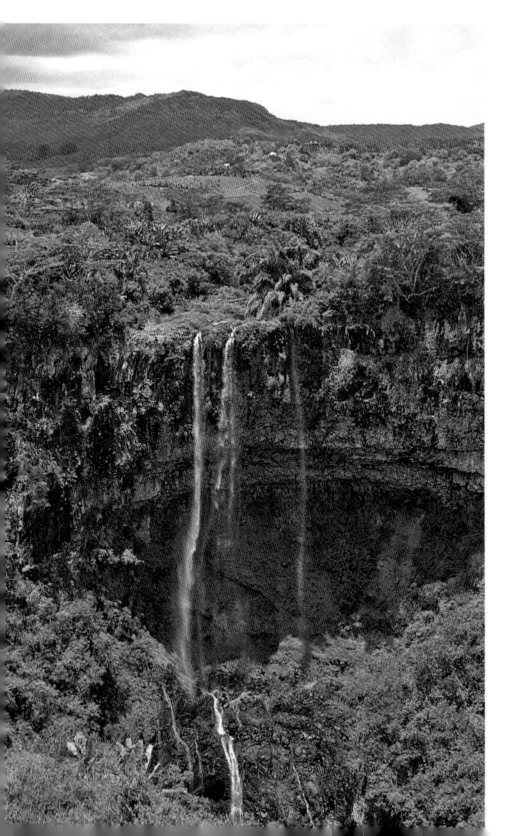

Ein erster Stopp folgt beim ersten Parkplatz. Hier hat man eine schöne Aussicht auf den hohen Wasserfall **Cascade Chamarel**, der sich gut 90 m tief in ein dicht bewachsenes Bassin stürzt. Den besten Blick gibt, wenn man dem Schild „Viewpoint" folgt, auf einen nahen Hügel.

Nach einigen Schlaglöchern gelangt man schließlich zum ungewöhnlichen Naturphänomen der **Farbigen Erden** (*Terres des 7 Couleurs, 7 Coloured Earths*), das besonders bei schräg stehender Sonne vor dem grünen Hintergrund der Berge und dem Blau des Himmels eine gewisse Wirkung hat. Das Feld ist eingezäunt und kann größtenteils umwandert werden.

Cascade de Chamarel

Es handelt sich bei den Farbigen Erden – wie bei ähnlichen Erscheinungen auf Island – um eine gewellte Bodenformation vulkanischen Ursprungs, die verschiedenfarbig geädert ist. Hier wird Basalt komplett ausgewaschen. Der Untergrund ist leicht körnig. Der Eindruck, es handele sich um Sand, täuscht. Das **oxidierte Lavagestein** hat als Grundton ein rostiges Rot, doch kann man bis zu sieben Farben voneinander unterscheiden (deshalb auch die Bezeichnung *7 Coloured Earths*). Auf einem Schild ist das Phänomen in drei Sprachen beschrieben.
Terres des 7 Couleurs, *tgl. 7–18 Uhr, Erwachsene 200 Rs, Kinder bis 12 Jahre 100 Rs.*

Zur Südküste

Der schöne Landschaftseindruck setzt sich auf der folgenden Strecke fort. Es geht zunächst wieder an der Cascade Chamarel vorbei zum Wärterhäuschen am Eingang des Feldweges zurück. Nach **Baie du Cap** fährt man auf der Asphaltstraße nach rechts und dann in vielen Kurven eine sehr szenische Straße stetig bergab. Links und rechts erheben sich niedrige Berge, und überall leuchtet das Grün der Zuckerrohrplantagen und verschiedener Palmenarten, auch der „Baum des Reisenden" ist hier oft vertreten. Nach 9 km erreicht man bei Baie du Cap die Küste. Von Baie du Cap kann man über Bel Ombre auf der B9 in Richtung Mahébourg fahren (s. Südküste S. 239) oder in nordwestlicher Richtung zum Morne Brabant und Tamarin.

Szenische Straße

Reisepraktische Infos von Curepipe nach Baie du Cap

Unterkunft

Lakaz Chamarel $$$, *Piton Canot, ✆ 483-4240, www.lakazchamarel.com. Leben in der Natur, mitten in den Bergen, mal ganz etwas anderes. Guter Ausgangspunkt für Wanderungen und die Entdeckung der „anderen" mauritischen Welt abseits der Strände. Leserinnentipp: „Das Lakaz Chamarel ist sehr empfehlenswert, die Yogaplattform auf einem Hügel mit Blick übers Tal ist einzigartig, tägliche Yogastunden werden angeboten. Jede Lodgeaustattung hat ein anderes Motto."*

Restaurants

Im landschaftlich reizvollen Binnenland konnten sich in der Gegend von Chamarel in letzter Zeit einige gute Restaurants etablieren:
Varangue sur Morne, *110 Route Plaine Champagne, Chamarel, ✆ 483-6610. An der Serpentinenstraße nach Chamarel und oberhalb der Bananenplantagen gelegenes Lokal mit Garten und tollem Panoramablick, gute Küche und angenehme Atmosphäre (wenn aber die Sightseeing-Busse hier den Lunch-Stopp einlegen, wird es voll), moderat bis teuer.*
Le Chamarel Restaurant, *La Crête, Chamarel, ✆ 483-6421. Ebenfalls hoch gelegenes Restaurant mit Terrasse und prächtiger Aussicht, solide kreolische Küche, ideal für einen Sundowner, moderat.*
L'Alchimiste, *Royal Rd., ✆ 483-4980, www.rhumeriedechamarel.com. Lunch-Restaurant auf dem Gelände der Rhumerie de Chamarel.*

Entlang der südlichen Westküste

Die Strecke von Baie du Cap nach Tamarin setzt an der Küste die schönen Landschaftseindrücke des Inlandes fort mit hoch aufragenden Bergen zur Rechten und dem tiefblauen Indischen Ozean zur Linken. Etwa 20 km sind es bis nach Tamarin, etwa 50 km zurück bis zur Hauptstadt Port Louis.

Baie du Cap, der Startpunkt dieser Etappe, ist ein lang gezogenes, von einem schmalen Sandstrand gesäumtes Fischerdorf, in dem das Leben noch seinen gemächlichen, ursprünglichen Gang geht. An der Straße in Richtung Morne Brabant folgt nach 500 m das **Matthew Flinders Denkmal** direkt am Strand. 2003 errichtet, erinnert es an den englischen Seefahrer Matthew Flinders, der leichtsinnigerweise 1803 hier anlandete. Nicht wissend, dass England und Frankreich im Krieg waren. Kurzerhand sperrten ihn die Franzosen für sechs Jahre auf Mauritius ein. Am westlichen Ortsausgang umrundet man das spitze, von erstarrten Lavaströmen geformte Kap, anschließend geht es durch eine enge, fjordähnliche Bucht direkt am Wasser entlang – ein herrliches Erlebnis. Nirgendwo sind Autotouristen auf Mauritius für eine längere Fahrzeit dem Indischen Ozean näher als hier.

Fjordähnliche Bucht

Hinter der nächsten Halbinsel von **Pointe Corail de la Prairie** weitet sich der Sandstrand. Doch die Tatsache, dass kaum Touristen oder Einheimische die Gelegenheit zum Baden nutzen, ist ein untrügliches Zeichen für gefährliche Unterströmungen. Auch weisen Schilder darauf hin. Man sollte es daher bei einem Foto- oder Picknickstopp belassen, der sich allein schon wegen der Szenerie lohnt: Im Norden ragt hoch der Klotz des Morne Brabant auf, davor scheint die kleine Insel **Îlot Fourneau** auf dem Wasser zu schwimmen. Am nächsten kommt man ihr in dem etwas zurückgesetzt liegenden Weiler **L'Embrasure**. Die nur leicht hügelige Insel ist ein Eldorado für Schnorchler und Angler, da der Artenreichtum der Unterwasserflora und -fauna hier besonders groß ist. Für Gäste der Hotels am Morne Brabant werden Bootsexkursionen zum Inselchen angeboten, das seinen Reiz nicht wegen guter Badegelegenheiten erhält, sondern wegen der fantastischen Aussicht auf das südwestliche Hochland und die eindrucksvolle Halbinsel im Norden.

Bald steigt die Straße ein wenig an, um den Pass zwischen der Halbinsel Morne Brabant und dem **Piton du Fouge** (596 m) zu erreichen, von dem sich eine herrliche Aussicht auf die Küste und ihre vorgelagerten Inseln bietet.

Blick auf den Gipfel des Morne Brabant

Le Morne Brabant

Die markante Halbinsel des **Morne Brabant** bildet nicht nur den westlichsten Punkt des Landes, sie stellt auch eines der attraktivsten Landschaftsbilder von Mauritius dar, denn sie hat – neben dem mächtigen Bergklotz, der Lagune und der nahen Badeinsel **Île aux Bénitiers** – zwei herrliche Sandstrände mit schönen Filaohainen aufzuweisen. Leicht vergisst man im Angesicht der Schönheit der Natur, dass der 556 m hohe Berg mit einer tragischen Geschichte verknüpft ist: In der französischen Zeit diente er als letzte Zufluchtsstätte für geflohene Sklaven, die sich hier – fernab der damaligen Zivilisation – relativ sicher fühlen konnten. Als die Engländer die Sklaverei abschafften, sandten sie Polizisten aus, die den Flüchtlingen die Botschaft überbringen sollten. Die Sklaven aber glaubten sich entdeckt und einige stürzten sich verzweifelt vom Morne Brabant in den Tod. Heute erinnert ein Kreuz an die Tragödie. 2008 wurde der Berg in die Weltkulturerbeliste der UNESCO aufgenommen.

UNESCO-Welterbe

Erfahrene **Wanderer** können es den beiden britischen Soldaten Whitehead und Prescott nachmachen, die 1910 den Gipfel erreichten. Am besten geht man mit einem Guide auf den Berg.
Yanature, ✆ *5731-4955, www.trekkingmauritius.com. Gute Adresse für Wandertouren, nicht nur auf den Morne Brabant.*

Auto- oder Bustouristen, die die Halbinsel besuchen möchten, halten sich an die gut ausgebaute Asphaltstraße, die am nördlichen Ufer der Halbinsel von der B9 abzweigt. Nach einem Kreisverkehr geht es entlang opulenter **Resortanlagen** zu einem herrlichen, von Filaos gesäumten, weißen Sandstrand, dem **Public Beach**. Etwas weiter südlich – vorbei am LUX Le Morne und am beeindruckenden Bau des St. Regis Resorts – endet der öffentliche Strand an den ausgedehnten Freizeitanlagen des Riu Creole. Auf dem Rückweg kann man einen Abstecher zum luxuriösen Dinarobin Hotel und zum sportlich-eleganten Le Paradis Resort mit seinem herrlichen Sandstrand unternehmen. Die Schwesterhotels zählen zu den schönsten der Insel und verfügen u. a. über einen Reitstall, 18-Loch-Golfplatz, ein Casino und mehrere Restaurants.

Weißer Sandstrand

Île aux Bénitiers

Nördlich des Morne Brabant sieht man in der Lagune die lang gestreckte Île aux Bénitiers, die nach jener zweischaligen Riesenmuschel Bénitier benannt ist, von der es heißt, sie könne einem Menschen Füße oder Hände abreißen. Da solche Unfälle jedoch in den hiesigen Gewässern nirgendwo belegt sind, können Badegäste und Taucher beruhigt die Insel besuchen, die inzwischen (wie die Île aux Cerfs) zu einem **Touristenparadies** ausgebaut wurde. Im Gegensatz zu jener ist sie aber seit alters her von Gemüsebauern bewohnt, die früher Hauptlieferanten für Kokosnüsse und Kokosprodukte (Besen und Bürsten) waren. Heute gibt es hier einen Golfplatz und Anlegeplätze für Besucherboote. Man erreicht die Badeinsel am besten von **La Gaulette** aus mit einer geführten Tour, beispielsweise mit dem Anbieter **Ropsen** (✆ *451-5763, www.ropsen.net*).

Beliebte Badeinsel

Nachdem man das Dorf La Gaulette passiert hat, gelangt man bald nach **Case Noyale**. Auf Höhe der 1939 errichteten Kirche Mater Dolorosa zweigt rechts eine gute und aussichtsreiche Asphaltstraße ins Bergland nach Chamarel und zur Plaine Champagne ab (s. S. 202). Auf der Küstenstraße folgt die Bucht des **Petite Rivière Noire** mit einer kleinen Kapelle. In der Nähe wird in Salinen Salz gewonnen, und im waldreichen Hinterland leben etliche Java-Hirsche in freier Wildbahn. Nun verlässt die B9 die Küste und durchquert eine Halbinsel, die nördlich von der **Baie de la Rivière Noire** begrenzt wird.

Java-Hirsche

Grande Rivière Noire

Wo sich der große **Black River** (Grande Rivière Noire) in den Indischen Ozean ergießt, liegt an der gleichnamigen Bucht die Ortschaft **Grande Rivière Noire**, die aus mehreren Gründen von touristischer Bedeutung ist. Über eine Asphaltstraße können beispielsweise Naturliebhaber dem Fluss folgen und in 5,3 km zum Black River National Park mit seinem Besucherzentrum (s. S. 201) mit dem wilden Canyon am Fuß des höchsten Inselberges gelangen. Vegetation und Tierwelt sind hier so ursprünglich wie an kaum einer zweiten Stelle – u. a. gibt es noch viele Exemplare von Ebenholzbäumen. Noch bekannter ist der Ort, dessen **Hafen** eine ansehnliche Flotte gut ausgerüsteter Boote beherbergt, als Zentrum der

Hochseefischerei. Wer nicht ein Schiff chartern, sich an einem Angeltrip beteiligen oder als Wellenreiter Wassersport treiben will, kann immerhin im Hotelrestaurant des Club Centre de Pêche Meeresfrüchte oder frische Fischgerichte probieren.

Kein Wunder, dass sich hier ein ambitioniertes Projekt anschauen lässt: **La Balise Marina** (*www.labalisemarina.com*). Hier entstand die erste Marina auf Mauritius, die Luxustouristen mit Luxusjachten anziehen will, damit diese sich vor Ort ein Luxusapartment zulegen.

Erste Marina

Für „normale" Badegäste gibt es eine kleine Bucht, deren Wasser allerdings nicht so kristallklar wie in den Lagunen und deren Strand recht bescheiden ist. Besser sind die Verhältnisse im Weiler La Preneuse weiter nördlich, zu dem von der A3 eine raue Piste abzweigt. Man kann auch vom Ortszentrum von Grande Rivière Noire aus dorthin fahren, einfach dem Hinweisschild „Martello Tower" folgen. Dieser trutzige Rundturm, der malerisch die Bucht des Grande Rivière Noire bewacht, ist eines der drei letzten Bollwerke dieser Art, die aus der Zeit der Engländer auf Mauritius erhalten sind. Allerdings hatten die Briten im 18./19. Jh. an vielen Stellen ihres Empires ähnliche Kanonentürme errichtet, die sich sämtlich an das erste, auf Korsika zu findende Vorbild anlehnen. Der Weg zum **Martello Tower** (*Di–Sa 9.30–17, So 9.30–13 Uhr, Eintritt frei*) lohnt sich auch, weil unmittelbar nördlich des Turms der Sandstrand von **La Preneuse** (Public Beach) beginnt. Er ist noch ursprünglicher ist als die meisten anderen und bietet einen herrlichen Blick auf den Morne Brabant im Süden. An der Hauptstraße bietet das Restaurant La Bonne Chûte gute kreolische Küche mit u. a. Wildgerichten an.

Kanonenturm

Tamarin

Die A3 (die Fortsetzung der B9) verläuft nun wieder direkt an der Küste und umgeht im großen Bogen den **Tourelle du Tamarin** (548 m) auf der rechten Seite – an dessen Hang fällt ein Kirchendach auf, das als große, weiße Taube gestaltet ist. Nach 6 km hat man schließlich die Ortschaft und Bucht von Tamarin erreicht, vor der das bekannteste und beste Surfgebiet von Mauritius liegt. Denn hier lässt eine „Lücke" im Band der Korallenriffe die hohe Brandung bis unmittelbar ans Ufer. Am schönen Sandstrand ist auch Strandsegeln möglich, und einige Hotels sorgen für die notwendige touristische Infrastruktur.

Die Welle reiten auf Mauritius

Zugegeben, die weltweite Wellenreitergemeinschaft rümpft die Nase, wenn es um das Surfen auf Mauritius geht. Windsurfen, okay. Kitesurfen, prima. Fürs Wellenreiten gibt es bis auf **Tamarin Bay** tatsächlich kaum bekannte Spots auf Mauritius. Tamarin selbst gilt als nicht sehr beständig. Dazu kommt, dass eine starke lokale Szene besteht, die sogenannten White Shorts. Und wenn an der Tamarin Bay dann mal die Welle bricht, heißt es,

info

„hast du die ganzen Locals dort sitzen und wenig Spaß." Die Profis und Semiprofis lassen daher Mauritius aus und ziehen weiter nach Réunion. Aber Mauritius kann auf eine lange Tradition zurückschauen: Schon in den 1970er-Jahren entdeckten Australier und Südafrikaner die Welle vor Tamarin, aber in den 1980ern war die Luft raus. *„The wave crashed"*, hieß es. Und die Karawane zog weiter. Vielleicht ein Irrtum: Das Hotel Tamarin, das vom Stil her noch aus diesen wilden Pionierzeiten stammt, hält die Surferfahne hoch. Bis zu 4 m hohe Wellen, heißt es, in der Hauptsaison. 2 m seien locker drin, also gute Voraussetzungen für ambitionierte Freizeitwellenreiter. **Hauptsaison** ist von Juli bis September, danach wird es ruhig um die Welle. Aber in der Hauptsaison, da geht etwas. Und was den Streit mit den einheimischen Surfern angeht – ein gängiges Problem weltweit –: Die Surfkurse hier gehen erst am späten Vormittag raus. Da sind die Einheimischen beim Arbeiten.

Hotel Tamarin $$, *Tamarin Beach, ✆ 483-3100, http://hotel-tamarin.com. Ein Anfängerkurs im Einzelunterricht kostet 1.000 Rs die Stunde, in der „perfecting class", also bei den eher Fortgeschrittenen, 800 Rs, bei 4 Personen 600 Rs, Board inklusive. Wer nur ein Board will, zahlt 500 Rs die Stunde.*

Der Ort selbst, der wie die Bucht und der Fluss nach den hier wachsenden Tamarindenbäumen benannt ist, hat einen modernen, aufgeräumten und eher ruhigen Charakter. Wo es von der Hauptstraße nach links zum unberührten Strand abgeht, befindet sich rechts der Straße eine 2015 geschlossene **Salinenanlage**, deren aus

Tamarin Beach

grauen Feldsteinen gemauerte Becken mit der weißen Salzkruste einen fotogenen Kontrast zum grün überwucherten Berg Rempart abgeben. Der vorherrschende Farbton ist jedoch eindeutig Blau, hervorgerufen vom Meer und vom Himmel. Die Salzgärten, die einst den mauritischen Bedarf deckten, konzentrierten sich übrigens an diesem Küstenabschnitt, weil über die Bergkämme kaum Regenschauer hierhin vordringen können. Tatsächlich ist das Gebiet das trockenste der ganzen Insel. In den Lagunen hat das Wasser zudem einen Salzgehalt von mehr als 35 %. Die stillgelegte Saline in Tamarin soll bald einer Shopping-Meile weichen, evtl. wird aber ein Teil der Becken als eine Art Freilichtmuseum erhalten bleiben.

Am nördlichen Ortsausgang überbrückt die A3 den **Rivière Tamarin** und führt nach Nordosten. Das Landschaftsbild wird nun nicht mehr durch nahe Berge, sondern durch weite Felder und ausgedehnte Zuckerrohrplantagen geprägt. Nur das „mauritische Matterhorn", der **Rempart** (777 m), erhebt sich majestätisch in einiger Entfernung. Im Nachmittags-Sonnenlicht ist seine Erscheinung besonders eindrucksvoll und reizt mehrmals zu Fotostopps. Auch die dahinter liegenden **Trois Mamelles**, die nur entfernt an „drei Busen" erinnern, leuchten um diese Zeit in herrlichen Farben.

Mauritisches Matterhorn

Casela World of Adventures

Etwa 6 km hinter Tamarin (2 km nach einem Kreisverkehr) weist an der A3 unvermittelt ein Schild nach rechts zum **Casela Park**. Wer noch Zeit und Lust hat, sollte den Abstecher machen. In einem weitläufigen, 14 ha großen Gelände, inmitten einer wunderschönen, immergrünen Vegetation und zudem mit weiter Sicht auf die oben genannten Berge, ist der Park eine der größten Sehenswürdigkeiten der Insel. Aber nicht nur die rund 1.500 Vögel, Löwen, Zebras, Riesenschildkröten, Affen und Tiger machen den Reiz des Parks aus, sondern auch zahlreiche Orchideen und andere Blumen, Baumarten und Sträucher sowie kleine Wasserfälle und Brücken über plätschernde Bäche. Daneben gibt es ein reichhaltiges **Freizeitprogramm**, wie Fotosafari, Quadfahren, Canyoning, Segway oder Raubtiere anschauen. Das Ausflugsprogramm führt meist ins benachbarte **Naturschutzgebiet Yemen Reserve**.

Casela World of Adventures, ✆ *401-6500, www.caselapark.com, tgl. 9–17 Uhr, Erwachsene 775 Rs, Kinder 3–12 Jahre 500 Rs. Wer weitere Attraktionen mitnimmt, zahlt diese zusätzlich, z. B. „Mud Carting" für 800 Rs, oder Zipline für den ganzen Tag 2.890 Rs. Auf der Website werden etliche Pakete angeboten, wie beispielsweise „Interaction with Lions", hier kann man Löwen kennenlernen und anfassen für 770 Rs.*

Wolmar und Flic en Flac

Zurück auf der Landstraße, kann man direkt nach Port Louis weiterfahren oder nach etwa 2 km rechts nach Quatre Bornes/Curepipe abbiegen. Diese Straße führt auch auf den Motorway in Richtung Mahébourg. Empfehlenswert ist aber auch noch ein Abstecher an die Westküste, zu einem der längsten Strände der Insel. Dazu geht es von der A3 nach links in Richtung Wolmar ab. Die Kreuzung ist nicht

Einkaufszentrum

zu übersehen, denn hier glänzt das **Cascavelle Shoppingcenter**. Ein Zwischenstopp könnte sich lohnen: Der Foodcourt hält Stärkungen aus vielen Ländern der Welt zu moderaten Preisen bereit, der Bookcourt-Buchladen steht dem im Caudan Waterfront in Port Louis in nichts nach, und für den Modeeinkauf von Premiummarken sind genügend Geldautomaten installiert.

Weiter geht es Richtung Küste, wo schon bald die Gebäude der älteren und neuen Hotels erscheinen. Auf ca. 3 km Länge folgt die Straße der Küstenlinie. Hier gibt es Pensionen, Hotels, Restaurants, Golfplätze, Bungalowanlagen und Läden, und mehr als die Hälfte der „Bevölkerung" besteht aus Touristen – durch den ungebremsten Neubau haben die Ortschaften außerdem viel von ihrem ursprünglichen Charme verloren. Die größten und exklusivsten Herbergen sind das Sands Resort, das Maradiva, das Hilton Mauritius, das Sofitel L'Impérial und das Sugar Beach Resort, das im kolonialen Stil der kreolischen „Zuckerbarone" erbaut wurde. Daneben gibt es eine ganze Reihe von kleineren, guten Strandhotels und Bungalowanlagen, u. a. das Pearle Beach, die Villas Caroline und das Klondike Hotel.

Zeltlager am Strand

Zum internationalen Tourismus kommt der mauritische, der besonders an Wochenenden und in der Ferienzeit den **Filaowald** in ein Zeltlager umfunktioniert. Trotzdem: Auf etwa 6 km Strandlänge wird es wohl auch zukünftig nicht allzu gedrängt zugehen, Meer, Sand und Badebedingungen sind gut, die Sportmöglichkeiten bestens, und ein Halt lohnt sich auch wegen einiger netter Restaurants – besonders Fischgerichte werden hier gut zubereitet. Dort einzukehren und den Sonnenuntergang zu beobachten, könnte ein guter Abschluss dieser Rundfahrt sein …

Wieder auf der A3 sind es noch 23 km bis nach Port Louis. Unterwegs gibt es noch einen lohnenden Abstecher ins Inland und einen an die Küste: Kurz vor Canot der Straße nach rechts Richtung Beau Bassin folgen, nach rund 2 km liegt auf der rechten Straßenseite der **Jüdische Friedhof St. Martin**. Hier gibt es 127 gleichförmige, jüdische Gräber in besonderer Atmosphäre zu sehen – Gräber aus der Zeit des Zweiten Weltkriegs. Rund 1.500 Juden waren auf ihrer Flucht über das Mittelmeer 1940 aus Nazi-Deutschland nach Palästina von den Briten aufgebracht und in die damalige britische Kolonie Mauritius geschafft worden. Hier lebten sie den ganzen Krieg über interniert in einem Lager bei Beau Bassin. Trotzdem versuchten sie, das Beste aus ihrem Dasein in der Fremde zu machen – mit Obst- und Gemüseanbau und eigenen Werkstätten. Erst im August 1945 vor die Wahl gestellt, ob sie hierbleiben oder die Insel gen Palästina verlassen wollen, gingen die meisten – übrig blieb von dieser für die britische Kolonialmacht wenig schmeichelhaften Geschichte nur der Friedhof, um den sich heute jüdische Gemeinden aus Südafrika und Australien kümmern.

Richtung Küste kann man im Dörfchen Canot links nach Albion abbiegen, sich dort rechts halten und auf der B78 auf der ersten Straße nach dem Weiler Camp Créoles wieder nach links fahren. Es folgt die **Pointe aux Caves** mit einem zerklüfteten Felsvorsprung, die von einem markanten rot-weißen Leuchtturm bekrönt wird.

Reisepraktische Informationen südliche Westküste

Unterkunft

Paille en Queue Inn $, *Av. Des Soles Chemin Moulin Casse, Morc. Anna, Flic en Flac, ✆ 416-5501, www.aubergepailleenqueue.com. Kleine, saubere und preiswerte Pension der unteren Mittelklasse mit Restaurant.*

Le Grenadier $$, *Avenue Les Hirondelles, Flic en Flac, ✆ +262 (0)692564928. Laut Lesertipp befinden sich die großen, sauberen und ansprechenden Ferienwohnungen in einer sehr ruhigen und gepflegten großzügigen Wohnanlage mit schönem Garten und zwei großen Pools bzw. Kleinkinderbecken.*

Tamarin Hotel $$, *Tamarin Bay, ✆ 483-3100, www.hotel-tamarin.com. Lang gestreckte, zweistöckige Anlage mit 32 einfachen Zimmern, im 1970er-Jahre-Stil, ideal für Wellenreiter ohne große Komfortansprüche, Pool, Restaurant.*

Riu Creole $$$, *Le Morne, ✆ 401-4200, www.riu.com. Das gut frequentierte Hotel reiht sich trotz seiner Größe gut in die Perlenkette exquisiter Unterkünfte am Brabant ein und ist von einem großen tropischen Garten umgeben. Die indisch inspirierten Gebäude beherbergen 313 Zimmer, drei Restaurants, zwei Snack-Bars, Swimmingpools, ein Spa mit Hamam, ein Atelier, eine Diskothek sowie einen Laden.*

LUX Le Morne $$$, *Le Morne Plage, ✆ 401-4000, www.luxresorts.com/en/hotel-mauritius/luxlemorne. Weitläufige, freundliche Bungalowanlage mit 149 geräumigen Zimmern der gehobenen Mittelklasse, untergebracht in doppelstöckigen „Kolonial"-Häusern, Pool, drei Restaurants, mehrere Bars.*

Dinarobin Golf & Spa $$$, *Le Morne Plage, Case Noyale, ✆ 401-4900, www.beachcomber-hotels.com/hotel/dinarobin-hotel-golf-spa.html. 2001 eröffnetes Fünf-Sterne-Plus-Deluxe-Resort am Fuß des Morne Brabant, bestehend aus individuellen Chalets mit zwei oder vier Zimmern, dem Schwesterhotel Le Paradis (s. u.) angeschlossen.*

Le Paradis Resort & Golfclub $$$, *Morne Brabant, ✆ 401-5050, www.beachcomber-hotels.com/hotel/paradis-hotel-golf-club. Sportlich-elegante Anlage mit 280 First-Class- und Luxuszimmern. Die beiden Hotels der Beachcomber-Gruppe liegen an einem herrlichen Sandstrand mit allen Wassersportmöglichkeiten und offerieren ihren komfortbewussten Gästen sechs Feinschmeckerrestaurants, mehrere Pools, Casino, Reitstall, eine weitläufige Wellness-Anlage, 18-Loch-Golfplatz, Tennisplätze und Marina.*

Sofitel Mauritius L'Impérial Resort & Spa $$$, *Wolmar, ✆ 453-8700, www.sofitel.com. Weitläufige, kürzlich renovierte Hotelanlage im malaiischen Stil mit 191 Zimmern, Restaurants, Bars und einem riesigen Pool. Großes Spa-Zentrum, breites Sportangebot mit u. a. Golf (9-Loch) und Tennis, schöner Strand.*

Hilton Mauritius Resort & Spa $$$, *Wolmar, Flic en Flac, ✆ 403-1000, www.mauritius.hilton.com. 2001 eröffnete luxuriöse Herberge mit 193 Zimmern und Suiten, untergebracht in 14 Pavillons. Fantastischer Garten, Lagunen-Pool mit Wasserfällen, vier Themen-Restaurants, zwei Bars, Fitnesscenter und Schönheitssalon, breites Sportangebot mit u. a. Tennis.*

Sugar Beach Resort $$$, *Wolmar, ✆ 403-3300, www.sugarbeachresort.com. Architektonisch reizvolle First-Class-Anlage mit 258 Zimmern in zweistöckigen Villen, das weiße Haupthaus ist im kreolischen Kolonialstil gehalten, großer tropischer Garten, zwei Restaurants und „Rhumerie", Casino, riesiger Pool, Restaurants, breites Sportangebot, am gleichen Strand wie das Schwesterhotel La Pirogue gelegen.*

La Pirogue $$$, *Wolmar, Flic en Flac, ✆ 403-3900, www.lapirogue.com. Weitläufige First-Class-Anlage mit 248 Zimmern in zweistöckigen, strohgedeckten Bungalows, tropischer Garten, mehrere Restaurants und Casino im markanten Haupthaus (das ein wenig an die Oper von Sydney erinnert), Pool, fantastischer Strand.*

Restaurants

Auch der Südwesten hat seine kulinarischen Adressen, die sich an den Touristenstränden konzentrieren. Für externe Gäste stehen auch die Bars und Restaurants der Strandhotels offen, besonders gut ist hier das Feinschmeckerrestaurant des **Le Paradis** *am Morne Brabant sowie die des* **Sugar Beach Resort** *und des* **La Pirogue** *in Flic en Flac (insbesondere die abendlichen Buffets).*

Daneben sind folgende Restaurants empfehlenswert:
La Bonne Chûte, *La Preneuse (Black River), ✆ 483-6552. Europäische und kreolische Küche, Spezialität Wild- und Seafoodgerichte, So geschlossen, moderat.*
Mam Gouz, *Royal Rd., La Preneuse, Riviere Noire, ✆ 5256-5615. Hier gibt es original bretonische Crepes und Galettes, stilecht mit Cidre serviert.*
Moustache Bistro, *Royal Rd., La Mivoie, Tamarin, ✆ 483-7728. Gemütliches Lokal, in dem hervorragende Weine, Spirituosen und Tapas angeboten werden.*
Océan Restaurant, *Royal Rd., Flic en Flac, ✆ 453-8549, Mo Ruhetag. Kleines Lokal mit chinesischem Essen, preiswert.*
Domaine Anna, *Medine, Flic en Flac., ✆ 453-9650. Diese Empfehlung einer Leserin liegt außerhalb inmitten Zuckerrohrfeldern und ist wunderschön angelegt mit kleinen Häuschen in einem See. Verschiedene Bereiche in verschiedenen Größen (inkl. Hochzeitssaal).*

Flic en Flac Beach mit Blick auf Le Morne

Nachtleben

Freunde eines ausschweifenden Nachtlebens müssen sich im Südwesten auf einen überaus ruhigen Urlaub einlassen: Außerhalb der Hotels spielt sich so gut wie gar nichts ab. Immerhin bietet neben dem sonstigen Entertainment-Programm jedes größere Hotel an verschiedenen Tagen eine **Sega-Show** *an, und wer gerne dem Glückspiel zuspricht, hat im Südwesten sogar drei exzellente Adressen, nämlich die* **Casinos** *der Hotels Le Paradis, Sugar Beach und La Pirogue. In Flic en Flac gibt es Ansätze eines Nachtlebens mit ein paar Kneipen oder Pubs wie der* **Kenzi Bar** *oder dem* **Shotz**.

Wassersport

Der Südwesten ist ganz klar die Hochburg der mauritischen **Hochseefischerei**. *Der Grund: Der Unterwasserstrom Le Morne durchmischt bis weit in den Ozean das Gewässer und lockt mit seiner kühlen Strömung viele Köderfische an, die wiederum ein Festessen für riesige Thunfische und Marline darstellen. Schon ein Blick auf die präparierten Marline an der Bar des Hotels zeigt, welche Fänge an dieser Küste zu erwarten sind. Wer dieser Passion nachgeht, ist hier am besten aufgehoben und kann im Kreise Gleichgesinnter jede Menge Anglerlatein hören oder erzählen.* **JP Henry Charters** *(✆ 5729-0901, www.blackriver-mauritius.com) verfügt über die größte Flotte des Landes, sodass sich Angelexpeditionen auf Ganz- oder Halbtagesbasis leicht arrangieren lassen. Für die Hochsaison (Dez.–Febr.) sollte man Unterkunft und/oder Touren jedoch besser schon von zu Hause aus reservieren.*

Auch einige Hotels verfügen über Marinas, in denen Hochseefischerboote ablegen. Gute Adressen sind **La Pirogue** *(La Pirogue Big Game Fishing, ✆ 5453-8054, www.lapirogue biggame.com) und* **Sofitel** *(Sofitel Imperial Big Game Fishing), ✆ 453-8700.*

Die Bedingungen für **Segeltörns** *sind an der rauen Südküste nicht ideal bzw. nur für sehr erfahrene Skipper empfehlenswert. In den Lagunen des Südwestens sind die Möglichkeiten hingegen ausgezeichnet, weshalb man bei allen größeren Hotels (oft kostenlos) Kajaks und kleinere Segelboote mieten kann.*

Die **Tauchreviere** *mögen im Südwesten nicht ganz so spektakulär sein wie im Norden, bieten aber immer noch genug, um etlichen Tauchcentern ganzjährig und genügend Touristen zuzuführen. Außerdem sind die Sichtweiten auf der ruhigen, windabgewandten Seite der Insel besonders groß (selten weniger als 30 m). Die schönsten Tauchgründe sind:*

- *die 30 m hohe Steilwand der* **Cathedral**, *an der man durch eine schmale Pforte in eine große Höhle hineintauchen kann*
- *das* **Aquarium**, *eine mit 15 m Tiefe recht flache Plattform, an der es vor Rifffischen nur so wimmelt und die von bunten und schwarzen Korallen besetzt ist*
- *die bis zu 60 m tiefe Steilwand* **Rempart d'Herbe**, *an der sich viele Großfische tummeln und die nicht umsonst den Beinamen Shark Point trägt*
- *absichtlich versenkte Schiffswracks wie die* **„St. Gabriel"**, **„Tug II"** *und* **„Kai Sei 113"**, *die als bis zu 35 m tiefe künstliche Riffe jede Menge Fische und Muscheln anziehen.*

Die Tauchbasen befinden sich auch hier meist auf dem Gelände verschiedener Unterkünfte, ohne exklusiv nur für die Hotelgäste da zu sein. Bekannte Adressen sind:

Sea-urchin Diving Centre, *Royal Road, Flic en Flac, ✆ 453-8825, www.sea-urchin-diving.com.*

Sun Divers, *La Pirogue Hotel, Wolmar, ✆ 5972-1504, www.sundiversmauritius.com.*

Easy Dive, *Royal Rd., Terre Rouge, ✆ 5252-5074, www.easydivemauritius.com.*

7. OSTEN UND SÜDOSTEN

Überblick

Die in diesem Kapitel beschriebene Strecke führt durch die Küstenregion des Ostens und östlichen Südens, an die sich meist große, landwirtschaftlich genutzte Ebenen anschließen. Nur manchmal, wie zwischen Grande Rivière Sud-Est und Mahébourg und zwischen Surinam und Baie du Cap, reichen Bergrücken bis ans Meer und setzen landschaftliche Akzente. Das soll nicht heißen, dass der Osten über weite Strecken langweilig wäre. Immer wieder lockern idyllische Flussläufe, an denen Inderinnen ihre Wäsche waschen, oder prächtige Alleen, kleine Orte und die großen Hügel der zusammengetragenen Steinbrocken die Eintönigkeit der Zuckerrohrplantagen auf, und außerdem gibt es hier ja die Strände und vorgelagerten Inseln, die an sich schon natürliche Höhepunkte der Fahrt darstellen. Daneben finden sich genügend Ausflugsmöglichkeiten in die Bergwelt der Montagnes Bambous oder zu Städten wie Mahébourg, die zusätzliche Sehenswürdigkeiten bereithalten.

Dieses Kapitel will keine Rundfahrt beschreiben, sondern einen insgesamt gut 130 km langen **Streckenabschnitt**, der an einem oder an zwei Tagen abgefahren werden kann. Entscheidend dabei ist, wie viel Zeit man sich zum Wandern oder Baden nehmen will. Es lohnt sich nicht, nur für eine Stunde zur Île aux Cerfs überzusetzen, nur weil man sich in ein eng gespanntes zeitliches Korsett gezwängt hat. Für die Zeiteinteilung spielen zwei weitere Faktoren eine wichtige Rolle:

- Die hier vorgeschlagene Fahrtstrecke ist zwar relativ eben, dies bedeutet jedoch keineswegs, dass die Straßenverhältnisse besser wären als im Hochland.
- Viel hängt wieder einmal vom Hotelstandort ab: Wessen Unterkunft ohnehin an einem Punkt dieser Route liegt, wird wohl kaum an der Küste hin- und herfahren wollen. Hier ist es allemal günstiger, die entsprechenden Abschnitte zur Anfahrt für die Ausflüge, die weiter oben beschrieben sind, zu nutzen. Liegt das Hotel in Mahébourg und Umgebung, hieße das: Die Strecke bis nach Baie du Cap als Anfahrt zum Südwesten, die Strecke bis Poudre d'Or als Anfahrt zum Norden erleben. Ein ähnliches Verfahren gilt für die Hotelstandorte Belle Mare oder Trou d'Eau Douce. Wer

Redaktionstipps

Sehens- und Erlebenswertes

▶ Reif für die Inseln: Die paradiesische **Île aux Cerfs** und die benachbarte **Île de l'Est** locken mit mehreren Sandstränden, Wanderwegen und Wassersportmöglichkeiten (S. 223).

▶ Besuch in **Mahébourg**: Das gemütliche Städtchen lädt zum Plausch mit Einheimischen und zu Besichtigungen ein, auch als Gegenpol zum hektischen Port Louis (S. 232).

▶ Interessantes Häuschen mit Geschichte an schönem Strand: das **Robert Edward Hart Memorial Museum** in Souillac (S. 242).

▶ Auf verschlungenen Wegen geht es durch Zuckerrohrfelder zu einer grünen Oase der Ruhe: ein Ausflug zu den **Rochester Falls** (S. 243).

▶ Ozean und Gebirgswelt hautnah erleben: auf der **„Traumstraße von Mauritius"**, der B9 zwischen Souillac und Le Morne Brabant (S. 243).

Übernachten

▶ Mehr als nur ein Zimmer mit Aussicht: Die beste Unterkunft ist das legendäre **Saint Géran**, das jedoch derzeit renoviert wird, aber auch die luxuriösen Hotels **Belle Mare Plage, Le Touessrok, The Residence, LUX Belle Mare** und **Shandrani** lassen keine Wünsche offen (S. 230).

Einkaufen

▶ Lokalkolorit pur: Auf den **Märkten** von Centre de Flacq (S. 221) und Mahébourg (S. 233) findet man Obst, Gemüse, Textilien, Körbe und jede Menge pittoresker Fotomotive.

Strände im Osten und Südosten

Roches Noires: Von Grand Gaube aus über Poudre d'Or zu erreichen. Zwischen Roches Noires und Poste de Flacq führt die Küstenstraße B15 direkt am schönen Strand (Poste Lafayette) entlang, der noch weitgehend unberührt ist. Große Hotelanlagen gibt es nicht. An der Küste weht fast immer ein recht starker Wind.

Belle Mare: Wunderschöner weißer Sandstrand mit guten Bedingungen für Windsurfer. Von Pointe de Flacq im Norden zieht sich der Küstenstreifen weit nach Süden, immer in Straßennähe, aber ohne Bungalowbebauung. Neben den exklusiven Hotels Saint Géran und Belle Mare Plage ist diese Region ein Zentrum des First-Class-Tourismus.

Trou d'Eau Douce: Schmaler, nicht leicht zugänglicher Sandstrand mit herrlichem, parkähnlichem Hinterland. Wenig Einkaufsmöglichkeiten. Einige Hotels im Norden der Bucht, im Süden die fantastische Anlage des Touessrok. Zum Baden und Wassersport sind die vorgelagerten Inseln besser geeignet. Von Mai bis September kann es stark winden.

Île aux Cerfs/Île de l'Est: Beide Inseln bilden eine paradiesische Landschaft mit Sandstränden, Wanderwegen, Mangrovenwald und allen Wassersportmöglichkeiten, etwa 20 Min. mit dem Boot von Pointe Maurice entfernt. Die Île de l'Est ist von der Île aux Cerfs durch eine schmale Bucht getrennt, durch die eine starke Strömung geht. Auf der Île aux Cerfs gibt es Restaurants, eine Bar, Souvenirshops und ein breites Exkursions- und Sportangebot. Besonders an Wochenenden starker Besucherandrang, aber selbst dann findet man noch menschenleere Strandabschnitte. Es gibt keine Übernachtungsmöglichkeit auf den Inseln.

Blue Bay: Südlich der Stadt Mahébourg und nahe zum Flughafen Plaisance gelegene, geschützte Bucht mit Filaowald, weißem Sandstrand und kristallklarem Wasser. Gute Bedingungen für Segler und Windsurfer, aber auch relativ windstille Plätze. An Wochenenden besonders nördlich der Bucht (Pointe des Deux Cocos) lebhafter Betrieb, manchmal Lärmbelästigung durch den nahen Flughafen. Auf der Südseite der Bucht sind die drei Sandstrände am Shandrani-Hotel am besten.

Südküste, Pointe aux Roches: Im Süden gibt es zwar auch sandige Abschnitte, doch ist hier die Küste insgesamt rauer, und östlich von Souillac fällt der Schutz der vorgelagerten Korallenriffe fort. Dafür ist das Hinterland mit den schroff aufsteigenden Montagnes Savanne sicher eine der schönsten Landschaften der Insel. Am angenehmsten sind die Sandstrände westlich von Souillac, wo es vereinzelt Unterkünfte und wieder Korallenriffe gibt. Wegen scharfer Korallen sollte man hier Badeschuhe tragen, außerdem können bei Ebbe starke Strömungen auftreten. Stetiger Wind sorgt für Kühlung und gute Segelbedingungen.

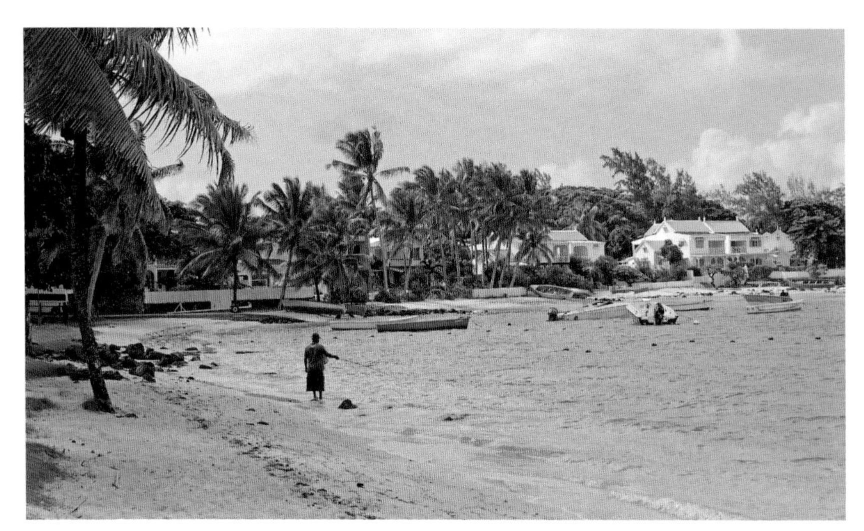

Der Strand von Trou d`Eau Douce

im Südwesten, z. B. in Flic en Flac, und wer im Norden, z. B. an der Grand Baie wohnt, kann über den Motorway Port Louis–Mahébourg auf der Hälfte der Route abbrechen.

Eine weitere Möglichkeit für **Abkürzungen** ist Souillac, von wo aus man über Nouvelle France ebenfalls den Motorway erreicht. Das fehlende Stück zwischen Souillac und Baie du Cap ist zwar landschaftlich reizvoll, aber kein „Muss", wenn man die anderen Teile des Südens kennengelernt hat oder kennenlernen wird.

Empfehlenswerte **Restaurants** sind in den kleinen Orten an der Ostküste rar. Natürlich empfangen die großen Hotels in Belle Mare und Trou d'Eau Douce gerne externe Gäste zum Kaffee oder zum Mittag- bzw. Abendessen. Wer in eigener Regie zur Île aux Cerfs übersetzt, hat dort die Auswahl zwischen drei brauchbaren Strandgaststätten. In Mahébourg schließlich gibt es einige Lokale mit recht einfachen Gerichten. Dagegen ist an Plätzen kein Mangel, wo man in paradiesischer Umgebung ein Picknick einnehmen kann.

Hinweis zur Route

Wer der vorgeschlagenen Route folgt, kann – mit den gemachten Einschränkungen – folgendes **Tagesprogramm** realisieren: Anfahrt nach Poudre d'Or oder Trou d'Eau Douce (Badepause) – Grande Rivière Sud-Est – Pointe du Diable (Fotostopp) – Vieux Grand Port (Aufenthalt) – La Vallée de Ferney (Mittagessen, evtl. Wanderung) – Mahébourg (kurze Stadtbesichtigung) – Souillac (Rochester Falls, Robert Edward Hart Memorial Museum) – Heimfahrt (direkt oder über Baie du Cap).

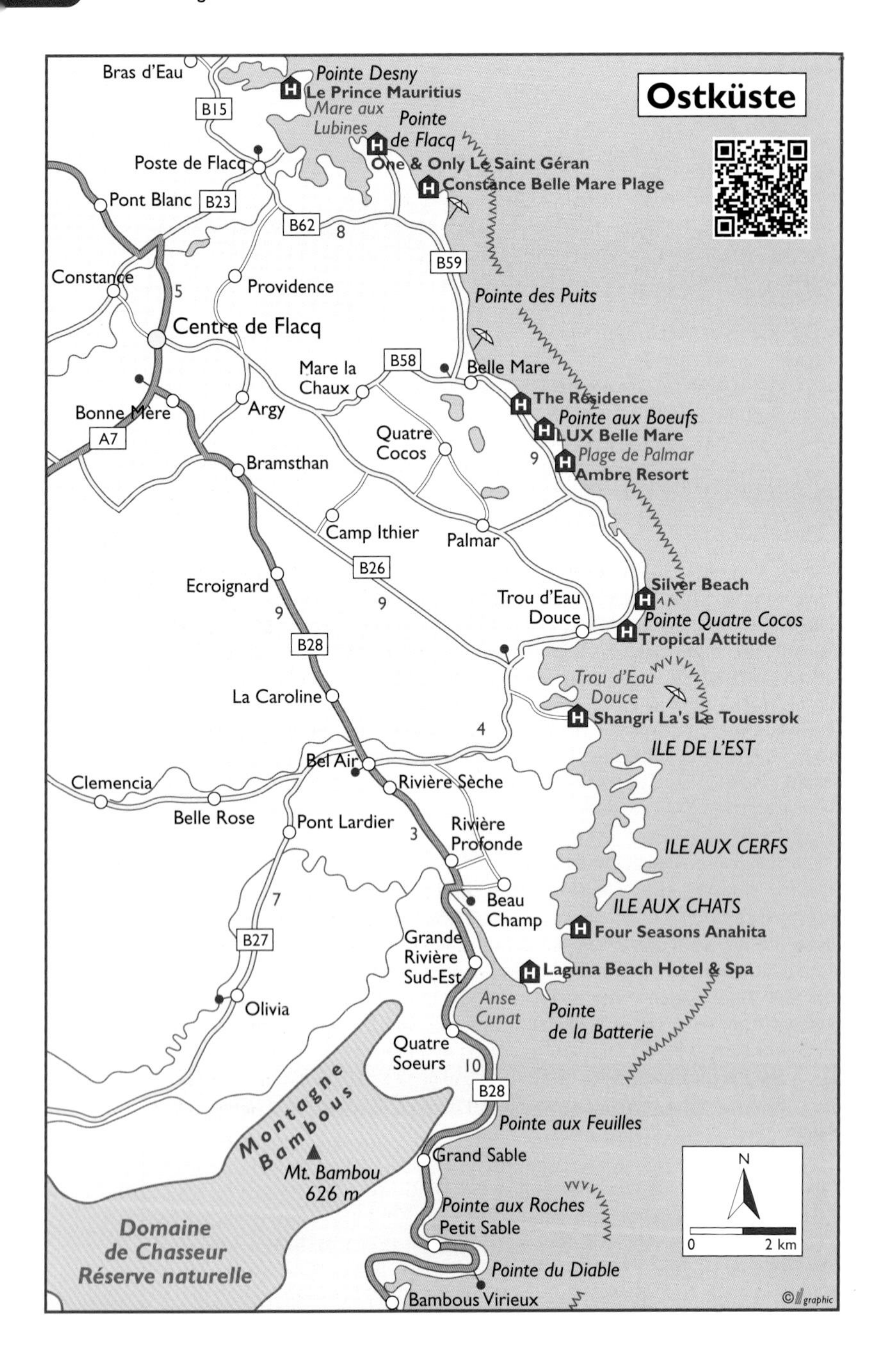
Ostküste
Bras d'Eau
Pointe Desny
Le Prince Mauritius
Mare aux Lubines
Pointe de Flacq
One & Only Le Saint Géran
Constance Belle Mare Plage
B15
Poste de Flacq
Pont Blanc
B23
B62
8
B59
Constance
5
Providence
Centre de Flacq
Pointe des Puits
Mare la Chaux
B58
Belle Mare
The Résidence
Pointe aux Boeufs
LUX Belle Mare
Plage de Palmar
Ambre Resort
Argy
Bonne Mère
A7
Quatre Cocos
9
Bramsthan
Camp Ithier
Palmar
B26
Ecroignard
9
9
Trou d'Eau Douce
Silver Beach
Pointe Quatre Cocos
Tropical Attitude
B28
Trou d'Eau Douce
La Caroline
Shangri La's Le Touessrok
4
ILE DE L'EST
Bel Air
Clemencia
Rivière Sèche
Belle Rose
Pont Lardier
Rivière Profonde
3
ILE AUX CERFS
Beau Champ
7
ILE AUX CHATS
Four Seasons Anahita
B27
Grande Rivière Sud-Est
Laguna Beach Hotel & Spa
Anse Cunat
Olivia
Pointe de la Batterie
Quatre Soeurs
10
Montagne Bambous
B28
Pointe aux Feuilles
Mt. Bambou 626 m
Grand Sable
Pointe aux Roches
Petit Sable
Domaine de Chasseur Réserve naturelle
Pointe du Diable
Bambous Virieux
N
0
2 km
©graphic

Entlang der Ostküste

Außer dem kleinen Denkmal zur Erinnerung an den Schiffbruch der „St. Géran" und der katholischen Kirche Marie Reine, die 1847 erbaut wurde und etwas außerhalb der Ortschaft inmitten weiter Zuckerplantagen liegt, gibt es am Startpunkt **Poudre d'Or** (s. S. 174) wenig zu sehen. Auch die Route nach Süden ist zunächst nicht gerade spektakulär, sie verläuft in einiger Entfernung zum Meer und ohne schöne Ausblicke.

Bei **Roches Noires** aber führt die B15 wieder nah an das Ufer heran, und es lohnt sich, auszusteigen und sich die Strände von Roches Noires und Poste Lafayette anzuschauen. Hier hat der Fremdenverkehr im Gegensatz zum nördlicheren Grand Gaube oder dem südlicheren Belle Mare noch kaum sichtbare Spuren hinterlassen, abgesehen von einigen Ferienwohnungen oder kleinen Herbergen. So liegen die 10 km Sandstrand in unberührter Schönheit da, und der schmale Wasserstreifen zwischen dem filao-gesäumten Ufer und dem Korallenriff lädt zu einem erfrischenden Bad oder einem Strandspaziergang ein.

Unberührte Schönheit

Wer ein wenig Natur und Vögel schauen will, sollte rechts die Abfahrt nach Bras d'Eau nicht verpassen. Nach 2 km folgt der **Bras d'Eau National Park**, seit 1901 als Nutzwald unter staatlicher Verwaltung. Hier wurde Eukalyptus gepflanzt, Teak, Mahagoni, Litchis und Mangos. 1993 wurde Bras d'Eau zum Nationalpark erklärt, und heute leben hier einheimische Vogelarten wie der Paradies Fliegenfänger. Der Wald kann auf Naturpfaden entdeckt werden, und es gibt seit 2013 ein Informationsbüro, das leider schon einen recht vernachlässigten Eindruck macht.

Poste de Flacq und Centre de Flacq

Nachdem man die weit ins Land reichende Bucht Mare aux Lubines umfahren hat, gelangt man auf einem sehr kurvigen Straßenabschnitt zur Ortschaft **Poste de Flacq**. An der Straßenkreuzung im Zentrum lohnt sich ein Abstecher nach links, wo man auf einer Stichstraße und über einen schmalen Damm zum Hindutempel Sagar Shir Mandir gelangt, der malerisch auf der Insel Île aux Goyaviers platziert ist. Der „Schwimmende Tempel", der sich mit seiner weißen Kuppel gegen den blauen Himmel absetzt, gibt nicht nur ein prächtiges Fotomotiv ab, sondern auch die umgebende Vegetation mit einigen Mangroven und der weite Blick bis zur anderen Seite der Bucht, wo das Hotel St. Géran durch die Bäume schimmert, lassen sich genießen.

Schwimmender Tempel

Von Poste de Flacq kann man auf der B23 zur Provinzstadt **Centre de Flacq** fahren, die 5 km landeinwärts liegt und hauptsächlich von Indo-Mauritiern bewohnt wird. An der Hauptstraße Market Road mit ihren vielen, typischen Provinzläden geht es jeden Tag sehr lebhaft zu, vor allem aber sonntags, wenn hier ein farbenprächtiger Markt mit Lebensmittel-, Textil- und Flohmarktständen stattfindet. Für Freunde des Fastfoods gibt es einen KFC, einkaufen geht man im Winner's

Zuckerrohrfeld nach der Ernte

Supermarkt in der Innenstadt. Der Name Flacq stammt übrigens noch aus der Zeit der Holländer (*Vlak* = flaches Land) und unterstreicht die ehemals große Bedeutung des Gebietes für die Kolonialherren. Hier hatten diese ihre ersten Zuckerrohr- und Reisfelder angelegt, und auch unter den Franzosen war die wirtschaftliche Rolle der Ostküste überragend. Noch heute befindet sich die größte Zuckerfabrik der Insel bei Centre de Flacq, aber die historische Entwicklung brachte ansonsten eine Verlagerung der Produktivität und auch der Populationszentren in das Gebiet zwischen Port Louis und Curepipe mit sich.

Belle Mare und Plage de Palmar

Luxushotels vom Feinsten

Landschaftlich schöner als der Weg über Centre de Flacq ist die Küstenstraße, die bald wieder in Ufernähe führt. Nach einigen Kilometern auf der Uferstraße kann man auf der Stichstraße nach links abbiegen und den großen **Hotels** einen Besuch abstatten. Dabei passiert man die luxuriöse Anlage des Constance Belle Mare Plage, die u. a. über einen 18-Loch-Golfplatz verfügt und am langgestreckten gleichnamigen Sandstrand liegt. Als letzte Herberge vor der Bucht folgt das weithin berühmte Le Saint Géran mit Golfplatz, das traumhaft auf einer Landzunge zwischen der Lagune und dem Ozean platziert ist. Das 1975 eröffnete St. Géran war das erste wirkliche Luxushotel von Mauritius und wurde mehrfach zum besten der Welt gekürt. Und ähnlich wie beim Royal Palm liest sich die Liste seiner Stammgäste wie ein „Who's Who" der Mächtigen, Schönen und Bekannten des internationalen Jet Set.

Will man die einzelnen Hotels besuchen, um dort zu essen oder den Sandstrand zu nutzen, empfiehlt sich eine vorherige telefonische Anmeldung – sonst kann es passieren, dass die Pförtner unerbittlich den Zugang verweigern. Das gilt auch für die Unterkünfte der gehobenen Klasse, die weiter südlich die wunderschönen weißen Sandstrände von **Belle Mare** und **Plage de Palmar** säumen.

Südlich der T-Kreuzung der B58 mit der Küstenstraße B59 reckt die 1998 eröffnete First-Class-Herberge The Residence ihre protzige Fassade der Straße entgegen, dann folgen das ebenso gute LUX Belle Mare sowie einige kleinere Unterkünfte, bis mit dem Ambre Resort wieder ein recht großes Haus aufragt. Am Palmar-Strand befindet sich an der Pointe Quatre Cocos übrigens der östlichste Punkt von Mauritius (wenn man die vorgelagerten Inseln und natürlich auch Rodrigues nicht mitzählt).

Der östlichste Punkt

Trou d'Eau Douce

Mit den Hotelanlagen Silver Beach und Tropical Attitude kündigt sich das Fischerdorf **Trou d'Eau Douce** an, das seinen Namen (= Süßwasserloch) nach einer in der Bucht entspringenden Quelle erhielt. Die Straße folgt der Bucht, in der Austern gezüchtet werden, ein Stück gen Westen, parallel zum schmalen Sandstrand. So schön dieser wegen des parkähnlichen Hinterlandes auch ist, so schwer zugänglich ist er. Badegäste sollten sich daher besser auf die vorgelagerten Inseln konzentrieren. In der Ortschaft selbst reihen sich entlang der Hauptstraße Royal Road (B59) einfache Lebensmittelläden, Restaurants, Souvenirshops und Reisebüros. Die aus Lavagestein erbaute katholische Kirche und der Public Beach laden zu einem kurzen Halt, während man für die Île aux Cerfs (s. u.), für die auf Plakaten geworben wird, etwas mehr Zeit einkalkulieren muss.

Am südlichen Ortsausgang hält man sich nach der Rechtskurve links und erreicht nach wenigen Metern eine Abzweigung, die einen links zum 2015 renovierten Hotel Shangri La's Le Touessrok Resort & Spa (Touessrok = alles Steine) und zu einem der Abfahrtspunkte von Booten zur Île aux Cerfs bringt. Im Gegensatz zur bisherigen Straße ist der private Zufahrtsweg zum Hotel in gutem Zustand und führt durch ein riesiges parkähnliches Gelände mit wunderschöner Vegetation. Der Abstecher zum Hotel (einem der fünf besten des Landes) lohnt sich, weil seine an Venedig orientierte Architektur die vielleicht schönste auf Mauritius ist. Grund genug für viele Prominente (u. a. Stéphanie von Monaco), regelmäßig das Touessrok als Feriendomizil zu wählen. Die teilweise auf einem Inselchen errichtete Anlage besitzt nicht nur eigene Strände, sondern auch die Privatinsel Île de l'Est (Îlot Mangèrie), an deren weißem Sandstrand die Hotelgäste Robinson spielen können. Wer das Shangri La's Le Touessrok Resort & Spa besuchen möchte, wird auf dem Weg am Wärterhäuschen angehalten, wo man klarzulegen hat, dass man *visitor* ist.

Lohnender Abstecher

Île aux Cerfs und Île de l'Est

Zusammen mit der Île de l'Est bietet die **Île aux Cerfs** eine wahrhaft paradiesische Landschaft. Ihren Namen trägt die „Hirschinsel" heute nicht mehr zu Recht,

Schlemmen an der Ostküste

Es fällt leicht, an der Ostküste kulinarische Höhepunkte zu erleben. Denn hier liegen einige exquisite Hotels, deren Ruf sich auch auf ihre gute Küche gründet. Wer sich als externer Gast auf die besten (und meist auch teuersten) Adressen konzentrieren möchte, sollte es mal in den Gourmetrestaurants des **Saint Géran** (S. 230) probieren oder im À-la-carte-Restaurant des **Constance Belle Mare Plage** (S. 230). Auch das Restaurant **Le Sirius** im Shandrani (S. 238) bei Mahébourg lohnt den Besuch.

dafür sind andere Attraktionen an deren Stelle getreten: mehrere herrliche Sandstrände, Wanderwege, gute Bade- und Schnorchelmöglichkeiten, dichte Filaowälder, ein breites Sport- und Ausflugsprogramm, Souvenirshops sowie eine Bar und drei Restaurants. Mit einem Wort also eine paradiesische Oase der Erholung. Der Ausflug also lohnt sich – und je mehr Zeit man mitbringt, desto besser. Wer auf der Insel ankommt, sollte sich nicht vom geballten touristischen Angebot erschrecken lassen: Nur wenige hundert Meter weiter kann man meist ganz für sich allein sein – abgesehen vielleicht von den Wochenenden, wenn der Besucherandrang besonders stark ist.

Paradiesische Oase

Die **Île de l'Est** (Îlot Mangèrie) ist durch eine schmale Bucht von der Île aux Cerfs getrennt und nur einen Steinwurf weit entfernt – und kann von dieser schwimmend oder mit Kajaks gut erreicht werden. Hier sollte aber die enorm starke Strömung nicht unterschätzt werden. Da das Wasser vom Ozean durch den engen Sund in die Bucht gepresst wird, kann man hier auch wunderbar schnorcheln – ohne sich selbst zu bewegen, wird man über die Unterwasserwelt getrieben und geht anschließend am Strand wieder zurück. Zur Landseite hin wird die Île de l'Est mit Mangrovendickicht, zum Indischen Ozean mit wunderschönen Sandstränden abgegrenzt.

Überfahrt: *Die Île aux Cerfs ist in etwa 30 Minuten mit dem Boot von Trou d'Eau Douce aus zu erreichen. Es gibt etliche Möglichkeiten, zur Insel überzusetzen. Aber wirklich* **keine** *davon ist eine Public Ferry, also eine günstige Möglichkeit fürs Volk. Alle Boote werden privat betrieben, zahlreiche Schlepper versuchen, das Publikum aufs Boot zu kriegen. Wer sich also auf Verhandlungen mit den verschiedenen Anbietern einlässt, muss für die Überfahrt zur Île aux Cerfs mit Preisen von 500 bis 1.000 Rs rechnen. Auch die sogenannte Public Ferry, am südlichen Ortsende im Kreisverkehr nach links, kostet 600 Rs und fährt stündlich, heißt es. Normalerweise fährt sie, wenn das Boot voll ist. Immerhin kann man dort auf einem Parkplatz auch das Auto abstellen. Vom Hotel Touessrok fährt ein Boot nur für Hotelgäste.*

Von Bel Air bis Bois des Amourettes

Zurück auf der Landstraße hinter Trou d'Eau Douce, geht es auf der B59 in 4 km bis nach **Bel Air** und dann links auf die B28. Durch eine schöne Allee führt die

Entspannt auf die Insel

Um sich am Anfang eines schönen Tages auf der Trauminsel Île aux Cerfs Hektik, Verhandlungen und allgemeinen Stress zu sparen, ist es keine schlechte Idee, mit einem **Veranstalter** den Ausflug zu machen. Wer beispielsweise in der Nähe von Grand Baie untergebracht ist, kann sich täglich morgens ab 8.20 Uhr mit dem Minibus abholen lassen, dann geht es in Trou d'eau Douce aufs Boot und dann ab auf die Insel. Inklusive sind ein Speedboat-Ausflug zum Wasserfall des Grande Rivière Sud-Est, Mittagessen, Getränke und Nachtisch. Rückkunft im Hotel: ca. 17.45 Uhr, Kosten: 1.000–1.600 Rs. Mögliche Anbieter sind:
GBTT, Grand Bay Travel & Tours, *Grand Baie, Mont Choisy, Trou aux Biches, ✆ 263-8771, www.gbtt.com.*
Keiffel Tours Compagnie, *Chemin la Salette, Grand Baie, ✆ 780-6582, http://ilemauriceexcursion.com.*
Monalysa Holidays, *Chemin de la Salette, Grand Baie, ✆ 263-0991, http://monalysaholidays.com.*
Im Zweifel weiß aber sicher auch die Rezeption oder der Concierge im Hotel Bescheid über organisierte Touren.

holprige Strecke bis zur Ortschaft **Beau Champ**, wo 2014 eine der ältesten Zuckerraffinerien des Landes geschlossen wurde. Am Ende der hier tief ins Land reichenden Bucht überquert man den mit 50 km längsten Fluss von Mauritius, den **Grande Rivière Sud-Est**, der sein Wasser von den Montagnes Bambous erhält. Das verschlafene Fischerdorf war einmal ein bedeutender Exporthafen für Ebenholz und besaß bis zur Schließung der Eisenbahnlinie im Jahr 1954 einen Bahnhof.

Strecke mit Naturgenuss

Der folgende 20 km lange Streckenabschnitt ist der eindrucksvollste der Route, weil die Ausläufer der Montagnes Bambous bis zur Küste reichen und man die weit geschwungenen Buchten und Halbinseln immer mit dem Meer zur Linken und den grün bewaldeten oder kargen Hängen zur Rechten entlang fährt. Die Ortschaften, die so wohlklingende Namen wie **Quatre Sœurs** (Vier Schwestern), **Bambous Virieux** (Bambusrohr), **Anse Jonchée** (Blumenbucht) und **Bois des Amourettes** (Liebeswäldchen) tragen, unterbrechen ab und zu den Naturgenuss, bieten aber ebenfalls viele interessante Szenen: Ob man die Fischer beobachtet, die in der Lagune ihre Netze auswerfen, oder einem gläubigen Muslim begegnet, der aus einer weiß gekalkten Moschee herauskommt, ob man indische Arbeiter(innen) trifft, die riesige Zuckerrohrbüschel auf Kopf und Schultern transportieren, oder spielende Kinder, die durch das Mangrovendickicht waten – es gibt genug zu sehen und viele Anlässe, einen Stopp einzulegen.

Idyllische „Teufelsspitze"

Gleichzeitig wird die Etappe von geschichtsträchtigen Bastionen begleitet, die vom Kampf der Franzosen gegen die Engländer erzählen, worauf bereits der Name **Pointe de la Batterie** hinweist. Gut 9 km hinter Grande Rivière Sud-Est durchfährt man beispielsweise unvermittelt einige dieser Festungsgebäude aus der Franzosenzeit. An der Spitze der Landzunge sollte man dann am Parkplatz auf der linken Seite anhalten und die noch vorhandenen Kanonen und die schöne Aussicht aufs Meer betrachten. Zur Idylle des Platzes will der Name nicht recht passen: **Pointe du Diable** (= Teufelsspitze) heißt das Kap.

Vorgelagerte Inseln

Vom Pointe du Diable aus hat man auch eine schöne Sicht auf die vorgelagerten Inseln, die südöstlich vor der Bucht des alten Haupthafens liegen, dem geschichtsträchtigen Vieux Grand Port (s. S. 228). Am nächsten (also nördlichsten) sieht man die **Île Marianne** direkt auf dem Korallenriff liegen, den Brandungswellen des Indischen Ozeans ausgesetzt und daher für Touristen nur selten erreichbar. Sie wurde nach dem Schiff „Marie-Anne" benannt und ist die größere Schwester des nahen Eilands **Île aux Fous** (= Insel der Verrückten).

Etwas südlicher auf dem gleichen Korallenriff, direkt vor dem Schiffsdurchgang South Entrance, befinden sich drei Inseln, von denen die nördlichste **Île aux Fouquets** heißt. Sie ist von der Küste wegen ihres Leuchtturms am besten zu erkennen, aber genauso selten erreichbar wie die anderen Inselchen hier draußen. Hier fand der erste Besiedlungsversuch der Insel Rodrigues sein vorläufiges Ende: Nachdem 1691 zehn auswanderungswillige Hugenotten im Alter von zwölf bis 30 Jahren nach einer abenteuerlichen Reise Rodrigues angesteuert und dort vier Jahre gelebt hatten, vertrieb sie schließlich der Frauenmangel. Mit einem selbst gebauten Boot ruderten sie nach Mauritius – geradewegs in die Hände der Holländer. Wegen eines angeblichen Diebstahls setzten diese sie fest und verbannten sie auf die Île aux Fouquets, in der Annahme, die Franzosen würden dort bald verhungern. Diese aber ernährten sich während ihrer dreijährigen Gefangenschaft von den Eiern der Fouquets und anderer Seevögel, bis die Holländer sie schließlich nach Java deportierten und von da aus nach Frankreich abschoben. Bekannt wurde die abenteuerliche Geschichte durch den Beteiligten François Leguat de la Fougère, der die entbehrungsreiche Odyssee aufschrieb. Sein Buch ist in mehrere Sprachen übersetzt worden.

Erster Besiedlungsversuch

Zusammen mit der Île aux Fouquets und der dazwischen liegenden **Île Vacoas** bewacht die **Île de la Passe** die schmale Fahrrinne durch das Riff zum alten Hafen.

Geschwungene Buchten an der Ostküste

Unter den Holländern trug sie nach einem ihrer Admiräle den Namen Fortuyn und wurde später bedeutsam durch die Seeschlacht von 1810, die sich genau vor ihr abspielte (s. S. 20). Die französischen Befestigungen erfüllten noch unter den Engländern im Zweiten Weltkrieg ihre Funktion, sind heute aber überwuchert und aus der Ferne kaum mehr auszumachen.

Naturparadies Kestrel Valley

In der Bucht Anse Jonchée zweigt rechts eine Straße in die Berge ab, an deren Ende das Naturparadies Kestrel Valley (Domaine du Chasseur) liegt. Es handelt sich um ein etwa 950 ha großes privates Areal, auf dem gut 1.500 wilde Java-Hirsche (*cervus timorensis rusa*) leben, außerdem etliche Wildschweine, Affen und seltene Vögel. Insbesondere hausen hier eben einige Paare des mauritischen Falken (*kestrel*) – immerhin eine der seltensten Tiere der Welt. Ebenso verdient die herrliche Landschaft, aus der hoch der **Lion Mountain** aufragt, sowie die Vegetation mit vielen endemischen Pflanzen, mit Ebenholz- und Zimtbäumen, mit Flaschenpalmen und „Bäumen des Reisenden" und vielen anderen Arten besondere Beachtung.

Seltene mauritische Falken

Vieux Grand Port

Zurück auf der Küstenstraße B28, umfährt man die **Montagne du Lion** und kann am Pavillon du Grand Port eine schöne Sicht auf den Ozean mit der vorgelagerten Inselgruppe Île aux Fouquets genießen – erkennbar an ihrem weißen Leuchtturm. Der „Löwenberg", der von Süden aus gesehen tatsächlich an einen liegenden Löwen erinnert, ist mit 480 m ü. d. M. zwar nicht besonders hoch, bietet aber als markante Erhebung direkt oberhalb der Ostküste eine weite und schöne Sicht, u. a. auf die Bucht und Mahébourg. Bergwanderer, die diesen Panoramablick genießen möchten, können den Lion Mountain in etwa drei Stunden bezwingen. Dazu verlässt man an der Kirche die Küstenstraße, geht vor der Polizeistation nach links und dann den ersten Weg nach rechts (Montagne Lion Road).

Schöner Ausblick

Am Pavillon des Städtchens **Vieux Grand Port** befinden sich Besucher bereits auf geschichtsträchtigem Boden, der alle Kolonialmächte hier versammelte. Der Ortsname weist schon darauf hin, dass an dieser Stelle der alte Haupthafen von Mauritius lag, der durch den sogenannten South Entrance im Korallenriff erreichbar war. Nirgendwo sonst gibt es noch so viele Relikte aus der Zeit der Holländer, die die ersten waren, die hier an Land gingen (1598), den Ankerplatz nach ihrem Admiral „Warwijck Haven" benannten und begannen, Gebäude zu errichten.

Auch für Franzosen und Engländer war Vieux Grand Port noch wichtig, trotz des Ausbaus von Port Louis als neuem Haupthafen. Es ist daher kein Zufall, dass sich um den Ort entlang der Küste mehrere Verteidigungsanlagen befinden und auch französische Häuser erhalten sind. Der alte **Friedhof** mit Gräbern aus dem 18. und 19. Jh., am Ortseingang rechts der Straße (Cemetery Road) gelegen, stammt aus dieser Epoche. Er steht zwar unter Denkmalschutz, macht aber einen ziemlich überwucherten Eindruck. Außerdem fand in der Bucht die letzte große Seeschlacht zwischen den Kolonialmächten statt (1810), die die Franzosen für sich entscheiden konnten, bevor sie kurze Zeit später den britischen Invasionstruppen im Norden erlagen (s. S. 20). Auf diese Weise also geriet der heute so idyllisch daliegende Ort in das martialische Umfeld des Arc de Triomphe in Paris.

Während das Dorf ansonsten kaum touristische Bedeutung hat – es fehlen Strände und deshalb auch Hotels –, ist am **Hafen** die Domaine du Pêcheur ein Treffpunkt für Hochseeangler. Hier liegen einige gut ausgerüstete Boote im Hafen, von denen man ganzjährig zur Jagd auf Thunfische, Dorados, Marline, Haie und Wahoos aufbrechen kann. Neben dem Centre de Pêche in Grande Rivière Noire und der Grand Baie konnte sich Vieux Grand Port damit als drittes Zentrum dieses Freizeitsports etablieren.

Treffpunkt für Angler

Frederik Hendrik Museum

Mitten im Ort ist seit 1999 das **Frederik Hendrik Museum** zu finden. Hier ist die „Wiege der Geschichte von Mauritius", heißt es im Prospektmaterial. Immerhin beherbergt das Freiluftmuseum die ältesten Gebäude der Insel, in denen die Holländer zwischen 1638 und 1710 ihr Hauptquartier untergebracht hatten. Und dieses Fort hieß Frederik Hendrik. Als die Franzosen 1722 an die Macht kamen, bauten sie weitere Gebäude auf dem Terrain. Und erst zu Beginn des 19. Jh. verlagerte sich die Macht ins nahe Mahébourg. Auf dem Gelände wird teilweise noch archäologisch geforscht, und im Gebäude des Museums selbst gibt es eine Dauerausstellung zum Thema Holländische Herrschaft auf Mauritius.

Frederik Hendrik Museum, *Vieux Grand Port, ✆ 634-4319, Mo–Sa 9–16 Uhr, So 9–12 Uhr, feiertags geschlossen. Eintritt frei.*

Ruinen auf dem Gelände des Frederik Hendrik Museum

Ferney

Auf der Weiterfahrt kommt am Ortsausgang an der B28 die Abzweigung zur ehemaligen Zuckerfabrik von **Ferney**, die 1740 von Mahé de Labourdonnais gegründet wurde und damit die zweitälteste des Landes war. Heute sind das Gelände der Zuckerfabrik und die dazugehörenden Ländereien zu einem Vorzeigeprojekt des Ökotourismus auf Mauritius geworden. Das 200 ha große La Vallée de Ferney beherbergt einheimische Flora und Fauna und kann mit geführten Touren besichtigt werden. Auch ein Restaurant und ein kleines Kaffee-Museum gibt es, und wer mag, nimmt noch einen Topf hier gezüchtete einheimische Pflanzen mit – ausführen in die Heimat darf man sie allerdings nicht.

Ökotourismus

La Vallée de Ferney, *Ferney, ✆ 634-0440, www.valleedeferney.com. tgl. 9–15 Uhr, 125 Rs. Neben einem Kaffee-Museum, dem Garten und dem Restaurant gibt es auch ein umfangreiches Aktivitäten-Programm.*

Kurze Zeit später folgt linker Hand unterhalb der Brücke das Holländer-Monument. Anschließend überquert man den **Rivière de Créoles** und erreicht nach 5 km auf schnurgerader Straße das Stadtgebiet von Mahébourg.

Ausflugstipps

La Vallée de Ferney gehört zur Firmengruppe Ciel et Nature Ltée, die auch die **Domaine de L'Etoile** und **Falaise Rouge** betreibt. Beide sind ganz in der Nähe vom La Vallée de Ferney zu finden und bieten Pferdeausritte, Wanderungen oder Quadausfahrten in die Natur an – Vorausbuchung erbeten.

Infos, *✆ 471-2017 oder www.lavalleedeferney.com.*

Reisepraktische Informationen Ostküste

Unterkunft

Laguna Beach Hotel $$, *Grande Rivière Sud-Est, ✆ 417-5888, www.lagunabeachhotel.mu. Kleinere, nette, weniger luxuriös eingerichtete Hotelanlage mit 64 Zimmern und Blick aufs Meer.*

Silver Beach $$, *Trou d'Eau Douce, ✆ 480-2600, www.silverbeach.mu. Kleinere Mittelklasse-Anlage am weißen Sandstrand, dreistöckiges Hauptgebäude mit 30 Studios, alle mit Terrasse oder Balkon und Meerblick, sowie fünf Bungalows im Garten mit insgesamt 30 großen Zimmern, Pool, Restaurant mit Meeresblick, Bar, abends Sega-Shows.*

LUX Belle Mare $$$, *Belle Mare, ✆ 402-2000, www.luxislandresorts.com. First-Class-Anlage mit dreistöckigen, strohgedeckten Gebäuden, insgesamt 174 großzügige Zimmer und Suiten, Pool-Landschaft mit Spa, mehrere Restaurants, vielfältiges Sportangebot, Spielzimmer, Bibliothek, Boutiquen, Delikatessengeschäft u. v. m.*

One & Only Le Saint Géran $$$, *Pointe de Flacq, ✆ 401-1688, www.oneandonlylesaintgeran.com. Die Anlage wird gerade renoviert, die Wiedereröffnung ist für Ende 2017 geplant. Bis dahin lebt die auf einer Landzunge zwischen der Lagune von Belle Mare und dem Ozean gelegene Luxusherberge von ihrem Ruf. Infos zur Wiedereröffnung gibt's auf der Website.*

Constance Belle Mare Plage $$$, *Belle Mare, ✆ 402-2600, www.constancehotels.com. Luxuriöse Anlage mit 178 Zimmern unterschiedlichen Standards, in einem tropischen Garten an einem der schönsten Strände, sehr große Pools, zwei Restaurants, großes Sportangebot, u. a. mit 18-Loch-Championship-Golfplatz samt Clubhaus, Restaurant und Bar. Auch im Angebot: 21 exklusive, einstöckige Villen mit 375–525 m², alle mit privatem Pool, Innenhof, Garten, Wohn- und Esszimmer, zwei bis drei Schlafzimmern, Butlerservice u. v. m.*

The Residence $$$, *Coastal Road, Belle Mare, ✆ 401-8888, www.theresidence.com. Luxuriöses Haus an einem der schönsten Strandabschnitte der Ostküste, elegante Einrichtung mit indischen Antiquitäten, 171 Zimmer und Suiten, erstklassiger Service, zwei Restaurants, Bar, Boutiquen, Pool-Landschaft, großes Wellness-Center. Wurde auch schon zum besten Hotel auf Mauritius gewählt.*

Shangri La's Le Touessrok Resort & Spa $$$, *Trou d'Eau Douce, ✆ 402-7400, www.letouessrokresort.com. Nach Besitzerwechsel und umfassender Renovierung im November 2015 wiedereröffnete fantastische Anlage im mediterranen Stil, z. T. auf einer Insel gelegen. Das seit 1993 mehrmals renovierte Haus verfügt über First-Class- und Deluxe-Zimmer, erstklassige Restaurants und ein breites Sportangebot, Transfers zur nahen Badeinsel Île aux Cerfs und zur Privatinsel Îlot Mangèrie für Hotelgäste kostenlos, am Hotel selbst mehrere kleine, aber schöne, weiße Sandstrände.*

Four Seasons Anahita $$$, *Coastal Road, Beau Champ, ✆ 402-3100, www.fourseasons.com/mauritius. Auch dank des von Ernie Els gestalteten Golfplatzes eine Luxusklasse für sich. 123 Villas im Park. Wer den kurzen Weg ans Meer scheut, springt in den Pool.*

Restaurants

Abseits der Hotels ist das kulinarische Angebot weniger vielfältig. Hier einige Tipps (von Norden nach Süden):

Symon's Restaurant, *Belle Mare, Pointe de Flacq, ✆ 415-1135. Hübsches Lokal an der Küstenstraße mit Veranda, kreolische Küche mit schmackhaften Seafood-Gerichten, moderat.*

Chez Tino, *Trou d'Eau Douce, ✆ 480-2769, gut und günstig kreolisch essen mit Ausblick aufs Meer. Das Konzept geht seit Jahren gut auf.*
Sands Bar, *Île aux Cerfs, brauchbare Burger und Salate an der sandigen Bucht zu erschwinglichen Preisen.*
Chez Manuel, *St. Julien, Union Flacq, Royal Road, ✆ 418-3599. Ziemlich abgelegenes (aber bestens ausgeschildertes) Restaurant, das immer noch von seinem Ruf als bestes Lokal im Osten lebt. Gute, jedoch nicht mehr exquisite chinesische Küche mit u. a. kreativen Fischgerichten, moderat.*
La Case du Pecheur, *Anse Bambous, Vieux Grand Port, ✆ 5252-2246. Das frühere „Le Barachois" ist immer noch ein rustikal-idyllisches Open-Air-Restaurant mit Veranda an der Lagune und Gästezimmern, südlich vom Pointe du Diable gelegen. Kreolische Küche zu moderaten Preisen mit frisch aus dem Meer geholten Fischen, Krabben und Austern, Reservierung empfehlenswert, moderat.*

Nachtleben

Wer im Urlaub eine lebhafte Kneipen- oder Diskothekenszene braucht, wird sich sicherlich im Osten und Südosten langweilen. Auf ein halbwegs interessantes Nightlife kann man nur in den größeren Hotels hoffen. Dafür stehen aber in den meisten Herbergen z.T. sehr gute Shows, Live-Musik und mindestens einmal wöchentlich ein **Sega-Abend** *auf dem Programm.*

Wassersport

So gut wie alle Wassersportangebote sind an der Ost- und Südostküste an den Hotels konzentriert. Fast an allen der oben genannten Adressen können Gäste Wasserscooter, Surfbretter, Kajaks und andere Boote mieten, an Segel- und Angeltörns teilnehmen, Wasserski fahren, tauchen oder mit dem Glasbodenboot die Unterwasserwelt erkunden. Außerhalb der Hotels ist vor allem auf der Île aux Cerfs das Angebot sehr breit gestreut. Mit konstanten Windstärken zwischen 4 und 6 Beaufort ist der Südosten von Juni bis August besonders für **Windsurfer** *interessant.*
Zum **Hochseeangeln** *sind neben dem Südwesten und der Grand Baie die vor der Ostküste liegenden Reviere die Erfolg versprechendsten des Landes. Einige Hotels bieten ihren Gästen speziell ausgerüstete Boote zur Jagd auf Thunfische, Dorados, Marline, Haie, Wahoos u. a. an. Vor der Ostküste liegen einige gute* **Tauchreviere**, *die interessantesten sind:*

- *die bis zu 40 m tiefe* **Roche Zozo** *mit ausladenden Korallengärten und jeder Menge leuchtender Tropenfische;*
- *die durchschnittlich 20 m tiefe Riffpassage* **Canyon Lobster,** *in der nicht nur Hummer, sondern auch Langusten und Großfische wie Thunfische und Weißspitzenhaie zu Hause sind;*
- *das Wrack der berühmten* **„St. Géran"**, *das in 10 m Tiefe auf dem Grund liegt (ziemlich weit von der Küste entfernt, lange Anfahrt), und das vor Mahébourg liegende Wrack der „Sirius".*

Empfehlenswerte **Tauchzentren**:
Blues Diving, *Constance Belle Mare Plage, Belle Mare, ✆ 402-2731, http://bluesdiving.blogspot.de.*
Dive Time, *Emeraude Beach Attitude, Coastal Rd., Belle Mare, ✆ 5256-7737, www.divetimemauritius.com.*
Anahita Diving, *Anahita Resort, Beau Champ, ✆ 402-2219.*

Mahébourg und Umgebung

Mahébourg

Historisch bedeutsame Stadt

Das geschichtsträchtige Mahébourg war lange Zeit die zweitgrößte Stadt des Landes. 1806 wurde sie durch den letzten französischen Generalgouverneur Decaen gegründet und nach seinem Vorgänger Mahé de Labourdonnais benannt. Die befestigte und strategisch günstig gelegene Stadt, die kurzfristig in Port Imperial umgetauft worden war, wurde im Jahre 1810 zum Hauptangriffsziel der britischen Flotte. Bekanntermaßen endete dieses Unternehmen für die Briten in einem Desaster, vier Monate später jedoch wehte auch über Mahébourg der Union Jack. Unter den Engländern erlebten die Stadt und der Hafen einen großen Aufschwung, was nicht zuletzt an der unter großem Aufwand installierten Eisenbahnverbindung lag.

Eine Malariaepidemie, die 1866 die meisten Einwohner zur Flucht ins Hinterland zwang, bedeutete jedoch einen schmerzlichen Einschnitt in der Entwicklung Mahébourgs, von dem sich die Stadt nie richtig erholen konnte. Andererseits wurde dadurch das kleinstädtische Leben vielleicht besser konserviert als anderswo auf Mauritius – die Menschen sind ärmer, aber auch freundlicher als etwa in Port Louis, überall wird gelacht, und in Geschäften oder Restaurants bemüht man sich, mit den Ausländern ins Gespräch zu kommen.

Mahébourg ist gut für einen Spaziergang durch die recht überschaubare Innenstadt mit anschließendem Imbiss an der Promenade oder in einem der Restaurants nahe der Wasserkante. Wer allerdings die **Biskuitfabrik Rault** und **Blue Bay** mitnehmen will, braucht ein eigenes Fahrzeug.

Im nördlichen Vorort **Ville Noire**, in dem früher magische Riten der Sklaven ausgeübt wurden, lädt ein kleines, nettes kulinarisches Schmankerl zum Besuch ein. Einfach der Beschilderung, die eine Fabrik zeigt, folgen. Nach rund fünf Minuten folgt die **Biscuiterie H. Rault**. Seit 1870 werden hier Maniokkekse handgemacht, unter Verwendung von geheimen Familienrezepten und in Öfen gebacken, die mit Zuckerrohr angefeuert werden. Ausgezeichnete Kekse: 1908 gab es die Silbermedaille auf der Weltausstellung in London. Die Biscuiterie bietet Führungen und Verkostungen an. Beim Herauskommen nicht vergessen, leckere *biscuits* mitzunehmen, 65 Rs die Packung. Die Sorte „*A la cannelle*“ verspricht ein würziges Geschmackserlebnis.

Keksproduktion wie in alten Zeiten

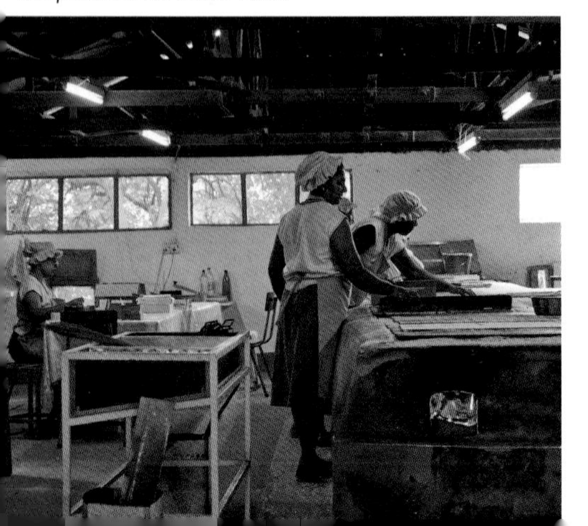

Biscuiterie H. Rault, *Les Délicès, ✆ 631-9559, http://biscuitmanioc.com, Mo–Fr 9–15 Uhr, Führung mit Verkostung Erwachsene 175 Rs, Kinder 125 Rs, ohne Verkostung 140 Rs bzw. 100 Rs.*

Danach überquert man auf der vielleicht schönsten Brücke von Mauritius, der **Cavendish Bridge**, den breiten Mündungsarm des Rivière la Chaux, hinter dem sich das Zentrum der ehemals wichtigen Hafenstadt ausbreitet. Die Cavendish Bridge konnte 2011 ihren 100. Geburtstag feiern und ist mit ihren 152 m Länge die erste Betonbrücke auf Mauritius.

Schönste Brücke

Über die Royal Road gelangt man automatisch in den lebhaften Ortskern, den man am besten auf einem kurzen Rundgang zu Fuß erkundet. Allgemeiner Treffpunkt der rund 16.000 Einwohner ist der **Montagsmarkt**, der nahe dem Busbahnhof unter freiem Himmel und in einer großen Halle abgehalten wird. Dieser wohl bunteste Markt der Insel findet seine Fortsetzung auf der Rue des Hollandais bis hinab zum Hafen, wobei auch Textilien, Körbe und Alltagswaren verkauft werden. Auch wenn Kenner sagen, dass der Markt schon mal inspirierter gewesen sei, so ist er doch ein Anziehungspunkt für Menschen aus nah und fern. Wer also einen Besuch in Mahébourg plant, sollte das am besten eben an einem Montag tun – und vielleicht danach ein wenig über die neu ausgebauten Uferanlagen flanieren.

Wer darüber hinaus das Angebot der hiesigen Läden und Geschäfte studieren möchte, sollte ein Stück die nahe Rue des Flamands entlangschlendern. Ansonsten lohnt sich ein Besuch der römisch-katholischen **Kathedrale** Notre Dame des

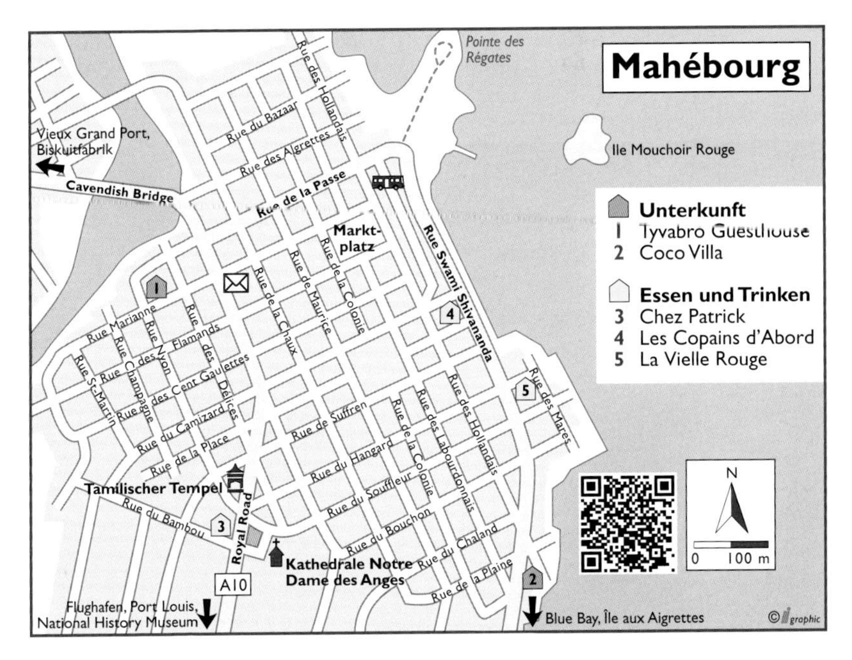

Anges, die wenige Schritte links der Hauptstraße an der Rue du Souffleur zu finden ist. Das neugotische, pastellfarben gestrichene Gotteshaus wurde 1849 mit einem zinnenbewehrten helmlosen Turm und einem Querschiff errichtet. Im Inneren gibt es eine sehenswerte, mit geschnitzten Engelfiguren dekorierte Deckenkonstruktion. Falls die Tür zum Turm offen ist, sollte man den Aufstieg nicht versäumen.

Geht oder fährt man von der Kathedrale in Richtung zum Hafen, kann man dem **Friedhof** mit seinen französischen Gräbern einen Besuch abstatten. Von hier aus eröffnet sich ein schöner Blick auf den Lion Mountain jenseits der Bucht. Direkt an der Bucht, zwischen Pointe de Régates und Point Canon, lädt außerdem die Promenade zum Flanieren am Ufer ein. Einige Denkmäler erinnern u. a. an die Gefallenen der Seeschlacht von 1810, an die Aufhebung der Sklaverei und an einen Schiffsuntergang im Jahre 1874. Am Ende der Promenade, hinter dem Busbahnhof, befand sich von 22. Oktober 1865 bis 1964 der Bahnhof von Mahébourg. Ein paar recht traurige Überreste sind noch zu sehen.

Uferpromenade

Zurück auf der Hauptstraße Royal Road, an der man viele und manchmal recht verfallene Beispiele kreolischer Architektur entdeckt, sollte man auch einen Blick in die tamilische **Tempelanlage** Shri Vinayaour Seedalamen werfen, die 1856 errichtet wurde und Besuchern offen steht (*tgl. 6–12 und 15.30–18 Uhr*).

National History Museum

Weiter in Richtung südlicher Ortsausgang gelangt man schließlich auf der Royal Road zur größten Sehenswürdigkeit der Stadt, dem **National History Museum**. Es liegt rechts der Hauptstraße am Ende einer außerordentlich schmucken

Historisches Nationalmuseum in einem edlen Kolonialhaus in Mahébourg

Palmenallee. Hier kann man die historischen Eindrücke vertiefen und sich viele Exponate anschauen – u. a. Kanonenkugeln, Knochen des ausgerotteten Dodos, Erinnerungsstücke an die Seeschlacht von 1810, die Schiffsglocke der 1744 untergegangenen „St. Géran", Dokumente, Waffen, Kostüme, alte Möbel, Landkarten, Geschirr, Briefmarken und im ersten Stock die Rekonstruktion eines Zimmers von Mahé de Labourdonnais. Außerdem ist das zweistöckige Gebäude selbst interessant. Es stammt aus den 1770ern, knapp 40 Jahre vor der Stadtgründung von Mahébourg, und ist mit seinem Interieur aus Ebenholz, der Freitreppe, einer blockhaften, geschlossenen Architektur und seinem schönen Garten eins der edelsten Kolonialhäuser dieser Epoche. Nach der Seeschlacht von 1810 erhielten hier der britische und französische Kommandant, die beide verwundet worden waren, medizinische Hilfe. Hinter dem Museum steht ein Artefakt eines Eisenbahnwaggons.

Vielfältiges Museum

Neben dem Museum hat man ein Espaces Artisanal, ein Künstlerdorf kreolischen Stil errichtet, in dem sich Besucher nach typischem Kunsthandwerk und anderen Souvenirs umschauen können.
National History Museum, *Royal Road, ✆ 631-9329, Mo–Sa 9–16 Uhr, Di geschlossen, So und feiertags 9–12 Uhr, Eintritt frei*

Ausflüge von Mahébourg

Pointe Jérôme und Île aux Aigrettes

Ein Abstecher führt zum schönsten Strand in unmittelbarer Nähe von Mahébourg. Im Ort geht es die letzte Straße vor der **Kathedrale** Notre Dame des Anges nach links bzw. vom Denkmal der Gefallenen am Pointe de Régates aus über die kleine, knapp 7 km lange Straße B87 direkt an der Küste entlang. Der Weg bringt einen durch den Weiler **La Chaux** zum Pointe Jérôme, wo man an einem der schönsten Strände von Mauritius baden und den Blick zurück auf Mahébourg genießen kann. Als größte, neueste und nobelste Herberge erstreckt sich an diesem Küstenabschnitt die Anlage des Preskil Beach Resorts.

Ein paar Meter weiter folgt das Büro des Île aux Aigrettes Nature Reserve. Denn nur knapp 1 km von dem Hotel entfernt liegt die 20 ha große **Île aux Aigrettes** vor der Küste. In der Vergangenheit wurde das bewohnte Eiland unterschiedlich genutzt, bis man es 1965 zum Naturschutzgebiet erklärte. Inzwischen hat die Mauritian Wildlife Foundation (MWF) die ursprüngliche Flora und Fauna wieder hergestellt und später eingewanderte pflanzliche und tierische Schädlinge entfernt. So stellt die Île aux Aigrettes heute eines der wertvollsten Biotope des Landes dar. Zu erleben gibt es die seltene Rosa Taube, besondere Geckoarten, Riesenschildkröten, blühende Orchideen – ein Welt von vor 400 Jahren. Daher ist es verständlich, dass die Insel Besuchsbeschränkungen unterliegt. Die rund anderthalbstündigen, geführten Touren werden vom Büro aus organisiert und starten auch hier.

Wertvolles Biotop

Île aux Aigrettes Nature Reserve, *Pointe d'Esny, ✆ 631-2396, www.mauritianwildlife.org. Boote fahren Mo–Sa um 9.30, 10, 10.30, 13.30, 14 u. 14.30 Uhr ab, So nur vormittags. Die geführte Tour kostet 800 Rs für Erwachsene und 400 Rs für Kinder, um Anmeldung wird gebeten.*

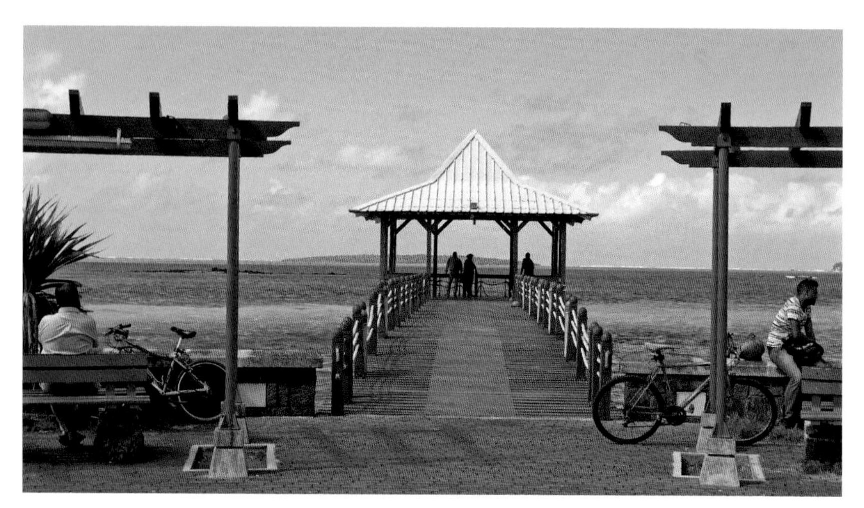

Landungssteg in Mahébourg

Pointe d'Esny und Blue Bay

Vom Pointe Jérôme führt die B87 südwärts zum **Pointe d'Esny,** wo es einige Privatvillen und Ferienwohnungen gibt, und endet schließlich am Public Beach der weit ins Landesinnere reichenden **Blue Bay**. Die geschützte, von einem Filaowald gesäumte Bucht bietet mit weißem Sandstrand und kristallklarem Wasser beste Bedingungen für Badegäste, Segler und Windsurfer. Nur manchmal stört der Lärm der landenden oder startenden Maschinen auf dem nahen Internationalen Flughafen. An Wochenenden kann ohnehin nicht von paradiesischer Ruhe die Rede sein: Dann geht es hier gedrängter und lebhafter zu, besonders nördlich der Bucht am Pointe des Deux Cocos.

Beste Surfbedingungen

Am südlichen Ende des Strandes beginnt bereits die **Blue Bay**, bekannt für ihre ausgezeichneten Surfbedingungen. Auch der gegenüber liegende Strand am Shandrani-Hotel ist von dieser Stelle gut zu sehen, ebenso die vorgelagerte **Île des Deux Cocos**. Sie ist im Privatbesitz, hat einen schönen Sandstrand und jedenfalls mehr Grün als nur die „zwei Kokospalmen" ihres Namens. Nach den kleinen Muscheln, die am Fels sitzen und abgepflückt Bestandteil einer hervorragenden Fischsuppe sind, trägt sie auch den Beinamen Île aux Bigorneaux. Wer sich die Insel mal anschauen will, kann das über die Eigentümer, die LUX-Hotelgruppe organisieren. **Infos**: *www.iledesdeuxcocos.com/en.*

Da es unmöglich ist, direkt an der Bucht entlang zu fahren, muss man ein kleines Stück zurückfahren und dann der Straße nach Beau Vallon folgen. Auf dieser erreicht man den **Internationalen Flughafen von Plaisance** (Sir Seewoosagur Ramgoolam Airport), dessen neuer Terminal im Sommer 2013 eröffnet wurde. Das erste Flugzeug landete hier 1944, auf dem damals noch provisorischen

Abstecher zum Naturpark Le Val

Wer etwas Abwechslung von der weitgehend flachen und mit Zuckerrohrplantagen besetzten Küstenebene sucht, findet diese in einem überaus reizvollen Abstecher zum Naturpark Le Val. Allein schon der rund 14 km lange Anfahrtsweg lohnt jede Minute der investierten Zeit: In **Plaine Magnien**, wo die Hauptroute entlang der Südküste (s. S. 239.) abzweigt, auf der A10 bleiben und unter dem Motorway hindurchfahren auf leicht ansteigender Strecke bis **New Grove**. Hier geht es rechts auf die Deux Bras Branch Road (B7) Richtung St. Hubert.

Kurz hinter **Riche en Eau**, auf dem Weg nach **St. Hubert**, sieht man rechter Hand ein wunderschönes kreolisches Château inmitten eines kleinen Parks. Auch sonst sollte man jede Gelegenheit wahrnehmen, entlang der kleinen und häufig allee-artigen Straße anzuhalten und die Ausblicke auf die herrliche Landschaft zu genießen.

Folgt man hinter St. Hubert der Ausschilderung zum **Naturpark Le Val**, gelangt man in ein 3.000 ha großes, von vielen Wasserläufen durchzogenes Tal, das von dicht bewachsenen Berghängen flankiert wird. Das Anwesen mit dem umgebenden Park ist ein gutes Beispiel für einen funktionierenden landwirtschaftlichen Betrieb, der sich auf mehrere ökologisch unbedenkliche Zweige spezialisiert hat. Will man alle Attraktionen des Tales kennenlernen, sollte man einige Stunden an Zeit mitbringen. Zu sehen sind u. a. die Teichanlagen, in denen Karpfen, Aale und Süßwasser-Garnelen, aber auch Brunnenkresse gezüchtet werden, Schattenhäuser mit Anthurien, Wildgehege mit Riesenschildkröten, Affen, Schafen und Hirschen, ein Aquarium sowie ein ausgedehnter Park, in dem neben Bambus, Flaschenpalmen und Bananenstauden auch vereinzelt Baumfarne zu entdecken sind.
Naturpark Le Val, ✆ *633-5051, tgl. 9–17 Uhr, Erwachsene 50 Rs, Kinder 25 Rs. Achtung: Da Le Val von Bergen umgeben ist, die den Wind abhalten, kann es dort sehr heiß werden. Außerdem ziehen die etlichen Gewässer viele Mücken an, deswegen sollte für Wanderungen ein Insektenschutzmittel im Gepäck sein.*

Militärflughafen. Plaisance ist auch der südliche Endpunkt des Motorway, der über Curepipe nach Port Louis und weiter zur Grand Baie führt.

Sofort hinter dem Flughafen bietet sich die Möglichkeit, nochmals zur **Blue Bay** zurückkehren, und zwar über eine knapp 8 km lange Stichstraße. Die Piste endet hier an einer Halbinsel, die vom 1991 eröffneten Beachcomber-Hotel Shandrani besetzt ist. Die nach der Mondgöttin der Hindus benannte Herberge liegt inmitten eines riesigen tropischen Gartens voller Flammenbäume, Bougainvilleen und Hibiskus und ist von drei feinen Sandstränden umgeben. Besonders schön ist der nördliche und längste Beach, an dem es relativ steil ins Wasser geht und wo ab und zu Brandungswellen in die sonst ruhige Lagune hineinreichen.

Herberge in tropischem Garten

Reisepraktische Infos Mahébourg und Umgebung

Unterkunft

Tyvabro $ (1), *Rue Marianne, Mahébourg, ✆ 631-9674, www.tyvabro.com. Innerstädtischer Preisbrecher für die, die mit wenig zufrieden sind.*

Coco Villa $$ (2), *Rue Swami, Mahébourg, ✆ 631-2346, www.mahecocovilla.net. Kleinere, unspektakuläre, aber nette Bungalowanlage mit Restaurant und Bar.*

Le Preskil Beach Resort $$$, *Pointe Jérôme, Mahébourg, ✆ 604-1000, www.southerncrosshotels.mu/preskil-beach-resort. Übersichtliche, familiäre Hotelanlage der 4-Sterne-Klasse, nur 2 km von Mahébourg entfernt. 166 Zimmer in ein- oder zweistöckigen Bungalows, große Gartenanlage, zwei Pools, Restaurant, Bar, guter Strand, ideal für Windsurfer (besonders Juni–August).*

Le Peninsula Bay Beach Resort & Spa $$$, *Blue Bay, ✆ 631-9046, http://lepeninsulabay.com. Überschaubares, frisch renoviertes Haus der Mittelklasse in der Nähe von Mahébourg und direkt am Strand gelegen. 88 gut ausgestattete Zimmer, Restaurant, Pool, breites Sportangebot u. a. mit Tennis- und Tauchzentrum.*

Shandrani Resort & Spa $$$, *Plaine Magnien, ✆ 603-4343, www.shandrani-hotel.com. Architektonisch anspruchsvolles First-Class-Resort der Beachcomber-Gruppe, schön über der Lagune der Blue Bay auf einer 50 ha großen privaten Halbinsel gelegen und von drei feinen Sandstränden umgeben. Das nach einer Hindu-Mondgöttin benannte Resort hat insgesamt 327 Zimmer, davon 179 von jeweils 50 m², mehrere Restaurants und verfügt über einen traumhaften Pool, Golfplatz (9-Loch), Tennisplätze und alle Wassersportmöglichkeiten. Im 30 ha großen Park wachsen Hibiskus, Flammenbäume, Bougainvilleen sowie viele andere einheimische und importierte Pflanzen.*

Restaurants

Chez Patrick (3), *Royal Road, Mahébourg, ✆ 631-9298. Bekannt bei Einheimischen und Besuchern für günstige chinesische und kreolische Küche.*

Straßenszene in Mahébourg

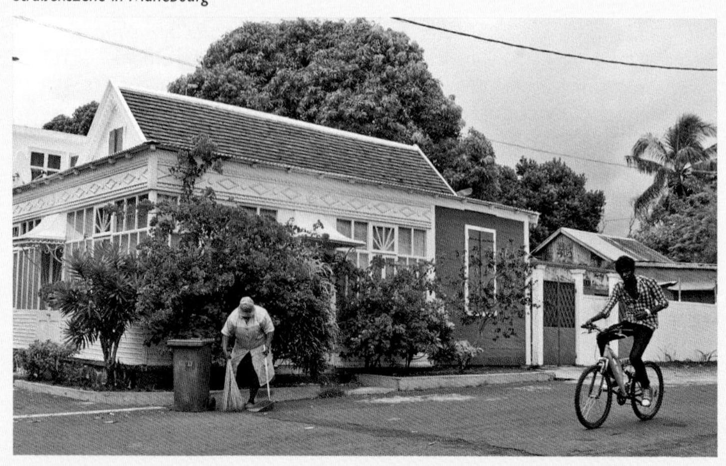

Les Copains d'Abord (4), *Rue Shivananda, Mahébourg, ✆ 631-9728. Auch nach Pächterwechsel eine bekannte Größe in Mahébourg und in Sachen Fisch. Liegt direkt an der Promenade. Moderat bis teuer.*
La Vielle Rouge (5), *Ecke Hangard/des Mares St., Mahébourg, ✆ 631-3980. Das Restaurant mit netter Terrasse und guten Preisen wird als echte und preiswerte Alternative zu den Hotelküchen gehandelt. Fisch und Curry sind hier empfehlenswert.*

Tauchen
Coral Dive, *Preskil Beach Resort, Blue Bay, ✆ 604-1084, www.coraldiving.com.*
Shandrani Diving Centre, *Shandrani Resort & Spa, Blue Bay, ✆ 603-4343.*

Entlang der Südküste

Von Mahébourg bis Souillac

In **Plaine Magnien** ist die Beschilderung ausgesprochen spärlich. Daher ist es gut zu wissen, dass die erste Straße an der Ampel mitten im Ort nach links die B8 ist, der diese Route weiter folgt in Richtung Souillac. Die nächsten etwa 20 km verlaufen in einiger Entfernung zum Meer. Nicht durch ein Korallenriff geschützt, hat die Küste im Süden meist einen wilderen Charakter als anderswo in Mauritius.

Schwarze Lavaklippen

Das beste Beispiel dafür ist **Le Souffleur**, ein Punkt, an dem sich die Brandung besonders eindrucksvoll gegen die schwarzen Lavaklippen wälzt und in hohen Fontänen aufschäumt. Will man dieses Schauspiel erleben, sollte man in L'Escalier, ca. 4 km hinter Plaine Magnien, die Abzweigung nach links nehmen und auf der schmalen, steinigen Piste bis zum Ende fahren. Ein Holzzaun hält allzu wagemutige Besucher zurück, und dass man in dieser wilden Umgebung nicht schwimmen sollte, wie ein Warnschild empfiehlt, versteht sich eigentlich von selbst. Eine weiter östlich gelegene Naturbrücke (*Pont Naturel*) ist nur auf einer längeren Wanderung zu erreichen.

Zurück auf der B8, wird die Fahrt von weiten Zuckerrohrplantagen, von einzelnen monumentalen Schloten, die zu alten Zuckerfabriken gehören, und von den künstlichen Hügeln zusammengetragener Steinbrocken begleitet. Ab und zu blinkt das Weiß einer kreolischen Villa, die einem „Zuckerbaron" gehörte, durch die Felder. Die Straßen hier sind sehr gut ausgebaut, an den zahlreichen Bushaltestellen prangen die Embleme der Zucker- und Energieunternehmen, die hier heimisch sind.

Im Ort **Rivière des Anguilles** (= Aalfluss), der am gleichnamigen Fluss liegt, stößt die schmale Straße auf die weit besser ausgebaute A9, die Souillac an der Südküste mit Nouvelle France verbindet. Knapp vor der Kreuzung mit der A9 geht es links ab, immer der gut zu erkennenden Beschilderung nach, Richtung La Vanille Nature Park.

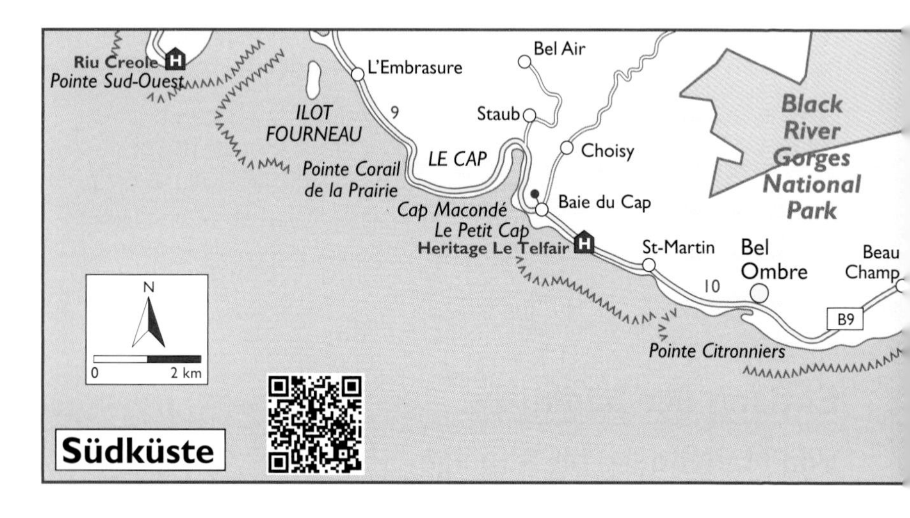

La Vanille Nature Park

Der Besuch von La Vanille lohnt sich unbedingt, auch wenn man natürlich seine Bedenken solchen Zuchtfarmen gegenüber haben kann. Aber immerhin ist das François Leguat Reserve auf der Nachbarinsel Rodrigues ein Ableger von La Vanille. Hier werden madagassische Nilkrokodile in verschiedenen Terrarien und Wasserbecken aufgezogen, bis sie ihr „ideales" Alter von sieben Jahren erreicht haben.

Aber die rund 1.500 Krokodile sind nicht die alleinige Attraktion. Die 3,5 ha große Farm, die übrigens 1984 von einem Australier gegründet wurde, hat auch Exemplare anderer Tiere, z. B. Riesenschildkröten, Zwerg- und Wildschweine, Jacot-dansé-Affen, Java-Hirsche, Hasen, Chamäleons, Echsen u. v. m. Es gibt ein Insektarium mit 23.000 Exemplaren, Riesenbambus und Pfade, die in einen tropischen Regenwald führen. Außerdem lernt man auf einem Rundgang, der von gut Englisch sprechenden Guides geleitet wird, auch einen Teil der hier noch ursprünglichen Dschungelvegetation kennen, bekommt Fragen zu Flora und Fauna beantwortet und sieht eine alte Dampflok, die früher auf den Plantagen den Transport des geernteten Zuckerrohrs besorgte.

Java-Hirsch im La Vanille Nature Park

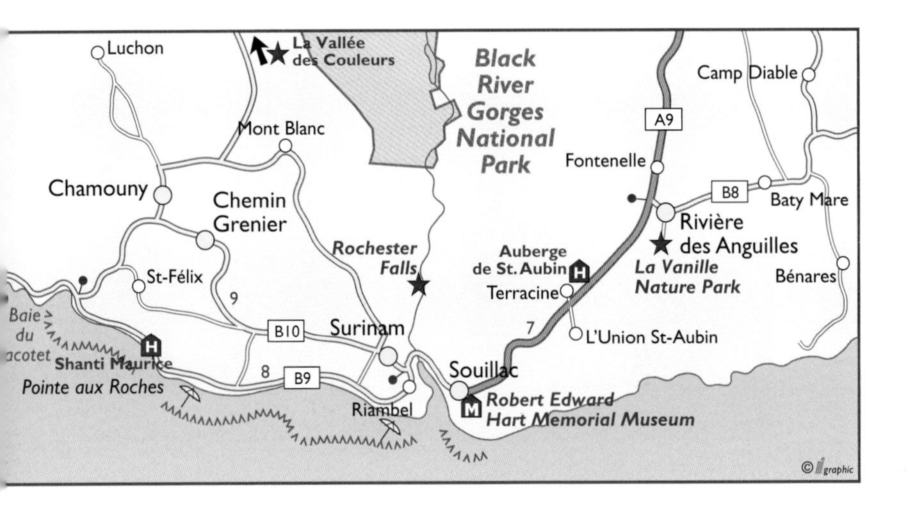

Das kleine Restaurant The Hungry Crocodile neben dem Eingang von La Vanille bietet seinen Gästen unter anderem Gerichte mit Krokodilfleisch an. Täglich außer montags und freitags werden um 11.30 Uhr die Krokodile gefüttert. Um 11 und um 13 Uhr findet jeden Tag ein „Meet and Feed" bei den Riesenschildkröten statt.
La Vanille Nature Park, *Rivière des Anguilles, ✆ 626-2503, http://lavanille-naturepark.com, tgl. 8.30–17 Uhr, Erwachsene 490 Rs, Kinder 250 Rs.*

St. Aubin

Wieder auf der A9, passiert man anschließend die Zuckerrohrplantage **St. Aubin**, benannt nach dem Plantagenbesitzer Pierre de Saint-Aubin. In dem 1819 errichteten Kolonialhaus, das zur Teefabrik von Bois Chéri (s. S. 200) gehört, kann man beste kreolische Küche kosten – beispielsweise kreolisch gegrillten Fisch für 350 Rs – das Haus, die Gärten und die Rum-Destillerie besichtigen und den Blick auf den exotischen Garten genießen. Auch stilvolles Übernachten mit kolonialem Touch ist möglich.

Kreolische Küche

Le Saint-Aubin, *Rivière des Anguilles, ✆ 626-1513, www.saintaubin.mu, tgl. 9–17 Uhr. Eintritt für die gesamte Anlage 500 Rs, für Teile der Anlage 300 Rs.*

Souillac

Ein paar Kilometer weiter bringt einen die A9 geradewegs ins Zentrum des recht großen Städtchens **Souillac**, das seinen Namen einem der französischen Gouverneure (1779–87) der Insel verdankt. Kurz vor dem Hafen, direkt hinter dem Busbahnhof, führt linker Hand die B9 gut 1 km parallel zum Ufer nach Osten, wo man auch die Sehenswürdigkeiten der Stadt findet.

Robert Edward Hart Memorial Museum

Zunächst ist da der schöne Uferpark **Jardin Telfair,** zu dem es rechts von der Straße abgeht (ausgeschildert) und in dessen Zentrum ein riesiger Banyanbaum seine Luftwurzeln zur Erde fallen lässt. Etwas weiter an der Straße liegt zur Rechten das interessante **Robert Edward Hart Memorial Museum**, ein aus Korallen gebauter Bungalow, den reiche Freunde dem mauritischen Poeten Robert Edward Hart (1891–1954) schenkten und in dem er seine letzten Lebensjahre verbrachte. Der aus Port Louis stammende Hart veröffentlichte ab 1912 fünf Romane und mehrere Gedichtbände. Außerdem arbeitete er als Journalist und war 1923–1941 Bibliothekar am Mauritius Institut in Port Louis. In dem sehenswerten Museum sind persönliche Gegenstände des Poeten wie sein Schreibtisch ebenso ausgestellt wie originale Gedichte und andere Schriftstücke. Die erläuternde Beschilderung im Haus ist leider nur auf Französisch, aber die Exponate erschließen sich auch so. Auch der Weg um das Haus herum lohnt sich: Der nahe Strand ist absolut verlassen und recht spektakulär anzuschauen.

Poetenhaus aus Korallen

Robert Edward Hart Memorial Museum, *Autard St., ✆ 634-4319, Mo–Sa 9–16 Uhr, Di, So u. feiertags geschlossen, Eintritt frei.*

An der Küste

Die Straße endet am großen Parkplatz von **Gris Gris**, dem südlichsten Punkt der Insel. Hinter dessen Steinbrüstung empfängt einen ein herrlicher Ausblick: auf die Bucht Trou d'Esny und auf den Indischen Ozean, der hier, ohne von Korallenbänken gehindert zu sein, wild und majestätisch anrollt. Ein Treppenweg führt zu einer Sandbucht unterhalb des Aussichtspunktes, die sich jedoch nicht zum Baden eignet. Während für Autotouristen am Parkplatz die Strecke zu Ende ist, können Wanderer noch ein ganzes Stück an der Steilküste entlang gehen, wo sich an den „weinenden Felsen" (*La roche qui pleure*) die Szenerie besonders eindrucksvoll gestaltet. Ein Aufenthalt in Souillac wäre allerdings unvollständig ohne einen Besuch der Rochester Falls.

Südlichster Punkt der Insel

Rochester Falls

Ab Ortsausgang Richtung Baie du Cap weisen Schilder nach rechts den Weg zum Wasserfall. Und die Fahrt allein ist ein Abenteuer: Es geht eine steinige oder bei Regen schlammige Piste hinauf und hinunter durch ausgedehnte Zuckerrohrlandschaften. Aber nach rund 3 km folgt – nach einem kurzen Fußweg – die Belohnung: Rochester Falls: ein idyllischer Wasserfall in einem grünen Tal. Er hat zwar nur eine Höhe von 15 m, ist aber sehr malerisch anzuschauen. In breiter Front stürzt das Wasser schwarze Basaltsäulen hinab, die nicht nur an Orgelpfeifen erinnern, sondern durch das Wasser tatsächlich zum „Klingen" gebracht werden. Oft springen junge Mauritier die Klippen hinab und lassen sich das entsprechende Foto teuer bezahlen.

„Klingender" Wasserfall

Zur Fortsetzung der Route fährt man zurück auf die B9 in Richtung **Surinam**. Am Ende der Bucht, nach einer schnurgeraden Fahrt durch Zuckerrohrfelder, hat man die Wahl zwischen zwei gleichermaßen interessanten Routen: Auf der B9 geht es immer an der Küste entlang, die von einem kilometerlangen Sandstrand gesäumt ist. Die B10 verläuft weiter landeinwärts und bietet die Möglichkeit zu einem interessanten Ausflug in die Bergwelt des Hinterlandes.

Auf der Küstenstraße nach Baie du Cap

Die Küstenstraße in Richtung Westen trägt die Nummer B9 und zweigt in **Surinam** linker Hand in Richtung Pointe aux Roches ab. Bis **Riambel**, dem ersten Dorf auf dieser Route, erstreckt sich ein schöner, 5 km langer, unverbauter und z.T. palmengesäumter Strand, den man von der Hauptstraße leicht erreichen kann. In Riambel, dessen Name vom madagassischen *Ariambal* (was so viel heißt wie „sonniger Strand") abgeleitet wird, passiert man zur Rechten einen malerischen Hindutempel. Anschließend geht es – an Filaos und Indischen Mandelbäumen, verstreut liegenden Villen und kleinen Wochenendhäuschen vorbei – zum herrlichen (aber nicht ganz ungefährlichen) Pomponette-Strand. Dieser geht nach einer Weile in den Strand von **Pointe aux Roches** über, beide zusammen sind gut 8 km lang. Ein stetiger Wind sorgt hier für Kühlung und gute Segelbedingungen.

Sonniger Strand

Das Panorama mit dem mächtig heranrollenden Ozean, dem weißen Sand und eindrucksvollen Lavaklippen zeigt zusammen mit dem Hinterland, wo die Montagnes Savanne schroff aufsteigen, sicher eine der schönsten Landschaften der Insel. Zudem hält sich der Fremdenverkehr vornehm zurück. So ist das Fünf-Sterne-Hotel Shanti Maurice von der Straße aus kaum bemerkbar und verschwindet in der Landschaft.

Der fantastische Natureindruck bleibt auch auf dem weiteren Weg nach Baie du Cap (und darüber hinaus bis zum Morne Brabant) erhalten. Entlang der B9 kommt man durch den Weiler **St.-Félix**, wo ein pittoresker Friedhof den Strand ziert und schattige Rasenflächen zur Seeseite zu einem Picknick einladen, und weiter zur Baie du Jacotet, an der das Dörfchen **Beau Champ** liegt. Bei Ebbe kann man von hier aus zum unbewohnten Piraten-Inselchen **Îlot Sancho** hinüberwaten.

Abstecher zum Black River Gorges National Park

Wer in **Chamouny** ein wenig „küstenmüde" ist, kann sich zu einem kleinen Ausflug in den nahen **Black River Gorges National Park** (s. S. 201) entschließen. Für passionierte Passfahrer ist die Straße eh ein Muss und sicher eine der schönsten Etappen auf Mauritius. Der Aufstieg endet im Park an einem Kreisverkehr, an dem es entweder geradeaus weiter geht über Le Pétrin Richtung Curepipe oder links Richtung Chamarel und andere Attraktionen im Park.

Der Einstieg in diese Straße ist mit Schildern „Le Pétrin" in Chamouny ausgeschildert, aber trotzdem leicht zu übersehen. Wer ihn gefunden hat, folgt der steil ansteigenden Straße, vorbei am örtlichen Sportplatz, immer weiter hinauf. Auf halber Strecke liegt der **Naturpark La Vallée des Couleurs**. Nicht nur die bekannten sieben aus den Terres des 7 Couleurs bei Chamarel bekannten Farben sind hier im Boden zu finden, sondern gleich 23. Im Tal selbst entstand ein Naturpark mit fünf Wasserfällen, Naturpfaden, Badegelegenheiten und einer 500 m langen Zipline, an der man durch die Luft schweben und die Aussicht genießen kann. Wer will, kann auf einem Quad die Gegend erkunden.
La Vallée des Couleurs, *Mare Anguilles, ✆ 5251-8666, www.lavalleedescouleurs.com, tgl. 9–17 Uhr, Erwachsene 300 Rs, Kinder 150 Rs. Die Zusatzleistungen kosten extra.*

Weiter geht es den Hang hinauf, wobei der Blick in den Rückspiegel öfters zum Anhalten zwingt. Der Blick auf die Küste und den Nationalpark ist beeindruckend. Nach rund 15 weiteren Minuten ist der Kreisverkehr erreicht.

Tatsächlich vermuten lokale Historiker und passionierte Schatzsucher, dass sich auf der Îlot Sancho, an irgendeiner noch nicht gefundenen Stelle, vergrabene Reichtümer jener Zeit aus der Erde holen lassen.

Von der Baie du Jacotet sind es noch gut 9 km bis Baie du Cap. Die Landschaft zur Rechten wird nun wieder gebirgiger: Die Montagnes Savanne und das dahinter liegende Hochland der Plaine Champagne kündigen sich an. **Bel Ombre** heißt der nächste größere Ort, der außer Hotels und Resorts der oberen Preisklasse nicht viel aufzuweisen hat.

Vorbei an Zuckerrohrfeldern und häufig auch direkt am Ufer bringt einen die B9 zunächst zum Weiler **St. Martin**, wobei Warnschilder (*Beware of Flooding*) darauf hinweisen, dass die Straße bei Springflut oder Hochwasser überspült werden kann. St. Martin hat am Ortseingang einen markanten Friedhof, in dessen Nähe einen ein Gedenkstein an den Untergang der Trevessa im Jahre 1923 erinnert. Das Schiff erlitt auf der Passage von Australien nach Mauritius 950 km vor der Küste Schiffbruch, und die Überlebenden der Katastrophe strandeten hier nach wochenlanger Irrfahrt mit ihrem Rettungsboot.

Nach einer kurzen Strecke folgt **Baie du Cap**, von wo aus es über die Küstenstraße weiter nach Tamarin/Curepipe/Port Louis geht oder nach rechts in Richtung Chamarel/Plaine Champagne/Curepipe.

Reisepraktische Informationen Südküste

Unterkunft

Auberge de St. Aubin $$$, *St. Aubin, ✆ 250-3420, www.saintaubin.mu. Steht einem der Sinn danach, mal etwas anders zu wohnen, bietet sich dieses kreolische Haus, Baujahr 1908, umgeben von einer schönen Parkanlage, an. Es gibt jedoch nur drei Zimmer.*

Shanti Maurice $$$, *St.-Félix, ✆ 603-7200, www.shantimaurice.com. Fünf Sterne vom Allerfeinsten. Allein der Strand ist einen Besuch wert. Das lauteste Geräusch ist hier das Rauschen der Brandung. Kein Wunder: Ein Teil der Gäste hält sich im 7.000 m² großen Spa auf, der andere Teil genießt die Atmosphäre bei kühlen Drinks unter dem Sonnenschirm oder im Beach Restaurant. Mit nur 61 Zimmern und Villen zwischen 30 und 800 m² auf 14,5 ha Gesamtfläche, einem grünen Parkgelände und einem eigenen Gemüsegarten, hervorragender Küche sowie zahlreichen weiteren kulinarischen Attraktionen hat sich das ehemalige Ananda-Resort seit seiner „Neuerfindung" 2010 zu Recht einen guten Ruf erarbeitet. Allein schon der „Rum Shed" ist einen Besuch wert: eine Holzhütte wie ein traditioneller Rum-Shop, einer jener Orte auf Mauritius, wo das gesellschaftliche Leben pulsiert.*

Heritage Le Telfair $$$, *Bel Ombre, ✆ 601-5500, www.heritageresorts.mu. Und wer sich im kolonialen Stil wohlfühlt, der wird hier nicht mehr weg wollen. Das hoteleigene* **Restaurant Le Chateau de Bel Ombre** *ist genau das richtige für einen schönen Afternoon-Tea mit Freunden.*

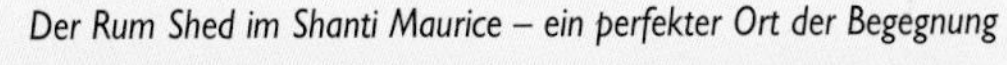

Der Rum Shed im Shanti Maurice – ein perfekter Ort der Begegnung

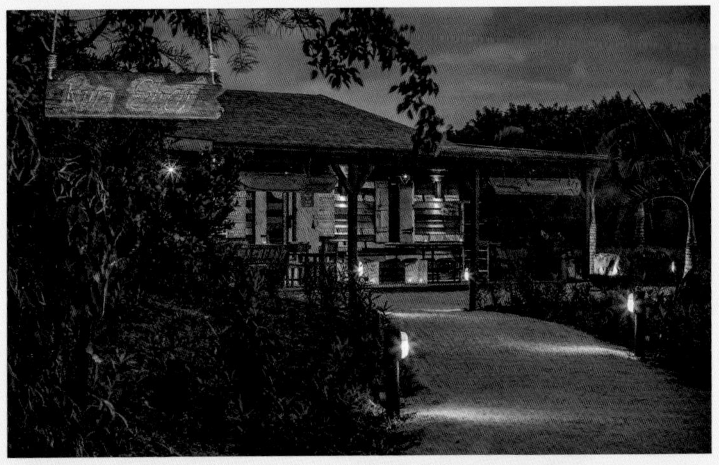

8. RODRIGUES UND SEINE NACHBARINSELN

Vorposten im Indischen Ozean

Der Inselstaat Mauritius besteht nicht nur aus der Hauptinsel und einem ganzen Kranz vorgelagerter Inselchen, sondern hat auch die Oberhoheit über Landesteile, die z. T. in beträchtlicher Entfernung vom „Mutterland" in der Weite des Indischen Ozeans platziert sind. Die Population dieser Anhängsel fällt innerhalb der Gesamtbevölkerung kaum ins Gewicht (höchstens 2 %), hat aber im Fall von Rodrigues, Cargados-Carajos und Diego Garcia aus historischen oder aktuellen Gründen eine andere Geschichte, Zusammensetzung oder andere Probleme.

Von den oben genannten ist bislang nur **Rodrigues**, 560 km östlich von Mauritius, ansatzweise touristisch erschlossen. Das bedeutet, dass es regelmäßige Flugverbindungen mit Air Mauritius gibt sowie Unterkunftsmöglichkeiten und „Paketangebote", die in Deutschland oder auf Mauritius gebucht werden können. Jährlich kommen rund 50.000 Besucher auf die Insel, davon etwa 300 aus Deutschland. Ein Ausflug nach Rodrigues bedeutet einsame Strandspaziergänge oder Wanderungen und eine Atmosphäre der Ursprünglichkeit, die mit dem bisweilen lebhaften Badetourismus auf Mauritius nichts gemein hat. Wer von Robinson-Crusoe-Gefühlen träumt und gegenüber dem Hotelkomfort auf Mauritius ein paar Abstriche machen kann oder will, sollte Rodrigues besuchen – sei es als eigenständiger Urlaub, sei es in Kombination mit anderen Zielen im Indischen Ozean oder als „Urlaub vom Urlaub" auf einem drei- oder viertägigen Abstecher von Mauritius aus. Ein Besuch lohnt sich:

Robinson-Crusoe-Gefühl

Es gibt bekannte Sehenswürdigkeiten wie den Schildkrötenpark François Leguat Reserve, die Île aux Cocos, das Naturschutzgebiet Grand Montagne, die Süd-Inselchen, die Buchten Trou d'Argent oder Anse Bouteille. Allein die sind schon einen Ausflug wert. Doch dann gibt es auch noch Rodrigues' andere Reize. Rodrigues sollte man auch ein bisschen selbst entdecken, dabei sind es oft nicht vorhersehbaren Momente, die am meisten begeistern: Die Ankunft eines Fischerbootes am Strand; an einem sonnigen Tag gegen Mittag den Blick auf die Südlagune zu genießen; unterwegs von einer Horde Schafe, die die Straße blockieren, aufgehalten zu werden; Kinder, die in Schuluniform auf dem Nachhauseweg spielen; ein Schwein mit seinen zehn neugeborenen Ferkeln; an einem windigen Tag zehn bis 15 Kitesurfer vor dem Strand Mourouk zu beobachten; eine alte Dame mit Hut, die ihre Oktopusse zum Trocknen aufhängt; den Vogel Roter Kardinal oder gar Gelber Kardinal auf einem Baum zu entdecken. All dies sind Momente und Erlebnisse, die aber nicht unbedingt planbar sind. In Rodrigues sollte man sich deshalb einfach nur Zeit nehmen, um nichts zu tun und „nur" zu beobachten.

Das Tourismusministerium fördert die Destination Rodrigues und erweitert das Angebot für Gäste. Dazu gehört ein beständiger Ausbau der Bettenkapazität und man will erreichen, dass sich der Inselname als Beispiel für qualitativ hochwertigen und umweltfreundlichen Tourismus etabliert. Dagegen können Urlauber die Chagos-Inseln oder Agalega bisher nicht einfach so ansteuern. Mögliche Besuche müssen Monate im Voraus beantragt werden. Nur diejenigen, die einen bestimmten Grund für einen Aufenthalt auf diesen Inseln haben, bekommen eine Genehmigung.

Beispielsweise Mitarbeiter von Firmen, die am Kauf von Kokosnüssen interessiert sind, Forscher, Regierungsangestellte etc. Ein Ausflug auf die Inseln ist Touristen in der Regel noch nicht gestattet und außerdem durch fehlende öffentliche Flug- oder Bootsverbindungen beinahe unmöglich.

Fehlende Bootsverbindungen

Rodrigues

Überblick

Die knapp 110 km² große Insel ist der östlichste Vertreter der Maskarenen und genau wie Mauritius und Réunion vulkanischen Ursprungs. Aufgrund einer andersartigen eruptiven Tätigkeit (langsamerer Lavaausfluss) fehlen ihr allerdings die hoch aufragenden Krater. Ihr **Landschaftsprofil** ist deshalb von einem rund 300 m hohen Bergrücken geprägt, dessen höchster Punkt bei 396 m ü. d. M. liegt. Ein Vorteil, an dem sich Urlauber auf Rodrigues erfreuen können: Man kann quasi von überall das Meer sehen. Die Küste selbst ist mit vielen Buchten reich gegliedert und wird von einem mächtigen Korallenriff umgeben, das im Norden und Osten relativ nah, im Süden und Westen etwas weiter vom Ufer entfernt ist. Vor der schmaleren Lagune des Ostens breiten sich lange, unberührte Strände aus, während im Südwesten große Tropfsteinhöhlen die landschaftlichen Höhepunkte darstellen.

In den vergangenen Jahrhunderten war die üppige **Vegetation** mit ihren tropischen Edelhölzern einem ununterbrochenen Kahlschlag durch die Kolonisatoren ausgesetzt. Doch vor rund 30 Jahren starteten die ersten Wiederaufforstungsaktionen mit Filaos und Akazien, in deren „Schatten" auch die vormals einheimischen Gewächse wieder ans Licht kommen sollten. Dabei aber nehmen Filaos und Akazien den noch verbliebenen 38 einheimischen Pflanzenarten Lebensraum weg, zu deren Schutz wird mittlerweile die Einrichtung von Naturreservaten vorangetrieben. Heute erinnert Rodrigues ein wenig an die Kanareninsel La Gomera mit ihren tiefen Schluchten. Dazu kommen etliche Waldgebiete, die durchwandert werden wollen.

Wilder Kaffee

Der vielleicht bekannteste Baum der Insel ist der wilde Kaffee (*café marron*; lat.: *ramus mania*), der bis 1981 als ausgestorben galt. Man entdeckte den nicht besonders ansehnlichen, buschigen Baum am Straßenrand und schickte einen Ableger zu den Londoner Kew Gardens, wo er klassifiziert wurde. Inzwischen gibt es ein paar Exemplare, in London und auf Rodrigues.

Ein Problem der Insel ist die große **Trockenheit**. Durch die einstmalige Abholzung der Waldgebiete hat sich hier das Klima verändert, ausbleibender Regen tut ein weiteres. So heißt es für alle Bewohner und Besucher der Insel, sparsam mit den Wasserbeständen umzugehen.

Auch die einheimische **Tierwelt** wurde mit und durch die Kolonisierung stark in Mitleidenschaft gezogen. Verschwunden ist nicht nur der bekannte, dem Dodo verwandte Laufvogel Solitaire, den es nur auf Rodrigues gegeben hat (s. S. 39), sondern auch die Riesenschildkröten und Seekühe (*dugongs*), die einst in großer Zahl die Gewässer um Rodrigues bevölkerten. Trotz aller Verluste weist die Fauna aber immer noch eine große Artenvielfalt und einige äußerst rare Exemplare auf. Vor allem für seinen reichen Bestand an Seevögeln (insbesondere verschiedene Seeschwalben-Arten) ist Rodrigues bekannt. Die Population der hiesigen Fliegenden Hunde (*fruit bats*), die als seltenste Flederhundart der Welt akut vom Aussterben bedroht waren, hat sich inzwischen wieder erholt. Man sieht die kleinen braun-schwarzen Fledertiere in der Abenddämmerung, wenn sie ihre Schlafplätze im Wald verlassen und sich zu ihren nächtlichen Futterplätzen in den Obstbäumen der Einwohner aufmachen.

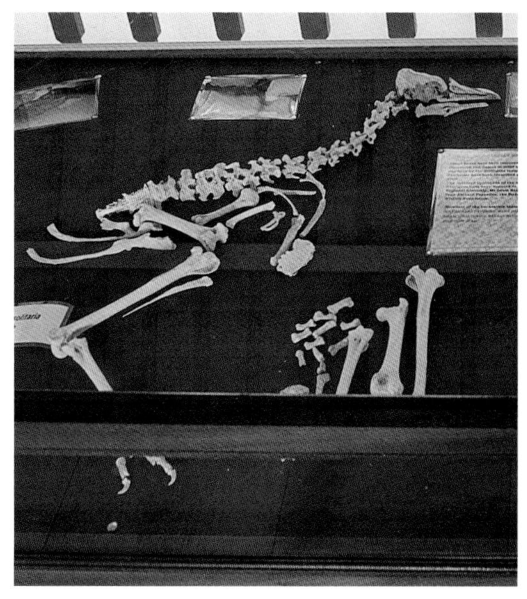

Solitaire: nur noch im Museum zu sehen

Die **Bevölkerung** (rund 40.000) wird im Gegensatz zu Mauritius fast ausschließlich durch Kreolen gebildet, Inder und Chinesen trifft man dagegen kaum an. Die als Bauern im Inselinneren lebende größte Gruppe – etwa 85 % – wird die „Schwarzen" oder *Montagnards* genannt. An der dunklen Hautfarbe erkennt man ihre Abstammung von ehemaligen afrikanischen Sklaven. Demgegenüber leben die hellhäutigeren sogenannten „Roten" an der Küste und betreiben Fischerei. Neben Créole und Französisch sprechen viele Einwohner der Insel auch Englisch, vor allem diejenigen, die mit Urlaubern in Kontakt kommen, beispielsweise Taxifahrer und Hotelangestellte. Trotzdem schadet es nicht, ein paar Sätze Französisch parat zu haben – für einen kleinen Plausch mit der Wirtin des *Chambre d'hôte* oder dem Betreiber eines Marktstands in Port Mathurin.

Vorwiegend Kreolen

Rund 7.900 Rodriguais wohnen in der „Hauptstadt" Port Mathurin an der Nordküste, die anderen in Dörfern wie Mont Lubin, Port Sud-Est, La Ferme, La Fouche, Saint Gabriel und Rivière Cocos oder in einzelstehenden Gehöften. Ihr Erwerbsleben wird in erster Linie durch die Landwirtschaft bestimmt, wobei bevorzugt Gemüse (Mais, Maniok, Kartoffeln) angebaut wird, während das für Mauritius so typische Zuckerrohr hier gänzlich fehlt. Auch Viehzucht (Ziegen, Rinder, Schafe und Schweine) und Fischerei – besonders Tintenfisch – wird betrieben, wohingegen der Tourismus erst langsam beginnt, eine ernstzunehmende wirtschaftliche Rolle zu spielen.

Neben Stränden und Lagunen, neben Flora und Fauna, macht gerade die unkomplizierte und grundehrliche Bevölkerung den Besuch auf Rodrigues interessant – das

Farbenfrohe Stände laden zum Einkaufsbummel ein

Eigene Kultur und Traditionen

Leben ist hier afrikanischer als auf Mauritius. Kultur und Tradition unterscheiden sich z. T. von der des übrigen Landes. So hat z. B. die Sega auf Rodrigues als **Sega-Tambour** einen schnelleren Rhythmus als auf Mauritius und ist kein Tanz zur Unterhaltung von Touristen. Andere Gesänge und Tänze, dort längst vergessen, haben sich hier noch erhalten, und die Korbflechterei führt zu anderen Formen und Farben als im „Mutterland". Selbst das Créole ist in Vokabular und Sprachsystem nicht mit dem mauritischen identisch. Was bei dieser recht homogenen Bevölkerung fehlt, ist die Vielfalt der Religionen und der religiösen Feste: Die Rodriguais sind fast sämtlich (97 %) katholisch.

Erste Besiedlung

Die **Geschichte** des Eilandes geht im Großen und Ganzen mit derjenigen von Mauritius konform. Wahrscheinlich war Rodrigues die *Dina Noraze* (= Ostinsel) der Araber, bevor die Portugiesen sie „richtig" entdeckten. Nach der Landung eines gewissen Rodrigues im Jahre 1528 erhielt die Insel schließlich ihren Namen. Auch die Holländer waren da, aber den ersten Besiedlungsversuch starteten im Jahre 1691 jene zehn hugenottischen Franzosen, die später das Land wegen Frauenmangels verließen und von den Holländern auf dem mauritischen Inselchen Île aux Fouquets festgesetzt wurden. Ihrem Anführer François Leguat de la Fougère ist die erste Beschreibung der Landesnatur zu verdanken, auch erwähnt er zum ersten Mal den heute ausgestorbenen Solitaire.

Nach mehreren weiteren Anläufen glückte den Franzosen eine dauerhafte Kolonisierung erst ab den 1750er-Jahren. Aus der Vermischung von weißen Herren und afrikanischen bzw. madagassischen Sklaven entstand jene Schicht von Kreolen, deren Nachfahren heute die alleinige Bevölkerung stellen. Zwar übernahmen 1815 die Engländer Rodrigues genauso wie Mauritius und die Seychellen (1810 hatte sich die britische Flotte vor der Einnahme der Maskarenen bei Rodrigues gesammelt), mischten sich aber in die Inselangelegenheiten noch weniger ein als auf Mauritius. Als östlicher Vorposten im Ozean aber wurde in der Geschichte Rodrigues oft genug vergessen, allenfalls wahrgenommen, nie aber besonders rücksichtsvoll behandelt. Das „mauritische Aschenputtel" hatte deshalb lange Zeit unter unterentwickelter Infrastruktur und fehlenden Investitionen zu leiden. Was aber nichts am politischen Willen änderte, von Mauritius anerkannt und respektiert zu werden. 2001 war es dann soweit: Rodrigues wurde eine Art Autonomie zugestanden, die vor allem die Bereiche Soziales, Ökonomie und Ökologie umfasst. 2002 wurde die sogenannte Regional Assembly ins Leben gerufen mit 18 gewählten Volksvertretern.

Für **Touristen** ist die Insel eine Destination, die ein wenig Selbstständigkeit verlangt – sofern man sich nicht einer organisierten Tour angeschlossen hat. Unter den zahlreichen Hotels und Pensionen überwiegen die kleinen, persönlich geführten Herbergen, anspruchsvollere Resorts sind dagegen selten. Wer aber gerne wandert, Mountainbike fährt, schnorchelt, taucht und puren Naturgenuss liebt, wer gerne gut und vielleicht mit französischem Einschlag isst, wer touristischen Rummel nicht unbedingt mag – für den ist Rodrigues das richtige Ziel.

Erwähnt werden muss schließlich noch, dass auch Rodrigues, genau wie Mauritius, seine insularen „Ableger" hat – über ein Dutzend kleiner vorgelagerter **Koralleninselchen** mit Namen wie Île aux Sables, Île aux Cocos, Île Frégat usw. Hier gibt es kilometerlange, weiße Sandstrände, Filaohaine, Palmen und unzählige Seevögel – fernab jeder Zivilisation, ein purer Naturgenuss. Für die, die von Deutschland oder Mauritius aus ein „Rodrigues-Paket" gebucht haben, ist der Besuch solcher Inseln im Rahmen eines Bootsausflugs meist im Gesamtpreis inbegriffen – ansonsten muss man an Ort und Stelle versuchen, sich von Fischern übersetzen zu lassen oder in einer örtlichen Agentur buchen.

Redaktionstipps

Sehens- und Erlebenswertes

- Besuch des **François Leguat Reserve**, mehr als 1.500 Riesenschildkröten in natürlicher Umgebung erleben, in Höhlen hineinschauen und Rodrigues vor 300 Jahren entdecken (S. 252).
- Besuch der **Caverne Patate**, der größten natürlichen Sehenswürdigkeit von Rodrigues in Begleitung eines lokalen Führers (S. 253).
- Den besten Rundblick über die Insel gibt es nach einem zehnminütigen Treppenaufstieg auf den **Mont Limon** oder von einem der Aussichtspunkte im Grande Montagne Nature Reserve (S. 254).
- Besuch im Naturreservat **Île aux Cocos** – ein herrlicher Tag mit Baden, Schnorcheln und Naturbeobachtung (S. 256).
- **Sportliche Erkundung** von Rodrigues: auf Wandertouren oder mit dem Mountainbike Orte besuchen, die selbst per Geländewagen unzugänglich sind.
- Eine Vorstellung der **Sega-Tambour**, einer lokalen, rhythmusbetonten Sega-Variante.

Essen und Trinken

- Eine *plateau de fruits de mer* im Restaurant, ein authentisches insulares Gericht mit allen erdenklichen **Krusten- und Schalentieren**.

Inselrundfahrt

▶ *Karte: s. hintere Umschlagklappe*

Zwar sind mehr als 100 km als Pkw-taugliche Straße erschlossen – und jedes Jahr kommen ca. 6 bis 10 km als Asphaltstraße hinzu, –, doch ist es für Individualtouristen ratsam, sich für eine intensive Inselerkundung einen geländegängigen Wagen zu leihen. Die vorbestellten Jeeps stehen am Sir Gaëtan Duval Airport bereit, dem Flughafen im Südwesten von Rodrigues. Da hier die Mehrheit aller Touristen die Insel betritt, soll Plaine Corail auch der Startpunkt für die nachfolgend beschriebene Rodriguestour sein.

Hinweis zur Route

Die Tour muss nicht an einem Tag gemacht werden. Ein Blick auf die Landkarte zeigt, dass eine wirkliche Rundfahrt nicht möglich ist: Die autotauglichen Straßen gehen **sternförmig** vom Städtchen Mont Lubin im Inselinnern aus, zu dem man also immer wieder zurückgeführt wird.

Südwesten und Südküste

Die ersten Sehenswürdigkeiten befinden sich schon im Südwesten, nahe dem Flughafen. Und eine davon – die Zufahrt ist ausgeschildert – lohnt allein schon die Reise nach Rodrigues: das **François Leguat Giant Tortoise & Cave Reserve**. Seit 2009 dreht sich in diesem 19 ha großen Naturschutzgebiet alles um die Insel Rodrigues, wie sie vor 300 Jahren war – als sie 1691 erstmals von François Leguat beschrieben wurde: Rund 135.000 Pflanzen aus 40 einheimischen Sorten ersetzen heute die vorherige, eben nicht einheimische Pflanzenwelt, rund 1.500 Schildkröten aus Madagaskar und Aldabra tummeln sich auf dem Gelände, Exemplare der seltenen rodrigischen Flederhundart haben hier ein sicheres Zuhause gefunden, und in der 404 m langen Höhle Grande Caverne kann man die Welt der Stalagmiten und der Stalaktiten entdecken. Am besten ist es, eine der täglichen Führungen mitzumachen. Besucher erfahren beispielsweise, dass die Kolonisatoren zwischen 1725 und 1798 rund 200.000 Schildkröten von der Insel mitnahmen als „Reiseproviant" und sie damit ausrotteten. Aber es besteht Hoffnung: Im Naturschutzgebiet schlüpften innerhalb der ersten zwei Jahre seit Eröffnung 2.016 Babyschildkröten, die man ebenfalls anschauen kann. Und wer will, kann eine Schildkrötenpatenschaft übernehmen – mit einem regelmäßigen Bericht über das Heranwachsen des Schützlings per E-Mail. Vorbei an den Fruchtfledermäusen – 1970 gab es nur noch 70 auf der Insel, heute sind es wieder ein paar Tausend – geht es eine Schlucht hinauf. Hier leben die Riesenschildkröten weitestgehend ungestört und können besucht werden. Den Abschluss einer rund anderthalbstündigen Führung bildet die **Grand Caverne**, eine von elf Höhlen auf dem Gelände. Zurück im Center bleibt noch ein Rundgang durchs Museum oder ein Imbiss im Crowded Solitaire Restaurant.

Schildkrötenpatenschaft

Regenbogen an der Küste

François Leguat Giant Tortoise & Cave Reserve, *Anse Quitor, ☎ 832-8141, www.tortoisescavereserve-rodrigues.com, tgl. 9–17 Uhr, Führungen tgl. 9.30, 10.30, 13.30, 14.30 Uhr, Erwachsene 470 Rs, Kinder 2–12 Jahre 235 Rs.*

Auf dem Weg über die Hauptstraße ins Landesinnere geht es im Weiler **La Fouche** südlich (rechts) in Richtung Petite Butte ab. Über eine rechts abgehende schmale Piste gelangt man zur **Caverne Patate**, eine der bekanntesten Attraktionen der Insel. Die Tropfsteinhöhle, die beeindruckende Stalaktiten und Stalagmiten sowie hallenartige „Dome" aufweist, kann man durchwandern – aber nur bei guten Wetterbedingungen, da nach Regenfällen die Höhlen manchmal unter Wasser stehen.
Caverne Patate, *☎ 832-1062, Führungen tgl. 9, 11, 13 und 15 Uhr, Dauer 45–60 Min., 100 Rs, Taschenlampen werden vom Guide ausgeteilt, Schuhe mit rutschfesten Sohlen sind empfehlenswert.*

Wer anschließend der Straße in Richtung Meer folgt, kommt bald an dem großen **Korallensteinbruch** vorbei, der sich an der Anse Quitor befindet. Hier werden Blöcke aus dem Untergrund herausgesägt und anschließend zu jenen Quadern verkleinert, aus denen die meisten Häuser auf der Insel gebaut sind.

Ab **Petite Butte** kann man direkt an der Küste entlang fahren durch ursprünglich-gemütliche Fischerdörfchen wie Rivière Cocos. Dabei bieten sich immer wieder herrliche Panoramen auf Inseln wie die Île Combrani oder die Île Pierrots. Im Meer sieht man die typischen Holzboote mit Außenbordmotor, mit denen die Rodriguais auf Fischfang gehen, und vor den Häusern zum Trocknen aufgehängte Tintenfische, ein wichtiger Exportartikel der Insel. Auch in der nächsten Ortschaft, **Port Sud-Est**, wird das Alltagsleben von diesem Erwerbszweig bestimmt. Hier sind es die Frauen des Dorfes, die eine ungewöhnliche Fangmethode perfektioniert haben: In Gummistiefeln waten sie in die Lagune und spießen die Tintenfische mit scharfen Harpunen auf. Vor der Lagune liegt übrigens das Inselchen **Île Hermitage**. Wer

Tintenfischfang

es beispielsweise für einen erholsamen Badetag besuchen will, sollte im Hotel oder örtlichen Reisebüros spätestens am Vortag buchen.

Von Port Sud-Est aus kann man auch noch ein kleines Stückchen bis zur **Anse Mourouk** weiterfahren, einer paradiesischen Badebucht, in der sich das Hotel Mourouk Ebony Gästen als hervorragende Adresse auf der Insel anbietet. Die Hauptstraße aber windet sich über Serpentinen in etwa 5 km hinauf nach **Saint Gabriel**, dessen Kirche schon von weitem zu sehen ist. Das 50 m lange Gotteshaus mit seinen beiden Türmen wurde zwischen 1934 und 1941 gebaut und ist das größte weit und breit – „Kathedrale" nennen es die Einheimischen. Unter der Woche von Spatzen bevölkert, ist zu Weihnachten das Haus brechend voll. Und hier sonntags zusammen mit der tiefgläubigen, katholischen Bevölkerung an einem Gottesdienst teilzunehmen, ist ein nachhaltiges Erlebnis.

Großes Gotteshaus

Zentrum und Ostküste

Im benachbarten **Mont Lubin** treffen sich nicht alle, aber doch viele Wege. Von Rodrigues zweitgrößter Siedlung führt eine Autostraße nach Osten in Richtung Pointe Coton, einem der schönsten und am leichtesten zugänglichen Strände. Kurz hinter Mont Lubin kommt man am **Mont Limon** vorbei, mit 396 m ü. d. M. die höchste Erhebung der Insel und wie geschaffen für einen kurzen Aufstieg von der Straße aus – Lohn der Mühe ist ein herrlicher Rundumblick.

Weiter geht es über **Palissade Ternel**, ein Zentrum der für Rodrigues typischen Korbwarenproduktion, nach **Grande Montagne**. Hier lohnt ein kurzer oder längerer Aufenthalt zur Besichtigung des **Grande Montagne Nature Reserve** und seines Besucherzentrums. Es gibt Informationen der Mauritian Wildlife Foundation (MWF) die sich zum Ziel gesetzt hat, bedrohte einheimische Arten zu schützen und das ganze Ökosystem auf der Insel wieder intakt zu setzen. Highlight im Besucherzentrum ist eine Vitrine mit Original-Knochen eines ehemals einheimischen Solitaires und einer Riesenschildkröte. Diese Knochen der ausgestorbenen Tierarten wurden 2000 in der Höhle Caverne Poule Rouge gefunden. Hinter dem Besucherzentrum führen beschriebene Pfade durch das Naturschutzgebiet, und nicht nur die Aussicht von dort oben ist einmalig.

Grande Montagne Nature Reserve, *Grande Montagne, www.mauritian-wildlife.org, Besucherzentrum Mo–Fr 8–15 Uhr, Eintritt frei.*

Jardin des 5 Sens, *Montagne Bois Noir, ✆ 5722-5665. Geführte Touren Mo–So 9, 10, 11, 13, 14 u. 15 Uhr, Erwachsene 250 Rs, Kinder 4–11 Jahre 125 Rs. Diesen Garten entdeckt man mit allen Sinnen: einheimische Arten ansehen, exotische Blumen riechen, tropische Früchte und Gemüse schmecken.*

Jetzt teilen sich die Wege: Die linke (nördliche) Straße bringt einen bergauf, bergab, vorbei an allgegenwärtigen Ziegen, Schweinen, Schafen und Rindern sowie an auffälligen Windgeneratoren (diese liefern rund 5 % der elektrischen Energie) zum **Pointe Coton**. Angesichts der weißen Sandstrände und der türkisfarbenen Lagune wird verständlich, warum sich das Cotton Bay Hotel, das erste Komforthotel der Insel, diesen abgelegenen Standort ausgesucht hat. Doch selbst diese traum-

Alternative Energie

hafte Lage lässt sich noch steigern: Das wissen alle, die den Fußweg (etwa anderthalb Stunden) zum **Trou d'Argent** bewältigt haben, dem wohl schönsten Strand überhaupt. Wer das Buch dabei hat, kann mit dem Schriftsteller Le Clézio und seinem „Goldsucher" auf die Suche gehen. Einige haben es schon probiert und ihre Spuren in den Wänden hinterlassen.

Zwischen Pointe Coton und Trou d'Argent liegt die von Kokospalmen gesäumte Bucht **Anse Ali**, die man ab Grand Montagne mit einem Geländewagen oder Mountainbike über die südliche Stichstraße erreicht – sie scheint ebenfalls direkt einem touristischen Werbeprospekt zu entstammen.

„Hauptstadt" und Nordküste

Der Weg zur Nordküste führt wieder über Mont Lubin zurück und dann auf einer bergigen Strecke nach **Port Mathurin**. Mit rund 7.900 Einwohnern ist der Hauptort von Rodrigues tatsächlich eine richtige kleine Stadt, in der Restaurants, Hotels und Pensionen, Reiseagenturen, vier Banken sowie ein Postamt, ein Krankenhaus, die Inselverwaltung, die Polizeistation, das Büro von Air Mauritius und das Rodrigues Tourism Office beheimatet sind. Durch das rechtwinklige Straßenraster und einige neuere Zweckbauten trägt Port Mathurin überwiegend moderne Züge,

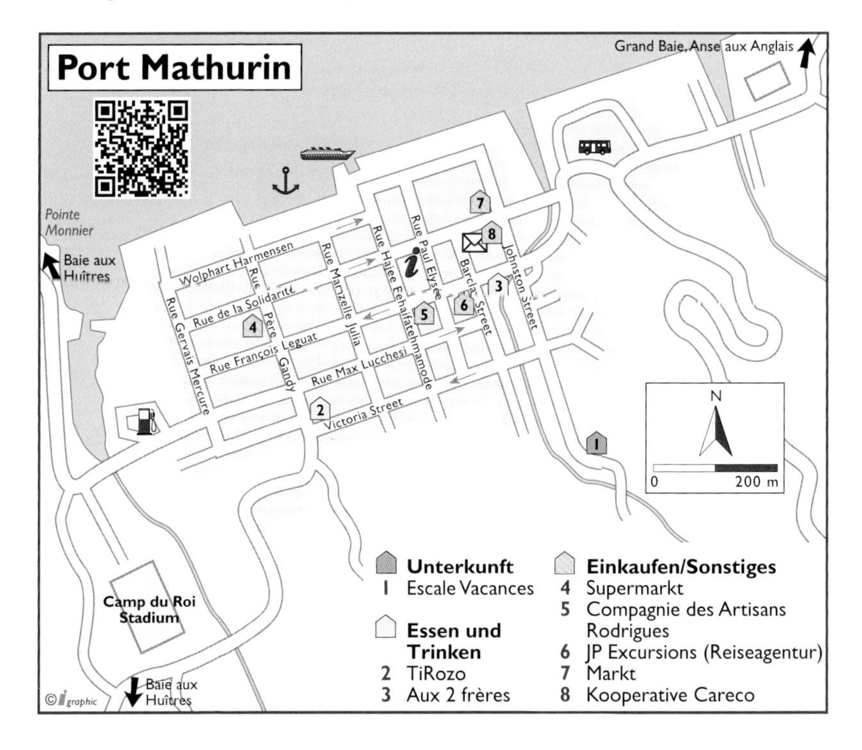

doch findet man um den Hafen auch kleine chinesische Läden und einige Beispiele der älteren, kreolischen Holzhausarchitektur. So z. B. neben manchen Schmuckstücken an der Barclay Street das 1873 errichtete **Gebäude des Inselgouverneurs** an der Solidarity Street, das heute einen Teil der Verwaltung beherbergt. Insgesamt geht es eher ruhig und gemächlich zu in Port Mathurin. Die hier arbeitende Bevölkerung kommt morgens mit dem Bus in den Ort und verlässt spätestens um 16 Uhr diesen wieder. Und dann wird es noch ruhiger. So schließen die Geschäfte bereits um 16 Uhr, die Stadt fällt in eine Art kollektiven Halbschlaf und sagt spätestens um 20 Uhr endgültig „Gute Nacht". Etwas Aufregung kommt in das sonst so gemächliche Leben, wenn im **Hafen** die Fähre aus Port Louis „Mauritius Trochetia" anlegt – und ebenso natürlich am Mittwoch und Samstag, wenn der **Markt (7)** abgehalten wird – aber auch dann sollte man möglichst früh morgens da sein.

Venus im Blick

Östlich von Port Mathurin geht es an der Nordküste entlang zum **Pointe Venus**, der seinen Namen nicht zufällig trägt: Hier beobachteten im Mai 1761 der französische Astronom Abbé Pingré und sein Gehilfe Thuillière zum ersten Mal den Planeten Venus. Auch wenn man kein Sternengucker und tagsüber hier ist, eignet sich das trockene Kap allemal als Aussichtspunkt u. a. auf die Hauptstadt.

Noch 1 km weiter bringt einen die Küstenstraße zur **Anse aux Anglais**, von wo ab sich ein geschützter Strand bis zur Grand Baie hinzieht. Der Fremdenverkehr hat hier bereits Fuß gefasst. Es gibt Läden, Pensionen, mit Les Cocotiers ein großes Hotel inklusive Tauchcenter, Restaurants und eine Pizzeria. Wer ein wenig touristisches Leben sucht auf Rodrigues, findet es hier.

Auf der anderen, westlichen Seite von Port Mathurin führt eine schmale Stichstraße das Ufer entlang bis zum Fischerdorf **Baie aux Huîtres** an der gleichnamigen „Austernbucht". Und noch weiter westlich gelangt man zur **Baie Diamant**, die von dichten Mangroven gesäumt wird.

Im Westen

Windiges Fleckchen

Die Hauptroute zurück in den Südwesten (Flugplatz) geht erneut über Mont Lubin und auf hoch gelegener Strecke zum Flecken **Quatre Vents**, wo einem der Wind – wie der Name sagt – aus allen vier Himmelsrichtungen um die Nase wehen kann. Hier kann man den Blick genießen, der bis zur Nord- und Südküste reicht. Nach einigen Kilometern erreicht man anschließend mit **La Ferme** einen etwas größeren Ort, der u. a. eine katholische Kirche und ein Fußballstadion sein eigen nennt. Dort zelebrierte Papst Johannes Paul II. bei seinem Besuch im Jahre 1989 eine Messe, die von nicht weniger als 17.000 Insulanern besucht wurde.

Die Asphaltstraße führt von La Ferme hinunter zum Flughafen in **Plaine Corail**, dem Ausgangspunkt der „Rundfahrt". Auf einer bislang noch sehr rauen Piste kann man jedoch noch etwas weiter nach Westen fahren, wo die Küste von den beiden Buchten **Baie Topaze** und **Baie Lascars** tief eingeschnitten wird. Von besonderem, touristischem Interesse ist die Insel **Île aux Cocos**, während die **Île aux**

Wie aus einem Werbeprospekt: Île aux Cocos

Sables als Naturschutzgebiet nicht besucht werden kann. So bleibt deren tropische Schönheit samt überreichem Vogelleben (u. a. Seeschwalben, Fregattvögel und Strandläufer) erhalten. Mit ihrer Pflanzenwelt und menschenleeren Sandstränden erfüllt die Île aux Cocos jedes Südseeklischee.

Île aux Cocos: *Überfahrten starten in Pointe du Diable. Wer einen Ausflug plant, sollte spätestens am Vortag über ein lokales Reisebüro oder Hotel reservieren, denn es gibt keine regelmäßige Fähre hinüber. Ein Tagestrip inklusive Verpflegung kostet beispielsweise ab Port Mathurin ca. 1.200 Rs.*

Reisepraktische Informationen Rodrigues

Information

siehe „Allgemeine Reisetipps" (S. 86)

Unterkunft

Die Hotellerie auf Rodrigues begann erst Anfang der 1990er-Jahre Anschluss an den mauritischen Standard zu suchen. Mittlerweile aber ist die Liste der Angebote – vom Sterne-Resort am Strand bis zum charmanten Chambre d'hôte – recht umfangreich geworden. Das Rodrigues Tourism Office hält eine Liste bereit mit Hotels, Guesthouses, Villen, „Gîtes", einfachen Unterkünften und Chambres d'hôtes, verteilt über die Insel. Wer zumindest ein bisschen touristische Atmosphäre im Urlaubsort sucht, ist im Örtchen Anse aux Anglais richtig. Die Unterkünfte sind im Allgemeinen rund 15 % teurer als vergleichbare auf Mauritius, auch abhängig von der jeweiligen Saison. Halbpension ist meist möglich, in den Strandhotels in der Regel inklusive.

La Collinière, *Gîte et Chambre d'hôte $, Brule, ✆ 831-8558, lelangoustier@ intnet.mu. 15 Autominuten von ihrem Jacky Diving Center entfernt (s. u.), bietet die Tauchlehrerin Fifi Degremont Unterkunft mit Familienanschluss, die Chefin kocht selbst, für 38 € pro Person in der Halbpension.*

Gîte Patriko $, *Anse Alli, ✆ 831-2575, http://gitepatriko.wordpress.com. Fünf Gehminuten vom wunderschönen Strand Anse Ally bietet diese Gîte Erholung mit Blick aufs Meer in gut ausgestatteten Studios: Klimaanlage, Kitchenette, Wifi, Terrasse, 45 € pro Studio für zwei Personen.*

Le Refuge $, *Baie du Nord, ✆ 971-0001, www.lerefuge.mu. Die direkt am Meer an der Nordküste gelegene Privatpension ist nicht nur schön anzusehen, sondern mit ihren hellen Zimmern mit Blick auf die Île aux Cocos auch schön zum Wohnen. Die Chefin kocht leckere lokale Gerichte, Halbpension kostet 35 € pro Person.*

Auberge Lagon Bleu $, *Caverne Provert, ✆ 831-0075, www.aubergelagonbleu.com. Christophe leitet diese kleine Auberge an der Nordküste immer gut gelaunt und mit einem rodriguanischen Lächeln. Die Zimmer sind einfach ausgestattet, aber nett eingerichtet. Unbedingt probieren: den legendären hausgemachten „Rhum arrangé"! Die Ausflüge zur Île aux Cocos oder zum Lagunenangeln sind auch sehr zu empfehlen.*

Auberge Anse Aux Anglais $-$$, *Anse aux Anglais, ✆ 831-2179. Hier herrscht eher Pensionscharakter vor, aber für den Preis und die Lage in einer kleinen Gasse nicht weit vom Strand ist die Unterkunft kaum zu schlagen.*

Domaine de la Paix $-$$, *Terre Rouge, ✆ 5933-7770, www.vacances-rodrigues.com. Nicht weit von Anse aux Anglais den Hang hoch, wunderschöner Ausblick über die Küste garantiert. Claudine und Pascal Stern erfüllen sich hier einen Lebenstraum: eine Oase der Stille auf ihrer Lieblingsinsel. Im Dezember 2011 eröffnet, wird hier Gästen einiges geboten: Joghurt, Brot und andere Schmankerl, handgemacht in der eigenen Küche, ein Pool mit Wasser, das mit Magnesium versetzt ist – gut für Haut und Gelenke – eine eigene Zisterne, fünf schicke Studios und Zimmer mit modernem, reduziertem Design.*

Auberge St. François $-$$, *St. Francois, ✆ 831-8752, www.auberge-rodrigues.com. Im Osten der Insel, in Strandnähe bietet diese Unterkunft einfache Studios oder Familienapartments mit Terrasse oder Balkon sowie Kitchenette ab 96 € inkl. Halbpension für zwei Personen.*

Escale Vacances $$ (1), *Fond la Digue, Port Mathurin, ✆ 5772-9303, www.escale-vacances.com. In Fußentfernung vom Busbahnhof gelegen, ist das vor allem von Urlaubern aus Mauritius gut besuchte Haus seit seiner Eröffnung 1996 eine zuverlässige Größe. Es gibt eine nette Atmosphäre, einen Pool hinter dem Haus, WIFI in der Lounge, oft ein Abendprogramm mit Tanz und anderen Einlagen und ein solides Frühstück.*

La Belle Rodriguaise $$, *Graviers, ✆ 5875-0556, www.labellerodriguaise.com. Direkt am Strand an der Südküste gelegen, nicht nur schön anzusehen, sondern auch schön zum Wohnen mit seinen hellen Zimmern. Ein Pool ist natürlich auch vorhanden.*

Cotton Bay Hotel $$-$$$, *Pointe Coton, ✆ 831-8001, www.cottonbayhotel.biz. Ein bisschen weg von allem, dafür an einer schönen Bucht gelegen: das älteste Strandhotel der Insel. 1992 an der Nordostküste eröffnet, mehrmals renoviert, mit 60 gut ausgestatteten und klimatisierten Zimmern in zweistöckigen Wohneinheiten, Restaurant, Pool, Bar, Boutique, Tennisplatz, Mountainbikeverleih und Tauchzentrum (s. S. 261). Auch wenn das Haus ein wenig Auffrischung gebrauchen könnte, hat es doch eine Art kolonialen Charme.*

Mourouk Ebony Hotel $$-$$$, *Pâté Reynieux, ✆ 832-3351, www.mouroukebonyhotel.com. Bekannte Resortanlage an der Südküste mit großem Garten. 30 komfortable Zimmer und fünf Deluxe-Zimmer, Restaurant, Beachcafé, Pool und jede Menge*

Wassersportangebote (Kitesurfen, Segeln, Kajaks, Hochseeangeln). Die Gelegenheit, um endlich Kitesurfen zu lernen …

Bakwa Lodge $$-$$$, *Pâté Reynieux, ✆ 832-3307, www.bakwalodge.com. Das kleine Hotel mit nur sieben Villen (vier Familienvillen, zwei Lagunen-Suiten und eine Villa für acht Personen) versteckt sich unter Kasuarinenbäumen. Die Zimmer sind sehr geschmackvoll eingerichtet und verfügen über Klimaanlage, Minibar, Terrasse sowie Innen- und Außendusche.*

teKoma $$$, *Pointe Longue, ✆ 483-4970, www.tekoma-hotel.com. Das teKoma bietet nicht nur eine stylishe Unterkunft mit Restaurants, Wellnesscenter und Tauchzentrum (***Jacky Diving***, s. S. 261) am schönen Strand, in Fußentfernung des Traumstrandes Trou d'Argent, sondern auch praktizierten Umweltschutz: Beim Bau wurden umweltfreundliche Baumaterialien verwendet, es gibt eine eigene Entsalzungsanlage und Regenwasseraufbereitung.*

Restaurants

Die einfachste Lösung ist sicher, in den größeren Hotels zu speisen, die auch lokale Kochtraditionen berücksichtigen. Aber das ist sicher nicht der Weisheit letzter Schluss. Und man sollte sich nicht täuschen lassen von der Tatsache, dass die **Restaurants** *auf Rodrigues noch nicht für den hohen Standard wie auf Mauritius bekannt sind. Die Lokale sind zur Mittagszeit wie zum Abendessen geöffnet (meist bis 21.30 oder 22 Uhr). Hier ein paar Tipps für kleine kulinarische Ausflüge beispielsweise nach Port Mathurin:*

TiRozo (2), *Ecke Rue Père Gandy/Victoria, Mont Fanal, Port Mathurin, ✆ 832-1586, http://tirozorestaurant.e-monsite.com. In einem kleinen, gelben Wellblechhäuschen bietet dieses Restaurant lokale Küche und guten Kaffee. Das Menü wechselt wöchentlich, Hauptgerichte wie z. B. ein Curry-Ourite ab 230 Rs. An sonnigen Tagen ist der kleine Garten im Hinterhof zu empfehlen. Sonntag Ruhetag.*

Aux 2 frères (3), *Place François Leguat, erste Etage, ✆ 831-0541. Küche aus Rodrigues, hausgemacht und serviert mit französischer Esskultur auf einem luftigen Balkon oder in stylisher Inneneinrichtung. Nicht nur gut, sondern sehr gut. Wer sich hier „nur" für Hamburger & Frites maison für 245 Rs entscheidet, ist selbst schuld. Sonntag Ruhetag.*

Le Marlin Bleu, *Anse Aux Anglais, ✆ 832-0701. DER Treffpunkt im Norden der Insel. Hier treffen sich Einheimische und Touristen auf ein Bier. Die Tageskarte wird mit Kreide auf ein Surfbrett geschrieben und bietet eine große Auswahl an lokalen Gerichten, aber auch Salate und Pizza. Wichtige Fußballspiele werden an die Wand projiziert und sorgen für Stimmung. Dienstag Ruhetag.*

Kafe Rose, *Baie Lascars, ✆ 5875-0534. Das erste und einzige Café auf Rodrigues. Die helle Einrichtung und frische Blumen laden zum Verweilen ein. Alles ist hausgemacht: Frühstück mit frischen Früchten, täglich wechselnde Kuchen, frische Salate und leichte Snacks, sehr guter italienischer Kaffee, exotische Säfte und Eistee, Milkshakes, Eiskaffee. Die deutsche Besitzerin Carine, übrigens die Co-Autorin dieses Buches, träumte seit 15 Jahren von solch einem Ort, Ende 2016 ging dieser Traum in Erfüllung.*

Chez Solange et Robert, *St. Francois, ✆ 5733-1968. Die kleine Wellblechhütte direkt am Strand von St. Francois ist auf der ganzen Insel bekannt. Robert geht täglich angeln und Solange grillt die frischen Meeresfrüchte vor Ort.*

Table d'hôtes *sind eine ganz eigene Attraktion, verteilt über die Insel. Hier essen die Besucher im Esszimmer der Gastwirte, und es steckt „sportlicher" Ehrgeiz im Zubereiten. Man sollte auf die Schilder an den jeweiligen Häusern achten und sich mindestens*

einen Tag vorher anmelden, damit die Gastwirte auch genug einkaufen können. Zwei bekannte Beispiele:
Le Tropical, *Mt. Bois Noir, ✆ 831-5860, www.gite-letropical.com.*
Chez Tonio, *direkt am Strand von Graviers, ✆ 832-5152. Spezialität: gegrillter Fisch und Languste.*

Nachtleben

Ein internationales Nachtleben kann auf Rodrigues keiner ernsthaft erwarten. Immerhin gibt im **Escale Vacances**, *dem* **Cotton Bay Hotel** *und im* **Mourouk Ebony** *regelmäßig Folkloredarbietungen.*
Es gibt außerdem folgende Clubs:
Les Cocotiers Nightclub, *Camp du Roi, Sonntagnachmittag Folkloremusik, Tanz für Jung und Alt.*
Waves Night Club, *Grand La Fouche Corail, jeden Freitag und Samstag spätabends ab ca. 23 Uhr Disco, .*
Safari Night Club, *Baie Lascars (nahe Port Mathurin), jeden Freitag und Samstag spätabends ab ca. 23 Uhr Disco & Bar.*

Strände

Am **Pointe Coton** *im Nordosten befindet sich der größte Sandstrand von Rodrigues, der zudem leicht erreichbar und durch das Cotton Bay Hotel auch touristisch erschlossen ist. Die schönste Badebucht,* **Trou d'Argent**, *liegt weiter südlich und ist auf dem Landweg auf einer Wanderung zu erreichen. Gute Badebedingungen bietet außerdem die weißsandige* **Anse Ali** *(Ostküste), der Strand bei* **Pâté Reynieux** *(östliche Südküste) und die Insel* **Île aux Cocos**.

Tauchen: immer wieder ein Erlebnis

Wassersport

Für **Taucher** *ist die Insel ein überaus lohnendes Ziel. Über Jahrhunderte geformt durch die Einflüsse von Meeresflora und -fauna, Ebbe und Flut, bieten Korallenlandschaft und tiefe Schluchten hervorragende Tauchmöglichkeiten. Mit ihrer riesigen Lagune, dem sauberen Wasser mit großen Sichtweiten, unterseeischen Steilabfällen, Schiffswracks, Höhlensystemen, einem beeindruckenden Fischreichtum und vor allem einer nahezu völlig intakten Korallenwelt – allein im Osten der Insel gibt es 271 Korallenarten – kann Rodrigues gut mit den bekannten Tauchdestinationen mithalten. Die leicht erreichbaren und betauchbaren Tauchspots im flachen Wasser sorgen dafür, dass auch Anfänger Spaß haben und sich in der Lagune sicher fühlen können. Für erfahrende und zertifizierte Taucher bieten sich zahlreiche weitere Spots an.*

Sowohl im Osten als auch im Norden und Süden gibt es eine Anzahl von Tauchspots. Tauchgänge kosten ab 55 €, auch Pakete (z. B. 5 Tauchgänge für 235 €) sind möglich. Drei Tauchcenter findet man auf Rodrigues:

Jacky Diving, *teKoma Boutik Hotel, ✆ 831-8810, www.jackydivingrodrigues.com. Jacques Degremont, Betreiber und Gründer des ersten Tauchcenters auf Rodrigues, ist einer der Verfechter des „sanften Tauchens“: Hier werden keine Anker geworfen, maximal neun Taucher per Boot gehen mit, die Wege zu den Tauchspots von den Tauchcentern aus sind denkbar kurz. Jacques und seine Frau Fifi kennen hier wirklich jedes Eckchen, das betaucht werden kann, und sorgen auf ihren Touren nicht nur für professionelle Tauchgänge in eine naturbelassene Unterwasserwelt, sondern auch für viel Spaß. Juli/Aug. geschlossen.*

Bouba Diving, *Mouruk Ebony Hotel, ✆ 5875-0573, www.boubadiving.com.*

Cotton Dive Center, *Hotel Cotton Bay, ✆ 831-8001, www.cottonbayhotel.biz.*

Surfer *aller Art, von Wind bis Kite, sind auf Rodrigues gut unterwegs. Ein bekannter Spot ist das Mourouk Ebony Hotel (s. S. 258).*

Willy Kite, *ganz in der Nähe des Mourouk Ebony Hotel, ✆ 5428-2553, willykite@hotmail.com, bietet Einführungskurse ins Kitesurfen ab 50 € an. Windsurfunterricht (1 Std 30 Min.) kostet 30 €, eine Ausrüstung für den ganzen Tag 80 €.*

Osmowings, *Mourouk, ✆ 5875-4961, www.kitesurf-rodrigues.com.*

Hochseefischer *kommen ebenfalls auf ihre Kosten, beispielsweise bei:*

L'Oiseau des îles, *Port Mathurin, ✆ 5761-8812, www.defidailleurs.com.*

Rod Fishing Club, *Terre Rouge, ✆ 5875-0616, www.rodfishingclub.com.*

Wandern

Für Wanderer ist Rodrigues eine ideale Reisedestination, deren moderate Hügel und reich gegliederte Küste am besten zu Fuß erkundet werden. Geführte Wanderungen werden von einigen Reiseagenturen angeboten, doch kann man ohne weiteres auch auf eigene Faust losgehen. Falls man sich verlaufen hat, trifft man sicher einen freundlichen Rodriguais, der einem weiterhilft. Trotzdem sollte man vor längeren Exkursionen eine detaillierte Insel-

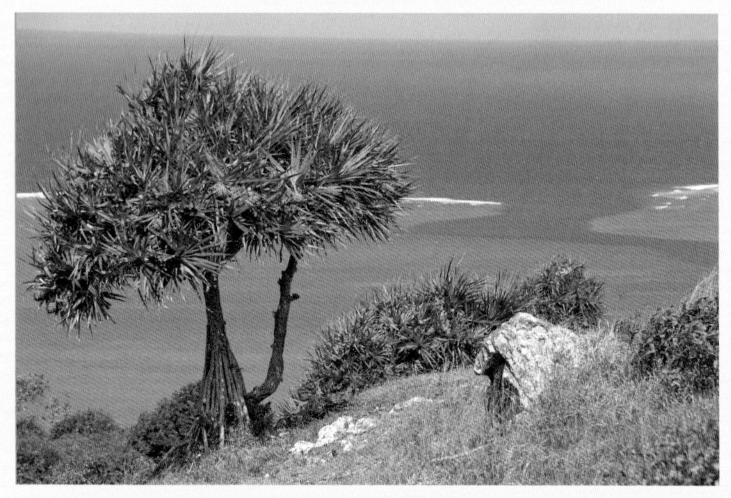

Solche Ausblicke entschädigen für schweißtreibende Wanderungen

karte vor Ort kaufen. Von Oktober bis April kann angesichts hoher Temperaturen und hoher Luftfeuchtigkeit das Wandern eine Schweiß treibende Angelegenheit werden. Eine bekannte und beliebte, rund 9 km lange **Streckenwanderung** *geht beispielsweise von Anse Mourouk nach Pointe Coton oder in umgekehrter Richtung. Hier passieren die Wandersleut' pittoreske Strände und Landschaften, treffen kaum auf andere Wanderer und können an der Trou d'Argent ein Päuschen machen oder nach Gold schürfen.*

Wer im November in Rodrigues ist, sollte sich das **Event Trail Rodrigues** *vormerken, um die Insel im wahrsten Sinne des Wortes zu erwandern: Der Trail Rodrigues wurde zum ersten Mal 2010 organisiert. Rund 150 Teilnehmer aus Rodrigues sowie 20 Teilnehmer aus Mauritius und Réunion waren dabei und wanderten 5, 10 oder 35 km über die Pfade der Insel. Im November 2011 waren es schon 250 bis 300 Wanderfreunde aus Rodrigues sowie 250 aus Mauritius, Réunion und Frankreich. Genaue Infos, weitere Termine, Einschreibung und Hotelbuchung mit Spezialpreisen gibt es unter: https://de-de.facebook.com/TrailDeRodrigues.*

Seilbahn und Bungee-Jumping

Tyrodrig, *Montagne Malgache, ✆ 5499-6970. Mal ganz etwas anderes: eine Seilbahn, bei der man mit einem Hüftgurt an ein Seil gehängt wird und dann eine 100 m lange und 200 m tiefe Schlucht überquert. Ein atemberaubendes Erlebnis.*
Hängebrücke, *Cascade Pistache, ✆ 5499-6970. Wer bei der Seilbahn noch nicht genug Nervenkitzel hatte, kann hier „ins Leere springen". Die Brücke überquert man zu Fuß, wer sich traut, kann einen* **Bungee-Jump** *in die Schlucht wagen.*

Reiseagenturen/Exkursionen

Auch eingefleischte Individualtouristen werden in Port Mathurin gerne die Hilfe einer Reiseagentur in Anspruch nehmen wollen zur Planung und Buchung von Touren und Besichtigungen. Folgende Agenturen gelten als zuverlässig:

2000 Tours, *Grand Montagne, ✆ 831-4703, www.rodrigues-2000tours.com. Organisiert u. a. Ausflüge per Minibus, bietet Mietwagen und reserviert Unterkünfte.*
Ebony Tour Services, *Mourouk Hotel, ✆ 832-3351.*
Ecoballade, *Port Mathurin, ✆ 5787-6096, www.rodrigues-ecoballade.com. Marie Paule und Delphine, zwei dynamische Rodriganerinnen, organisieren eine große Anzahl von geführten Wanderungen mit Mittagessen bei Einheimischen, Bootsausflüge, Schnorcheln und vieles mehr. Auf Anfrage gibt es auch maßgeschneiderte Programme.*
JP Excursions (6), *Barclays St., Port Mathurin, ✆ 832-1162. Ausflüge per Minibus und Mietwagen.*
Christophe Meunier, *Caverne Provert, ✆ 5875-4442, ist bekannt für die gut organisierten Ausflüge zur Île aux Cocos im kleinen Piratenboot.*

Einkaufen

Selbstversorger *finden etliche Shops auf der Insel, in* **Port Mathurin** *gibt es einen* **Supermarkt (4)**. *Der über die Insel hinaus bekannte* **Samstagsmarkt (7)** *in Port Mathurin zieht Einheimische und Besucher gleichermaßen in den Ort. Da bleiben sogar die Tauchschulen geschlossen, weil alle Urlauber auf den Markt gehen.*

Die beliebtesten **Souvenirs** *aus Rodrigues sind Korbwaren, die in den Städtchen und Dörfern z. T. auf offener Straße hergestellt werden. Die Matten, Teppiche, Körbe und Taschen werden kunstvoll aus Aloe- oder Vacoablättern geflochten und weisen Muster auf, die für die Insel charakteristisch sind; allein von geflochtenen Hüten existieren zwölf verschiedene Modelle. Ein Zentrum der Korbwaren-Produktion ist der Weiler* **Palissade Ternel**, *wo man im Atelier des Frère Leopold stets mehrere Rodriguais herumwerkeln sieht. In der Hauptstadt kann man die begehrten Mitbringsel in einigen Läden kaufen, ebenso in den Shops der beiden Hotels. Einen Besuch wert ist in* **Port Mathurin**

Auch eine Wurst bietet sich als Mitbringsel an

außerdem die **Kooperative Careco (8)** *in der Solidarity Street, Workshop in Camp du Roi, in der lokales Kunsthandwerk und Honig produziert wird. Eine andere beliebte Adresse für lokales Kunsthandwerk mit sozialem Aspekt ist die* **Compagnie des Artisans Rodrigues (5)** *in der Rue François Leguat. Hier werden beispielsweise schöne Hüte hergestellt, die sich optimal für die Reise zusammenfalten lassen. Marie Claude Donze von* **Miel Victoria** *in Bigarade stellt selbst Honig, Honigbonbons, Seife, Propoliscreme und -spray her, ✆ 831-6458.*

Flüge

Rodrigues ist per Flugzeug je nach Saison täglich zwei- bis fünf Mal mit **Air Mauritius** *zu erreichen, die Flugzeit beträgt 90 Min., das Fluggerät ist eine ATR 72 mit 65 Sitzen. Die Tarife liegen bei etwa 8.000 Rs. für Hin- und Rückflug. Zur Ferienzeit bietet Air Austral (www.air-austral.com) seit Mai 2015 Direktflüge von La Réunion an. Die Flugzeit beträgt 2 Std. und der Preis liegt bei ca 445 €. Rechtzeitig buchen ist angesagt, denn die Flugzeuge sind schnell voll. Vor Ort unterhält Air Mauritius zwei Büros, in Port Mathurin (ADS Building, ✆ 831-1558) sowie am Plaine Corail Airport (✆ 832-7700). Der kleine Inselflugplatz* **Sir Gaëtan Duval** *liegt in Plaine Corail, im Südwesten der Insel. Von hier aus fahren auch Linienbusse Richtung Port Mathurin für rund 100 Rs. Die meisten Hotels holen ihre Gäste aber auf Wunsch auch am Flughafen ab für 8–14 €. Wer spontan ein Taxi nehmen will, muss mit rund 600 Rs. bis Port Mathurin rechnen.*

Fähre

Drei bis vier Mal im Monat wird Rodrigues von Port Louis aus vom modernen Handelsschiff **„Mauritius Trochetia“** *angelaufen. Die Überfahrt von Mauritius aus dauert ca. 36 Std., der Rückweg geht wegen günstiger Strömungen/Winde meist schneller mit ca. 26 Std. (s. auch S. 75).*

Mietfahrzeuge

Verschiedene Agenturen vermieten Autos, i. d. R. Jeeps oder andere geländegängige Fahrzeuge, auch mit Fahrer. Die Preise für ein Mietwagen starten bei ca. 1.200 Rs pro Tag. Wegen der geringen Kapazitäten ist eine telefonische oder E-Mail-Reservierung unbedingt anzuraten, der Wagen wird dann am Flughafen bereitgestellt. Wer sich vor Ort für ein Mietwagen entscheidet, sollte an der Rezeption den Hotels fragen. Das Rodrigues Tourism Office hält eine Liste aller Mietwagenanbieter auf Rodrigues bereit.

Zu beachten ist hier bei der Tourenplanung, dass es auf Rodrigues nur zwei Tankstellen gibt: eine in Port Mathurin und eine zweite in Mont Lubin.

Fahrrad-/Mopedverleih

Über die größeren Hotels oder Reiseagenturen können auch Fahrräder und Mountainbikes, z. T. auch Mopeds geliehen werden. Fahrradmiete ab ca. 250 Rs pro Tag, ein Scooter ab ca. 650 Rs.

Busse

Von der Busstation in Port Mathurin verkehren fahrplanmäßig Busverbindungen zu allen größeren Ortschaften, tgl. 5–17 Uhr. Der größte Verkehrsknotenpunkt ist Mont Lubin, wo sich verschiedene Routen kreuzen. Die Fahrpreise liegen je nach Streckenlänge bei 20–60 Rs.

Aufeinandertreffende Fischschwärme

Die Cargados-Carajos- und andere entferntere Inseln

Der Archipel der Cargados-Carajos-Inseln

Näher zum Äquator, knapp 400 km nordöstlich von Mauritius, liegt eine auch als **St. Brandon** bekannte Inselgruppe, die etwa 20 Eilande umfasst, manche nicht größer als 1 km². Einige von ihnen ragen kaum über die Oberfläche des Indischen Ozeans hinaus und sind bei Flut vollständig von Wasser bedeckt, andere haben hinter breiten Sandstränden Platz für Hügel, Kokospalmen, Filaos und sogar Häuser. Dabei kann man nicht von einer „Bevölkerung" der Cargados-Carajos sprechen, denn die Fischer und Arbeiter, die in den hiesigen Gewässern auf Fang gehen und die Fische am Strand noch salzen und dann als Stockfisch trocknen, kommen meist saisonal aus Mauritius.

Saisonale Bewohner

Es mögen ca. 200 Menschen sein, die wirklich das ganze Jahr über hier leben. Auf der **Île Raphael** gibt es immerhin einen Hafen, administrative Gebäude und sogar ein kleines Hospital sowie eine meteorologische Station, die u. a. die vorbeiziehenden Zyklone beobachtet. Eine weitere Wetterstation findet sich auf der **Île Cocos** (der größten des Archipels). Für die Cargados-Carajos könnte neben der Fischerei in Zukunft wohl auch der Tourismus eine Rolle spielen, denn sie haben alles, was ein Inselparadies ausmacht: durch Korallenbänke geschützte Lagunen, türkis-blaues und kristallklares Wasser, Filaos und Kokospalmen. Noch aber ist es zu kompliziert, hierherzukommen oder eine Übernachtungsmöglichkeit zu finden.

Abertausende Vögel

Für **Ornithologen** in aller Welt sind die Cargados-Carajos ohnehin ein Begriff, haben diese doch eine Artenvielfalt aufzuweisen, wie es sie kaum anderswo in diesen Breiten gibt. Die auf dem Boden oder in den Palmen nistenden Seevögel wie Eisvögel, Fregattvögel, Wasserhühner u. v. m. haben hier erstens ideale klimatische und Futterbedingungen und zweitens keine Feinde. Zu Abertausenden bevölkern sie den Archipel und erfüllen die Luft mit ihrem typischen Gekrächze. Schon aus diesem Grunde ist zu hoffen, dass die absehbare touristische Erschließung dieses Paradieses behutsam vonstatten geht und die einmalige Vogelwelt durch große Schutz- und Sperrgebiete bewahrt bleibt.

Agalega

Mehr als doppelt so weit nördlich wie die Cargados-Carajos-Inseln liegt Agalega von Mauritius entfernt. Auch hierbei handelt es sich eigentlich um eine **Inselgruppe**, bestehend aus der Nord- und der Südinsel, die ein knapp 2 km breiter Sund voneinander trennt. Der Ursprung des Namens kann unterschiedlich gedeutet werden – ihr Entdecker Juan de Nova, der im Jahre 1501 auf Agalega stieß, war Galizier und nannte sie vielleicht nach seiner Heimat. Aber auch ein Schiff „Agalega" ist überliefert und könnte Namenspatronin gewesen sein. Schließlich ist denkbar, dass die Portugiesen die Doppelinsel als Verbannungsort, also als Gefängnis (*galère*) benutzt haben.

Reiche Fischgründe

Das Agalega von heute erinnert nicht mehr an die Portugiesen und am allerwenigsten an ein Gefängnis. Dicht bewachsen mit majestätischen Kokospalmen (auf ca. 2.000 ha Fläche) und gesegnet mit reichen Fischgründen, kann es seine kleine **Bevölkerung** ernähren: Etwa 300 Menschen leben hier, die Hälfte davon sind Kinder. Zu ihnen gesellen sich Saisonarbeiter aus Mauritius, die bei der Kokosernte helfen und die aufgesammelten Nüsse zu Öl bzw. Kopra (getrocknetes Kokosnussfleisch) verarbeiten. Der Boden ist Eigentum des Staates Mauritius, nicht etwa der Insulaner.

Aber das weit entfernte Mutterland investiert auch in die zukünftige Entwicklung seiner Dependance: Seit 1988 gibt es eine Telefonverbindung nach **Port Sainte Rita**, dem Verwaltungszentrum auf der Südinsel. Auf der Nordinsel wurde sogar eine Schule gebaut und es gibt eine Wetterstation.

Zwar hat Agalega keine so schönen Strände wie einige Cargados-Carajos-Inseln, dafür aber ein unglaublich reiches Vogelleben, dazu Reptilien, u. a. seltene Eidechsen, und als Säugetiere wild lebende Hunde. Die Vegetation besteht außer aus Kokospalmen aus mächtigen Filaos, endemischen Riesenfarnen und einem üppig leuchtenden Blumenmeer …

Chagos-Inseln

Nahe den Seychellen liegt ein weiterer Archipel, der eigentlich zu Mauritius gehört: die Chagos-Inseln. Diese Gruppe, der neben **Salomon** und **Peros Banhos** vor allem **Diego Garcia** angehört, hat ihre eigene, komplizierte und merkwürdige Geschichte.

Hinweis

Der Besuch auf Diego Garcia ist streng untersagt! Informationen zu den Chagos-Inseln und vor allem Diego Garcia gibt es unter www.chagos.org.

Kurz gesagt geht es darum, dass die Mauritier den Briten den Archipel zur Installierung einer Nachrichtenübertragungsstation zur Verfügung gestellt hatten. Die Engländer aber waren wohl schon vorher mit den Amerikanern übereingekommen, ihnen **Diego Garcia** als militärische Operationsbasis zu überlassen. Als dies publik wurde, forderte Mauritius die Inselgruppe sowohl von den USA als auch von Großbritannien zurück, allerdings ohne Erfolg. Stattdessen ging der Ausbau von Diego Garcia zum wichtigsten amerikanischen Stützpunkt im Indischen Ozean weiter. Zeitweilig waren über 35 Kriegsschiffe dort stationiert (u. a. die Nimiz) und es wird vermutet, dass auch Abschussmöglichkeiten für Atomraketen vorhanden sind. Dass dies den Interessen von Mauritius zuwiderlaufen musste, liegt auf der Hand.

Zwangsevakuierung

Denn der Inselstaat ist einer der Wortführer, wenn es darum geht, den Indischen Ozean zu entmilitarisieren und zur „Friedenszone“ zu erklären. Besonders schlimm wurde die Sache dadurch, dass Diego Garcia keine menschenleere Insel war. In ihrer hemdsärmeligen Art ließen die amerikanischen Militärs die etwa tausend Einwohner einfach zwangsevakuieren. Sie wurden zwar teilweise entschädigt, haben aber selbstredend ihre Schwierigkeiten, sich auf Mauritius zu integrieren. Geradezu sarkastisch musste es da die Mauritier anmuten, als die Amerikaner ihre militärische Barackensiedlung Downtown als „Hauptstadt“ von Diego Garcia bezeichneten und das Korallenatoll, das die Form eines Hufeisens hat, *Footprint of Freedom* (= Fußabdruck der Freiheit) tauften.

Die außenpolitischen Beziehungen von Mauritius, den Seychellen und anderen Anrainerstaaten des Indischen Ozeans zu den USA werden durch Diego Garcia, den „Flugzeugträger im Indischen Ozean“, negativ belastet. Beispielsweise 1998, als die Amerikaner das Eiland als einen Hauptstützpunkt im Konflikt mit dem Irak nutzten, 2001/2002, als die USA ihre Angriffe auf Afghanistan von hier aus flogen, oder bei weiteren Kämpfen im Nahen Osten. Es bleibt zu hoffen, dass durch eine veränderte weltpolitische Lage zukünftig auch diese Insel sich zu dem entwickelt, was sie ist: ein friedliches Korallenatoll mit einem der schönsten Strände des Indischen Ozeans. Vielleicht werden also in Zukunft Besuche auf Diego Garcia wieder möglich sein …

Buchtipp

Hintergründe zum Konflikt um Diego Garcia liefert das Buch von **David Vine**: Island of Shame: The Secret History of the U.S. Military Base on Diego Garcia, Princeton 2011.

9. Anhang

Wörterbuch

Die folgende kleine Wörterliste kann natürlich kein Ersatz sein für einen richtigen Sprachführer. Sie will nur einige wenige Floskeln aus Alltagssituationen nachzeichnen und gleichzeitig die Unterschiede zwischen Französisch und Créole deutlich machen. Wer sich im Urlaub näher damit beschäftigen will, sollte sich auf Mauritius einen Créole-Sprachführer zulegen. Auch für die Speisekarten ist es nicht schlecht – sofern man kein Englisch oder Französisch kann –, ein Reisewörterbuch dabei zu haben. Auf Mauritius sind die Speisenkarten meist in beiden Sprachen verfasst, auf Rodrigues häufig nur auf Französisch.

Konversation			
Deutsch	**Englisch**	**Französisch**	**Créole**
Hallo!	hello/hi!	salut!	allo!
Guten Morgen/Tag	Good Morning	Bonjour	Bonzour
Guten Nachmittag	Good Afternoon	Bon après midi	bon apre midi
Wie geht's?	How are you?	Comment ça va?	Coma ou ete?
Wie heißen Sie?	What's your name?	Comment vous appelez-vous?	Coma ou appélé?
Woher/Aus welcher Stadt kommen Sie?	Where do you come from?	Vous venez de quelle ville?	Qui la ville ou sorti?
Ich heiße Hr./Fr. XY	My name is Mr/Mrs XY	Je suis Monsieur/ Madame XY	Mo appelle Missié/ Madame XY
Das ist ...	This is ...	Voici ...	Ala ...
Mein Mann/Meine Frau	My husband/wife	Mon mari/Ma femme	Mo mari/Mo femme
Meine Tochter/Mein Sohn	My daughter/son	Ma fille/Mon fils	Mo tifi/Mo garçon
Was sagen Sie?	What do yo say?	Que dites-vous?	Qui ou dire?
Ich verstehe nicht	I don't understand	Je ne comprends pas	Mo pas comprend
Ok, ich habe verstanden	Ok, I understood	Ca y est, J'ai compris.	Oké, Mo fine comprend
Prima/Großartig!	That's great!	C'est formidable/super!	Formidabe!
Tut mir leid	I'm sorry	Je regrette	Mo régretté/ekskiz
Wo sind wir?	Where are we?	Où sommes-nous?	I cotte nou ete?
Wo ist der Ausgang?	Where is the exit?	Par où doit-on sortier?	Cotte capave sortie?
Haben Sie ...	Do you have ...	avez-vous ...	ou éna ...
Ich möchte/brauche ...	I need ...	je voudrais ...	mo oulé ...
Wie spät ist es?	What is the time?	Quelle heure est-il?	Qui lère?
Wie komme ich ...?	How do I get ...?	Pour aller ...?	Pou alle ...?
- zum Strand	- to the beach	- à la plage	- la plass
- zur Innenstadt	- to the town centre	- au centre ville	- en ville
Ich habe mich verfahren	I've lost my way	J'ai perdu mon chemin	Mo fine perdi mo simain
Ja/Nein	Yes/No	Oui/Non	Wi/Non

Deutsch	Englisch	Französisch	Créole
ich, mein	I, my	je/mon	moh
du, dein	you, your	tu, ton	toh
ihr, euer	you, your	vous, votre	hoo
Bis später!	see you later!	à tout à l'heure!	talère!

Zahlen			
Deutsch	**Englisch**	**Französisch**	**Créole**
Eins	One	Un	Enn
Zwei	Two	Deux	Dé
Drei	Three	Trois	Twa
Vier	Four	Quatre	Cat
Fünf	Five	Cinq	Sank
Sechs	Six	Six	Siss
Sieben	Seven	Sept	Set
Acht	Eight	Huit	Hwitt
Neun	Nine	Neuf	Nayff
Zehn	Ten	Dix	Diss
Zwanzig	Twenty	Vingt	Vein
Dreißig	Thirty	Trente	Trant
Vierzig	Forty	Quarante	Kah-rant
Fünfzig	Fity	Cinquante	Sank-hant
Sechzig	Sixty	Soixante	Swah-santt
Siebzig	Seventy	Soixante-dix	Swah-santt-diss
Achtzig	Eighty	Quatre-vingt	Cat-tray-vein
Neunzig	Ninety	Quatre-vingt-dix	Cat-tray-vein-diss
Hundert	One hundred	Cent	San
Tausend	One thousand	Mille	Mill

Tage und Monate			
Deutsch	**Englisch**	**Französisch**	**Créole**
Montag	Monday	Lundi	Lindi
Dienstag	Tuesday	Mardi	Mardi
Mittwoch	Wednesday	Mercredi	Mercrédi
Donnerstag	Thursday	Jeudi	Zédi
Freitag	Friday	Vendredi	Vendrédi
Samstag	Saturday	Samedi	Samedi
Sonntag	Sunday	Dimanche	Dimanse
Januar	January	Janvier	Zanvié
Februar	February	Février	Février
März	March	Mars	Mars

April	April	Avril	Avril
Mai	May	Mai	Mai
Juni	June	Juin	Zein
Juli	July	Juillet	Zi-yette
August	August	Août	Août
September	September	Septembre	Septamme
November	November	Novembre	Novamme
Dezember	December	Décembre	Déssamme

Im Restaurant		
Deutsch	**Englisch**	**Französisch**
Ich möchte einen Tisch reservieren	I'd like to reserve a table	Je voudrais réserver une table
Bitte die Speisekarte	The menu, please	La carte, s'il vous plaît
Die Weinkarte	The wine list	La carte des vins
Ich möchte ... bestellen	I'd like to order ...	Je voudrais commander ...
Bitte die Rechnung	The bill, please	L'addition, s'il vous plaît
Ist Trinkgeld eingeschlossen?	Is service included?	Est-ce que le service est compris?
Frühstück	breakfast	petit déjeuner
Kaffee	coffee	café
(mit Milch)	(with cream/milk)	café au lait
Kakao	hot chocolate	chocolat
Tee	tea	thé
Brot	bread	pain
Brötchen	rolls	petit pains
Toast	toast	toasts
Hörnchen	croissant	croissant
Butter	butter	beurre
Schinken	ham	jambon
Käse	cheese	fromage
Honig	honey	miel
Marmelade	jam/marmelade	confiture
Joghurt	yoghurt	yaourt
Obst	fruit	fruits
Rühreier	scrambled eggs	œufs brouillés
Eier mit Speck	bacon and eggs	œufs au plat avec du lard
Vorspeisen	starters	hors d'œuvres
Suppen	soups	soupes
Fleisch	meat	viandes
Geflügel	poultry	volailles

Deutsch	Englisch	Französisch
Rindfleisch	beef	boeuf
Kalbfleisch	veal	veau
Schweinefleisch	pork	porc
Lammfleisch	lamb	agneau
Hammelfleisch	mutton	mouton
Filet/Steak	fillet/steak	filet/bifteck
Leber	liver	foie
Kaninchen	rabbit	lapin
Hähnchen	chicken	poulet
Ente	duck	canard
Fisch	fish	poissons
Meeresfrüchte	seafood	fruits de mer
Kabeljau	cod	cabillaud
Krebs	crab	crabe
Garnelen/Krabben	shrimps	crevettes
Hummer	lobster	homard
Muscheln	mussels	moules
Austern	oysters	huitres
Tintenfisch	squid	calamar
Forelle	trout	truite
Thunfisch	tuna	thon
Gemüse	vegetables	légumes
Salat	salad	salade
Obst	fruit	fruits
Nachspeise	dessert	desserts
Käse	cheese	fromages
Salz	salt	sel
Zucker	sugar	sucre
Getränke	beverages	consommations
Fruchtsaft	fruit juice	jus de fruits
Limonade	lemonade	limonade
Milch	milk	lait
Mineralwasser	mineral water	eau minérale
Orangensaft	orange juice	jus d'orange
Bier	beer	bière
alkoholfreies Bier	alcohol-free beer	bière sans alcool
Champagner	champagne	champagne
Apfelwein	cider	cidre
Rot-/Weißwein	red/white wine	vin rouge/blanc
Tafelwein	table wine	vin

info

Nummern für das Unaussprechliche

Urlaubern werden sie nicht so häufig begegnen, die gesprochenen Nummern in der mauritischen Umgangssprache, im **Créole**. Mit den französisch ausgesprochenen Nummern werden bestimmte Wörter gesagt, ohne dass sie wirklich ausgesprochen werden: ein Insidertrick, mit dem sich vor allem die Jugend über andere austauscht. Woher die Nummern in der Alltagssprache kommen, ist nicht bekannt. Aber es kommen immer neue dazu. Ein paar Beispiele:

2	=	Affe
6	=	schwul bzw. „Schwuchtel“
15	=	Brüste
32	=	Chinese
35	=	Freundin
36	=	Ehefrau
40	=	Hintern

Weiterführende Literatur

Zum Thema Mauritius ist reichlich Lesestoff vorhanden. Neben einer Vielzahl an Reiseführern, die Urlaubs-Tipps, Hinweise zu Hotels, Restaurants, Exkursionen, Stränden etc. anbieten, gibt es natürlich auch andere Literatur – teilweise allerdings nur auf Englisch oder Französisch oder nur auf Mauritius erhältlich. Auf Mauritius selbst lohnt sich der Gang in einen Buchladen schon wegen der vielen Fotobände von einheimischen Verlagen: immer eine nette Erinnerung oder ein schönes Mitbringsel.

Ein paar Empfehlungen:

- **Douglas Adams/Mark Carwardine**, Die Letzten ihrer Art, Heyne Verlag 1992. Buch über einige der seltensten Tiere der Welt, mit dem nötigen Ernst, aber auch außerordentlich humorvoll geschrieben. Im Kapitel über Mauritius und Rodrigues stehen u. a. Fliegende Hunde, die Rosa Taube und die Tiere auf Round Island im Vordergrund.
- **Jacques-Henri Bernardin de Saint-Pierre**, Paul und Virginie, etliche Verlage und Auflagen. Vielleicht das Nationalepos von Mauritius. Eine Liebesgeschichte zweier Kinder in der überwältigenden Natur von Mauritius – eine unerfüllte und eben unsterbliche Liebe.
- **Stefan Blank/Thomas Haltner**, Mauritius. Trauminsel im Indischen Ozean, Verlagshaus Würzburg 2016. Mit seinen mehr als 220 Fotos entführt der opulente Bildband in die tropische Inselwelt.
- **Sarita Boodhoo**, Kanya Dan – The Why's of Hindu Marriage Rituals, Mauritius Bhojpuri Institute 1995. Anspruchsvolles Buch einer Indo-Mauritierin, das alle Fragen nach Riten und Ritualen, Kostümen und Traditionen der indischen Hochzeitszeremonien beantwortet. Mit 745 Seiten allerdings eher etwas für besonders Interessierte, die der englischen Sprache mächtig sind.

- **James Burty David u. a.**, Speak Creole – A Tourist Guide. Stanley 2010. Locker-leichte Einführung ins Kreolische, leider nur auf Französisch und Englisch.
- **Jean-Marie Gustave Le Clézio**, Der Goldsucher. Kiepenheuer & Witsch 2008. 1985 erschienen und fast schon ein Klassiker über das Leben und Leiden auf Mauritius und Rodrigues. Opulente Sprache, ausladende Bilder, ungemein farbiger Erzählstil und eine schöne Geschichte. Alexis verlässt seine Heimat Mauritius, um nach dem Tod seines Vaters einen Piratenschatz auf der Insel Rodrigues zu suchen, in den ersten Weltkrieg zu ziehen, sich zu verlieben, zurückzukehren und letztendlich sich selbst zu finden. Wunderbar atmosphärisch dichte Einstimmung auf die Insel(n), gehört spätestens seit der Verleihung des Literaturnobelpreises 2008 an Le Clézio ins Flugzeughandgepäck. Und wer noch ein wenig Platz hat, packt sein „Ein Ort fernab der Welt“ (1995) gleich auch noch dazu.
- **James K. Lee**, Mauritius – Its Creole Language: The Ultimate Creole Phrase Book, Merlin 2008.
- **François Leguat**, Eines Franzosen und seiner Gefehrten Reisen und Wunderliche Begebenheiten nach zweyen unbewohnten Ost-Indischen Insuln, Franckfurth und Leipzig 1709. Erster „Reiseführer“ in deutscher Sprache aus der Feder des Hugenotten François Leguat de la Fougère, der mit seinen Gefährten die Inseln Rodrigues, Réunion und Mauritius mehr erlitten als genossen hat, im Bestand einiger größerer Bibliotheken.
- **Les Poissons de l'Île Maurice** – Mauritius Island's Fishes. Praktischer Führer in Form eines aufklappbaren Heftchens mit den verbreitetsten Fischen, die in den mauritischen Gewässern vorkommen. Auf Englisch, Französisch und mit lateinischen Bezeichnungen – gut geeignet für Schnorchler und Taucher.
- **Ewald Lieske/Robert Myers**, Coral Reef Fishes: Indo-Pacific and Carribean, Princeton University Press 2001. Mehr als 2.100 Fische auf mehr als 2.500 Bildern – auch die Unterwasserwelt rund um Mauritius und Rodrigues kommt nicht zu kurz.
- **Roseline NgCheong-Lum**, Cultureshock! Mauritius. Benchmark Books 2010. Gelungene, informative und humorvolle Ausflüge in das Leben auf Mauritius – vom Erstkontakt mit den Einheimischen bis hin zum Verwaltungsakt bei der Eröffnung eines eigenen Unternehmens auf der vermeintlichen Trauminsel.
- **Patrick O'Brian**, Geheimauftrag Mauritius, Ullstein 2001. Spannender Kriegsroman über Kapitän Jack Aubrey und seine Abenteuer auf einer Mauritius-Reise.
- **A. W. Owadally,** Sir Seewoosagur Ramgoolam Botanic Garden, Rose Hill 2011. Beschreibung von Geschichte, Aufbau und Besichtigung der Gärten von Pamplemousses in englischer Sprache, 50 Seiten mit Skizzen, farbigen Abbildungen und lateinischem Appendix.
- **David Quammen**, Der Gesang des Dodo. Eine Reise durch die Evolution der Inselwelten, List 2004. Welche eigenwilligen, höchst unterschiedlichen Wege die Evolution gerade auf Inseln einschlug – auch auf Mauritius und Rodrigues –, beantwortet David Quammen in seinem voluminösen, von der New York Times prämierten Sachbuch ebenso kompetent wie kurzweilig. Eine informative Reise nicht nur um die Welt, sondern auch durch die Zeit. Nur noch antiquarisch zu bekommen.
- **Stefan Slupetzky**, Lesereise Mauritius. Zum Segatanz unter dem Flammenbaum, Picus 2016. Einblicke in den mauritischen Alltag, die über den touristischen Blick hinausgehen.

- **Peter Stein**, Kreolisch und Französisch, De Gruyter 2016. Sprachwissenschaftliche Abhandlung für tiefergehend Interessierte.
- **Mark Twain u. a.**, Travellers Classic Journals & Accounts of Travellers to Mauritius, Mauritiana 2011. Nette kleine Artikel- und Aufsatzsammlung rund um Mauritius aus bekannten Federn wie beispielsweise Mark Twain, Charles Darwin oder Matthew Flinders.

Bildnachweis

Alle Abbildungen stammen von Stefan Blank, außer:

Titelfoto: Bildagentur Huber / R. Schmid
Bernhard Jackenkroll, Orca Dive Club: S. 98, 116, 265
Rodrigues Tourist Office: S. 246, 257, 260/261, 262
Shanti Maurice: 81, 245
Ulrike Niederer: Autorenfoto Stefan Blank, Umschlag

Stichwortverzeichnis